全国高职高专院校电子商务类专业规划教材
National Planning Textbook for E-commerce Majors in Vocational and Technical Colleges
"互联网+"新形态信息化教材
"Internet Plus" New Form Information Teaching Material

直播
营销与运营

Live Streaming Marketing and Operations

张蕊 张磊 王冲 主编

- 紧跟时代发展
- 体现工学结合
- 校企共建课程
- 数字资源丰富
- 融入课程思政
- 岗赛课证融通

天津大学出版社
TIANJIN UNIVERSITY PRESS

内容提要

本书是为了满足电子商务类专业最新人才培养目标和教学改革要求，依据党的二十大报告有关精神和新版《中华人民共和国职业教育法》的相关规定，坚持立德树人、德技兼修的育人理念，由模范教师、师德先进个人牵头，在征求企业相关领域专家和技术骨干意见的基础上，采用项目化、任务式的方式组织工学结合团队编写的“互联网 +”新形态信息化教材。

本书共分五个项目，包括直播认知、直播策划、主播孵化、直播运营、评估优化，主要对直播平台的技巧、直播账号矩阵规划、直播脚本的设计、直播团队的打造、直播间场景和灯光的布置、直播选品及定价策略、直播预热信息的扩散、直播互动、直播复盘与数据分析等重要内容和关键环节进行剖析，理论与实践相结合，为读者提供切实可行的解决方案，使读者能快速掌握直播营销的要领并应用于实践。

本书可作为高职高专院校、高职本科院校电子商务类专业的通用教材，也可作为企业或商家对直播从业人员的培训教材，还可作为创业者和直播爱好者的学习教材。

图书在版编目（CIP）数据

直播营销与运营 / 张蕊, 张磊, 王冲主编. -- 天津 : 天津大学出版社, 2024. 5. -- (全国高职高专院校电子商务类专业规划教材) (“互联网+”新形态信息化教材).
ISBN 978-7-5618-7773-9

Ⅰ. F713.365.2
中国国家版本馆CIP数据核字第20249XS469号

出版发行　天津大学出版社
地　　址　天津市卫津路92号天津大学内（邮编：300072）
电　　话　发行部：022-27403647
网　　址　www.tjupress.com.cn
印　　刷　北京盛通印刷股份有限公司
经　　销　全国各地新华书店
开　　本　787mm×1092mm　1/16
印　　张　24.5
字　　数　587千
版　　次　2024年5月第1版
印　　次　2024年5月第1次
定　　价　99.00元

编 委 会

主　　编：张　蕊　张　磊　王　冲

副 主 编：高丽莎　徐　晶　杨海燕　林子云　曲长旋

参　　编：徐诚森　张宏伟　赵　丽

审定人员：周　伟　徐曰军　黄庆宁

编　　委：（排名不分先后）

张　蕊　德州科技职业学院 教授

张　磊　德州科技职业学院 工程师

王　冲　德州科技职业学院 讲师

高丽莎　德州科技职业学院 讲师

徐　晶　德州科技职业学院 助教

杨海燕　德州科技职业学院 讲师

林子云　广州华立科技职业学院 讲师

曲长旋　新疆轻工职业技术学院 讲师

徐诚森　海阳云创智能科技产业园服务有限公司 工程师

赵　丽　德州科技职业学院 副教授

张宏伟　德州科技职业学院 讲师

周　伟　德州科技职业学院 教授

徐曰军　德州科技职业学院 教授

黄庆宁　德州科技职业学院 副教授

数字资源导航

序号	任务导航	数字资源名称	页码
1	任务 1.1 直播销售认知	直播销售的发展现状与趋势	6
2	任务 1.1 直播销售认知	直播电商的发展历程和本质	7
3	任务 1.2 直播电商产业链认知	直播产业链结构分析	13
4	任务 1.3 直播电商岗位认知	直播岗位职责及职业素养	20
5	任务 2.1 直播商品管理	拓展:商品管理概述	44
6	任务 2.1 直播商品管理	直播选品原则	47
7	任务 2.1 直播商品管理	拓展:选品的策略	48
8	任务 2.2 直播内容策划	直播内容策划流程	63
9	任务 2.3 直播脚本策划	直播脚本核心要素	70
10	任务 2.3 直播脚本策划	直播脚本设计	71
11	任务 2.4 直播营销策划	直播营销策划	87
12	任务 2.5 直播推广策划	直播引流技巧	93
13	任务 3.1 主播人设打造	拓展:主播人设及类型	116
14	任务 3.1 主播人设打造	拓展:主播人设打造	119
15	任务 3.4 主播技能培养	主播镜头感培养方法	144
16	任务 4.2 商品橱窗及网站入驻	拓展:商品到橱窗上架	204
17	任务 4.2 商品橱窗及网站入驻	拓展:网店的运营与管理	227
18	任务 4.3 直播间搭建	直播间搭建	237
19	任务 4.4 直播团队组建	直播团队组建	250
20	任务 4.5 短视频设计与发布	短视频与直播带货	272
21	任务 4.5 短视频设计与发布	拓展:做好短视频	276
22	任务 4.5 短视频设计与发布	短视频内容策划与营销思路	276
23	任务 4.5 短视频设计与发布	短视频的优化与发布	283
24	任务 4.5 短视频设计与发布	拓展:短视频剪辑	284
25	任务 5.2 数据分析流程	拓展:直播复盘的核心思路	304
26	任务 5.3 数据分析指标	拓展:直播分析数据指标	327
27	任务 5.4 数据复盘及优化	拓展:直播数据优化策略	360

前 言 Preface

新版《中华人民共和国职业教育法》首次以法律形式确定了职业教育是与普通教育具有同等重要地位的教育类型。党的二十大报告提出，建设现代化产业体系、全面推进乡村振兴、加快发展方式绿色转型，深入实施科教兴国战略、人才强国战略、创新驱动发展战略，并且再次强调“坚持教育优先发展”，这为推动职业教育高质量发展提供了强大动力。

作者团队立足新时代，面向新征程，根据新版《中华人民共和国职业教育法》和二十大以来国家新形势、新发展、新业态的要求，结合专业岗位的技能培养，按照教育部颁布的《高等职业学校专业教学标准》和新版《职业教育专业简介》的要求落实教材改革，将课程思政入教材、入课堂、入头脑，由双师型教师、师德先进个人、企业相关领域的专家牵头，在征求行业专家及技术骨干、相关兄弟院校意见的基础上，采用项目化、任务式的形式编写本部“互联网+”新形态信息化教材。

本教材全面落实立德树人根本任务，遵循高素质技术技能型人才成长规律、社会发展规律、教育教学规律和教材建设规律，突出体现以学生为中心，体现职业教育新理念、工学结合、产教融合、科教融汇等贯通培养，并以融媒体和二维码方式保持教材内容的交互性和与时俱进。

近年来，随着网络技术的进一步发展，“直播带货”成为一种新型营销模式，成为电商行业的新增长点。特别是在疫情防控期间，由于传统行业受到冲击，线下店铺经营受阻，电商直播凭借线上平台优势持续发展，成为企业寻求销量增长的新渠道和线下店铺复工的新工具。“直播+”营销方式和商务模式在各个领域多点开花，成为后疫情时代消费重启的新动力、企业转型的加速器、经济提振的新引擎。

很多读者对直播带货有一定的认识，但对具体的操作，可能无从下手，不知道如何撰写有效的“引关注”“保留存”“促转化”话术，如何选品，如何分析直播数据，如何扩散直播预热信息，如何进行有效的直播互动等。基于这些问题，本书从直播认知、直播策划、主播孵化、直播运营、评估优化五个方面对选择直播平台的技巧、直播账号矩阵规划、直播脚本设计、直播团队打造、直播间的场景和灯光布置、直播选品及定价策略、直播预热信息的扩散、直播话术设计、直播互动、直播复盘与数据分析等重要内容和关键环节进行剖析，理论与实践相结合，为读者提供切实可行的解决方案，使读者能快速掌握直播带货的要领并用于实践。

本教材以高素养复合技能型人才培养为宗旨，以文明传承，文化创造，社会服务为己任。坚持教材的政治属性，坚持社会主义核心价值观，做到内容完整、准确，符合教学基本要求，保证教学构架的逻辑性、正确性、精准性。

本书主要有以下特色。

●内容紧跟时代、理论联系实际

本书内容紧跟时代发展潮流，采用理论与实践相结合的教学模式，对直播电商的各个环节、各种平台和各个行业都进行了深度诠释，旨在帮助读者全面提升直播电商的运营能力，解决直播电商运营中的痛点和难点。除此之外，还使用了很多创意和应用背景。

●体例结构新颖、融入课程思政

本书除了介绍直播的基础理论外，还在每章末尾设计了“实训与提升”，帮助读者掌握直播运营的核心、细节和技巧。在结构安排上，本书每章开头的“项目情景”用案例概括每章的学习重点，帮助读者快速奠定学习方向；“项目目标”引导读者了解本章所需掌握的相关知识和操作技能。书中灵活穿插“知识拓展”“任务探究”等栏目，用于解惑答疑、传授经验，提升读者的动手能力和自主学习能力。“思维导图”等帮助学习者更好地理解和掌握教材内容，提高思维的整理和学习的效果；“思政园地”通过传播核心价值、培育道德品质、增强法律意识、拓宽国际视野、促进全面发展、激发创新思维和培养实践能力等，力争培养出更多具有高尚道德品质、强烈法律意识、广阔国际视野、全面发展素质、创新思维和实践能力的学生，为社会的繁荣和进步作出贡献。

●重视实战操作、体现工学结合

本书十分重视直播实战操作，为了使读者学以致用，以实训案例为载体，设计大量直播实战操作内容，详细介绍提高直播质量和改善留存、互动、转化等效果的具体操作。实训案例均为相关企业真实案例，读者可以更好地将所学知识应用于实际工作，在实际工作中不断学习和成长，为未来的职业生涯打下坚实的基础。工学结合不仅有利于学生的个人发展，也有利于社会和国家的技术进步和产业升级。

●配套资源丰富、实现翻转课堂

本书在讲解过程中穿插了“案例链接”“微课视频”，用于对书中知识和操作进行说明、补充和扩展。通过扫描二维码，读者可以直接查看相关知识和操作，加深对直播实践的理解。此外，本书还配备教学课件等，方便任课教师教学，请通过邮箱 273926790@qq.com 或微信 273926790 联系索取，通过本书资源可以实现翻转课堂。

在本书的编写过程中，编者参考了多位专家、学者的著作或译作，也参考了许多同行的相关教材和案例资料，在此对他们表示崇高的敬意和衷心的感谢！如有侵权或不当引用请与编写组联系。由于编者水平有限，书中难免存在不足之处，欢迎广大读者批评指正。

编　者

2024 年 5 月

目 录 Content

项目一 直播认知

项目二 直播策划

项目三　主播孵化

项目四　直播运营

项目五 评估优化

项目一

直播认知

直播电商市场前景广阔，潜力巨大，未来将会有更多的机会和挑战等待着直播电商企业和从业者。直播电商的发展可以带动相关产业的发展，直播技术、视频技术、物流服务等。这些行业的发展将为直播电商的发展提供更加良好的环境和支持，形成一个良性循环的生态系统。

“工欲善其事，必先利其器”，一名优秀的直播销售人员想在这个行业脱颖而出，就必须全面了解直播并具备专业的职业素养。

项目情景

直播让文旅品牌更响亮

“直播+文旅”碰撞出的火花，为各地文化和旅游行业的发展注入了新动力。景区利用网络直播开展线上旅游，获得广大网友围观支持；旅游企业尤其是在线旅游平台尝试“直播带货”，并取得一定成绩；各地党政及文旅干部化身网络直播平台“主播”，助力行业复苏。文旅直播不仅让大众饱览神州风光，还有力地拉动了文旅消费。

山东省旅游推广中心负责人介绍：“截至2023年11月，我们今年累计完成91场直播，其中包括58场主题直播和33场日常直播，总曝光量超6.8亿人次。”山东省文化和旅游厅不断探索“互联网+”模式创新，利用“直播+文旅”着力提升文化创造力、传播影响力、宣传引导力。2022年，山东省文化和旅游厅推出《好客山东说》第二季直播活动，深挖山东文旅内涵，全面提升传播广度，不断增强“好客山东”品牌和文旅产品的传播力、穿透力、影响力。据山东省旅游推广中心负责人介绍：“目前，‘好客山东’全媒体矩阵搭建了包括微信、微博、抖音、头条号等在内的21个新媒体账户，总粉丝量超1200万。”

Friendly Shandong 山東

好客山东欢迎您

广东省惠州市文旅系统举办了以“粤旅行·惠精彩”为主题的惠州文旅“星推团”直播带货活动。直播中，惠州五位文旅局局长向广大网友推荐了一系列质优、价廉的限时抢购优惠产品，涵盖本土美食、特色民宿、往返机票等。时长90分钟的直播，达成交易订单5000多笔，销售额超过200万，预计撬动文旅体等相关产业经济消费逾千万。惠州文旅部门相关负责人表示，将继续开展系列惠州文旅“星推团”直播带货活动，打造兼具惠民、助企、文旅资源推广功能于一体的“云集市”和“网上嘉年华”，带旺文旅体消费市场人气，释放城市居民消费需求潜力，提振城市消费活力。

五一假期，宁夏沙坡头景区组织景区优秀讲解员通过网络平台展示沙坡头的美景和旅游项目，让网友在家即可“云”游沙坡头景区，领略黄河与腾格里沙漠相伴相生的奇特景观。西夏陵国家考古遗址公园邀请“网红达人”从三号陵遗址出发，骑行5.3公里，带领网友探秘西夏陵，4个小时的直播在线观看和互动超过千万人次。

项目目标

直播销售人员岗位能力要求：

1. 熟悉直播平台规则，各工种配合完成单场直播策划；
2. 掌握直播技巧，能够完成整场直播

全国职业院校直播电商技能大赛知识及能力要求：

1. 熟悉直播策划、直播运营和直播复盘相关知识；
2. 根据商品数据分析进行直播选品定价，完成商品上架、优惠券等活动设置；
3. 准确分析直播平台后台数据，合理设计优化方案

互联网营销师证书知识及能力要求：

1. 能做好直播前的准备工作，包括宣传准备、设备软件和材料准备，进行直播前的风险评估；
2. 掌握组织团队进行直播预演，根据预演效果调整营销方案；
3. 能够做好直播后的售后与数据复盘

知识目标：

1. 掌握直播销售的本质；
2. 了解直播销售的发展历程；
3. 了解直播电商产业链构成；
4. 掌握直播从业人员的职业素养

能力目标：

1. 能够运用所学知识制定直播营销策略；
2. 掌握直播平台规则，各工种配合完成直播策划；
3. 能够利用所学的知识与技能，相互配合完成整场直播

素质目标：

1. 使学生进入社会后能够准确给自身定位，端正工作态度；
2. 培养爱国爱党、遵法、诚实、守信、对客户信息严格保密、自律、敬业爱岗、吃苦耐劳的良好道德品质和职业素养

任务 1.1　直播销售认知

【任务导入】

张爱华是电子商务从业人员，他创办了爱华旅游电子商务有限责任公司，他所在的地区旅游资源丰富，政府有意整合当地旅游资源，采用“互联网+直播+旅游”的形式发展旅游产业，“爱华旅游”作为当地线上旅游龙头企业更是主力军。

我国电商行业不断发展，随之而来的旅游红利也十分可观，但在电子商务快速发展的同时，竞争也越来越白热化。如何在激烈的竞争中吸引消费者眼球，赢得消费者的偏好是一项艰巨的任务。爱华旅游电子商务有限责任公司如何通过直播扩大知名度，使自己与粉丝们的关系更亲密，为当地旅游事业和自身企业带来财富与流量密码？

【知识必备】

1.1.1 初识直播销售

在互联网飞速发展的今天,静态图片和文字已经难以吸引消费者的注意力,通过直播销售这种全新的内容表现形式,全方位、立体式地向消费者进行产品展示,为企业实现快速的消费引流和变现,这种直观、全面的形式受到越来越多消费者的青睐。

(一)直播销售的含义及特点

直播销售是一种通过网络平台进行产品售卖的销售方式,通过直播现场事件的发生过程,同时进行制作、播出的一种互动式的营销和销售模式,它以直播平台为载体,达到为企业获得品牌提升或增长销量的目的。

直播销售能够为企业或品牌商带来新的营销机会。作为一种新兴的网络营销手段,直播销售具有以下三个特点。

1. 实时互动性强

相较于传统电视销售,直播销售以视频的形式向消费者传递信息,具有更强的实时互动性,更容易吸引消费者的注意。在直播销售过程中,互联网用户不仅仅是单向的观看,还能实现信息的双向沟通,甚至还能动用民意的力量改变节目进程。这种互动的真实性和立体性,只有在直播的时候能够完全展现。

2. 更具真实性

直播销售的真实性主要体现是场景真实,这种真实性也是企业或品牌商赢得消费者信任的第一步。虽然传统销售方式下的图文广告和电视广告制作精良,但是它们在制作的过程中经过大量人为剪辑和美化,真实性没有保障。反观直播销售不仅可以展示商品的生产环境、生产过程,还可以展示商品的试玩、试吃、试用等过程,带给消费者更加直观的体验感,获得消费者的信任,从而激发消费者的购买欲望。

3. 直播效果更加直观

直播本身是一种带有仪式感的内容播出形式,能让一批具有相同志趣的人聚集在一起,聚焦在共同爱好上,这样可以使消费者的情绪相互感染,达到情感上的互通。企业或品牌商再抓住这种氛围做一些恰到好处的推波助澜,销售效果一定能达到最初的预期效果。同时在直播销售过程中,主播对商品进行现场展示和介绍,以及直播间很多消费者争相购买的氛围也很容易刺激其他消费者直接下单购买。此时直播运营团队可以在后台看到直播间的实时数据及商品的售卖情况,及时掌握直播活动带来的销售效果。

案例链接

甘肃文旅直播圆满结束:播放量突破2亿次,APP首次直播获得关注

这个炎热的七月属于甘肃。伴随着一场文化感十足的文旅直播,甘肃文旅概念瞬间在全网引爆。受甘肃省文旅厅邀请,某直播团队于2023年7月5日至9日,在甘肃进行了为期5天的直播活动,通过“旅游直播、文化讲解、特产带货”三者合一的独特模式,为全国网友呈现壮阔绝美的河西走廊风景和当地文化。

本次专场，直播团队多位主播深度直播讲解，陆续走进兰州、武威、张掖、嘉峪关、酒泉，展现河西走廊之美。直播团队在抖音账号之外，首次开启了直播团队APP直播。开播首日，直播团队抖音账号和APP账号同时在线超过10万人次，引发业界高度关注。拥有厚重底蕴的甘肃，遇见文化直播的主创团队，两者联手打造为期5天的直播盛宴，收获全网网友的热情关注。直播团队主播结合甘肃的人文历史、民俗风情、地理地貌，讲解甘肃省博物馆、白塔山、天梯山石窟、七彩丹霞、嘉峪关关城、鸣沙山月牙泉等著名旅游景点，让全国网友身未动、心已远，对甘肃心驰神往。

据悉，直播团队甘肃行直播总观看量接近5000万人次，相关话题登上微博热搜榜超过10次，最高冲上热搜榜的总榜第一位。直播团队甘肃行相关话题的短视频播放量突破2亿次。甘肃省文旅厅厅长在专场期间热情欢迎直播团队，与直播团队主播们共同讲解甘肃之美。

在专场收官之际，甘肃省文旅厅厅长在直播间表示："直播团队昼夜鞍马劳顿、一路风尘，从兰州出发，经过武威、张掖、酒泉，通过直播宣传甘肃，把甘肃各地特别是河西走廊悠久的历史文化、雄浑的自然风光、独特的民俗风情介绍给大家，受到广大网友的一致好评。感谢直播团队倾情宣传甘肃，欢迎大家走进甘肃触摸历史、品味文化、游历山水、感受风情！"

（二）直播销售的作用

在销售过程中，直播销售发挥了以下作用。

1. 强大的自主性

一般情况下，销售都需要商家主动联系消费者，但是直播打破了企业或品牌商在市场中的被动地位。在信息呈现爆炸式增长的当下，作为观众的消费者寻找感兴趣的内容已经成为一种本能，当他们在直播平台上看到自己感兴趣的内容，自然而然地从各个端口进入界面进行浏览观看。让作为观众的消费者们主动参与到销售活动中，通过参与企业或品牌商的直播活动，不仅加深了对品牌的良好印象，而且能够起到品牌带动市场的效果。

2. 强力的掩盖性

目前，直播在网络中的社交地位逐渐显现出来，消费者通过直播平台观看丰富多彩的销售活动，甚至在很多情况下，他们并不会认为这些活动是一种营销行为，他们更多的是带着娱乐的眼光来观看直播。只是在他们聚精会神地观看直播并参与到直播讨论中的时候，企业的品牌印象已经在不知不觉中深入到一部分消费者的内心深处，并将这些消费者转化为企业或品牌商的潜在客户。直播将企业或品牌商带有营销性质的活动完美地用娱乐的方式掩盖，让消费者在不经意间对品牌形成了深刻的印象。

3. 实现快速变现

企业或品牌商可以通过直播销售的方式直接将聚拢来的流量变成利润。直播采用"一对多"的模式，也就是说让一位"销售员"面对成百甚至上万的客户，不仅节约了人力成本，而且让消费者通过直播窗口边看边买，用最直接的方式实现流量变现。这种变现模式与一般意义上的依靠"打赏"的直播流量变现不同，直播销售带来变现的最大来源是产品，在变现的过程中，将产品大量销售出去并扩大品牌的影响力，才是直播销售为企业和品牌商带来的真正收益。

知识拓展

直播销售的优势

直播销售是一种营销形式上的重要创新，也是非常能体现电子商务特色的板块，直播销售有着极大的优势。

1. 直播销售就是一场事件销售

除了本身的广告效应，直播内容的新闻效应往往更明显，引爆性也更强。一个事件或者一个话题，可以更轻松地进行传播和引起关注。

2. 体现用户群的精准性

在观看直播视频时，用户需要在一个特定的时间共同进入播放页面，这其实是与互联网视频所倡导的“随时随地性”背道而驰。但是，这种播出时间上的限制，也能够真正识别出并抓住这批具有忠诚度的精准目标人群。

直播销售的发展现状与趋势

3. 实现与用户的实时互动

相较于传统电视，互联网视频的一大优势就是能够满足用户更为多元的需求。不仅仅是单向的观看，还能一起发弹幕吐槽，喜欢谁就直接献花打赏，甚至还能动用民意的力量改变节目进程。这种互动的真实性和立体性，也只有在直播的时候能够完全展现。

4. 深入沟通，情感共鸣

在这个碎片化的时代里，在这个去中心化的语境下，人们在日常生活中的交集越来越少，尤其是情感层面的交流越来越浅。直播能够拉近观众之间的距离，增强主播与观众的情感沟通，促进直播营销活动的开展。

1.1.2 直播销售的发展历程

直播销售是指直播电商销售模式，它作为直播与电商的有机融合物，是技术、媒体、平台、资本、企业和主播等因素协同驱动的产物。直播电商销售模式最早诞生于 2016 年，2019 年由于直播电商的快速发展被称为“直播电商元年”，2020 年至今，直播电商逐渐向规范化、成熟化、稳定化发展。要研究直播电商销售模式，首先就要了解它的发展历程。

直播电商的发展历程大致可以分为萌芽期、发展期、爆发期和成熟期四个阶段，如图 1-1 所示。

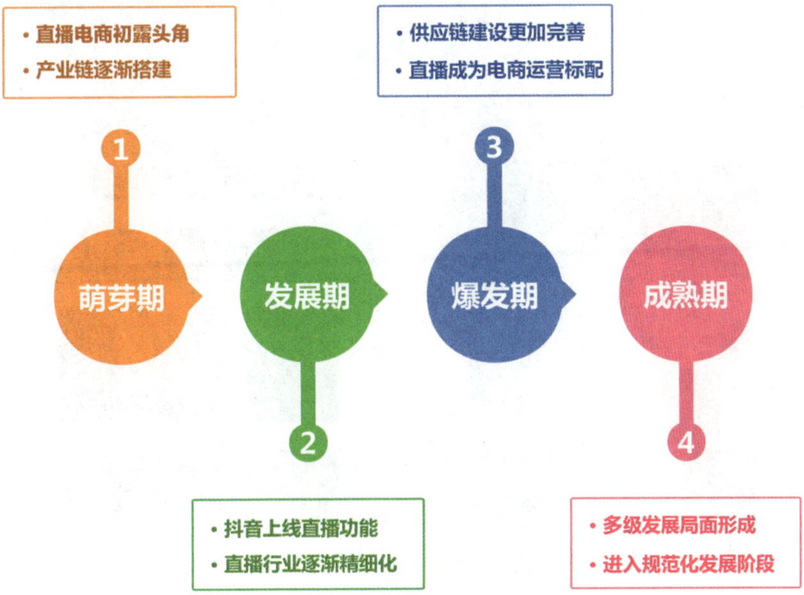

图 1-1　直播电商的发展阶段

（一）萌芽期

2016 年，随着直播行业的发展，直播电商初露头角，产业链逐渐搭建。电商平台与短视频平台纷纷上线直播功能。2016 年 1 月，快手上线直播功能；3 月，淘宝直播试运营，5 月正式推出淘宝直播平台；蘑菇街在 2016 年 3 月上线直播业务，是首个推出直播购物的电商平台；2016 年 9 月，京东商城也上线直播功能，进入直播电商领域。

在直播平台端，电商平台与短视频平台从拓展自身属性出发，尝试“直播、电商、内容”三种要素相结合，探索新的效益增长渠道。很多平台进入以内容建设与流量变现为目的的直播电商起步阶段。此阶段，主播以“淘女郎”为主，销售的商品以服装和美妆为主，如图 1-2，当时的蘑菇街直播就是这样的经营内容。

（二）发展期

2017 年直播行业逐渐精细化。蘑菇街、淘宝网、京东商城试水直播后，2017 年 7 月电商平台苏宁正式上线直播功能，如图 1-3。2017 年 11 月，抖音上线直播功能。直播电商产业链中的角色开始丰富起来，MCN 机构、供应链企业纷纷入局，直播电商行业在探索中逐步发展。在此阶段，主播的身份更加多元化，名人和各领域“达人”均可成为直播电商的主播，直播中销售的商品品类也更加丰富，行业角色逐步细分，行业发展逐渐走向精细化。

（三）爆发期

此阶段供应链建设更加完善，直播成为电商运营的标配。直播平台纷纷搭建自有供货平台，构建完整的电商产业链，缩短产业周期，使用户在观看直播过程中直接购买商品并实现交易，无须跳转至第三方平台，极大地推动了直播电商的发展。

图 1-2　蘑菇街直播

2018 年 3 月，抖音试水直播电商，开始在百万级大号中添加购物车链接，12 月“购物车”功能正式开放申请，如图 1-4。2018 年 6 月，快手与有赞合作推出“短视频电商导购”解决方法，并新增快手小店。2018 年“双十一”全天，淘宝直播成交金额超 3 亿元，淘宝网“双十一”正式引爆直播带货模式。

图 1-3　苏宁直播

图 1-4　抖音直播

2019年，直播行业格局从“百花齐放”向“巨头争霸”过渡，流量、主播和资本开始向头部平台聚拢，直播电商获得爆发式增长，直播电商供应链的建设更加完善，各平台上通过直播产生的交易额高涨，直播在电商运营中的作用越来越明显。

（四）成熟期

2020年以后，多极发展局面形成，电商直播进入规范发展阶段。2020年在全球新冠疫情暴发的大背景下，我国电商直播市场规模达9610亿元，整个电商直播市场格局呈现出淘宝直播、抖音直播、快手直播三足鼎立，蘑菇街、拼多多、小红书、京东、视频号等多极发展的局面，如图1-5所示。各平台也提出了电商模式新概念，如抖音兴趣电商、快手信任电商。

图1-5 电商直播格局

直播中销售的商品更加丰富，越来越多的店铺开始进行商家直播。此外，很多主播凭借自身魅力和带货的专业度形成了独特的个人品牌，让用户愿意购买他们推荐的商品。此时，主播的身份更加多元化，大量名人、企业家参与到直播电商中，政府机构、电视台也加入直播带货中。直播中销售的商品不仅有服装、食品、美妆，甚至还有房子、汽车等。

案例链接

蘑菇街——中国直播电商的首创者

蘑菇街于2011年成立，是中国领先的时尚目的地、直播电商的首创者。蘑菇街平台汇聚了数万名专业的时尚领袖，她们通过直播、短视频、社区等形式，累计为超过3亿女性提供商品推荐、选款搭配服务。同时，平台为时尚领袖提供包括商品供应、培训孵化、软件工具、客户服务、金融支持等全方位的赋能。

蘑菇街的业务模式为公司独创P2K2C的业务模式，围绕“为K赋能”和“让C信任”开展业务。蘑菇街首创直播购物模式，让用户在直播间跟着主播边看边买。在消费分享社区里，用户可以自由交流时尚购物心得。同时汇聚专业时尚编辑，为用户提供前沿的流行趋势和时尚内容。

1.1.3 直播销售的本质

直播电商销售模式为传统电商赋予了新的发展功能，各电商平台纷纷增加直播模块，探索电商内容化，通过直播为平台导流，同时通过直播实现流量变现。

（一）直播销售是一种新型营销形式

直播电商销售模式是一种“货找人”的营销形式，本质是将内容化的交互形式大幅提升，带来“种草”效率与转化效率的提升。简单地说，直播电商的本质就是以主播为载体，以内容为介质，商品通过主播生产的内容触达用户，基于用户的需求，通过人格化的认同与信任促成商品的销售。

（二）直播销售是传统电商的再提升

直播销售电商模式是传统电商模式的升级，它的核心要素是“人”“货”“场”。直播销售平台通过消费者的收藏、购买、浏览等动作记录来了解他们的状态，这些数据能够帮助平台对消费者做出明确的判断，知道消费者最近需要什么以及最可能购买什么，从而推荐最合适的产品给消费者；“货”的身上被打满了标签，每一件货跟消费者之间是通过平台的数据进行精准的匹配，这样可以让企业或品牌商的效率最大化；“场”指在直播销售里给大数据匹配出的合适的消费者搭建一个购物的场景。这些和传统的电商都有明显的区别，具体区别详见表 1-1。

表 1-1　直播销售模式与传统电商模式

区别	直播销售模式	传统电商模式
与消费者关系	货找人	人找货
商品呈现方式	通过视频全方位展示商品，具有真实性	通过处理过的图片、文字、短视频剪辑展示商品，无法保证真实性
交易时间	带货主播的选品能力和详细介绍，能帮助消费者降低交易的时间成本	消费者需要自行搜索、对比做出购买决策，此过程花费的时间成本高
消费者需求	通过主播介绍和营销内容刺激消费	消费者本身的刚性需求
消费者体验	主播与消费者实时互动，易产生情感共鸣	通过客服了解产品，无情感交流
消费路径	消费者—主播—商品	消费者—商品

知识拓展

直播销售的合作模式

1. 网络达人带货模式

这是一种付费推广的模式，通过与带货主播合作来实现产品的销售。在找主播带货的时候，一定要搞清楚主播的相关背景资料，尤其是主播的粉丝群体，如果自己的产品与主播粉丝的形象不重合，销售量会因此受到影响。

2. 产品孵化模式

在这种模式下，组织利用自身的成本优势，寻找优质产品进行孵化，最终参与销售分成。除了线上主播佣金，厂商还需要支付代理佣金服务费。这种模式的优势可以大大降低前端的成本，同时对于机构来说，不再局限于靠差价盈利，而是可以积极参与运营过程，享受直播的红利。

3. 店家直播模式

商家入驻电商平台后，利用各电商平台提供的直播功能，在自己的账号里进行直播，这种模式更多地考验店家自身的资源质量。

4. 坑位费提成模式

这种方式比较常见，给主播一定的费用加上实际销售的佣金，佣金比例 10%~30%，由各商家根据产品类别来定。关于坑位费有不同的说法，有的机构以广告费名义收取，有的以服务费名义收取。

5. 纯佣金模式

这是商家最喜欢的一种方式。目前纯佣金模式只接受有淘宝店铺的厂家，店铺综合评分必须在 4.6 分/4.8 分以上。产品价格必须是全网最低价，同时还需要一定的基础销量和品牌知名度。对于普通卖家和刚开网店的卖家来说，这个要求还是比较难的。

在直播模式的选择上，是不建议把“砍价”作为主要卖点的，一个粉丝因为价格进来，也会因为价格离开，我们可以选择做专家模式，解决垂直领域用户的问题，提高用户精准客户转化率。这样每个商家都可以利用直播模式推销自己的产品，沉淀更多的精准流量，拓展市场空间。

【任务探究】

对于张爱华的公司来讲，视频直播能够有更多的场景，让企业有全新的营销机会，可以更加立体地展示企业文化，发出企业声音。

无论是移动互联网时代的机遇也好，还是企业营销的需求驱动也罢，这一切最重要的根基是用户愿意在这个平台上进行“玩耍”。越来越多的人愿意在视频平台上花费时间创造内容和浏览内容，这都得益于用户习惯的培养。

无论是企业还是个人，在利用直播进行营销前一定要注意以下几点。

（1）进行精确的市场调研

直播是向大众推销产品或者个人，推销的前提是我们深刻地了解到用户需要什么，我们能够提供什么，同时还要避免同质化竞争。因此，只有精准地做好市场调研，才能做出真正让大众喜欢的营销方案。

（2）精确分析自身优点

做直播，营销经费充足，人脉资源丰富，可以有效地实施任何想法。但对大多数公司和企业来说，没有足够充足的资金和人脉储备，这时就需要充分地发挥自身的优点来弥补，一个好的项目不仅仅是人脉、财力的堆积就可以达到预期的效果，只有充分地发挥自身的优点，才能取得意想不到的效果。

（3）市场受众定位

营销能够产生结果才是一个有价值的营销，我们的受众是谁，他们能够接受什么等，都需要做恰当的市场调研，找到合适的受众是做好整个营销的关键。

（4）选择合适的直播平台

直播平台种类多样，根据属性可以划分为不同的几个领域。我们要根据自身企业产品的调性和客户的相关信息来选择合适的直播平台。

【思政园地】

为减少束缚电子商务发展的机制体制障碍，进一步发挥电子商务培育经济新动力的作用，国务院颁布了《国务院关于大力发展电子商务加快培育经济新动力的意见》，意见提出“实施国家大数据战略，加快建设数字中国”。国务院、国家各部委、各单位等国家层面的机关，为了直播电商相关行业的有序健康发展推出了22项具体的政策。2023年2月，由中共中央、国务院印发的《质量强国建设纲要》中对直播电商行业做出了具体的发展规划，要规范发展网上销售、直播电商等新业态新模式，促进网络购物、移动支付等新模式规范有序发展，鼓励超市、电商平台等零售业态多元化融合发展。

我国的直播电商从无到有，到今天成为我国新的经济增长点，这充分体现了国家经济政策的制定紧贴时代背景、紧跟经济发展的脉搏，注重政策的前瞻布局，同时更充分体现了社会主义制度的优越性。我们作为中国新时代的青年，应为生活在这个伟大的时代而自豪。

任务1.2　直播电商产业链认知

【任务导入】

张爱华在学习了直播销售的概念和本质后，认识到直播电商指的是以直播为渠道来达成营销目的的电商形式，是数字化时代背景下直播与电商双向融合的产物。直播电商销售模式省去了传统销售活动中营销信息投放、接触、转化等中间环节，是对传统营销模式的变革。这种销售模式使企业或品牌商与主播、消费者之间的关系更加紧密。

那么，直播电商的产业链由哪些组成？爱华旅游电子商务有限责任公司将在产业链中扮演什么样的角色？这个产业链又是如何形成的？

【知识必备】

1.2.1　直播电商产业链的组成

直播电商其实是对“人”“货”“场”的重新排列组合，参与者可以分为商家、平台、用户以及包括MCN机构、主播等在内的服务商。

（一）直播电商产业链结构

直播电商产业链由供应端、平台端和消费者构成。供应端主要包括商品供应方（生产商、品牌商、经销商、批发商）及内容创作方（主播/MCN）；平台端包括电商平台（淘宝、京东、拼多多、蘑菇街、快手电商等）和直播平台（快手、抖音、淘宝直播等）。直播所有参与者中，平台方处于核心地位，服务商为主要参与方。服务商的前台部分为达人主播，凭借自身流量和影响力为品牌进行产品销售；服务商中的 MCN 机构为主播提供全链条服务，包括选品、直播间流程管理以及投流等，并从商家处收取服务费，大量商家会对店铺直播进行外包，大多通过合作协议或按时长付费的方式寻求专业代运营服务。从产业链的核心平台方看，平台主要通过提供产品曝光、交易保障、商品管理以及需求对接、流量分配等功能获取收入，收入主要来源于买卖收入和交易服务佣金。

直播产业链结构分析

直播产业链的整个运作流程如下：企业或品牌商对接电商平台提供货源，对接 MCN 机构或主播，确定直播内容方案，引入直播平台进行内容输出，最终引导消费者在电商平台实现变现转化。电商平台、直播平台、MCN 为主要受益者，其收益一般来自按成交额的一定比例收取的佣金，如图 1-6 所示。

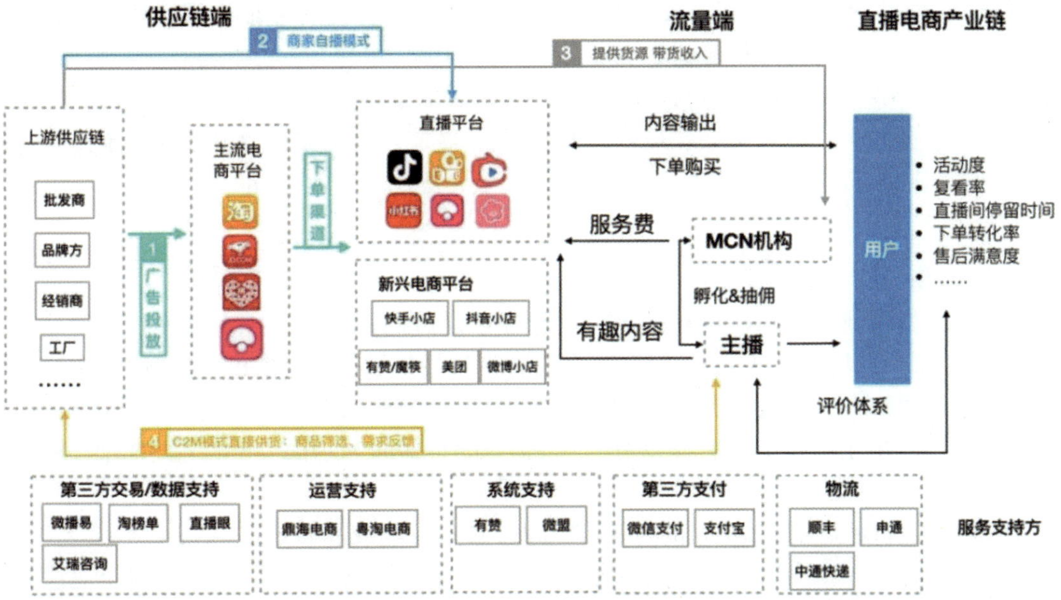

图 1-6　直播产业链运作流程

（二）直播电商产业链主要参与者

1. 主播

主播作为整个直播过程中的主导人物，发挥着至关重要的作用。一场直播销售活动中，最先让消费者看到的就是主播，主播形象的好坏，就像短视频直播封面一样，直接影响消费者是否愿意进入直播间观看和下单。所以，选择合适的主播对直播销售的企业或品牌商来说尤为重要。

直播销售中的主播需要具备一定的专业技能，比如人设塑造能力、自我管理能力、选品和议价能力、商品讲解能力、直播控场能力和心理承受能力等。

主播在直播过程中的工作内容包括以下几方面。

①详细讲解商品，试穿、试用商品。
②介绍直播间的优惠活动，为用户发放福利。
③与用户进行互动，活跃直播间氛围。
④回答用户提出的问题。
⑤引导观看直播的用户关注和分享直播间。

知识拓展

主播的发展现状

经过多年的发展，淘宝网、抖音、快手等平台上直播电商领域的主播格局已经初步形成，主播之间的“马太效应”明显。具体体现是头部主播数量较少，但在粉丝数量、商品销售额上具有显著优势，在面对商家和直播平台时，对于商品价格和佣金分成方面有较大的话语权；腰部主播数量较多，但在粉丝数量、商品销售额上与头部主播的差距较大；尾部主播的粉丝数量和商品销售额更少。

当前，各平台对头部主播的依赖性较强，并与其深度绑定。2020 年，直播电商行业进入稳定发展阶段。根据相关数据统计，2020 年直播带货销售额排名前 100 的主播中，头部、肩部主播数量占比不断提高。

2. 品牌商

除主播带货的销售模式外，越来越多的企业或品牌商开启了自主直播模式。食品类的官方旗舰店采用现场生产式的方式直播，向消费者现场展示商品真实的生产环境、生产过程等场景，利用干净、卫生、现代化的加工环节展示食品安全，从而吸引消费者下单购买；还有一些服装鞋帽、电子科技类的企业，利用自己企业的直播间展示商品的性能和特点，销售产品的同时起到宣传品牌形象的作用。

企业或品牌商采取什么类型的直播方式需要依据企业或品牌定位、企业品牌知名度、商品种类来确定。企业或品牌定位影响着品牌对直播的布局，知名度不同，直播对企业或品牌商产生的价值也有所不同。

3.MCN 机构

源自美国的 MCN（Multi-Channel Network）全称多频道网络，原本是指存在于内容生产者与 YouTube 间的中介；进入中国市场后 MCN 行业进行了衍生和本土化的成长，逐渐发展成通过内容聚合、制作和运营，以不同商业化服务变现并按照约定进行收入分成的机构。

直播电商行业中的 MCN 机构是帮助签约达人进行内容持续输出和变现的公司。专业的 MCN，包括网红的筛选、孵化，内容的开发，自我内容平台技术性支持、持续性创意，用户管理，平台资源对接，活动运营，商业化变现和合作，IP 开发等系列链条和繁杂的工作。MCN 机构的本质是经纪中介公司，负责传播生态新变化带来的新事物，也是互联网专业化分工的必然结果，MCN 产业链如图 1-7 所示。

图 1-7　MCN 产业链(图片来源:安信证券研究中心)

以抖音为例,入驻抖音 MCN 机构可以获得巨量的账号流量扶持,另外还有以下其他优势。

①获得巨量的流量扶持,让作品获得更多曝光量,入驻前后获得单作品曝光量差异高达 5 倍。

②能够获得 MCN 机构对自身的品牌溢价提升。

③入驻 MCN 直播公会,与抖音的直播分成最高可达 70%。

④抖音达到 30W 粉丝的达人可以开通星图权限,星图是抖音官方的广告发布平台,开通星图权限可以使企业或品牌商的直播内容获得大量的广告投放,这种基于全媒体的广告投放矩阵会让主播变得更有价值。

⑤全平台的达人流量扶持及补贴策略,让达人轻松有收益。

⑥利用媒体资源进行企业品牌包装、IP 价值提升、给予企业或品牌商专业的运营指导建议。

⑦平台专属一对一运营指导,帮助 MCN 快速和持续变现。

4. 电商直播供应链

供应链是综合型的服务机构,电商直播供应链从采购原材料开始,包括采购商、运输商和生产商以及中间环节,围绕核心企业,通过对信息流、物流、资金流的控制,制成中间产品及最终产品,最后通过互联网销售把产品送到消费者手中,如图 1-8 所示。换句话说,直播电商,始于直播,终于供应链。

直播电商的供应链搭建需要确定目标市场和消费者需求,选择合适的供应商,建立库存管理系统。供应链管理需制定合理的采购策略,优化物流配送,强化售后服务。直播供应链具有柔性和敏捷性双重特性,不同的直播供应链服务模式给直播供应链的管理带来诸如需求难以预测、不确定性增加、产品的生命周期极短等挑战。

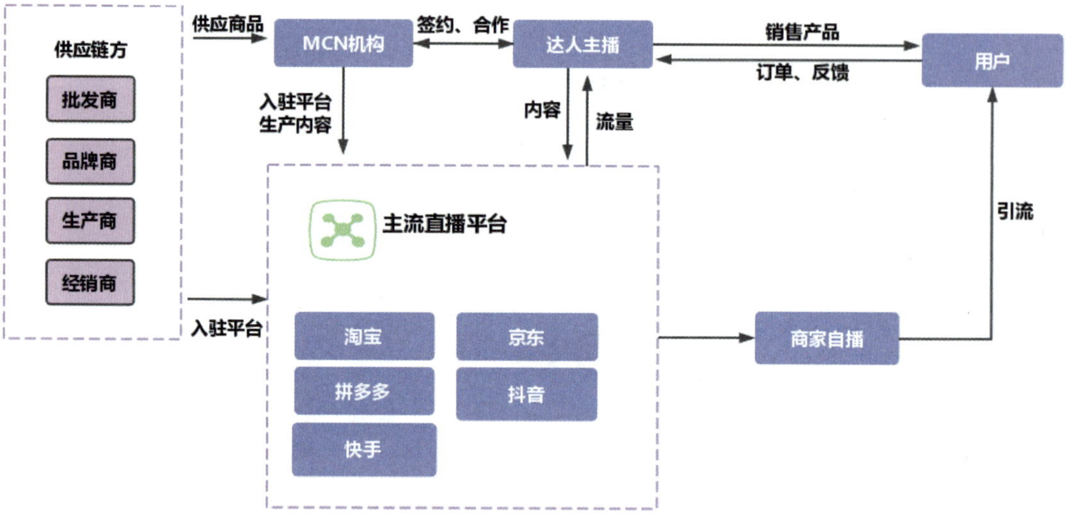

图 1-8　电商直播供应链结构

1.2.2　直播电商产业链的收益分配

直播电商产业链中，直播电商平台、MCN 机构和主播之间主要采取合作分成的模式。

（一）合作定价及利益分配方式

在付费主播模式下，企业或品牌商与 MCN 公司或主播协商确定合作定价及利益分配方式，主要的合作定价及利益分配方式为线上佣金和线下费用（包括线下坑位费及线下差额费），头部或腰部主播一般由所属 MCN 公司管理，企业或品牌商与 MCN 公司就产品、价格、主播、利益分成、直播平台、直播日期等进行协商沟通，并与 MCN 公司直接签署直播电商推广合同和订单；大众主播一般为个人主播，无 MCN 公司管理，企业或品牌商与该主播沟通后直接达成直播合作意向和方案并通过线上平台结算线上佣金。

在直播销售过程中，主播在约定的直播时段对企业或品牌商的具体产品进行介绍与推广，消费者通过直播页面中的商品链接跳转至相应电商平台进行下单购买，企业或品牌商则负责备货、发货、退换货、售前、售后等事宜。

（二）合作定价及利益分配的公允性及依据

企业或品牌商与 MCN 公司或带货主播之间基于直播电商行业的惯例协商确定合作定价及利益分配方式。公司线上佣金费率、线下费用分析见表 1-2。

表 1-2　公司线上佣金费率、线下费用分析

合作定价及利益分配	企业或品牌商	公允性分析
线上佣金	主要主播的线上佣金率一般为 20%	行业一般为 20%
线下坑位费	头部主播或明星主播的坑位费为几万元到几十万元	行业中头部主播除了分佣外，还有几万元到几十万元不等的额外坑位费
线下差额费	由直播单价、佣金、供货价、税费、结算销售数量等因素来确定	采用行业一贯的利益分配方式

1.2.3　直播电商产业链“人”“货”“场”

电商行业发展至今，直播让其找到了新的发力点。随着行业的逐渐成熟，直播电商行业呈现“百花齐放”的新局面，其所包含的“人”“货”“场”三个维度已经被重新定义，展现出了不同的内容，具体如图 1-9 所示。

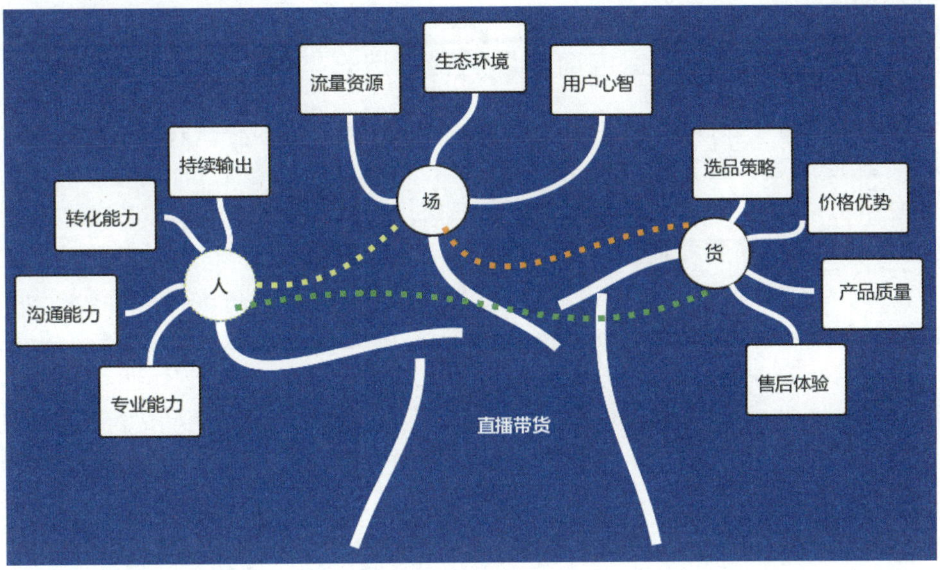

图 1-9　直播销售树状图

（一）“人”

“人”指的是主播，在直播销售模式下，主播变成商品和消费者沟通的桥梁，消费者的购物习惯由搜索变成了主播的推荐。直播销售电商平台会挖掘消费者的一些潜在购物需求，在直播间里，主播可以通过话术的引导和商品的展示，让消费者在直播间里迅速形成“购买下单”的欲望，极大地提高了传统电商转化的效率，同时主播的存在也完全改变了传统电商的购物模式。

目前来看，主播行业还属于红利期，主播数量也一直在上涨。但是通过分析腰部甚至尾部的主播行情会发现，粉丝增长已经变得越来越难。这说明对于主播来说竞争非常激烈，淘汰率也很高，加上各路明星和企业名人开始下海，让这片红海荡起了更多水花，要想在这片汪洋里扬起一帆小舟，就需要一定的技巧。

（二）“货”

直播电商把传统电商里的“人找货”演变到“货找人”，甚至有人提出这其实更多的就是“人与人”之间的行为，一时之间，“人”似乎成了直播带货的核心竞争力，千万网红主播都涌向了电商，希望从中捞一把金，然而事物的本质从来不能只看表面，在表面的背后隐藏着的产业链才是真正的关键。因此在直播销售电商模式中“货”多了一层意思，即给优秀的商品匹配更加有竞争力的供应链。

“货”是为了提升消费者的购物体验而生的，在直播间里的“货”有相对应的引流款、爆款、平销款、利润款等，通过各种“货”的组合可以达到直播间里销售的目的。在直播销售电商的时代，直播间里面的供应链的要求会比传统电商更严苛，谁能够拿到最优质的货源，谁能够拥有最优质的供应链，谁就在直播销售电商里面占据了优势，这一点在实践的过程中体现得淋漓尽致。

知识拓展

直播电商帮助消费者选好“货”

电商未出现的时候，线下的零售产业链是从生产基地到品牌商到经销商到各大卖场再到消费者，受地理位置限制，消费者只能在某个地方范围内寻货比价。

淘宝和京东等电商出现后打消了这一限制，让全国所有的商品都呈现在消费者眼前，经销商和卖场的角色变弱，加价环节减少，消费者的选择更多，购物所花的钱也节省了。再后来，网易严选和拼多多出现，消费者可以跨越零售产业链来到生产基地面前。于是，网易严选凭着超高性价比，拼多多凭着让人怀疑人生的超低价，打出了一种新的模式。

这些省钱的模式有一个弊端，就是选择变多了，消费者却更难选择了。相信很多朋友买过便宜的真货好货，但也中招买过劣质假货，无奈当作智商税和试错成本了，幸好价格不贵。

直播电商的出现，虽然在零售产业链上多了一道 MCN 和主播推销环节，但他们的出现却能帮助消费者进行非常严格选品和价格谈判。因为产品的好坏和价格代表了主播的形象和口碑，如果有一次带货卖砸了，产品出问题被投诉，消费者就不会再来第二次。为了放长线钓大鱼，主播选品都是变态的严格。又因为主播有更好的口碑和流量，所以能倒逼供应链和厂商给到更好的产品和价格，而且是保证全网最低至少 1~3 个月。

这是一个正向循环，货卖得好，影响力和流量更大，就能争取到更好价格和更有竞争力的货。正因这样，直播电商里多见的是压价空间大、试错成本低的快消品和服饰。对于消费者来说，一个好的带货主播就是他们的一道消费屏障，可以提高购物体验，安心跟着买就是了，绝对买不了吃亏买不了上当。

（三）“场”

直播电商升级了购物场景，极大地发挥了直播间的优势。直播销售电商模式中，通过主播的展示，能够让消费者有更强的体验感和参与感，直播电商在新的环境里延展出了更多的营销模式，秒杀直播、现场砍价订购模式、店铺式产品介绍、基地产地户外走播、专家问诊直播等，满足不同品类的商品特点。直播销售的展示更加真实，可以帮助消费者对商品进行更直观的了解，通过和主播的互动，以及更有针对性地了解商品的特性，满足消费者自身的个性需求，提升购物体验。

案例链接

快速入局直播电商的三类产品:内容、电商和信息互联

内容产品如快手、抖音、小红书、微博,本身拥有丰富的主播和明星资源,粉丝生态和私域流量成熟,主播一句喊话就能带动老铁们一起下单。内容产品唯一的难点在于“货”,能力强的主播需要自己搞货源、供应链,能力差一点的主播就要面对导流到电商平台的尴尬场面,而且交易链路容易断开无法闭环,会成为一个诟病。B站(哔哩哔哩)算是一个典型代表,因为保持自己小众清高的风格,视频里连广告都不会有,缺少钱味的B站(哔哩哔哩)要开始带货恐怕就更加吃力。

电商产品如淘宝、京东,毋庸置疑带着电商基因,本身在商品供应链和物流管理上就有天然优势,他们只要培养好主播,做好服务主播和粉丝的产品功能就行,达人直播或者商家直播都是可以的。淘宝凭借着阿里系强大的运营团队,2016年就已经开始布局,是目前在直播电商里走在最前面的猛将。

快速入局直播电商的产品还有一类叫信息互联,最典型的就是微信。微信属于非常强的私域流量,过去无论是线下活动凝聚参与者回流,还是电商卖家拉拢消费者,都喜欢加个微信群。所以,商家要真的进行直播带货,微信也会成为一个非常好的环境。微信群里观看直播,然后在商家小程序里下单,在有优惠信息或直播通知的时候,通过朋友圈、公众号、群消息知晓,完全不用跳出微信,转化能力特别强,而且微信也出现了短视频和直播领域,相信在未来还会有惊喜出现。

【任务探究】

直播电商是电商领域里的一个新形态,无论对企业或品牌商,还是对消费者来说都实现了很大的进步。

爱华旅游电子商务有限责任公司要想赢得市场和消费者,“货”还是最重要的因素,质量高的好产品配备更优惠的价格可以组成核心竞争力,无论是个人主播还是MCN机构都应该注意选品和谈判环节,抓住直播发展的这个机会,将强大的货源和供应链管理能力相结合,赢得市场;“场”充分体现了直播的优势,解决了线上导购不立体、无参与感的问题;“人”的方面,主播则要好好经营有亲和力的人设,学习用户心理,钻研销售技能才能真的在直播电商里站稳脚跟。

【思政园地】

近年来,各省逐步响应国家号召,利用直播电商推进旅游等产业的发展,依托电商平台企业资源,采用短视频、直播带货等传播途径,对特色旅游资源自然风光、风土人情等进行品牌融合和宣传推广,加速旅游行业品牌销售转化,帮助当地居民增收致富。2023年3月,文化和旅游部等签发《关于推动在线旅游市场高质量发展的意见》,明确提出推动在线旅游数字化营销,支持在线旅游经营者利用网络直播、短视频平台开展线上旅游展示活动。这些好政策给从业人员指明了方向,树立了信心。

大家在思考案例“爱华旅游电子商务有限责任公司电商业务如何开展”时，可以设想我们每个人都是公司员工，建议公司可以充分依托当地的旅游资源，通过直播电商平台将祖国的大好河山展示给全国甚至全球的消费者，让全世界的人民都能感受中国的地大物博，感受到中国人民的幸福生活，从而激发大家的爱国热情。

任务 1.3　直播电商岗位认知

【任务导入】

随着互联网技术的快速发展，社交媒体平台不断壮大，越来越多的企业或品牌商想要加入电商直播这个队伍中来，张爱华和他创办的爱华旅游电子商务有限责任公司也不例外，可是直播电商人才的短缺又成了公司的“拦路虎”，直播电商进入门槛低、从业者素质不高，使得直播行业出现了一些不和谐的现象。

对于张爱华和他的公司来说，招聘合格的员工迫在眉睫。那么，直播从业人员需要具备什么样的职业素养？进入直播行业之前需要考虑哪些问题？

【知识必备】

1.3.1　直播电商岗位设置

直播岗位职责及职业素养

随着直播销售行业的快速发展，直播从业人员的进入门槛越来越高，一场成功的直播需要拥有场控管理能力、招商能力、互动能力、带货能力、官方活动运营能力等多方面能力突出的团队成员协作互助才能完成。这就需要直播从业人员积累专业知识，明确各自的岗位职责，掌握相应的实战经验和直播技巧。

（一）直播岗位

在直播销售行业中，一场成功的直播需要主播、辅播和运营这三个岗位的人员团结协作，共同完成，见图 1-10。

1. 主播

主播也叫直播销售员，是负责在直播过程中针对企业或品牌商提供的产品进行宣传推广以及进行直接直播销售的人员。主播是直播间的主要角色，需要熟练掌握直播中的相关话术，并且能够在直播中的不同环节进行话术调整；掌握销售心理学基础知识，能够及时地预判销售机会；熟悉直播流程策划，能与辅播及运营进行良好的配合；了解直播中不同环节的侧重点，能够控制直播节奏；参与运营团队选品策划，了解消费者的喜好，并善于从消费者的角度观察电商直播的选品逻辑，熟悉选品的匹配度；同时主播需要保持稳定的开播时间和开播量，例如每月至少直播 20 天，每天至少 4 小时。

图 1-10　直播岗位设置

知识拓展

主播的形象管理

主播作为直播的核心，形象就代表了账号以及其所销售的商品与品牌，主播要清楚直播的定位，了解直播的核心目标群体，明白要向用户传达的理念以及所销售的商品属性。

主播的形象风格要跟货品相统一，同时适应节气和热点；遵守平台直播间规则和规范，有些平台会根据主播违规的情节严重程度给予惩罚，从轻到重，有警告、断播、封禁直播权限三个惩罚。

优质的主播形象需要具备三个要点：一是干净的妆容，最好是淡妆，浓妆容易导致主播的形象变得夸张，难以建立信任感，且直播时间一长，灯光等因素会使浓妆脱落；二是配饰要大方得体，不需要过多，适当地使用配饰会成为点睛之笔；三是服饰的风格要和直播间一致，对于观众来说主播和直播间是一体的，主播形象和直播间在风格色调上要保持一致。

主播可以选择适合自身特点和商品特色的风格，妆容选择要突出特点，适合直播间的风格，在现实中开美颜也是一个不错的方法，只要不是太夸张，保持真实感能带来粉丝信任感。恰到好处胜过浓妆艳抹，上镜之后，五官会被压缩，因此要打造出立体的妆容；选择粉底液时尽量选择比自己的肤色浅一个色号的粉底，这会让你的皮肤在镜头前显得更细更白；眼影部分尽量不要选择红橙色这种暖色系，也不要选择饱和度高的眼影，上镜后会让眼睛显得臃肿；除脸部以外，颈部和肩部显露出来的地方也要保持一致，镜头对色彩的差异很敏感，不管是男是女都要注意。有些男主播不化妆，直播间的灯光打在脸上会显得没气色，所以就算是男主播至少也要涂个粉底，粉底的颜色要比肤色暗半个色号，画一画眉毛显精神，不会太油腻，一定程度上可以提升颜值。

直播间服装的选择有两方面，一种是选择和直播主题有关的；另一种是选择直播店铺的畅销款、主推款，例如带货主播刚好带的是服装配饰，建议该主播全身搭配所带店铺的畅销款、主推款，有消费者问起，可以自然地将这些款式推荐介绍给他们。

除了服装以外，配饰也会起到锦上添花的作用，主播可以选择符合自己风格的耳饰、帽子、首饰等来装饰自己，对于服饰类的带货直播间，主播可以佩戴当季的主打款或是核心推荐款，不停地给消费者视觉提醒，这可以有效促进商品转化。

2. 辅播

辅播是直播间的辅助角色，主要任务是协助主播推进直播进度；深度参与直播流程策划，在整个直播过程中能配合主播进行不同环节的转换和调整；熟悉直播平台管理规则，能配合主播避免出现违规操作及用语；熟悉选品原则，对产品有深度了解，能帮助主播补充产品的相关知识；懂得在直播过程中洞察用户的心理变化，通过话术实现活跃的互动氛围。

3. 运营

运营的岗位职责是负责电商直播的整体统筹和执行，能匹配主播人设定位；熟练掌握各个直播平台的特点及优劣势，能够根据直播内容及产品选择合适的平台；能够熟练掌握电商直播中的策划操作，并且能够熟悉策划直播中的流程及规范；熟悉产业链的相关专业知识，能确定选品的操作规则。同时，运营也需要具备数据分析能力，可以快速分析平台数据，及时调整直播策划，优化选品。

案例链接

周大福：会员运营助力品牌增长

周大福创立于1929年，是全球值得信赖的知名珠宝品牌之一。入驻抖音电商以来，周大福携手品牌服务商祈飞通过对会员体系的系统化打造，对优质内容精耕细作，为周大福珠宝迅速开拓出年轻消费群体的兴趣需求。

2021年5月18日，国货珠宝代表周大福启动抖音电商品牌旗舰店直播首秀（见图1-11），快速拉近周大福珠宝与用户的距离。结合抖音电商平台营销节日节点，首月破冷启动。周大福珠宝在抖音好物年货节期间销量爆发，借助入会权益运营，单日突破3000万GMV，成为行业标杆。能够取得如此成绩得益于其优秀的运营手段。

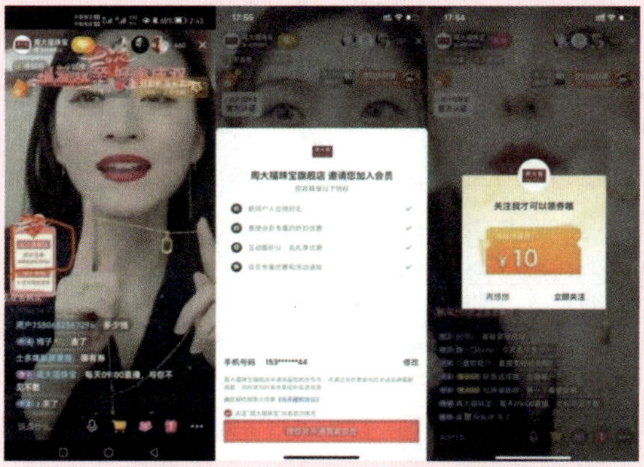

图1-11 周大福珠宝直播首秀

1. 周大福布局抖音电商“商家会员”

周大福珠宝自开通抖店会员以来，结合自身品牌特性和抖音电商平台特点，在抖音好物年货节期间全面开展会员运营，通过不同入会玩法，目前累计会员人数超 15000 人，会员单月成交超 1400 万 GMV，会员复购率高达 50%，会员客单价增幅 1.5 倍。

2. 会员体系发力销量长效增长

周大福的运营将品牌和抖音电商平台玩法巧妙结合，通过建立不同会员等级，发掘不同会员的分层消费能力，经过精细化运营会员，1 月份潜在会员数量超 220 万，新会员转化率高达 54%，以长期经营私域阵地，转化品牌资产（见图 1-12）。

图 1-12　会员运营

周大福持续发挥商家会员优势，发掘短视频与会员体系联动方法，借力直播间会员宠粉福利、积分玩法与会员等级体系，将优质的周大福产品分享给更多用户。

（二）素质要求

直播从业人员的素质要求如下。主播需要具备较高的思想素质和良好的道德素养、人文素养、科学素养及职业素养，具备较高的网络文明素养、电子商务诚信与信用素养、信息安全与保密素养。辅播除了具备良好的道德素养、人文素养及心理素质外，还需具备良好的人际沟通和团队协作素质。运营岗位的从业人员需要有多电商平台岗位实践经验，具备较强的管理能力；要有良好的职业素养和抗压能力，能够适应电商直播高密度的工作节奏；善于总结问题并进行自我调整。

1.3.2　直播从业人员入行须知

（一）遵守网络直播规则

自 2016 年国家广电总局制定首个网络直播监管政策以来，相关部门在网络直播领域已出台十几个专项管理文件，政策出台之密、参与部门之广、管理环节之细，凸显了网络直播监管的复杂性。为此，国家相关部门出台多个文件，持续规范网络直播行为，强化协同监管，完善综合治理体系，基本确立以下规则。

1. 强化准入备案管理

开展互联网新闻信息、网络表演直播服务、网络视听节目直播服务必须持证或备案准人。涉及直播业务的网络直播服务提供者应当分别向相关部门申请取得相关许可，并到属地公安机关履行公安备案手续。开展网络视听节目服务的直播平台须持有《信息网络传播视听节目许可证》（或在全国网络视听平台信息登记管理系统中完成登记）并进行 ICP 备案；开展经营性网络表演活动的直播平台须持有《网络文化经营许可证》并进行 ICP 备案；开展互联网新闻信息服务的直播平台须持有《互联网新闻信息服务许可证》。

网络视听平台只能在许可范围内开展直播服务。未经批准，任何机构和个人不得在互联网上使用“电视台”“广播电台”“电台”“TV”等广播电视专有名称开展业务。

2. 明确开展网络视听节目直播活动报审报备管理要求

明确开展网络视听节目直播活动报审报备管理要求如下。

①开展重大政治、军事、经济、社会、文化、体育等活动、事件的实况直播前 5 天，开展一般社会团体文化活动、体育赛事等组织活动的实况直播前 48 小时，应将拟直播的活动相关信息上报所在地省级广电行政部门备案。

②开设网络直播答题节目，应提前 5 天将拟直播的具体节目信息通过“网络视听节目直播服务备案系统”备案，备案通过方可上线播出。

③以直播节目形式举办电商节、电商日、促销日等主题电商活动，应提前 14 个工作日将活动嘉宾、主播、内容、设置等信息上报广播电视主管部门备案。

④游戏直播节目上线、播出及版面设置应按直播节目相关要求报送广电行政管理部门；网络视听平台（包括在相关平台开设的各类境内外个人和机构账号）直播境外游戏节目或比赛应经批准后方可开展相关活动。社会知名人士及境外人员开设直播间，应提前向广电主管部门报备。

3. 确保导向正确和内容安全

网络直播平台应当坚持把社会效益放在首位，社会效益和经济效益相统一，大力弘扬社会主义核心价值观，有效提升直播平台“以文化人”的精神气质和文化力量。要将导向管理贯穿到节目制作、审核、播出等各个环节，扩大优质内容生产供给。大力扶持优质主播，培养网络主播正确的世界观、人生观、价值观。

相关部门要加强互联网新闻信息、网络视听节目、电子商务和广告节目、游戏直播节目管理。互联网新闻信息直播服务不得超许可范围发布新闻信息；应当设立总编辑，对直播及其互动内容实施先审后发管理；发布和转载新闻信息，应当真实准确、客观公正，不得歪曲新闻信息内容，并在显著位置注明来源，保证新闻信息来源可追溯。开展网络视听节目直播活动，应坚持健康的格调品味，直播节目不得含有国家法律法规规定所禁止的内容，不得传播低俗媚俗、格调品位低下的内容；不得过度娱乐化，不得宣扬拜金主义和奢靡之风，严禁丑闻劣迹者发声出镜。网络视听电子商务直播节目和广告节目用语要文明、规范，不得夸大其词，不得欺诈和误导消费者。网络电商直播平台不得超出电子商务范围违规制作、播出与商品售卖无关的视听节目。网络视听平台严禁传播违规游戏、网络影视剧、网络综艺、网络直播、短视频等，各类网络视听节目均不得直播未经主管部门批准的网络游戏，不得通过直播间等形式为各类平台的违规游戏内容进行引流；加强对网络游戏直播节目的管理，建立健全游戏直播节目相关的信息发布、跟帖评论、应急处置等管理制度，完善节目监看和舆情监测机制。

案例链接

网红陈某为了引起更多粉丝的关注，利用“牛肉哥”账号发布对牛排和红酒的各类点评视频，在拍摄的上海某公司合成牛排的短视频中使用“想让我家孩子得老年痴呆症吗”“要把儿童害死的牛排”等用语，迅速引起百万粉丝围观和热议。后经过监管部门认定，因该网红与对手公司存在同类产品竞争关系，在没有任何证据的情形下，利用短视频编造、传播虚假或者误导性信息，损害了竞争对手的商业信誉，构成不正当竞争行为，被责令停止违法行为、消除影响，并罚款 10 万元。

4. 压紧压实平台主体责任

主体责任具体包括完善管理制度、强化内容审核。加强对弹幕、评论等互动环节的管理，严格执行账号分级分类管理。网络秀场直播和电商直播平台每季度应向省级广电主管部门报备直播间数量、主播数量和审核员数量，建立健全信息安全管理制度；互联网直播服务提供者应当严格落实信息内容安全管理责任制，具备与其服务和创新发展相适应的技术保障和防范措施。

5. 明确网络直播发布者法律责任

互联网直播服务提供者应当按照“后台实名、前台自愿”原则，对互联网直播用户进行基于移动电话号码等方式的真实身份信息认证，对互联网直播发布者进行基于身份证件、营业执照、组织机构代码证等的认证登记。对同一主体注册网络主播、短视频账号数量设定上限。直播营销平台应当建立直播营销人员真实身份动态核验机制，在直播前核验所有直播营销人员身份信息，对与真实身份信息不符或按照国家有关规定不得从事网络直播发布的，不得为其提供直播发布服务。

有关部门建立违法网络直播服务提供者黑名单，网络接入服务提供者不得为黑名单中的网络直播服务网站、APP 提供网络接入服务；应用商店不得为黑名单中的网络直播服务 APP 提供分发服务。互联网直播服务提供者应建立黑名单管理制度，将严重违法违规的直播人员及因违法失德造成恶劣社会影响的人员列入黑名单，纳入黑名单的人员禁止重新注册账号，不允许其更换“马甲”或更换平台后再度开播，并向有关主管部门报告。

网络直播不得从事危害国家安全、破坏社会稳定、扰乱社会秩序、侵犯他人合法权益、传播淫秽色情信息等法律法规禁止的活动（见图 1-13）；不得接受未经其监护人同意的未成年人充值打赏；不得从事平台内或跨平台违法违规交易；不得组织、煽动用户实施网络暴力；不得组织赌博或变相赌博等线上线下违法活动。对违反相关法律法规的网络直播账号，依法依规采取警示提醒、责令限期改正、限制账号功能、暂停账号使用、永久关闭账号、禁止重新注册等处置措施，保存有关记录并按要求向有关部门报告。

图 1-13 明确网络直播责任

网络直播平台在主播、嘉宾、直播对象选用上要严格把关，坚持把政治素养、道德品行、艺术水准、社会评价作为选用标准，政治立场不正确、违反法律法规、违背公序良俗的失德失范人员坚决不用。网络主播应坚持健康的格调品味，自觉摒弃低俗、庸俗、媚俗等低级趣味，自觉反对流量至上、畸形审美、“饭圈”乱象、拜金主义等不良现象，自觉抵制有损网络文明、有悖网络道德、有害网络和谐的行为。

6. 规范网络直播经营行为

（1）健全直播“打赏”服务管理规则

对网络主播和“打赏”用户实行实名制管理，未实名制注册的用户不能打赏。平台向用户提供的打赏服务为信息和娱乐的消费服务，应当对单个虚拟消费品、单次打赏额度合理设置上限，对单日打赏额度累计触发相应阈值的用户进行消费提醒，必要时设置打赏冷静期和延时到账期。对发现相关主播及其经纪代理通过传播低俗内容、有组织炒作、雇佣水军刷礼物等手段，暗示、诱惑或者鼓励用户大额“打赏”，或引诱未成年用户以虚假身份信息“打赏”的，平台须对主播及其经纪代理进行处理，列入关注名单，并向主管部门书面报告。不得通过造谣、虚假营销宣传、自我打赏等方式吸引流量、炒作热度，诱导消费者打赏和购买商品。

（2）维护用户合法权益

一是保护用户个人信息，网络直播平台应当严格遵守个人信息保护相关规定，规范收集和合法使用用户身份、地理位置、联系方式等个人信息。二是应当全面、真实、准确地披露商品或者服务信息，充分保障用户知情权、选择权和隐私权等合法权益，建立便捷有效的投诉、举报和争议在线解决机制，为商家和消费者维权提供必要的信息、数据等支持。三是加大对各类侵害网民权益行为的打击力度，落实网络直播营销民事责任，包括直播营销平台自营责任、无法提供直播间运营者真实信息时的连带责任、未尽食品经营资质审核义务的连带责任以及明知或者应知不法行为情况下的连带责任、因平台工作人员作出虚假宣传要承担的赔偿责任等。

（3）规范税收服务和征缴

网络直播平台、网络直播服务机构应依法履行个人所得税代扣代缴义务，不得策划、帮助网络直播发布者实施逃税；应当提示直播间运营者依法办理市场主体登记或税务登记，如实申报收入，依法履行纳税义务和享受税收优惠。网络直播发布者开办的企业和个人工作室，应按照国家有关规定设置账簿。依法查处偷逃税等涉税违法犯罪行为，对情节严重、性质恶劣、社会反映强烈的典型案件进行公开曝光。

7. 加强未成年人保护

网络直播服务提供者不得为未满十六周岁的未成年人提供网络直播发布者账号注册服务，对年满十六周岁的未成年人提供网络直播发布者账号注册服务时，应当对其身份信息进行认证，并征得其父母或者其他监护人同意。直播营销人员或者直播间运营者为自然人的，应当年满十六周岁，十六周岁以上的未成年人申请成为直播营销人员或者直播间运营者的，应当经监护人同意。

直播平台应当向未成年人用户提供“青少年模式”，防范未成年人沉迷网络直播，屏蔽不利于未成年人健康成长的网络直播内容。网络直播营销中包含可能影响未成年人身心健康内容的，直播营销平台应当在信息展示前以显著方式作出提示。

禁止未成年人充值打赏，并为未成年人打赏返还建立专门处置通道。建立未成年人专属客服团队，优先受理、及时处置涉未成年人的相关投诉和纠纷。

案例链接

抖音直播规则

1. 严禁侵害未成年人权益的行为

平台严禁以任何形式为未成年人提供直播经纪服务，教唆引导或帮助未成年人进行单独直播；教唆、引导、威胁未成年人进行直播消费的行为。

2. 严禁色情低俗的行为

平台严禁展示色情低俗内容以及承诺展示色情低俗资源、服务作为回报诱导用户消费等行为，包括但不限于：传播或出售色情资源、展示含有色情低俗内容的出版物、承诺进行色情服务等行为；制作或传播“拜金、审丑、炒作、暴力”等违背道德价值观、引发他人不适的低俗内容。

3. 严禁诈骗行为

平台严禁利用虚假承诺、虚构事实或隐瞒真相等方式诱导用户消费、欺诈用户的行为，包括但不限于：利用虚假身份演绎剧本、伪装他人身份、教唆他人等方式诱导用户消费或实施诈骗；假冒平台官方身份或合作关系，虚构编造、夸大合作事实，进行第三方商业合作、主播招募、培训教育、信息发布等行为。

4. 严禁诱导用户过度消费的行为

平台严禁以文字、语言、表演等形式诱导用户进行过度消费的行为，包括但不限于：通过私信、直播内容、文字符号等方式欺骗、鼓吹、刺激、诱惑用户进行高额或明显超出其能力范围的消费；暗示、引导用户通过借贷、透支、挪用他人款项等不良方式进行过度消费的违规行为。

5. 严禁涉黑产的行为

平台严禁将犯罪或其他违法行为所获得的收入，通过直播消费掩饰、隐瞒、转化，使其在形式上合法化的违规行为。

6. 严禁数据造假

平台严禁以任何手段虚构或者篡改直播间人气、点赞量等数据，从严治理虚评、刷榜、流量造假等违法违规行为。

7. 严禁涉赌博行为

平台严禁一切涉赌博行为，包括但不限于：通过承诺以高价值产品、服务或现金作为回报，诱导用户付费参与机会性游戏进行赌博、获取不当收益；宣扬赌博或博彩类游戏、网站等非法渠道。

8. 严禁行贿行为

平台严禁直接或间接向官方工作人员，提供现金、实物或服务等高价值财物进行商业贿赂的违规行为。

（二）职业化认知

直播带货属于一个新的工作领域，对于新入职的主播从业人员来讲，主播职业化认知很有必要，只有把直播当成职业的人才会用心去探索。主播的职业化认知培养需要注意以下几点。

1. 直播行业价值

直播的价值在于分享和传播，让不在场的人们可以看到比赛、看到演出、看到美丽的风景，这是一种很有意义的分享；有的地方政府、乡村干部通过网络直播，让外界的人们知道了养在深闺无人熟识的原始风景区、知道了地地道道的土特产、知道了哪里的农产品严重滞销，对旅游业的发展、对土特产变成致富的“金凤凰”、对解决滞销农户的燃眉之急，都是大有裨益的。

2. 职业化的形象

主播是聚光灯下的公众人物，一场直播是一场表演的话，那么主播要在形象上尊重观众，通过全方位包装，给人职业干练的形象。

3. 职业化的态度

作为主播从业人员首要注意的就是端正态度，凑时长、磨洋工不适合主播职业，主播职业是一个需要不断努力的行业，因为这个会直接反映在最后的收益上，因此不管是主播、辅播还是运营人员都应该相互配合，保证直播内容和直播质量。

4. 职业化的习惯

固定的时间档和持续新颖的直播内容是对直播从业人员的基本要求。

知识拓展

为了保障自身合法权益不被侵害，直播从业人员在与 MCN 机构合作之前要明确双方的法律责任和义务，具体表现如下。

1. 明确双方约定的法律关系

目前，MCN 机构与带货主播或达人所签署的合同一般为经纪合同。随着 MCN 机构主动孵化网红达人这一模式的发展，MCN 机构与直播从业人员更需要明确自身的需求及目的，从而确定双方拟建立的法律关系。如果双方签署合作协议，则应尽可能量化双方的权利及义务，对收益分配方式、知识产权的权属进行清晰的约定，并明确双方的违约责任。如果双方签署劳动合同，则应当满足劳动合同必备条款的规定。

2. 谨慎选择合作方式

MCN 机构与直播从业人员签署书面协议后，在双方实际合作过程中应当注意采取符合法律关系的合作方式。如果 MCN 机构与直播从业人员之间建立的是经纪服务合同，则 MCN 机构在合同履行过程中应尽可能降低对直播从业人员的管理强度，避免采取考核、考勤、奖惩等明显具有用人单位管理特征的措施。同时，MCN 机构与直播从业人员之间的收入分配也应当尽可能不与工作时长、出勤天数等直接关联，而与直播活动的成果或收益（如观看人数、销售额）等挂钩。如果双方建立的是劳动关系，则 MCN 机构应当依法制定配套的劳动人事管理制度，并依据相关制度对直播从业人员进行管理。同时，MCN机构也应当履行作为用人单位的其他法定或约定义务。

3. 清晰筹划账号权属

尽管MCN机构与直播从业人员之间对直播账号权属存在约定，但主流观点认为基于直播账号有较强的人身属性这一特征，不能单纯依照合同约定将账号认定为MCN机构所有。目前大多数平台均实行账号实名制且使用人必须为初始注册人，甚至明确不得转让。因此，MCN机构与直播人员应当对竞业限制义务及其违约责任进行清晰的约定。

4. 合理确定违约金额

由于直播从业人员参与直播活动等义务具有人身性质的给付义务，并不能强制要求其履行，因此，在出现违约情形时，需要根据双方约定的违约条款进行追责。双方约定的违约金需要具有合理性，具体考虑因素包括：MCN机构投入的成本、合同剩余履行期限内的预期可得利益损失、直播从业人员本身的偿付能力等。

1.3.3 直播从业人员的职业素养

（一）职业素养的基本概述

职业素养是人类在社会活动中需要遵守的行为规范，个体行为的总和构成了自身的职业素养，职业素养是内涵，个体行为是外在表象。

职业素养包含职业信念、职业知识技能、职业行为习惯三个层次。

职业信念是职业素养的核心，良好的职业素养包含良好的职业道德，正面积极的职业心态和正确的职业价值观。

职业知识技能是做好一个职业应该具备的专业知识和能力。俗话说“三百六十行，行行出状元”没有过硬的专业知识，没有精湛的职业技能，就无法把一件事情做好，更不可能成为“状元”。要把一件事情做好就必须坚持不断地关注行业的发展动态及未来的趋势走向；要有良好的沟通协调能力，懂得上传下达，左右协调从而做到事半功倍；要有高效的执行力。

职业行为习惯就是在职场上通过长时间地学习、改变、形成，最后变成习惯的一种职场综合素质。信念可以调整，技能可以提升，要让正确的信念、良好的技能发挥作用就需要不断地练习、练习、再练习，直到成为习惯。

（二）直播从业人员的职业素养

1. 职业信念

作为直播从业人员，良好的职业信念应该由爱岗、敬业、忠诚、奉献、正面、乐观、用心、开放、合作及始终如一等这些关键词组成。

①爱岗敬业：热情、积极、注意文明用语。

②诚实守信：不传播虚假信息，不销售、不推荐假冒伪劣产品。

③办事公道：不夸大产品功效，实事求是推荐产品。

④服务群众：维护消费者合法权益，为消费者推荐更好的产品。

⑤奉献社会：宣传社会主义核心价值观，支持公益活动。

2. 职业知识技能

各个职业有各职业的知识技能，每个行业有每个行业的知识技能，直播行业也不例外，为了更好地做好工作，直播从业人员要勤于学习关于直播行业不同岗位的职业知识，提升自身职业技能。

（1）主播需要具备的技能要求

主播需要口头表达流利并且熟练掌握产品的相关知识，能熟练地进行详细的产品介绍。主播要敢于在镜头面前进行表达和表演，并能接受长期稳定的开播时长。主播要敢于面对直播过程中消费者的争议，坦然应对消费者的尖锐提问，具备一定的控场和应变能力。主播要有颜值或有其他表演才艺等加分项，具备良好的个人素养，能在整场直播过程中保持良好的精神状态。

（2）辅播需要具备的技能要求

辅播同样需要较好的口头表达能力，有较强的协调和配合能力。有临场应变能力，能对直播过程中的突发事件进行应急处理。辅播需要具备良好的道德素养、人文素养及心理素质，具备良好的人际沟通和团队协作素质。

（3）运营需要具备的技能要求

运营需要较强的观察能力，注重细节，执行能力强，有内部资源沟通和协调能力，能判断出对直播最有价值的资源。能够熟悉产品的供应链，能够根据选品及时地调整定价及内容策划。

3. 职业行为习惯

直播是一份职业，需要专业的技能以及职业的素养，好的职业行为习惯对于主播从业人员来讲会加深各工种对于职业的认知，就像是积极正式的准备工作和邋遢随意的应付差事会对职业的认可度造成巨大影响一样。全方位塑造各工种的职业意识，从开播准备，时间管理，粉丝沟通等方面协助主播做到规范化。

知识拓展

国家广播电视总局　文化和旅游部
关于印发《网络主播行为规范》的通知

广电发〔2022〕36号

各省、自治区、直辖市文化和旅游厅（局）、广播电视局，新疆生产建设兵团文化体育广电和旅游局：

为进一步规范网络主播从业行为，加强职业道德建设，促进行业健康有序发展，国家广播电视总局、文化和旅游部共同制定了《网络主播行为规范》。现印发给你们，请结合实际认真贯彻执行。

国家广播电视总局

文化和旅游部

2022年6月8日

网络主播行为规范

网络主播在传播科学文化知识、丰富精神文化生活、促进经济社会发展等方面，肩负重要职责、发挥重要作用。为进一步加强网络主播职业道德建设，规范从业行为，强化社会责任，树立良好形象，共同营造积极向上、健康有序、和谐清朗的网络空间，制定本行为规范。

第一条　通过互联网提供网络表演、视听节目服务的主播人员，包括在网络平台直播、与用户进行实时交流互动、以上传音视频节目形式发声出镜的人员，应当遵照本行为规范。利用人工智能技术合成的虚拟主播及内容，参照本行为规范。

第二条　网络主播应当自觉遵守中华人民共和国宪法和法律法规规范，维护国家利益、公共利益和他人合法权益，自觉履行社会责任，自觉接受行业主管部门监管和社会监督。

第三条　网络主播应当遵守网络实名制注册账号的有关规定，配合平台提供真实有效的身份信息进行实名注册并规范使用账号名称。

第四条　网络主播应当坚持正确政治方向、舆论导向和价值取向，树立正确的世界观、人生观、价值观，积极践行社会主义核心价值观，崇尚社会公德、恪守职业道德、修养个人品德。

第五条　网络主播应当坚持以人民为中心的创作导向，传播的网络表演、视听节目内容应当反映时代新气象、讴歌人民新创造，弘扬中华优秀传统文化，传播正能量，展现真善美，满足人民群众美好生活新需要。

第六条　网络主播应当坚持健康的格调品位，自觉摈弃低俗、庸俗、媚俗等低级趣味，自觉反对流量至上、畸形审美、“饭圈”乱象、拜金主义等不良现象，自觉抵制违反法律法规、有损网络文明、有悖网络道德、有害网络和谐的行为。

第七条　网络主播应当引导用户文明互动、理性表达、合理消费，共建文明健康的网络表演、网络视听生态环境。

第八条　网络主播应当保持良好声屏形象，表演、服饰、妆容、语言、行为、肢体动作及画面展示等要文明得体，符合大众审美情趣和欣赏习惯。

第九条　网络主播应当尊重公民和法人的名誉权、荣誉权，尊重个人隐私权、肖像权，尊重和保护未成年人、老年人、残疾人的合法权益。

第十条　网络主播应当遵守知识产权相关法律法规，自觉尊重他人知识产权。

第十一条　网络主播应当如实申报收入，依法履行纳税义务。

第十二条　网络主播应当按照规范写法和标准含义使用国家通用语言文字，增强语言文化素养，自觉遏阻庸俗暴戾网络语言传播，共建健康文明的网络语言环境。

第十三条　网络主播应当自觉加强学习，掌握从事主播工作所必需的知识和技能。

对于需要较高专业水平（如医疗卫生、财经金融、法律、教育）的直播内容，主播应取得相应执业资质，并向直播平台进行执业资质报备，直播平台应对主播进行资质审核及备案。

第十四条　网络主播在提供网络表演及视听节目服务过程中不得出现下列行为：

1. 发布违反宪法所确定的基本原则及违反国家法律法规的内容；

2. 发布颠覆国家政权，危害国家统一、主权和领土完整，危害国家安全，泄露国家秘密，损害国家尊严、荣誉和利益的内容；

3. 发布削弱、歪曲、否定中国共产党的领导、社会主义制度和改革开放的内容；

4. 发布诋毁民族优秀文化传统，煽动民族仇恨、民族歧视，歪曲民族历史或者民族历史人物，伤害民族感情、破坏民族团结，或者侵害民族风俗、习惯的内容；

5. 违反国家宗教政策，在非宗教场所开展宗教活动，宣扬宗教极端主义、邪教等内容；

6. 恶搞、诋毁、歪曲或者以不当方式展现中华优秀传统文化、革命文化、社会主义先进文化；

7. 恶搞、歪曲、丑化、亵渎、否定英雄烈士和模范人物的事迹和精神；

8. 使用换脸等深度伪造技术对党和国家领导人、英雄烈士、党史、历史等进行伪造、篡改；

9. 损害人民军队、警察、法官等特定职业、群体的公众形象；

10. 宣扬基于种族、国籍、地域、性别、职业、身心缺陷等理由的歧视；

11. 宣扬淫秽、赌博、吸毒，渲染暴力、血腥、恐怖、传销、诈骗，教唆犯罪或者传授犯罪方法，暴露侦查手段，展示枪支、管制刀具；

12. 编造、故意传播虚假恐怖信息、虚假险情、疫情、灾情、警情，扰乱社会治安和公共秩序，破坏社会稳定；

13. 展现过度的惊悚恐怖、生理痛苦、精神歇斯底里，造成强烈感官、精神刺激并可致人身心不适的画面、台词、音乐及音效等；

14. 侮辱、诽谤他人或者散布他人隐私，侵害他人合法权益；

15. 未经授权使用他人拥有著作权的作品；

16. 对社会热点和敏感问题进行炒作或者蓄意制造舆论“热点”；

17. 炒作绯闻、丑闻、劣迹，传播格调低下的内容，宣扬违背社会主义核心价值观、违反公序良俗的内容；

18. 服饰妆容、语言行为、直播间布景等展现带有性暗示、性挑逗的内容；

19. 介绍或者展示自杀、自残、暴力血腥、高危动作和其他易引发未成年人模仿的危险行为，表现吸烟、酗酒等诱导未成年人不良嗜好的内容；

20. 利用未成年人或未成年人角色进行非广告类的商业宣传、表演或作为噱头获取商业或不正当利益，指引错误价值观、人生观和道德观的内容；

21. 宣扬封建迷信文化习俗和思想、违反科学常识等内容；

22. 破坏生态环境，展示虐待动物，捕杀、食用国家保护类动物等内容；

23. 铺张浪费粮食，展示假吃、催吐、暴饮暴食等，或其他易造成不良饮食消费、食物浪费示范的内容；

24. 引导用户低俗互动，组织煽动粉丝互撕谩骂、拉踩引战、造谣攻击，实施网络暴力；

25. 营销假冒伪劣、侵犯知识产权或不符合保障人身、财产安全要求的商品，虚构或者篡改交易、关注度、浏览量、点赞量等数据流量造假；

26. 夸张宣传误导消费者，通过虚假承诺诱骗消费者，使用绝对化用语，未经许可直播销售专营、专卖物品等违反广告相关法律法规的；

27. 通过"弹幕"、直播间名称、公告、语音等传播虚假、骚扰广告；

28. 通过有组织炒作、雇佣水军刷礼物、宣传"刷礼物抽奖"等手段，暗示、诱惑、鼓励用户大额"打赏"，引诱未成年用户"打赏"或以虚假身份信息"打赏"；

29. 在涉及国家安全、公共安全，影响社会正常生产、生活秩序，影响他人正常生活、侵犯他人隐私等场所和其他法律法规禁止的场所拍摄或播出；

30. 展示或炒作大量奢侈品、珠宝、纸币等资产，展示无节制奢靡生活，贬低低收入群体的炫富行为；

31. 法律法规禁止的以及其他对网络表演、网络视听生态造成不良影响的行为。

第十五条　各级文化和旅游行政部门、广播电视行政部门要坚持以习近平新时代中国特色社会主义思想为指导，加强对网络表演、网络视听平台和经纪机构以及网络主播的监督管理，切实压紧压实主管主办责任和主体责任。发现网络主播违规行为，及时责成相关网络表演、网络视听平台予以处理。网络表演、网络视听平台和经纪机构规范网络主播情况及网络主播规范从业情况，纳入文化和旅游行政部门、广播电视行政部门许可管理、日常管理、安全检查、节目上线管理考察范围。

第十六条　各级文化和旅游行政部门、广播电视行政部门、文化市场综合执法机构要进一步加强对网络表演、网络视听平台和经纪机构的执法巡查，依法查处提供违法违规内容的网络表演和网络视听平台，并督促平台和经纪机构及时处置违法违规内容及相关网络主播。

第十七条　网络表演、网络视听平台和经纪机构要严格履行法定职责义务，落实主体责任。根据本行为规范，加强对网络主播的教育培训、日常管理和规范引导。建立健全网络主播入驻、培训、日常管理、业务评分档案和"红黄牌"管理等内部制度规范。对向上向善、模范遵守行为规范的网络主播进行正向激励；对出现违规行为的网络主播，要强化警示和约束；对问题性质严重、多次出现问题且屡教不改的网络主播，应当封禁账号，将相关网络主播纳入"黑名单"或"警示名单"，不允许以更换账号或更换平台等形式再度开播。对构成犯罪的网络主播，依法追究刑事责任。对违法失德艺人不得提供公开进行文艺表演、发声出镜机会，防止转移阵地复出。网络表演、网络视听经纪机构要加强对网络主播的管理和约束，依法合规提供经纪服务，维护网络主播合法权益。

第十八条　各有关行业协会要加强引导，根据本行为规范，建立健全网络主播信用评价体系，进一步完善行业规范和自律公约，探索建立平台与主播约束关系机制，积极开展道德评议，强化培训引导服务，维护良好网络生态，促进行业规范发展。对违法违规、失德失范、造成恶劣社会影响的网络主播要定期公布，引导各平台联合抵制、严肃惩戒。

【任务探究】

"没有规矩不成方圆"，目前直播平台为了保证自身能够绿色、健康、有序、长久地发展下去，会制定相关规则来约束商家和主播。这对直播从业人员来说非常重要，如果在直播过程中不小心违反了平台的规定，轻则警告、中断直播间，重则永久封停直播间，甚至会追究当事人相应的法律责任。

爱华旅游电子商务有限责任公司，需要直播从业人员，包括企业本身、网络直播平台提升自律能力，严格遵守市场秩序。直播从业人员无论处在什么样的工作岗位都应该做到以下几点。

（1）传播正确价值观念

做正向能量的传播者，网络直播营销行业是互联网文化行业的新兴领域，作为网络内容的生产者和传播者，应当履行主体责任，遵循公序良俗，遵守商业道德，坚持正确导向，大力弘扬社会主义核心价值观。传播积极向上的网络文化，带来更多有内涵、有品质、有创新的直播产品，维护良好网络生态。

（2）展现全新形象风采

做行业典范的引领者，不断增强专业性与原创性，提供有深度、有价值的网络直播营销产品，积极发挥拉动文化消费升级、促进创业就业的正向作用。搭建政府与公众沟通的桥梁，充分发挥润滑社会、普及知识、传承文化、丰富生活、增强归属的积极作用，展现新时代新气象、新作为。

（3）抵制违法违规行为

网络空间不是法外之地，网络直播营销行业从业人员要带头遵守相关法律法规，依法规范自身的网络直播营销行为，自觉履行纳税义务。坚决抵制含有淫秽色情低俗、宣扬赌博、危害社会公德等禁止内容的网络表演，坚决抵制虚假宣传、套路促销、数据流量造假、假冒仿冒、侵权违约和侵犯消费者权益等违法违规行为，打造持续清朗的网络空间。

【思政园地】

近年来各省响应国家的号召，利用直播电商推进旅游等产业的发展，加速旅游行业品牌销售转化，帮助当地居民增收致富。2023 年 3 月，《文化和旅游部关于推动在线旅游市场高质量发展的意见》明确提出推动在线旅游数字化营销，支持在线旅游经营者利用网络直播、短视频平台开展线上旅游展示活动。这些好政策给从业人员指明了方向，树立了信心。

既然选择从事直播行业，我们就要树立职业理想并遵守职业道德，要深刻理解并自觉实践行业的职业精神和职业规范，增强职业责任感，培养遵纪守法、爱岗敬业、开拓创新的职业品格和行为习惯，只有这样才能更好地学以致用，更好的建设国家，早日实现中华民族的伟大复兴。

思维导图

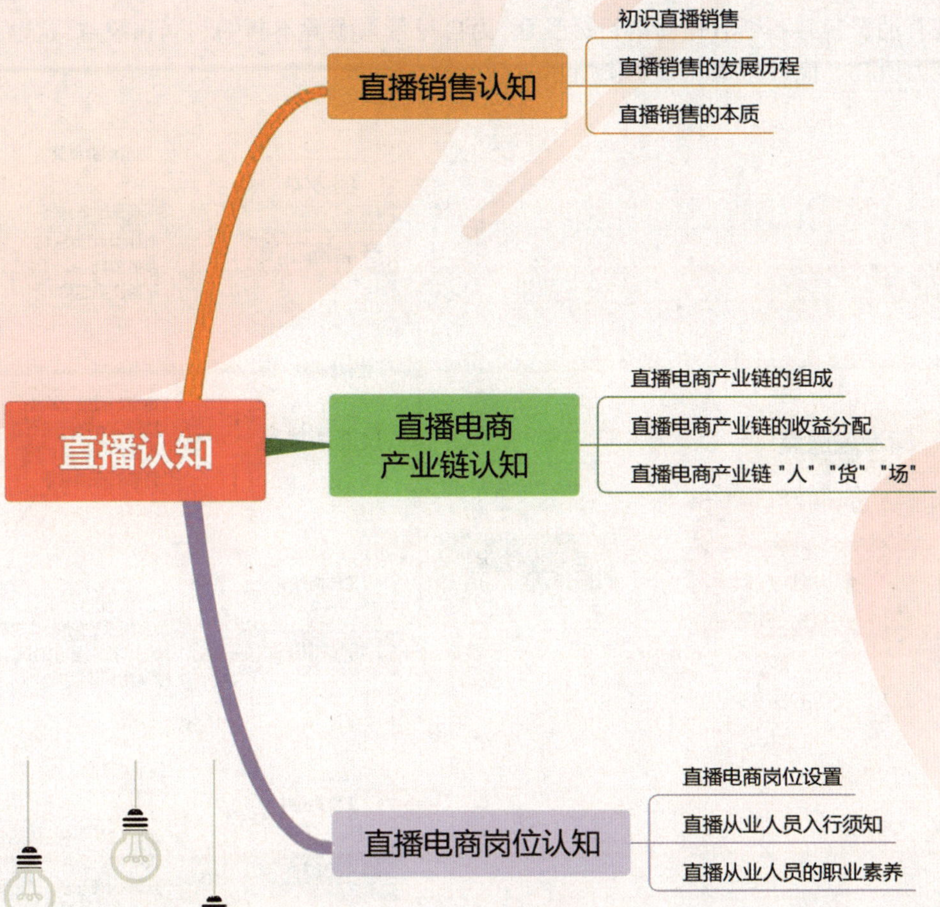

项目一　思维导图

职场省思

直播销售行业如火如荼的今天，直播从业人员在直播中占据了至关重要的位置，通过提供优质的直播内容来获取流量，赢得消费者的信赖和支持，好的口碑可以帮助企业或品牌商留住现有消费者并不断开拓新的目标受众，为自身带来源源不断的利润和效益，这也正是直播的魅力所在。岗课融通点如下图所示。

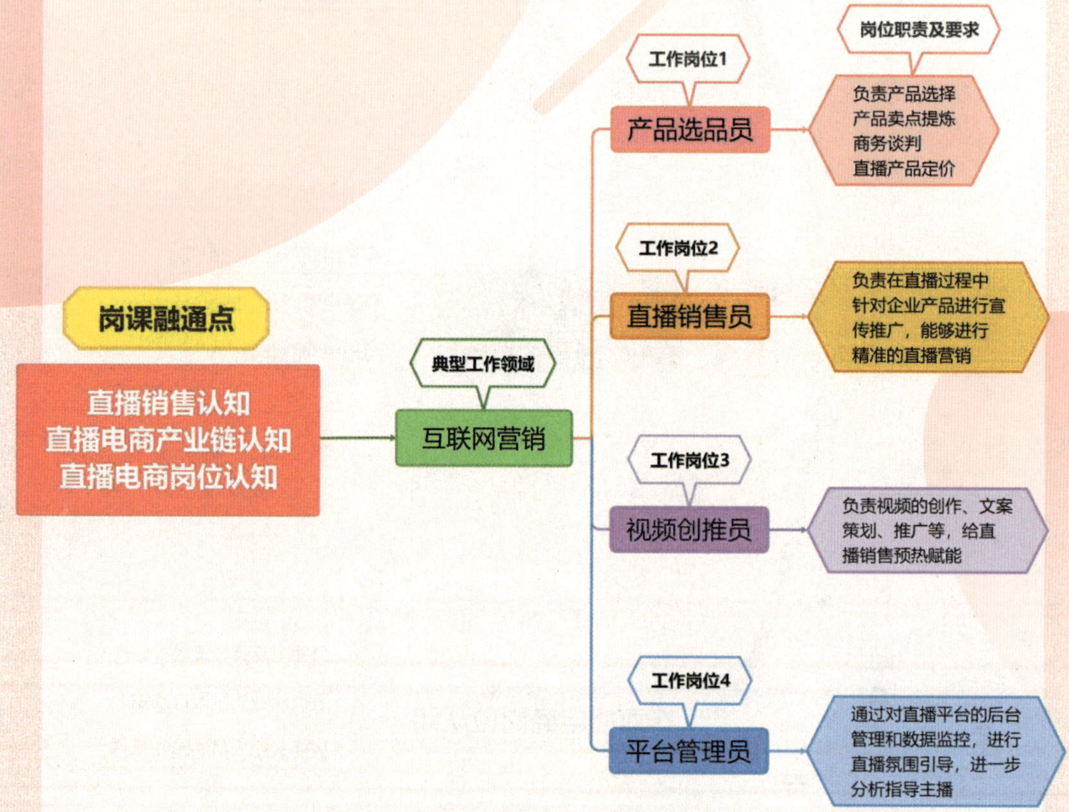

项目一　岗课融通点

课证融通

本项目知识内容与应用能力等级规范对应的专业技能要求关联点如下图所示。

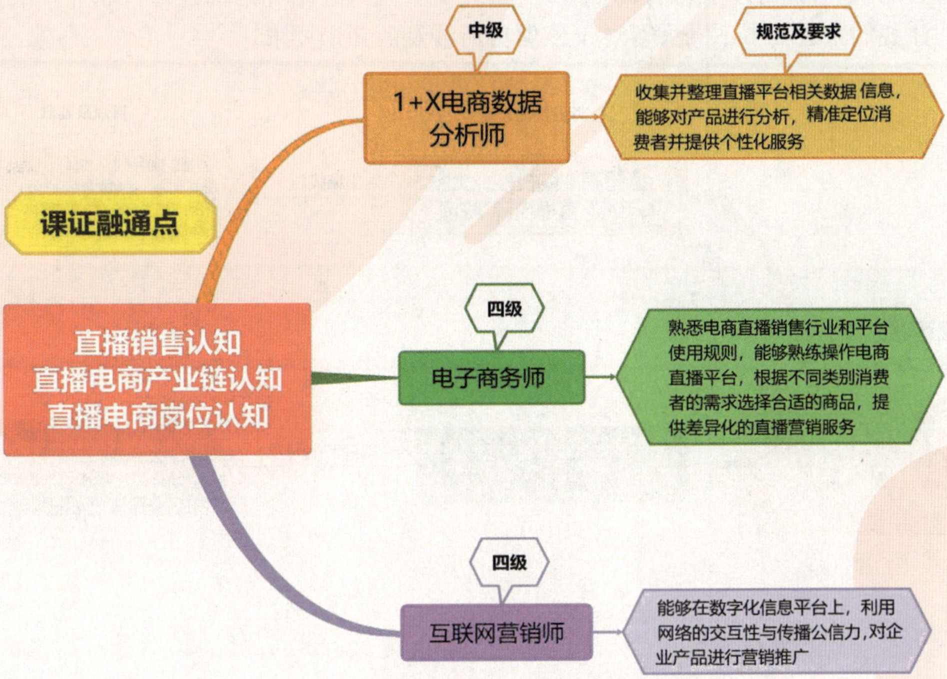

项目一　课证融通点

技能演练

促进职业教育健康有序地发展，提高职业教育的知名度和吸引力，改变我国现阶段职业教育落后的现状，提升职业教育的社会地位，完善我国人才培养结构是举行职业技能大赛的主旨。让我们来看一下不同大赛对于该项目所涉及的知识要求。

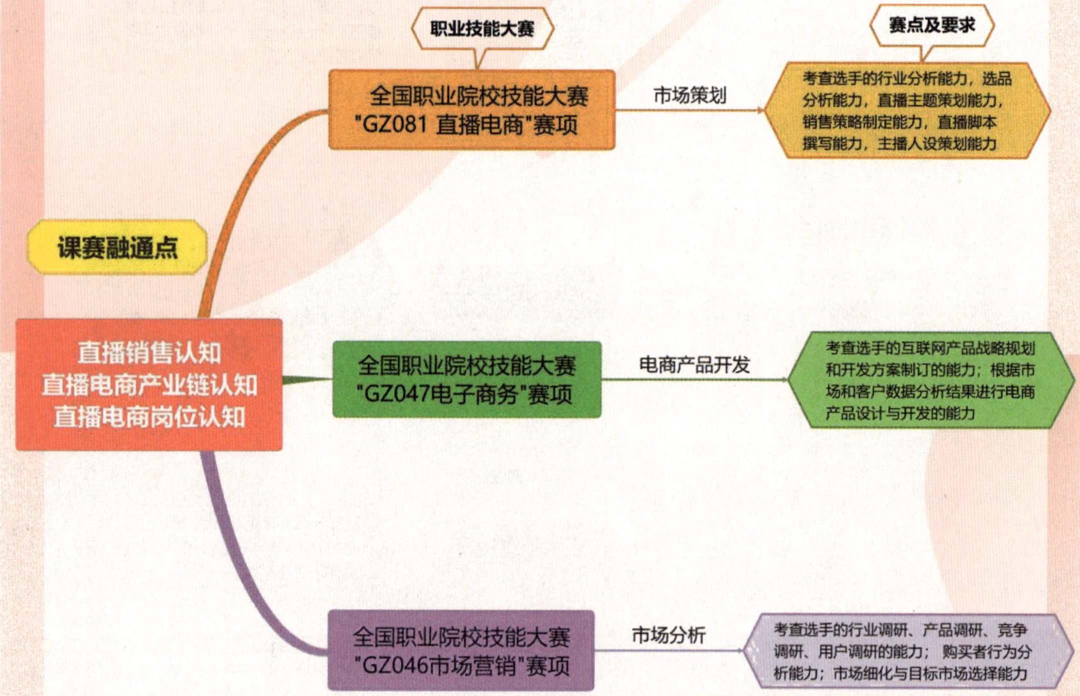

项目一　课赛融通点

知识技能梳理

- 直播认知
  - 直播销售认知
    - 重点
      - 1.直播销售的特点和作用
      - 2.直播销售的本质
    - 难点
      - 辨析直播销售与传统电商的对比
    - 技能掌握点
      - 能够区分直播销售与传统电商
  - 直播电商产业链认知
    - 重点
      - 1.直播电商产业链的结构
      - 2.直播电商产业链的收益分配方式
      - 3.产业链"人""货""场"的深度解析
    - 难点
      - 通过直播产业链各环节的分析，掌握组成因素并理解利益分配方式
    - 技能掌握点
      - 学会解析直播电商产业链参与者
  - 直播电商岗位认知
    - 重点
      - 1.直播电商岗位构成
      - 2.直播从业人员入行须知
      - 3.直播从业人员的职业素养
    - 难点
      - 学习直播从业人员入行须知和职业素养，熟悉直播电商岗位认知
    - 技能掌握点
      - 明晰直播从业人员的职业化认知

项目一　知识技能梳理

实训与提升

实训任务一：认识直播销售	
实训任务	①选择任意一家直播电商平台作为研究对象，完成以下任务：分析所选直播电商平台的功能和特点；找一个该平台有影响力的主播；分析该平台主播的销售特点 ②以 6~7 人为一个小组，分组分任务按时完成实验任务 ③实训时长：90 分钟 ④各组任务通过 PPT 的方式呈现，并提交电子版存档。随机抽取 2~3 组进行课堂交流
实训要求	①了解直播销售的特点 ②掌握直播销售的本质
实训结论	
实训成绩	

实训任务二：直播平台产业链分析	
实训任务	以小组为单位，从抖音、淘宝、快手三个平台任选一个，对其产业链进行分析
实训要求	①分组：每组 5~6 人 ②以小组形式分析直播平台产业链构成情况 ③将分析的过程和得到的结论制作成 PPT ④把电子文档提交老师 ⑤小组进行课堂汇报
实训结论	
实训成绩	

实训任务三：直播从业人员岗位认知	
实训任务	以小组为单位，模拟直播从业人员求职过程，从求职过程中了解和掌握直播从业人员的职业素养及入行须知
实训要求	①分组：每组 5~6 人 ②每个小组选出应聘人员和面试官，模拟直播从业人员的求职过程 ③将模拟过程中遇到的问题和产生的想法撰写成报告，不少于 1000 字 ④把电子文档提交老师 ⑤选取优秀小组进行课堂分析交流
实训结论	
实训成绩	

项目二 直播策划

当今数字化时代，直播已成为企业与观众互动、传递信息、展示品牌形象和促进销售的重要渠道。一个成功的直播活动，离不开周密的策划。直播策划在确定直播方向、提高观众互动、促进产品销售、增强品牌形象、扩大市场影响力、精准定位受众、创新内容形式和提升用户体验等方面发挥重要作用。通过全面、周密的策划，可以确保直播活动的顺利进行并取得预期效果，为企业的发展和市场推广提供有力支持。

项目情景

“完美日记”成熟的美妆品效直播模式

“完美日记”成立于2017年，它从新锐品牌一跃成为国内品牌翘楚的重要因素之一，就是抓住了直播带货的流量红利。截至2018年的“双十一”，短短18个月，“完美日记”就通过小红书推广和直播带货，成为天猫彩妆类销量第一的品牌，超越众多国际大牌。2020年的“双十一”，“完美日记”凭借直播带货再次登顶天猫彩妆榜首，进一步稳定了行业龙头地位。“完美日记”的成功可以说是直播带货的成功，其秘诀主要表现在以下几个方面。

1. 公域流量平台布局

“完美日记”最初选择小红书作为品牌流量的主阵地，以“种草”笔记和美妆教程为主吸引流量，以内容的形式做推广，“内容带动产品，产品即内容”的新型营销模式推动“完美日记”开始了从0到1的发展。继小红书之后，“完美日记”在淘宝直播和哔哩哔哩重点投放，打开品牌知名度后，引流到“双微一抖”，完成品牌的全平台布局。“完美日记”从小红书到抖音、微信公众号、淘宝直播、哔哩哔哩，抓住了每一波流量红利。

2. 定位明确，目标用户精准

“完美日记”的商品定位为“大牌平替”，高质低价，拥有极致性价比。“完美日记”为了在商品质量方面做到与大牌相同，选择与全球顶级彩妆代工厂合作，包括意大利的莹特丽、韩国的科丝美诗等，这当中有很多是Dior、YSL等知名国际品牌的生产工厂，很大程度上保证了商品的质量。“完美日记”拥有大牌的质量、实惠的价格，以及适合受众的设计，成就了用户眼中的极致性价比。

“完美日记”将目标用户群精准定位为18~28岁的年轻女性，主要是“95后”和“00后”，女性占比85%，男性占比15%。“完美日记”以“一切围绕目标用户人群”为核心原则进行产品开发，研究“Z世代”人群的个性特点，及时调整开发新产品。

3. 注重直播选品，打造爆款商品

“完美日记”初期的商品以眼部、唇部相关商品为主，属于彩妆里规模较大的品类，其色彩度、时尚感、新鲜感是主要特质。“完美日记”直播带货的热卖单品有口红、眼影、卸妆等，在营销上侧重底妆、眼妆及唇妆类商品，这三类商品每种占比都超过了20%，这个与“完美日记”自身品牌定位“大牌平替”相吻合。

4. 多方位进行引流

“完美日记”会发布直播预热短视频，预热短视频有的是说明直播时间，“剧透”直播中会有哪些商品；有的是重点强调直播间巨大的优惠力度，直播间“秒杀”商品、红包及平台提供的超值奖品等，用超强的福利吸引用户进入直播间；有的是一个配有背景音乐的信息长图，展示直播中将会出现的商品；有的是对某款重点商品进行介绍，讲解并展示该款商品的卖点，用商品吸引用户进入直播间，或者展示“完美日记”在直播开始前的准备状态、工作场景等。无论是哪种预热短视频，“完美日记”都会为其添加具有吸引力的文案，文案或突出直播商品的巨大优惠，或强调品牌专场、商品类型丰富等。同时，每条文案中都会明确写明直播的时间，提醒用户准时观看。

项目目标

直播策划岗位知识及能力要求：

1.具备扎实的市场营销理论基础，能够有效地制定直播营销策略，提高直播活动的吸引力和转化率；
2.具备一定的数据分析能力，能够对直播数据、用户行为数据等进行分析和解读，为优化直播内容和提高直播效果提供数据支持；
3.具备出色的创意策划能力，能够结合产品特点和用户需求，通过不断尝试和创新，打造独具特色的直播节目，吸引用户的注意力，提高直播的观看率和转化率

全国大学生直播电商技能大赛知识及能力要求：

1. 销售技能：懂得如何引导观众的兴趣，激发他们的购买欲望，并通过有效的沟通和谈判技巧，促成交易。此外，还需要了解市场趋势和消费者心理，以便制定针对性的销售策略，提高销售转化率；
2.电商知识：了解电子商务的基本概念、发展历程和未来趋势，以及电子商务法律法规和道德规范。此外，对于电商平台的运营规则、营销策略和推广手段也要有深入的了解；
3.创新与实践：不断探索新的直播内容和形式，勇于尝试新的营销手段和推广策略，提高直播电商的效果和影响力

1+X 直播电商证书知识及能力要求：

1.直播内容策划：具备良好的创意和策划能力，能够根据不同的主题和受众群体，设计出吸引人的直播内容。同时，还需要关注内容的时效性和热点性，以及内容的连贯性和品牌性，以保持观众的关注度和忠诚度；
2.直播营销策划：掌握各种营销策略和工具，提高销售效果和用户满意度。此外，还需要结合产品特性和用户需求，制定出精准的营销策略，提高用户转化率和复购率

知识目标：

1.掌握直播选品的原则和逻辑；
2.掌握直播内容策划的原理；
3.学会三种类型的直播脚本的撰写；
4.掌握直播营销活动的基本流程；
5.熟悉直播预热与引流

能力目标：

1.能够根据主播的定位选品，合理选择供应商；
2.能够根据直播内容策划的流程，合理安排各个环节；
3.能够独立完成直播脚本撰写，并根据脚本的反馈效果进行优化和改进；
4.能够结合用户需求和产品特性设计适合的直播营销活动；
5.能够根据直播主题确定短视频预热与引流形式

素质目标：

1.培养学生能够在内容策划和脚本策划中坚持社会主义核心价值观；
2.培养学生具有良好的服务意识，较强的理解能力和表达能力；
3.培养学生在直播内容策划中，注重合理引导消费，不倡导过度消费，不设计明显不利于消费者的促销组合；
4.培养学生良好的沟通能力、逻辑分析能力、数据分析及总结归纳能力

任务 2.1　直播商品管理

【任务导入】

某大型家电品牌，在直播中推出了仅在直播间可享的最低价优惠。观众被吸引到了直播间，通过直播互动，不仅了解了产品的功能和优势，还享受到了实实在在的价格优惠。这种策略不仅增加了产品的销量，还提高了品牌的曝光度和用户忠诚度。

某时尚品牌与知名网红合作，推出了一款限量版的联名产品，并在直播中独家发售。由于限量版的稀缺性和独特性，吸引了大量粉丝和消费者涌入直播间争相购买。这种策略不仅提升了品牌的影响力，还增加了产品的附加值和销售额。

拓展：商品管理概述

某个独立设计师品牌，在直播中首发了一款小众新品。通过直播的详细介绍和互动环节，观众了解了产品的设计理念和独特之处，纷纷表示支持和购买。这种策略不仅帮助小众品牌扩大了市场份额，还满足了消费者对独特和个性化的需求。

抖音平台上，有一个名为“抖音爆款榜”的功能，用户可以根据每天的人气好物推荐产品。某次直播中，主播参考了这个榜单，选择了几款热门产品进行推广。由于这些产品本身就具有很高的热度和口碑，直播间的观众对这些产品非常感兴趣，纷纷下单购买。这种策略借助了抖音平台的流量优势，提高了选品的准确性和销售效果。

上述案例都展示了直播选品的重要性和技巧，利用知名品牌、限量款、小众新品以及抖音爆款榜单等策略来吸引观众和消费者。这些案例也提醒我们，直播选品时要注重与观众的互动和沟通，了解他们的需求和喜好，以便更好地选择和推广产品。

【知识必备】

2.1.1　直播选品逻辑

直播选品是直播成败的关键因素之一，选什么产品直接决定直播间的销售。直播选品的逻辑是什么？其影响因素比较多，可以从以下五个方面着手：综合考虑直播形式；直播产品结构定位；主播定位、账号风格、顾客特征选品；直播主题选品和账号定位。

案例链接

“唐山泡泡龙”成功转型的思维模式

“唐山泡泡龙”是一个由娱乐主播转型的水果电商主播，他的产品质量有保障，价格也很优惠，搭配产地发货的供应链模式，“唐山泡泡龙”在水果电商领域开辟了一条属于自己的道路，成长为快手电商水果行业的优质主播。

1. 账号属性鲜明

“唐山泡泡龙”快手账号主页的属性特征比较鲜明。首先，“唐山泡泡龙”这个账号名称中，“唐山”这个词具有明显的地域属性。对于唐山本地人来说，看到这个名字很容易产生认同感，当主播销售商品的时候，他们往往会出于家乡人的心理来支持主播。其次，“唐山泡泡龙”在账号简介中写道“有自己的云仓果地完美售后”，体现了主播在水果电商领域的运营实力；“服务宗旨 100-1=0”，体现了主播对水果电商运营的态度，这些简介均有利于提高粉丝对主播的信任度和黏性。

2. 清晰的选品思路

“唐山泡泡龙”在进行直播选品时，重点从两个方面来进行考量，即生活必需品和消耗品。经过一番市场调查和实地考察后，他选择了水果行业，他认为水果是人们日常所需的商品，属于消耗品，复购率高。

3. 原产地发货，发货流程透明

“唐山泡泡龙”选择在海南建厂发货，以减少发货的中间环节，让用户能够购买到价格优惠的源头好货。此外，他组建了自己的采购团队、打包团队和质检团队，由专业人员进行果品质选，充分保障商品质量，并为自己积累了良好的口碑。为了保障发货环节符合卫生标准，“唐山泡泡龙”建立了“云仓”，用户可以通过“云仓”看到水果从果地装车后直接进入仓库进行称重和打包的全过程。这样的操作不仅能让用户安心，还有利于提高用户对他的信任。

4. 与粉丝建立强信任关系

“唐山泡泡龙”最初的身份是娱乐主播，后来转型为电商主播。在与粉丝相处的过程中，“唐山泡泡龙”一直将粉丝当作真正的朋友。在转型前，他与粉丝进行了推心置腹的交流，并用优质的水果打消了老粉丝对他的疑虑。忠诚的老粉丝、过硬的商品质量为其积累了高黏性的粉丝，主播与粉丝之间形成了强信任关系。因此，即使“唐山泡泡龙”由娱乐主播转型为电商主播，其粉丝也未大规模流失，反而因为信任主播而频繁购买他的商品。

5. 优质的售后服务

在保证商品价格优惠、源头发货的同时，“唐山泡泡龙”也非常注重商品的售后服务。水果保质期短，运输途中容易损坏，为了让用户放心购买，他制定了“一赔到底”的售后服务原则，一箱水果只要坏了一个，他就会整箱赔付，这让他积累了非常好的口碑。“唐山泡泡龙”还聘请专业人员对果品进行质检，尽可能地减少售后问题。

6. 直播地点多样化

“唐山泡泡龙”的直播地点比较多样，既会在室内搭景直播间直播，也会在室外集市边走边播，还会进入商品仓库进行直播，向用户展示水果的发货场地和流程，多样化的直播地点丰富了直播内容的表现形式。此外，在商品仓库直播，将商品发货场地透明化，有利于增强用户对主播的信任。

7. 聊天式直播

直播过程中，“唐山泡泡龙”会像朋友一样与粉丝进行聊天式沟通，除了介绍商品卖点外，他还会寻找一些话题，引导粉丝参与互动。此外，他也会关注粉丝在评论区中的留言，对留言一一回复，耐心地向粉丝们解释某些水果为什么不卖了，已经下单的水果什么时候发货等问题。“唐山泡泡龙”这种真诚的态度也增加了粉丝对他的信任。

（一）直播形式

根据直播形式，可以将直播分为专场和混场。专场有品牌专场和单类目专场，品牌专场指的是某个品牌的专场直播，比如李宁专场。单类目专场有服装类中的“男装”，女童装类目专场，母婴类中的儿童服装、益智玩具、奶粉、尿不湿等类目专场。混场有多类目混场和单类目混场。多类目混场，是指“年货节”这样的多类目。多品牌直播单类目混场，是指针对某一单类目，不限品牌地进行商品组合。

（二）产品结构规划

根据运营需要准备印象款、引流款、福利款、利润款和品牌款，见表 2-1。

表 2-1　产品结构类目分析

产品结构类目	内容	适用场景
印象款	指促成直播间第一次交易的商品	可以是高性价比、低客单价的常规商品，印象款的特点是实用且人群覆盖面广
引流款	给直播间带来流量的产品，有热度的商品（在市场上声望很高、口碑较好的商品）、低价商品、品牌商品，都可以作为引流款	一般在直播开始的时候使用，在直播中也可以穿插使用
福利款	作为宠粉福利、直播间福利，以及活动期商品、粉丝团福利等，这类商品一般具有一定的特殊性，如销售时间不同，价格也不同；福利款一般都选择差价比较大的商品，比如拿出部分库存做福利，原价 159 元的裤子，直播间半价出售给粉丝	可以作为引流商品，也可以作为直播间的用户交互、粉丝互动的商品，用来增加用户黏性和树立商家形象
利润款	高客单价的商品，是能够给直播间带来高利润的商品，冲销售额的商品。卖 1 元钱的商品，假设利润率是 50%，成交 1000 单，总利润就是 500 元。卖 300 元的商品，假设利润率是 30%，成交 10 件，总利润就是 900 元。总利润等于各个单品的利润乘以销售量之和。也可以选择利润较低，但是高客单价的商品，提升直播间的销售额，进而提升总利润	利润款商品的选择应当注意两个条件：产品质量合格和价格合理。购买利润款商品的消费者，往往是对商家最支持、最信赖的粉丝群体
品牌款	又称战略款、形象款，商家应根据品牌的特点设置一定比例的品牌款。品牌赋能商品，可产生一定的品牌效应，品牌背后是消费群、消费力、消费品质、消费偏好的有差别商品。在信息时代，用户会优先选择品牌商品，且品牌具备市场先导地位	选择一些高品质、高格调、高客单价的小众商品。用于引导直播间用户驻足观看，但又让用户觉得价格和价值略高于预期

（三）直播选品四要素

直播选品还需要结合四个方面的要素进行综合分析，如图 2-1 所示。

（四）根据直播主题选品

直播一定要设定主题。主题就是根据直播简介提炼出的带有信息的传播语言，让用户第一眼看到直播间就知道这是个什么样的直播间。在直播主题下，用户可以找到符合主题的商品，如果以某种主题引流而来的用户，发现直播内容不是该主题的商品，这个用户就会快速流失，这样就不利于提升直播间的转化率。

直播间也可以根据活动、节日等主题进行选品。例如，中国人都有备年货的习惯，喜欢在过年的时候提前采购吃穿用品，春节期间就需要准备大量的家庭必需品和年货。年货一般具有货品丰富度高、货品组合空间大、用户接受度高等特点。

（五）账号定位

美食直播账号一般做美食方向的垂直类商品，美妆账号就做美妆类目的商品推介。用户和达人的关系或强或弱，账号就是连接用户和达人关系的枢纽。用户沉淀需要账号的达人形象或者商家形象，尤其是以短视频为主的账号，以达人为主导的直播需根据达人属性、粉丝画像进行选品。

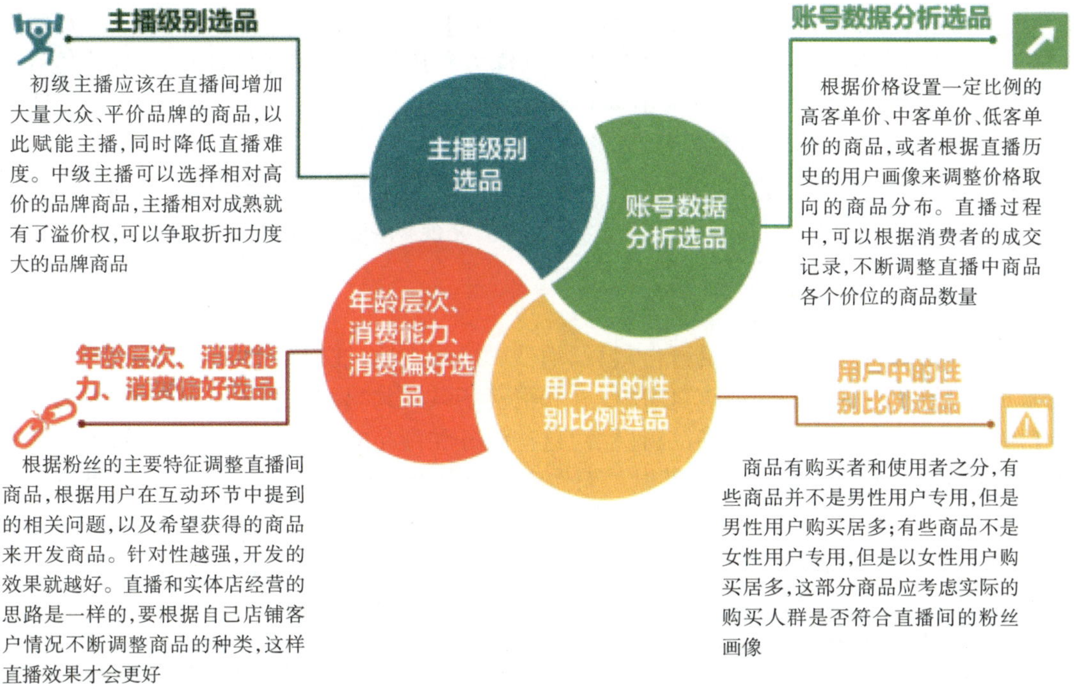

图 2-1　直播选品四要素

2.1.2　直播选品原则

选品直接决定直播间的销量。因此，选品需要有严格的标准和复杂的筛选流程。一般只有符合耐销品、市场渗透率高、有价格优势、便于演示、使用体验好这五个特点的商品，才能进入选品池。

直播选品原则

（一）耐销品

耐销品是指可以一直销售的商品，销售周期长，不会因为季节变化、市场变化、产品热度下降而销售不畅、产生库存积压的商品。比如，全季销售的商品、全域销售的商品、大众商品、市场接受程度较高的商品，那些转瞬即逝的网红商品就不具有耐销性。对于初创的直播团队来说，需要考虑其选品的销售风险、货品的库存风险、对应类目的直播工作开展的人力时间上的风险。

（二）市场渗透率高的商品

市场渗透率是对市场上当前需求和潜在需求的一种比较。选择市场渗透率高的商品，就是选择用户认知度和需求度相对较高的商品。

（三）有价格优势的商品

价格优势是促使用户产生购买决策的重要因素。用户因为低价而购买，其本质是用户享受了价格优惠，从而省了钱，产生购买决策。价格优势一般存在于有较大价差的商品及低价商品。

（四）便于演示的商品

直播是视听语言、社交电商行为，选品要符合视听呈现优势，注重互动直播的电商场景。比如，有的商品需要反复讲解，用户才能明白其优势和功效，这样的商品理论上就不能在直播间即时互动的销售场景中进行营销。如果商品优势传递不出去，或者直播间现有的设备条件、场地布景不能呈现该商品的亮点，这样的商品就不应该出现在直播间。

展示空间大的商品会提高直播间产品介绍的完整性、趣味性和营销性。直播要让卖点信息可视化，亮点功能可视化。直播要让卖点信息可视化，亮点功能可视化，这有助于消费者快速认识和记住你的独特之处，区别于竞品。

（五）使用体验好的商品

商品介绍是引发用户共鸣的一个过程，消费者喜欢主播，往往是因为他们的语言可以很好调动用户对于某种商品的需求、使用体验和消费场景的共鸣。然而，在生活中消费者每天都在感受和体验大量的服务和商品，他们对这些服务和商品的体验感往往是迟钝的，因为消费者对这些商品和服务已经司空见惯。而作为一个直播人员，则需要持续强化和调动自己对商品的感受和体验。

使用体验好的产品在营销呈现上，售后服务上，产品复购、产品口碑、品牌口碑上，以及粉丝积累上都可以保持持续发展的形势。

2.1.3 直播选品规划

拓展：选品的策略

直播带货的三要素分别为人、货、场，这三个要素是影响直播间商品销量的关键因素。其中，“货”指的是直播中要推荐或销售的商品。商品的选择和规划是直播营销的起点，要想提高直播间的订单转化率，主播一定要善于选品，合理规划商品的定价、陈列、上架顺序等，并对直播间商品进行精细化的配置和管理。

（一）直播间选品策略

要想直播带货，首先就要有商品，但商品类目繁多，哪些类目适合自己，可以卖得好，是需要主播仔细分析的。这是一项几乎可以决定直播盈利或亏损的重要决策，因此主播一定要制订正确的选品策略。

1. 分析画像

电商直播过程中，主播类似于导购的角色，主要作用是帮助用户减少购物的决策时间。要想提高直播间的转化率，主播一定要学会分析用户画像。

用户画像最早由阿兰·库珀提出，他认为用户画像是真实用户的虚拟代表，是建立在一系列真实数据上的目标用户模型。将目标用户多方面的信息收集之后拼接组合在一起，就形成了用户画像，如图 2-2 所示。

图 2-2　用户画像构成

用户画像一般由性别、年龄、地域、兴趣、购物偏好、消费承受力等组成，主播在选品时要判断商品是否符合用户画像所描述的需求。不同的用户群体，需要的商品类型不同。如果用户以男性居多，最好推荐科技数码、游戏、汽车用品、运动装备等商品；如果用户以女性居多，最好推荐美妆、服饰、居家用品、美食等商品。主播只有选择符合用户画像的商品，转化率才会高。

2. 看匹配度

商品与主播之间一定要相互匹配，至少主播不反感商品，并对商品有自己的认知。主播对商品的介绍不能烦琐、复杂，要把用户诉求与商品卖点在短时间内有条理地表达出来，刺激用户产生购买欲望，进而消费乃至传播。

不管是达人主播还是商家主播，推荐的商品都要与主播的人设标签相匹配。例如，推荐母婴用品时，未婚的女性主播就会缺乏说服力，而拥有"宝妈"身份的主播就显得自然得多，可信度也更高。

直播平台在选择主播时，一定要把握好主播的定位。主播带货按商品分布类型可分为以下两种情况，如图 2-3 所示。

品类垂直带货主播的用户画像较为精准，大部分是热衷于该垂直品类商品的用户群体。垂直品类带货主播的主要作用是帮助用户找到该品类中最合适的商品。但这种直播类型也存在用户覆盖面窄的劣势，除了喜欢垂直品类的用户以外，其他人很少进入直播间购物。

图 2-3　主播带货的两种情况

全品类覆盖带货主播的选品比较杂，但商品一定要有品牌，且给的价位足够低。除此之外，这类主播还会要求商家向用户发放优惠券、赠品等福利，目的是帮助用户省钱。这种直播类型的优势是人群覆盖面广，劣势是用户画像比较模糊，主打低价商品，用户都是冲着低价来的，商品的价格弹性较大，一旦价格较高，用户的购买意愿就会明显降低。

3. 分析需求

对于电商直播来说，用户之所以关注主播，大多是因为主播推荐的商品可以满足他们的需求。主播可以通过用户画像预估用户的需求，针对用户的年龄层次、男女比例、兴趣爱好等选择合适的商品。用户的总体需求可以归结为以下三个层面。

（1）保持新鲜感

主播要提高商品的更新频率，使用户一直保持新鲜感，以此来增加用户的黏性。如果长时间卖同样的商品，用户总会有厌烦的一天。

（2）保证商品的品相

一款商品只有具有好的品相，才更容易激发用户的购买欲望。因此，主播在选品时，要选择那些在外观、质地、使用方法和使用效果等方面能够对用户形成感官冲击的商品，从而使直播带货充满场景感和沉浸感，提升直播间的购物氛围。

（3）保证商品的质量

决定用户复购率的通常是商品的质量。电商直播行业曾经发生过一些因商品质量问题而引发的带货风波，这种问题会严重影响头部主播的形象，负面影响很大。而对于中小主播来说，如果商品出现质量问题，更会对其造成难以承受的打击。因此，直播选品的标准必然要以商品质量为核心。

直播过程中，主播与用户互动时会收到用户的反馈，其中会涉及他们很多未被满足的需求。用户会在弹幕中说出自己的需求，如“我觉得你的衣服下摆有些长”“我想要买笔记本电脑”“我想要吃 ×× 薯片”，主播可以根据他们提出的需求数量来选择相应的商品，及时补充商品品类，尽可能满足更多用户的需求。

4. 结合热度

与短视频发布贴合热点的逻辑类似，直播带货商品的选择也可以贴合热度。例如，端午节时全民都在吃粽子，中秋节时全民都在吃月饼，或某一时间段某知名艺人或直播达人带火了某款商品，这些都是主播可以贴合热度的点。因此，主播平时要多关注名人、达人的微博或微信公众号，当这些名人、达人被电商平台或商家邀请做直播时，主播可以及时看到他们发布的预热文案，从而做好应对准备，只要抓住机会，就能抓住巨大的商机。

例如，某知名艺人曾经参加某平台的电商直播，当时她穿的是黑白短裙，吸引了直播间用户的目光。很多电商平台的商家都看到了其中的商机，纷纷上新同款服装，于是第二天电商平台就出现了很多打着“×× 同款黑白短裙，正宗布料制作，只要 199 元”“×× 同款短裙现在特价出售，只需 159 元”等宣传语的店铺。

人们当下对这些商品保持了高度关注，即使不买，也会在直播间热烈地讨论相关话题，从而提升直播间的热度，吸引更多的用户进入直播间，这会在很大程度上提高其他商品的销量。

5. 具有特色

直播间选品一定要有特色，即选择的商品一定要有卖点，具有独特性。即使是同一款商品，市场上也有很多品牌和风格。用户购买商品不仅仅是为情怀买单，更多的还是会从商品的优势出发，看商品是否具备不同于其他竞品的特色。如果一款商品没有足够吸引人的特色，就不具备长久的竞争能力。

有些主播推荐的商品之所以转化率很低，就是因为商品的卖点不清晰，特色不明显，让用户觉得可有可无。只有商品卖点足够清晰，才能戳中用户的痛点，使其产生冲动消费，从而提升购买转化率。

选择有特色的商品后，主播要提前构思好商品卖点的介绍话术。面对众多的商品，主播可以通过“商品特征+商品优势+用户利益+赋予情感”的方式来诠释各类商品的卖点，如图2-4所示。

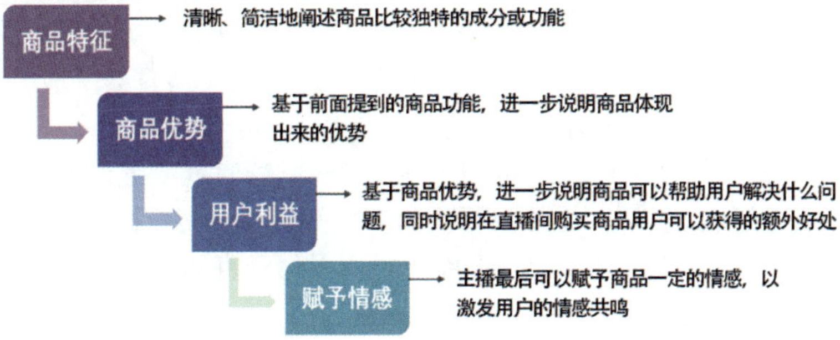

图2-4 诠释各类商品卖点的方式

6. 高性价比

直播带货过程中，性价比高的商品更受用户欢迎。例如，某美妆主播直播带货的商品总是给用户“全网最低价”“无条件退换”的福利，这样不仅最大限度地保证了用户的权益，还让用户对该主播产生极高的信任感，因此用户的复购率非常高。

人们在电商平台上购物的原因无外乎两个，一是方便、快捷；二是商品价格实惠。直播属于电商平台的一种营销工具，因此在直播中购物的原因也满足电商平台的以上两个原因。高价位的商品虽然也能在直播间里销售，但很难卖得动，即使是头部主播推荐这类商品，用户也未必会买单。

商品的高性价比还体现在赠送的优惠券上，尤其是大额的优惠券，相当于帮助用户省钱。多数人都有“占便宜”的心理，所以赠送优惠券已经成为刺激用户冲动消费的有效手段。

7. 亲自体验

主播在直播间卖货时不仅担任着导购的角色，还担任着代言人的角色。因此，为了对用户负责，主播在直播间推荐商品之前，最好亲自使用自己要推荐的商品，这样才能知道它到底是不是一款好商品，是不是可以满足用户的需求，以及它有哪些特性，如何使用，如何推荐等。尤其是在主播原本不熟悉的商品领域，主播更要事先对商品的性能、使用方式有所了解，以提前预测直播过程中可能会发生的突发状况，并作出解决方案，以减少直播中的失误。例如，主播要想推荐一款洗面奶，就要事先搞清以下几个问题：这款洗面奶适合油性皮肤还是干性皮肤，自己是什么肤质，自己在使用后有什么感觉，身边其他肤质的人使用后有什么感觉，用户对洗面奶有哪些需求，这款洗面奶是否能够满足他们的需求等。这些都需要主播亲自使用、测试和调查后才能得出结论，才能在直播间根据自己的实际使用感受向用户推荐商品，从而增强说服力。

以东北某美食女主播为例，她在一档综艺节目中透露，她和自己的团队一天大约要从七八百种商品中选择 10 种商品，而仅她自己就要过目 200 多种商品。一般团队成员会先试用，把不合格的商品剔除掉。而该主播拥有一票否决权，她会把不好吃的、不好用的商品都淘汰掉，即使是酱油这种商品，也会拿饺子、面条等食品来试吃检测。该美食女主播在进行商品讲解和介绍时绘声绘色，非常有说服力。

8. 查看数据

有经验的主播和运营团队会根据直播过程中的实时数据变化调整商品规划，主要参考的数据有实时在线人数、粉丝增长率、点击转化率及粉丝互动频率等。例如，主播可以从粉丝互动中了解粉丝对哪些商品或商品的哪些价值点更感兴趣；通过某一段时间的粉丝增长率了解到这一时间段自己做的活动或推荐的商品是否能够吸引粉丝。

如果直播间里观看人数非常多，但购买转化率很低，这时就要考虑商品定位、主播人设等方面是否存在问题。除此以外，主播还要查看直播间每日成交数据，每日不同商品的购物数据，分析哪些商品多久可以销售一空；主播还要查看每日直播数据的峰值和低谷，统计每件商品的成交额、人均成交额、点击转化率和停留时长等。

在直播结束后主播也不能大意，还要进行舆情监测，关注退货、结算、售后等问题，根据这些数据及时改进选品种类。

9. 精选货源

主播选品时，商品的来源主要有以下四种渠道，如图 2-5 所示。

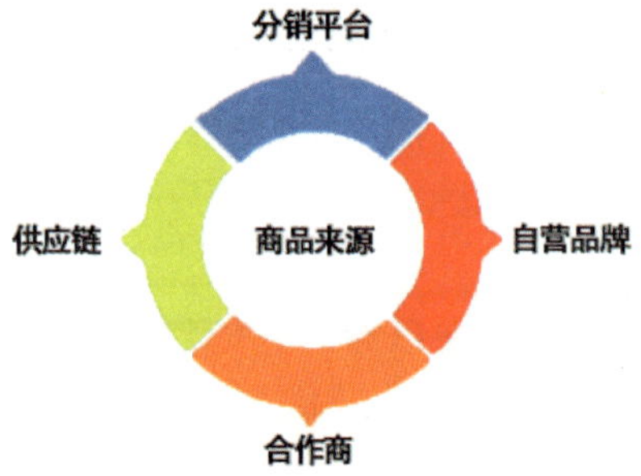

图 2-5　商品来源的四种渠道

（1）分销平台

分销平台主要指淘宝、京东等电商平台，优点是适合零基础、想快速启动的主播，缺点是佣金不稳定（有的商家今天设置佣金为 50%，明天可能就改为 20%），发货时间不确定（尤其是商品量大时，可能会延迟发货，影响购买体验）。因此，主播在选品时一定要找到靠谱的商家，并提前与商家对接好售后流程。

以淘宝直播为例，目前主播可以通过淘宝联盟或阿里 V 任务来选品。

通过淘宝联盟接单：打开淘宝联盟，搜索其中有佣金的商品，联系卖家制订定向计划，之后卖家会邮寄样品给主播做直播，以此来推广店铺的商品，而样品是否归还需要主播与卖家进行商谈。

2019 年 3 月,阿里 V 任务正式推出直播通。直播通是商家与直播间的合作推广工具,能够让商家的商品被更多的主播主动挑选并在直播间里推广,同时直播通也能成为主播的直播选品库,解决主播想为用户展示更多商品的诉求。主播在直播通中可以查看海量商品池,对接多维度的商品供应链,进行选货排期。

(2)自营品牌

自营品牌的商品来源主要是靠招商,优点是利润较高,适合头部主播;缺点是对供应链、货品更新、仓储要求较高。一般来说,只有超级头部主播才有条件建立自己的供应链。

(3)合作商

合作商的商品来源渠道是被动接受或主播对外招商,优点是品牌货后端有保障,商品的转化率与其他非品牌货相比较高;缺点是品牌货的利润较低,因为品牌商要从中抽走一部分利润。当然,如果是超级头部主播,坑位费也很可观。

(4)供应链

供应链的商品来源渠道是自拓展,优点是利润非常高,适合超级头部主播;缺点是需要投入大量资金建设供应链,资金压力较大。如果做得好,发展会很顺利;如果做不好,很有可能会被建设供应链带来的资金压力拖垮。

知识拓展

直播带货背后的选品策略

Quest Mobile 报告显示,移动互联网购物的主要核心群体是“90 后”和“00 后”,占比超过四成,他们的购物欲望特别强,比较容易被诱导,并且喜于追星和接受新事物。在观察多场带货销售额过亿元的直播间后,总结出以下四个选品策略。

1. 低价、高频、刚需产品

高频、刚需类快消品销路好,现在网红直播选的产品大多以女性彩妆、护肤品、服装、生活日用品类的实用快消品为主。这类产品平均客单价一般都不会超过 200 元,属高频、刚需产品,成本也相对透明,便于囤货。如卫生纸,属用户生活类日用刚需产品,甚至都是线上线下比过价的,利润率非常低,线上直播卖得更便宜,用户的决策成本非常低。

2. 展示性强的产品

展示性强的产品也就是有利于直播间现场“表演”型的产品,方便主播直接演示讲解,例如家居用品,厨房、卫生间、客厅、卧室里的生活日用品,也包含一些服装品类。

3. 标准化产品

以服饰类产品为例,为什么睡衣比个性化服装好讲解好卖?为什么女性丝袜比花色的棉袜销量更好?为什么买纯色 T 恤几乎不用任何思考?其根本原因就是标准化服饰对消费者的覆盖层面更广,能满足大多数人的需求,市场空间更大,更为重要的一点是它的退货率远低于设计复杂的品类。

4. 引起共情的产品

大量产品沦为同质化产品,其根本原因就是产品设计人没有找到与用户“共情”的方法。直播带货能引起共情的方式包含两类:产品共情和身份共情。

（二）直播间商品定价策略

商品定价是一项重要而复杂的工作，如果价格太高，主播在直播间推荐的商品就可能卖不出去；如果价格太低，过早脱销，也就失去了盈利的机会。一般来说，客单价通常分为高、中、低三个档次，见表 2-2。主播一定要制定合理的定价策略，最大程度减少成本，在保证自身盈利的基础上，为用户提供更多的优惠，刺激其购买欲望。

表 2-2　客单价档次分类

价格档次	价格范围	用户购买特征
高客单价	100 元以上	十分看重质量和品牌，下单十分谨慎
中客单价	500~100 元	有所顾虑，充分考虑购买的必要性和商品的实用性
低客单价	50 元以下	购买决策过程很短，大多属于冲动式消费

1. 根据主播人设选择价格区间

主播的定位不同，我们选择的产品价格、产品质量、产品用途都会有所不同；主播的人设可以分为三种类型，如图 2-6 所示。

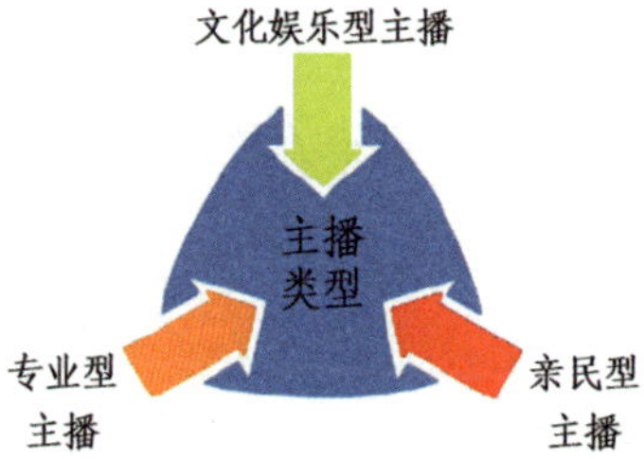

图 2-6　主播的三种类型

（1）专业型主播

为商品定价时，价格可以以高客单价为主，中客单价为辅，如图 2-7 所示。

（2）文化娱乐型主播

为商品定价时，价格要以中客单价为主，低客单价为辅，如图 2-8 所示。

（3）亲民型主播

为商品定价时，要以低客单价为主，中客单价为辅，如图 2-9 所示。

2. 商品组合定价法

组合定价法属于心理定价法的范畴，指的是为了迎合消费者的心理，特意将某些商品的价格定高一些，有的定低一些，以取得整体经济效益的定价方法。这种方法一般将互补商品或关联商品进行组合定价。

因为用户对价格非常敏感，尤其是对不经常购买或价值较高的商品的价格更敏感，所以企业或商家利用消费者的这一心理，在对关联商品、互补商品定价时，将消费者不经常购买、价值又相对较大的商品价格定低一些，把经常购买、价值又相对较小的商品价格定高一些。从某种程度上来讲，低价可以打开销路，高价也意味着商品的高质量，共同起到刺激需求的作用。

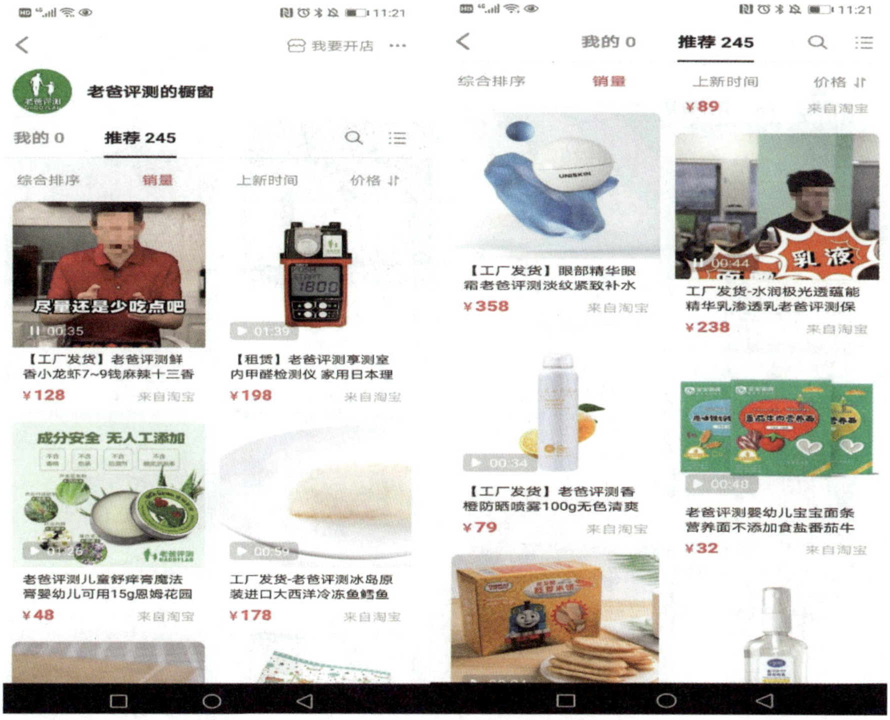

图 2-7 专业型主播商品定价

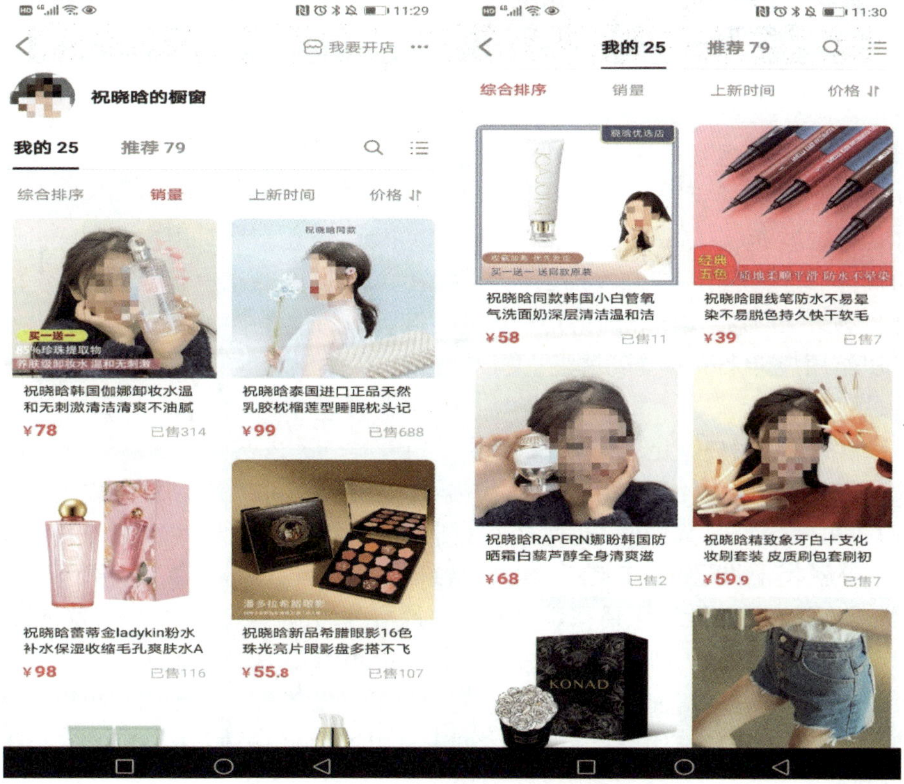

图 2-8 文化娱乐型主播商品定价

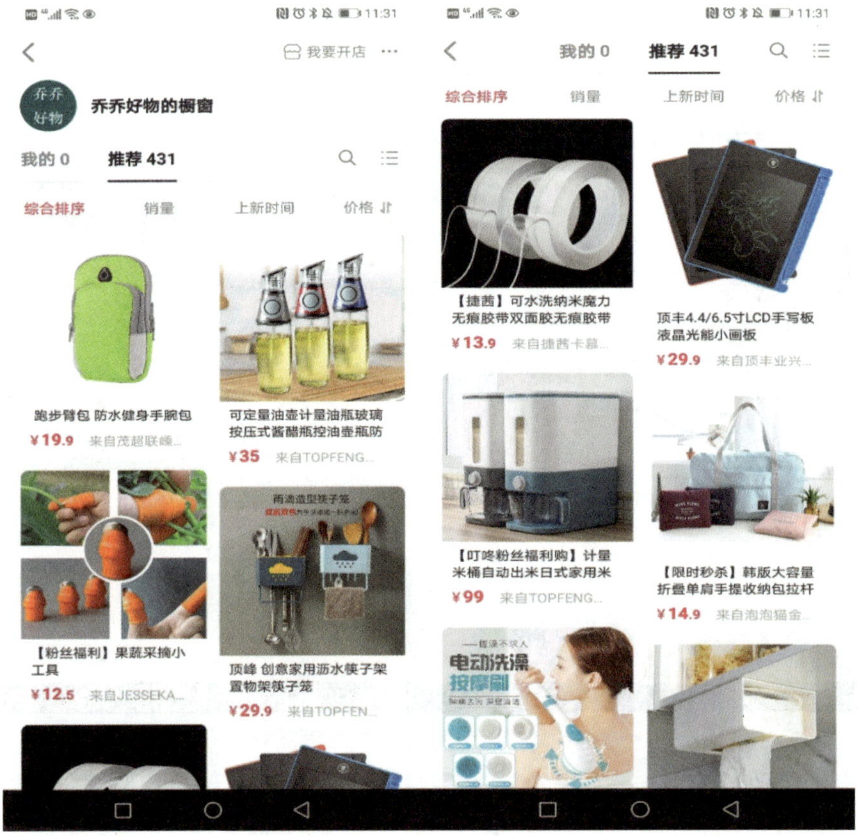

图 2-9　亲民型主播商品定价

对于电商直播来说，组合定价法同样适用。商品组合应遵循三大原则，下面举例说明。

（1）赠品和商品有关联

例如，某款卸妆水在品牌店或电商平台卖 ×× 元，但在直播时用户花同样的价格可以得到两份商品，还可获赠一个卸妆棉。虽然主播也可以赠送给用户其他商品，奶茶粉、一袋水果等，但不如送卸妆棉实用。因为用户在使用卸妆水的过程中，一定会用到卸妆棉。主播这样做可以给用户带来一种受到关爱、关心的感觉，在保证质量的前提下，即使商品定价稍微高一些，用户也会接受。

（2）套装搭配给用户满足感

一套夏季出街装一般包括 T 恤、短裤或裙子、墨镜、帽子和配饰。如果以上服装配饰单独购买，总价可能会超过 500 元。但主播在直播间给出的价格会非常实惠，同样是 T 恤、短裤或裙子、墨镜、帽子和配饰，T 恤 66 元，短裤或裙子 50 元，墨镜不要钱，帽子不要钱，配饰也不要钱，总价只有 116 元。主播在说出商品的价格时，语速一定要快，声音要饱满，音量要大，向用户传达商品的优惠力度，刺激用户，使其兴奋起来，快速下单购买。

需要注意的是，主播在直播之前一定要先做好商品的搭配。由于用户可以直接买到套装，节省了自己搭配套装的精力，并且价格实惠，用户会有一种超值的感觉，心里会十分满足。

（3）赠品在直播过程中要提前多次出镜

例如，一款 500 mL 的身体乳，实体店卖 98 元，电商平台卖 89 元。主播在直播间做活动，只需 60 元，买一发二，如果再加 10 元，主播再送两个护手霜，用户可以配合使用，效果很不错。要特别注意的是，这款护手霜一定要在直播过程中多次出镜，并且由主播亲自使用，这样一来这款护手霜会非常有话题点，能够给用户留下深刻的印象；二来因为是主播亲自使用，这种行动远比单纯地说一句"我用这款商品用了两个月，效果很好"更有说服力，可以增强用户对主播的信任度。

3. 花式价格策略

花式价格策略通常采用阶梯式价格，主要用于销售客单价较低或成套售卖的商品，相当于传统"买一送一"的升级版。例如，某款婴幼儿商品，原价为 39.9 元/件，直播间第一件卖 29.9 元，第二件卖 19.9 元，第三件卖 9.9 元，第四件免费，限量 2 万件，主播引导用户在直播间直接下单，购买数量为 4。阶梯式价格会给用户带来巨大的冲击力，刺激用户产生下单购买的欲望。

采用阶梯式价格对于一些想要冲击销量的单品来说是非常有效的，相对于采用商品组合定价法进行销售，阶梯式定价法往往是成套出售商品，冲击销量的同时，适合为商品促销。

采用花式价格策略时，主播可以参照以下方法来做。

（1）引导用户关注价格优惠

主播要突出这套商品的价格优势，直播时可以用小黑板将原价标出来，与直播间的价格形成鲜明的对比。

（2）营造购物氛围

主播可以通过语速和声音向用户传达商品的优惠力度，使用户的情绪激动兴奋，刺激他们下单购买。例如，主播们通常会运用倒计时的手段来营造紧张和商品稀缺的氛围，用户会觉得这次不买以后肯定没有这么低的优惠价格了。

（三）直播间商品陈列

商品陈列是烘托直播间购买氛围的手段，商品陈列的空间设计是主播卖货的舞台，而商品是陈列的重点，只有陈列方式、空间设计、商品三者合一才能成就完美的直播。当用户进入直播间时，首先的反应是对商品陈列的视觉反应，商品陈列的优劣直接影响用户留存人数和用户的消费意愿。直播间的商品陈列主要有主题式、品类式和组合式三个类型。

1. 主题式商品陈列

主题式商品陈列主要特征是统一，即与直播间的主题风格保持一致。一般来说，直播间的直播主题可以分为以下三个类型，见表 2-3。例如，卖美食的主播要在直播间陈列某一类美食，如零食、快餐食品等；而卖女包的主播则要在直播间陈列某种特定风格的女包。

表 2-3 直播间的直播主题

主题	分主题	具体内容
节假日	中国传统节假日	春节、端午节、元宵节、中秋节、清明节特色商品
	文化历史节假日	儿童节、教师节、母亲节、父亲节、劳动节特色商品

续表

主题	分主题	具体内容
季节	春季	春季新品、烧烤、防雨用具
	夏季	夏季新品、饮料、雪糕、清凉降火、防晒、防蚊、沙滩玩具
	秋季	秋季新品、旅游、民宿
	冬季	保暖御寒、火锅、润肤乳
商品品类	零食	干果、罐头、薯片、果冻、酸奶、糖果、巧克力
	服装	裙子、衬衫、牛仔裤、西装
	美妆	口红、润肤乳、眼影、面膜
	厨卫	洗涤用品、餐具

2. 品类式商品陈列

这种直播间的商品陈列方式主要是通过品类的组合，为用户营造琳琅满目、可以充分选择的购物氛围，从而让用户从中购买到自己心仪的商品。例如，某主播的直播间，该主播所卖的商品品类繁多，有凉席三件套、泡泡机、牙膏、餐巾纸、沐浴露等，如同一个百货店，应有尽有，给用户提供了很多选择。

3. 组合式商品陈列

这种直播间的商品陈列方式主要是通过强调商品与商品之间的紧密联系和搭配，引导用户将商品组合起来同时下单。某服饰类主播引导用户购买套装，该主播先推荐短裤，然后又推荐并试穿衬衫，为的是让用户了解服装搭配，促使其购买套装；对于美食类主播来说，可以把美食和制作美食的设备组合起来，将面包和面包机组合销售，或营造吃爆米花要喝可乐，吃牛排要喝红酒等场景，从而将这些商品组合进行销售。但需要注意的是，在直播间陈列商品时，尽量不要把品类相似、价格相似的商品一起陈列。

（四）直播间商品的精细化配置与管理

直播过程中，商品方面经常出现的问题是款式不全、利用率不高、单品销量不够等，其实这是因为主播没有把商品根据符合直播需求的逻辑进行合理化细分，从而导致直播数据在混乱的商品配置中不断循环。要想扭转这种局面，主播一定要对直播间的商品进行精细化配置与管理。

1. 确定直播主题

电商直播的目的都是销售，主播要对每一场直播进行多样化的主题策划，并以此来进行直播内容的拓展和延伸。主播要明确向谁讲述，讲述什么，如何讲述。

做一场直播如同写一篇文章，首先要确定的就是主题。直播主题可以分为两种类型，见表 2-4。主播可以根据这两种类型对直播主题进行阶段性的规划。

表 2-4　直播主题类型

直播主题的类型	具体内容
场合主题	休闲、办公、聚会等

续表

直播主题的类型	具体内容
活动主题	上新、打折、节日等

假设以上两种类型中的每个主题都可以做成一场直播，那么主播就拥有了六场直播的主题，主播可以根据这六个主题进行不断优化。

确定直播主题以后，主播下一步就要根据主题配置相应的内容，如同设计文章的各个段落。不同的直播主题要搭配不同特性的商品。以服装电商直播为例，搭配的两大重点分别是风格和套系，见表 2-5。

表 2-5　服装电商搭配的两大重点

搭配的重点	具体内容
风格搭配	主播风格、人群风格、道具风格
套系搭配	单品搭配、一衣多搭、配饰搭配

只有风格统一、套系整齐，整个直播间的商品调性才会一致。某抖音账号在直播间推荐某新款平衡车，主播一边使用一边推荐，并根据用户的提问及时回答相应的问题，解决用户的疑问。该直播间陈设的商品都是平衡车，风格统一，很好地反映了直播主题。

2. 规划商品需求

确定直播主题以后，主播可以通过一个简单的表格来规划商品需求，从而清晰地知道每一场直播需要配置什么特征的商品。表 2-6 为规划商品需求的一个例子。

表 2-6　规划商品需求

直播日期	主题	商品数量（件）	商品特征	辅推商品
6 月 16 日	夏至出游拍照必学穿搭	500	透气性能好，穿着舒适，色彩鲜艳	平跟凉鞋、遮阳帽、太阳镜、泳衣
6 月 17 日	遇到心动男生，打造自身魅力	1000	显瘦款、裙装为主	高跟鞋、饰品、包包
6 月 18 日	9.9 元包邮“宠粉”活动（项链）	500	小巧精致、凸显气质	耳坠、口红、裙装

3. 规划商品配置比例

商品配置比例是精细化商品配置的核心之一。规划商品配置比例时，主播要记住三大要素，即商品组合、价格区间和库存配置。合理的商品配置可以提高商品的利用程度，最大化消耗商品库存。商品配置比例的设置类型主要有两种：单品配置比例（如图 2-10 所示）和主次类目配置比例（如图 2-11 所示）。

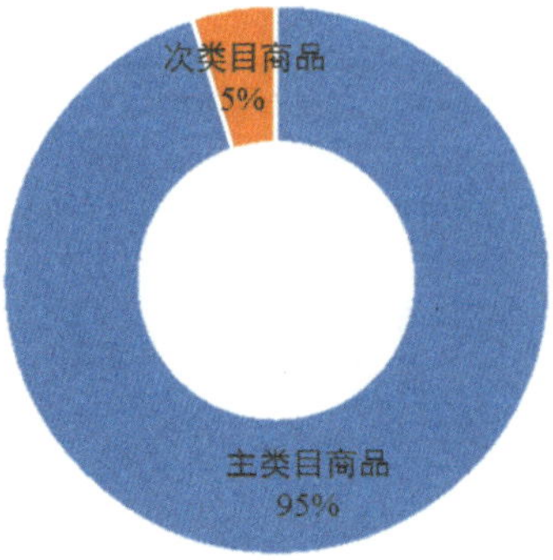

图 2-10　单品配置比例

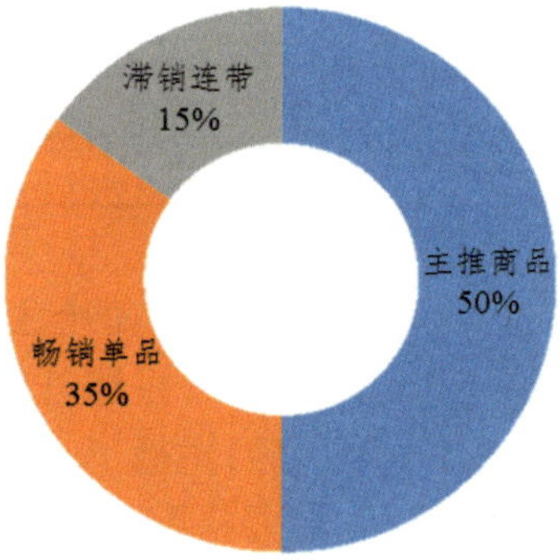

图 2-11　主次类目配置比例

确定商品配置比例以后，只要根据直播时长等条件确定每场直播的商品总数，就可以根据以上两种类型对应的配置方式做好相应数量的选品，见表 2-7。

表 2-7　一场直播的商品配置比例

直播商品总数	主类目商品 95 款					次类目商品 5 款
	主推商品 47~48 款		畅销单品 33~34 款		滞销单品	A 款、B 款、C 款、D 款、E 款
	新品数量	预留数量	新品数量	预留数量		
100 款	36~37 款	10~11 款	13~14 款	20 款	13 款	

4. 保持商品更新

为保证每场直播的新鲜感，维护老粉丝的黏性，主播要不断更新直播内容，其中商品更新是非常重要的一部分。主播要在规划好的商品配置比例的基础上不断更新商品。一场直播更新的商品总数至少要达到整场直播总商品数的 50%，其中主推商品的更新占 80%，畅销单品的更新占 20%。

5. 把控商品价格与库存

商品需求、商品数量及更新比例都确定好的前提下，主播要进一步把控另外两大要素——价格区间和库存配置。

（1）价格区间

主播在设置价格区间时，要根据商品的原始成本加上合理的利润，再加上一些其他的费用进行设置。设置价格区间时，如果同类商品只是颜色、属性不同，价格差距不应太大。

（2）库存配置

库存配置是提高直播效果及转化效果的一个重要措施。库存配置的一个重要原则是“保持饥饿”，主播要根据不同场观（单场直播的总观看人数）和当前在线人数配置不同的库存数量，使直播间始终保持抢购状态。

要想保持“饥饿”状态，库存数量要一直低于在线人数的至少 50%。如果条件允许，主播可以直接设置店铺库存来配合直播的库存需求。

6. 已播商品预留和返场

主播要根据商品配置，在所有直播过的商品中选出至少 10%的优质商品作为预留和返场商品，并应用到以下几个场景中。

①日常直播一周后的返场直播，将返场商品在新流量中转化。

②当部分商品因特殊情况无法及时到位时，将预留商品作为应急补充。

③遇到节庆促销日时，将返场商品作为活动商品再次上架。

【任务探究】

直播带货“人”“货”“场”是基本逻辑。在“货”的层次上，要做到选品、控货盘、组货盘三个步骤。

（1）选品六特征

选什么很大程度上直接决定着直播间的销量。所以在选品时，需要非常严格的标准和复杂的筛选流程。选品只有满足耐销性强、市场渗透率高、具有价格优势、好展示、使用体验好、新奇这六大特征的商品才能进入选品池。

（2）控货盘两原则

选品完毕后，进入备货阶段。对于控货盘，建议是供应抖音商品和其他电商平台进行仓储物流统一管理；根据达人过往带货能力来预测销量，提前锁定库存，优先保证抖音渠道的货品供应。降低单一渠道大量备货可能面临的库存风险，确保货物充足，保证及时发货。

（3）组货盘四注意

选品、备货全部完成后，还需要通过多个产品的直播搭配，以最大化带货效果。对于如何进行“商品组合”，有如下四点建议。

①做专场对 GMV（商品交易额）的贡献会更大，但是只有 SKU（库存进出计量单位）足够多的商家，才有机会组成专场。小型专场需要 20 件商品，一般专场需要 40 件商品，而鞋类专场至少要 80 件商品。

②产品库需要不断地迭代。别抱着清库存的目的去做带货，只有坚持上新，才能占领更多的市场。

③可以选择共线产品，但不要选择常规渠道的主流产品。原因在于虽然主流产品有足够的库存深度，但在电商渠道相对脆弱的情况下，也许会抢不到更多的库存，也没办法给消费者让利。

④一切策划必须做在前面。找主播做带货前，商家需要自己先列出一张表，整理出商品卖点、流量款、利润款等信息，而且商家也应该清楚他们的目标。假如目标是销售，那么在直播前一定要计算清楚所有的成本，包括主播佣金、坑位费用、员工交通和食宿费用、仓储费等。若直播带货只能带来销售，而不能带来利润，势必不能长久。

经过上述三个步骤挑选出的商品，不仅能最大限度地满足消费者的需求，而且还能实现商家销售额的增长，延长后继业务的可能性。

【思政园地】

2021 年 3 月 18 日，中国广告协会发布《网络直播营销选品规范》，第三条明确规定：“主播和机构不得推销法律、行政法规禁止生产、销售的商品。其推销的商品应符合法律法规对商品质量和使用安全的要求，符合使用性能、宣称采用标准、允诺等符合保障人身与财产安全的要求。”第五条明确规定：“主播和机构应认真核对商品资质，属于市场准入审批的商品或者服务，需查验相应的市场准入类批准证书。鼓励主播与机构选择信誉良好的品牌商品。”

直播运营团队在选品时，应当遵守上述规定，优先选择资质健全、质量有保证的品牌商品，严禁推销法规禁售的商品。

任务 2.2　直播内容策划

【任务导入】

直播电商发展潜力巨大，但企业要想做好直播电商并不是一件轻而易举的事。现在是内容营销时代，好的内容是营销的灵魂，优质的直播电商内容要依据用户接收内容的不同反应进行创作生产，由此创作出的内容更契合用户的需求，更能赢得用户的支持与认可。所谓“内容为王，创意取胜”，在竞争日益激烈的直播行业中，有创意、有价值的直播内容才能受到观众的关注和喜爱。当下需用创意直播内容来提高观众的黏性，企业直播运营者要掌握直播内容策划才能使直播获得事半功倍的效果。

直播是一种内容呈现方式，要想吸引观众、聚拢人气，最重要的是提升直播内容对观众的吸引力。提升直播内容吸引力的策略，主播可以从三个方面来入手。

一是坚持直播内容的原创性。直播内容策划要遵守创作内容的趣味性、实用性、独特性等原则。

二是注重直播内容的真实性。虽然主播策划直播内容时可以充分发挥自己的创意，但直播的内容最好能够与观众产生联系。也就是说，主播要用真实的信息、真实的情感来打动观众，而不是策划一些无中生有的内容，或者虚情假意地表达自己对某些事物的看法。比如作为户外徒步旅行主播，可以在直播中呈现自己出发前的各种准备工作和旅游目的地的风景、人文特色，还可以在直播中讲述自己在旅途中的所见所感，为观众创造身临其境地观看体验，体现出直播内容的真实性。

三是提升直播内容的文化内涵。随着直播行业内容运营的不断细化，观众对直播内容质量的要求不断提高。直播行业已经不再是单纯拼颜值的时代，高质量、有内涵的直播内容更受观众青睐。主播要精心创作有深刻文化内涵、具有艺术审美性的、积极健康的直播内容，让观众能够通过观看直播得到艺术的熏陶和精神的升华。尤其是对于通过直播开展营销活动的企业来说，更需要在提升直播内容的文化内涵上下一番功夫。

【知识必备】

2.2.1　直播内容策划的方法

全民直播的时代，单纯依靠唱歌、跳舞等才艺表演很难在众多主播中脱颖而出。一场直播要从以下四个方面开展内容策划。

(一)垂直的内容

随着用户红利的逐渐减退,内容垂直化将成为直播行业的主要趋势,平台将会更多地聚焦特定用户群体的需求。垂直化的直播内容,往往是聚焦并且满足特定群体需求的某一固定领域内具有强黏性的信息。一旦内容具有强黏性,便可以聚集强大的粉丝群。主播在准备直播内容时,一定要根据某一特定用户需求明确内容调性,持续生产用户喜爱的内容。

(二)多形式内容

目前,直播的形式是非常多的,包括网红直播、户外直播、工厂直播等形式,直播内容多为达人连麦、网红代播、旅行直播、探寻原产地等。不同的形式对应不同的直播内容,给用户带来的感觉也不同。主播在准备直播内容时,可以用多元化的直播形式来展现。

(三)多样化内容

准备直播内容时,可以考虑内容多样化。如果直播的目的是“种草”,那么直播的内容可以是场景专题、专业测试、新品试用、高端展示等。如果直播的目的是涨粉,那么可以以粉丝活动日、粉丝回馈、奖品红包发送、活动专属的直播内容来展现。

(四)有价值的内容

准备直播内容时,要考虑什么样的内容可以为用户带来更多价值,帮助用户获得较高价值利益的内容,才能持续吸引更多观众。

做美食带货直播,除了讲解产品之外,也可以给直播用户“解锁”一些美食吃法,让用户在享受价格优惠的美食的同时,收获更多实用、有趣的技巧。

2.2.2 直播内容策划的流程

“内容为王”不仅适用于短视频,同样适用于直播,内容是任何直播带货的核心和主体,尤其是新手,开始做直播的时候,策划优质的直播内容是直播带货的一个重要环节。

直播内容策划流程

(一)定好直播主题

确定直播的主题非常重要,要在直播间卖护肤品,那么这种护肤品主要能解决什么问题,用户想解决什么问题,还有没有其他方式让用户获得更多的满足感?

针对不同产品的功能,只有从不同的角度去分析,直播内容才能更有针对性,才能留住用户,方便后续转化。除了讲解商品之外,还可以给用户分享一些独家护肤心得,让用户在享受价值优惠时,能学习到更多实用技巧。

选定了直播主题,也就确定了直播的核心内容,一定要注意直播的核心内容和直播主题及产品相结合,这样才能更加精准地击中用户的内心。

(二)规划直播脚本

规划直播脚本需要确定直播的时间和时长,摸清楚什么时候开播观看的人更多,主播能够在直播间控场多长时间,直播多久不至于让观众感到疲惫等问题。综合各方面的因素后,制定每天或者每周的直播时间和时长。

接下来,直播电商可以将时长的每个阶段分成不同的模块,开播前 10 分钟或者 30 分钟，主要用来互动还是直接上产品？多久送一次福利？多久上一次产品？多久做一次互动？假如当确定好前30分钟是互动时，就要去分析不同的互动方式可能对观众产生的影响，从而决定不同时段采用的互动方式，避免直播间冷场。假如计划直播3小时，具体直播安排见表2-8。

表2-8　直播安排样例

3小时直播安排							
××直播间（首次关注主播领取10元无门槛优惠券）每5分钟飘屏一次 直播时间15：00~18：00（3个小时） 直播主题《护肤小知识让你回归自然皮肤》							
时间段	主讲	内容	目的	商品介绍	时段销售指标	时段在线人数	备注
15：00~15：55	××	预告今天主要讲解内容及优惠政策	热场子	全部	0	50	
15：55~16：05	××	无门槛当天使用券抽取2名	活跃气氛	无	0	100	
16：05~16：20	××	补水小窍门讲解	补水的必要	×××套盒	0	200	
16：20~16：50	××	代入补水产品进行讲解	讲解产品	×××套盒	500	400	
16：50~17：00	××	直播奖品抽取并引导转发	裂变	无	0	600	
17：00~17：15	××	控油小窍门讲解	引入产品	××套盒	0	600	
17：15~17：45	××	代入控油产品进行讲解	讲解产品	××套盒	500	800	
17：45~18：00	××	预告晚上直播内容	铺垫	全部产品	1000	1000	利用晚上活动促单

每个环节占用多长时间，直播电商都要做好规划，以免在直播过程中出现产品解说和产品上架时间错乱，避免错过发放福利的时间，导致观众流失等情况。

（三）策划直播内容

做带货直播，要用什么话术来引入产品？用什么方式来和观众互动？怎么促进成交？直播电商可以通过品牌产品背后的小故事或历史来引入产品，然后讲解产品的特点与卖点，展示产品的使用方法，并和其他同类产品对比，突出产品的优势。

针对不同产品做直播时，需要从不同的角度去分析，然后巧妙地在内容上做一些变化，吸引受众用户去观看、去购买。首先，不管是什么直播形式，直播互动都是直播内容的重要部分，高质量的直播互动能有效提升直播间的人气和转化。因此，主播可以通过直播互动的方式来丰富直播内容。其次，通过福利抽奖、分享评论等引导方式来促进用户成交。最后，用促单话术“催”用户下单，这些都需要提前准备好，以免在直播进行中出现“话语卡顿”。如果不知道如何策划直播内容方案，直播时就会手忙脚乱。做好直播内容的创意策划，可以让直播内容变得更有创意、更有吸引力。

案例链接

某主播农产品直播内容策划案例

①欢迎各位朋友来到直播间(欢迎语)。

②产品口感特点。

a. 春笋:脆嫩甘甜的口感,富含营养的"森林蔬菜",3 月是吃笋的季节,又嫩口感又好,一定要尝个鲜(还有一个星期左右笋就会变老,口感变差,下周不再主推)。

b. 小香薯:口感细腻紧密、纤维少、无丝、软糯粉甜(蒸着、煮着都好吃)。

c. 库尔勒香梨:色泽悦目、味甜爽滑、香气浓郁、皮薄肉细、酥脆爽口、汁多渣少、落地即碎、耐久储藏、营养丰富。

③根据自己的需求去拍。人多拍大份更实惠,人少拍小份,够吃不浪费(体现亲和力,进行场景带入,不要夸大描述)。

④包邮到家,原产地现挖现发,新鲜直达,不含保鲜剂。

⑤好吃不贵(地头价),健康实惠,直播间产品都是保质保量的。

⑥想买想拍的朋友,从下方购物车的链接直接下单就可以啦,今天下单的朋友 48 小时之内承诺发货,能拍就能发哦。

⑦坏果包赔,售后无忧,收到货有坏果先拍照,直接联系在线客服,都会给大家处理的,放心拍,放心买。

⑧直播话术禁忌:不夸大产品,贴合实际,主播尽量面向镜头,少做无关直播的事宜。直播话术要真诚、亲切。

⑨每场直播的重点:欢迎语+产品口感特点+诱人样品展示+核心卖点+注意事项。

2.2.3　直播内容策划的技巧

(一)根据产品品类和促销节点,确定直播的商品排期和主题

每种产品都有自己的特征。服装产品可以先以流行服饰或主打风格作为直播的内容;策划食品类直播的内容时,要根据消费者的地域特征来安排直播内容。同时,可以结合一些重要的节日和时间点安排主题,6 月 1 日国际儿童节可以安排一些送孩子礼物的主题。

(二)根据商品特征和目标用户定位匹配合适主播,确定主播的服饰与妆容

直播过程中,主播的服饰和妆容与产品要匹配。直播传统文化产品时,可以身着古装;直播针对大学生群体的产品时,可以适当穿学生装,拉近与受众的距离。直播珠宝产品或针对高端人群的产品时,可以配上一些比较高端的服饰和配饰,这样才能体现出产品的高品位。

(三)根据主播的特点和商品的特征,设计抽奖、秒杀、投票、话题等互动玩法

每个主播都有自己的粉丝群体,也最了解粉丝喜欢哪种活动。直播过程中,主播可以通过开展抽奖、设置秒杀、投票、发起话题等互动活动来吸引直播观看者的参与。看一下直播时谁分享得多,直播时就给他抽奖机会,这个环节以提高直播的人气为目的,可以设置在直播的开始、中间或者结尾。在直播观看者比较疲劳的时候,主播经常会打开秒杀活动。切换商品时常用的话术是——亲爱的朋友们，如果大家喜欢请扣“1”；如果大家想看下一个产品，请扣“2”。

（四）根据直播的目标和活动预算，通过直播间的专享价、优惠券返现等形式，设计促销利益点，引导用户下单

直播过程中，根据每一场直播的目的、每个产品在直播中起到的作用，以及整个活动的预算，可以在直播间设置专享价、优惠券返现、分享微信群返现等形式，以吸引用户下单。直播活动是要主播根据直播节奏、直播现场环境去掌控的，主播要有一定的主动权，适时设置专享价和优惠券来吸引观众下单。

进行直播内容的创意策划，不仅是为了让直播更加有趣，而且是为了让直播显得更有专业水准，以便吸引更多的消费者。

知识拓展

做一次有趣的直播内容

有趣的直播内容是直播能够形成有效流量的关键。

1. 提升内容文化内涵

无论是采用直播营销的企业，还是一般的直播平台，都要在直播内容的文化内涵上下一番功夫。提升直播营销内容的文化内涵，不仅是为了提高直播整体的素质，而且是让企业直播的内容与企业形象更加贴近。正因为直播能够为用户带来强大的直观感受，所以用户可以通过直播营销的内容，看到企业形象和品牌形象。低俗的直播内容会让用户在企业与“庸俗”之间画上等号，而有文化内涵的直播内容则会让用户在企业与“高端”之间画上等号。大学生消费者在购买的时候，都会在自己的消费能力内尽可能选择“高端”企业。企业的直播营销必须为用户营造极具特色的文化氛围，让用户能够感受到企业深厚的文化内涵。

2. 建立健全内容引导机制

健全的内容引导机制是创意直播内容能够执行的基础，遵守法律法规与社会道德是直播的底线。进行直播营销内容的创意策划前，必须建立健全内容引导机制。目前多数企业的直播营销，健全内容引导机制主要分为以下三步。

首先，尊重原创内容，加强版权意识。版权维护是未来互联网重点整治的内容之一，不仅文字、图片、视频拥有版权，特殊的直播创新内容也有版权。因此，在进行直播内容的策划时，绝对不能去抄袭其他人的直播内容，要尽可能地策划有企业特色的原创内容。进行原创内容的策划，不仅尊重了别人的版权，而且维护了企业的形象，使互联网直播市场更加和谐。

其次，即使是原创内容，也不可反复使用。有创意内容的直播提高了企业营销的成功率，但是企业也不能因为某种创意内容引来一时的流量，就在接下来的营销活动中反复使用这种创意内容。创意是消耗品，随着重复使用数量的增多，创意带来的效益会逐渐减少，甚至让观众认为企业在刻意炒作，进而对直播内容产生反感。因此，直播营销在进行内容创意策划前，一定要避免把曾经的创意拿出来多次使用。

最后，直播内容的创意策划，要积极配合政府的相关政策。直播营销在进行直播内容策划前，一定要注意相关政策的允许范围，不能为了吸纳流量，在内容上打“擦边球”。企业、直播平台和政府应携手共进，共同维护直播市场的监管秩序。

3. 直播间的创意交互方式

直播内容的创意策划，不仅直接包含直播想为观众展现的内容，也包含了直播间观众的交互方式。所谓的“交互方式”，指的就是互联网中交流和互动的方式。直播平台中的交互方式，主要指的是观众“打赏”的方式、留言的方式、发送弹幕的方式等。创意交互不仅是直播创意内容的重要环节，也是直播带动用户活跃度的方式之一。有创意的交互方式不仅能带来具有特色的直播内容，也能够将企业产品的特色通过交互向观众展现出来。

【任务探究】

主播要结合“消费者行为路径”理论，围绕用户接收内容后的六重反应——了解（Aware）、深入（Vertical）、吸引（Appeal）、问询（Ask）、行动（Act）和拥护（Advocate）确定内容策划要点，如图 2-12 所示，有针对性地进行创作，帮助品牌方全链路、分场景追踪内容营销效果。

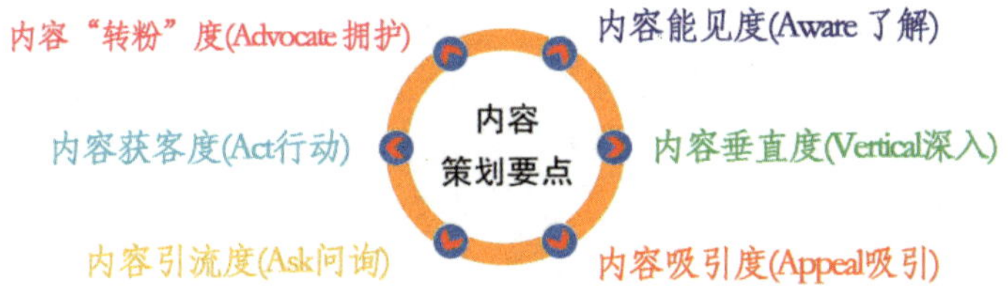

图 2-12　内容策划要点

（1）内容能见度

内容能见度代表内容覆盖用户的广度，即直播能被多少人看到，可用于衡量内容营销的第一重效力。衡量内容能见度的关键指标为内容浏览人数。内容浏览人数是指在统计时间内，直播后浏览商品内容的人数，一个人浏览多次按一人计算。浏览包括图文阅读、直播观看、短视频播放等多种形式。内容覆盖渠道分为网店内和网店外。

主播要进行多渠道投放，增加流量，即在各个平台进行直播，以获取最大的内容能见度效果。

（2）内容垂直度

内容垂直度即直播内容的专业度和纵向深度。垂直度越高，专业性越强。技能类直播的内容可以分为生活技能和工作技能，生活技能又可分为居家收纳、厨房技巧等，工作技能又可分为数码类技巧、办公软件应用技巧等细分类型。在各个细分的选题下进行策划创作，不仅能避免选题重复，还能增加自身选题的专业化、垂直度。

（3）内容吸引度

内容吸引度是判断直播内容是否受用户欢迎的重要指标。内容吸引度越高，说明越能吸引更多用户的关注，直播内容有影响用户情绪和行为的能力，是品牌方增强用户记忆的重要手段。

内容吸引度的关键指标为内容互动人数。内容互动人数是指在统计时间内与本直播商品相关内容进行互动的人数。无论是淘宝直播，还是抖音直播，用户可以通过评论、点赞、打赏、分享等行为来评判。为了提升互动效果，主播在策划直播内容时要融入趣味、情感，以吸引用户观看，激发用户共鸣。

（4）内容引流度

内容引流度主要是指直播内容激发用户主动了解商品的程度。内容引流度越高，说明内容对用户行为产生的影响越明显。内容引流度的关键指标为引导用户搜索浏览商品信息的人数或线下进店人数，即在统计时间内，用户浏览内容后通过内容详情页进入店铺访问的人数。

直播效果好不好，引流是最好的检验工具。主播可以通过提高直播受众内容偏好匹配度来提高直播内容引流度，使引流更加精准；同时要构思传播的关键词，关键词是一个内容最重要的搜索源，如果关键词有偏差、歧义，引流过来的效果自然就大打折扣。主播要做好用户口碑建设，直播内容要实事求是，避免大量用户退货或投诉。

（5）内容获客度

内容获客度主要是指内容对用户购买行为产生引导转化的能力，可用于评估内容营销的"种草"效用。内容获客度的代表性指标是引导收藏、加购、支付人数，分别指统计时间内用户浏览内容后产生商品收藏、加购、支付行为的人数。

为了提高内容获客度，主播要加强私域内容建设和活动权益引导。私域内容建设就是在内容上的原创能力，"人无我有，人有我优"，在内容垂直度、差异化等方面下功夫。活动权益引导是指引导用户按照内容指引有序地进行变现，通过二维码、射频识别（Radio Frequency Identification，RFID）等技术进行引流。

（6）内容"转粉"度

内容"转粉"度是指直播内容为品牌沉淀用户资产的能力。内容"转粉"度越高，说明内容越能引导用户对品牌产生强烈兴趣。内容"转粉"度的代表性指标是新增粉丝数，指统计时间内新增的关注网店或店铺的人数。

统计分析用户的消费行为，用户的思维主要分为三个等级：一是客户思维，初步了解产品性能，理解公司的做法；二是用户思维，认同公司处理方式和流程制度，接受公司产品和公司行为；三是粉丝思维，主动维护产品及公司形象、声誉，践行公司价值观。只有用户达到粉丝思维的等级，才算是真正实现了用户转化。

为了提高内容"转粉"度，主播可以通过大数据刻画用户画像，深度了解粉丝的内容偏好，重点对粉丝关注的内容进行分析，策划更贴近粉丝内心世界的内容，满足粉丝的多样化需求。

【思政园地】

国家互联网信息办公室于2019年12月15日公布、自2020年3月1日起执行的《网络信息内容生态治理规定》，第十四条规定："网络信息内容服务平台应当加强对本平台设置的广告位和在本平台展示的广告内容的审核巡查，对发布违法广告的，应当依法予以处理。"

《网络直播营销管理办法（试行）》第二十五条规定："直播间运营者、直播营销人员使用他人肖像作为虚拟形象从事网络直播营销活动的，应当征得肖像权人同意，不得利用信息技术手段伪造等方式侵害他人的肖像权。"

网络信息内容发布者、直播从业人员在工作中应当遵守法律法规，有法律意识，不得在平台发布违法内容，不得损害或侵犯他人权利。

任务 2.3 直播脚本策划

【任务导入】

直播脚本是影响直播活动成功与否的关键因素。直播脚本的作用是提前规划直播内容和活动，梳理直播流程，把控直播节奏，使直播活动按照直播团队预想的方向有序进行。一份清晰、详细、可执行的直播脚本是直播顺利进行，并取得良好效果的有力保障。

经过本节知识的学习，我们能够掌握撰写直播脚本的五大核心要素，明确在整场直播中策划撰写优质脚本对直播流量的重要性，脚本策划这项工作的三个重要环节。

一是直播脚本设计。包括直播的时间、主题、产品卖点、话术，还要思考以下这些问题：直播的流程是怎么样的，它的亮点和定位是什么？如何创造销售场景吸引用户购买，成交路径怎么设置？如何抓住用户眼球，吸引他们的注意力？

二是直播脚本的彩排测试。这个环节很重要，再好的脚本都需要在上台前仔细地练习。直播团队每个人都要分工明确、掌控脚本时间、全流程彩排、检查商品物料。彩排测试应做到精确计算，确保直播时尽可能万无一失。

三是直播的内部试播及关键点再次测试。这个环节需要在真实环境下模拟演练，找出问题，训练团队的配合默契度。当这些完成之后，可以根据反馈再次调整。

【知识必备】

2.3.1 直播脚本的重要性

直播脚本是使用一种特定的描述性语言，依据一定的格式编写的可执行的文件，其目的就是让直播按照预想的方向有序地进行。

整场直播的脚本是以整场直播为单位，规范直播流程与内容。单品解说脚本，是以单个商品为单位，规范单品解说，突出商品卖点，简单来说可以理解成商品讲解。直播脚本的作用主要体现在提高直播筹备工作的效率、帮助主播梳理直播流程、控制直播预算三个方面。

（一）提高直播筹备工作的效率

直播前，直播运营团队需要事先做好充足的直播规划，不能临近开播才去考虑直播主题如何设置、直播场景如何搭建、相关优惠活动如何设置、直播人员如何配置等问题，这样会出现人员职责不清，相关细节考虑不周的问题。开播前制作直播脚本，能够帮助参与直播的人员了解直播流程，明确每个人的职责，让每个人各司其职，从而保证直播筹备工作有条不紊地展开。

（二）帮助主播梳理直播流程

直播脚本能够帮助主播了解本场直播的主要内容，梳理直播流程，让主播清楚地知道在某个时间点应该做什么、说什么，以及哪些事项还没有完成等，避免主播在直播中出现无话可说、活动规则解释不清楚等情况的发生。一份详细的直播脚本甚至在主播话术上都有技术性的提示，能够帮助主播保持语言上的吸引力，游刃有余地与粉丝进行互动。

（三）控制直播预算

对于中小卖家来说，可能直播预算有限，可以在直播脚本中提前设计好自己能够承受的优惠券面额、红包金额、赠品支出等，提前控制直播预算。

2.3.2 直播脚本的核心要素

直播时，主播往往会遇到这样的问题：不知道如何讲解产品；不知道如何回答粉丝的问题；不知道在讲述什么；不知道重点是什么；面对一些粉丝提出的尖锐问题会手足无措等。近年来，随着直播的火爆，直播市场竞争也愈演愈烈。如今想要从千篇一律的直播中脱颖而出，并不是一件容易的事情。那么，如何打造一场成功的直播呢？直播脚本是关键，它能够保证直播流程的顺利进行，实时把控直播节奏，推动直播卖货的高效转化。遵循直播脚本核心要素，可以避免“尬场”等意外情况的发生。一般来说，直播脚本写作应遵循以下五个要素。

直播脚本核心要素

（一）明确直播主题

直播主题是直播的核心，整场直播的内容需要围绕主题展开。如果内容与主题不符，就会导致内容很宽泛，让粉丝不知道直播的核心是什么，从而流失一些观众。今天的直播主题是“夏季新品发布会”，那么整个直播内容都要围绕着“夏季新品”展开。

（二）直播前期准备

直播前期准备包括以下内容。

1. 直播宣传

直播宣传是指直播前，在微博、微信公众号等平台发布与直播相关的信息，为即将到来的直播进行宣传。主播每次直播前都会在微博上进行宣传推广，对直播产品、直播时间、直播亮点做详细介绍，这样就能够吸引来更为精准的粉丝。

2. 人员分工

直播前要进行精确的人员分工。例如，主播负责引导观众、介绍产品、解释活动规则，助理负责现场互动、回复问题、发送优惠信息等，客服负责修改产品价格、与粉丝沟通、转化订单等。

3. 设备检查

直播设备会影响观众的观看体验，因此主播在写直播脚本时，不能漏掉直播设备的检查，包括摄像头、声卡、麦克风、耳机等。

4. 产品梳理

做带货直播时，一定要核实产品的质量，了解产品的功效，熟悉产品的使用方法，避免在直播推荐产品时“翻车”。

（三）开场预热

直播开始后，主播就要开始预热（自我介绍，和观众打招呼、聊聊天），然后进行品牌的介绍，可以从产品产地、口碑、销量等数据说起，吸引眼球，勾起用户好奇心。

这里可以宣布本场直播福利，比如通过互动抽奖、派发红包来活跃直播间用户，以此达到聚集人气，诱导观众留下来观看的目的。还可以设置分享榜奖励，激发用户帮你转发直播间，带来新的流量。

（四）产品讲解与测评

产品讲解与测评是重点，主播要用其专业的知识去讲解产品的优势，要注意语言生动真实，用真实体验的方式来测评产品的实用性，建立粉丝与主播之间的信任。例如，美妆主播介绍口红时，每一支口红都亲自试色，再配合其专业且生动的话术表达，“很温柔、很春天，涂了这支口红你就是樱花少女”，效果不言而喻。

（五）引导成交

介绍完产品，观众最关心的就是优惠活动。低价才是粉丝们追随的主要动力，直播的优惠活动是影响粉丝在直播间购买产品的最直接因素。这时候主播要做的就是全面解析这款产品在今天的优惠活动，完整演绎爆款购买路径，教粉丝怎么领优惠，怎么成功拍下。网红主播经常在直播间中用“低价”“满 × 送 ×”“优惠套餐”“全网最低价”“我们直播间比免税店还便宜”等一系列直播话术去刺激粉丝们下单。

2.3.3 直播脚本的撰写方法

（一）整场直播脚本

对于直播来说，脚本是非常重要的。一场直播通常会持续几个小时，有些人会觉得整场直播就是主播在任意发挥，事实上，在这几个小时里，主播先讲什么、什么时间互动、什么时间推荐商品、什么时间送福利，都需要提前规划好。直播前，我们一定要和主播、策划还有相关的工作人员做好整场直播脚本的设计。在脚本的框架下才可以更好地实现目标，避免主播无话可说或是进行一些不太恰当的临场发挥，有效避免对于主播个人能力的过于依赖。在脚本的框架下让我们大多数人都可以适应主播这份工作。掌握整场直播脚本设计里面的九个直播脚本要点

直播脚本设计

至关重要，如图 2-13 所示。

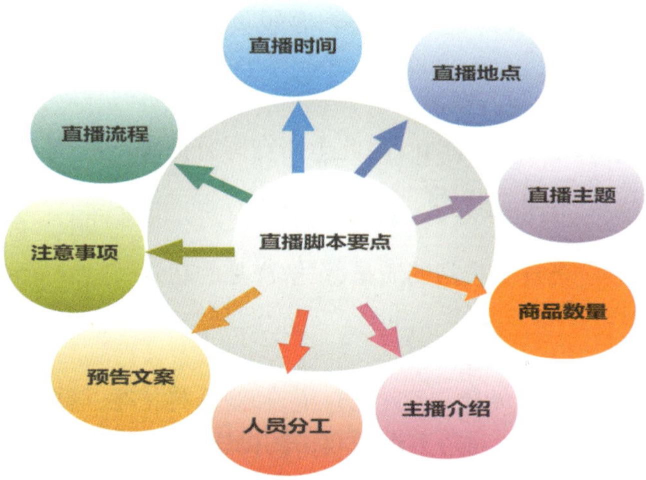

图 2-13　直播脚本要点

①直播时间：一定要明确开播和结束时间，这样主播心里会有一个预期，包括我们整场的投流以及助理和相关的工作都可以在这个时间之内配合展开，给消费者一个心理预期，整场直播要用一个什么样的节奏来观看。

②直播地点：对于比较大的 MCN 机构或者比较大的公司，有很多直播间，那就要明确主播在哪一个直播间进行某一场直播，避免在直播间安排的时候相冲突。

③直播主题：每一场直播一定要明确直播的主题，使粉丝了解直播的信息，比如说是一场什么样的直播，是上新活动还是开学活动，明确直播主题之后，我们的粉丝会对整场直播有一个大概的了解。

④商品数量：整场直播一定要明确一共有哪些产品，这样能够方便主播在不同情况下去合理调配这些商品，哪些是引流款，哪些是利润款，哪些是爆款。

⑤主播介绍：主播在直播间要不断介绍自己的名字，这对消费者来说是一个印象的加深，便于主播打造自己的个人 IP。

⑥人员分工：我们一定要明确直播参与人员的职责，比如说主播负责讲解商品，演示商品功能、引导粉丝关注下单；助理负责协助主播与粉丝互动，回复粉丝的问题；场控、客服负责商品的上下架，修改商品的价格、发货、售后。一定要明确每个人在直播中扮演的角色，以及每个人在某一个节点需要做什么样的工作，否则在直播过程中是没办法与主播、辅播以及运营之间进行沟通的，这样会让整场直播效率变得非常低。

⑦预告文案：整场直播前要为直播间做预告，每场直播时一定要有直播前的预告、直播前的引流。如果没有流量的加持，那么整场直播就是主播一个人在尬聊。预告文案里要包含整场文案的卖点，比如说："时尚秋装上新啦！""锁定 ×× 直播间特惠等你来买啦！"

⑧注意事项：如何提高粉丝的活跃度，提高粉丝的数量以及直播讲解的节奏，单品讲解+回复粉丝的问题+互动，以及直播讲解与互动的比例是多少，活动商品应该利用在什么样的

场景，以及某个系列应该多讲解，某个系列是引流款，某一个系列是某一个目的的商品，在直播前一定要非常明晰。

⑨直播流程：直播流程应该规划详细的时间节点，说明开场预热、商品讲解、粉丝互动、结束预告等节点的具体内容。脚本就是要把这些内容具体写下来，然后主播就可以根据内容来熟悉脚本，直播中，在脚本的框架下做相应的发挥，这样我们的直播才能达到事半功倍的效果。

案例链接

整场直播的脚本样例——直播 4 小时

第 0~1 分钟：开播直接进入直播状态，和最先来的粉丝打招呼，拉家常，拉近用户距离。

第 1~5 分钟：近景直播，跟粉丝互动的同时渲染本场直播产品，可以从产品产地、口碑、销量等数据说起，吸引眼球，勾起用户好奇心。不断强调每天定点开播。

第 5~10 分钟：这里可以开始宣布本场直播福利，比如互动抽奖，派发红包，或者预播直播间有秒杀功能，可以活跃直播间用户，聚集人气。设置分享榜奖励，可以激发用户帮你转发直播间，带来新的流量。

第 10~20 分钟：按照提前规划好的场景，将本场直播的所有产品粗略走一遍，不做过多停留，本场主推款可以多做介绍。整个过程不看粉丝评论，不跟粉丝走，按自己的节奏逐一过款。

第 20~135 分钟：正式进入产品逐个推荐。主播可以根据粉丝需求来介绍。

第 135~195 分钟（最后 1 个小时）：做呼声较高产品的返场演绎。

第 195~225 分钟（最后半个小时）：完整演绎爆款购买路径，教粉丝怎么领优惠怎么成功拍下。

第 225~235 分钟（最后 10 分钟）：主播剧透明天的新款，或者见缝插针回复今日产品问题。

第 235~240 分钟（最后 5 分钟）：强调关注主播，下期开播时间，以及下期福利。

优秀的直播脚本，一定会考虑这些流程的各个细节，可以让正式直播的内容有条不紊，而不是处处随机。

（二）单品解说脚本

单品解说脚本是针对单个商品的解说脚本，主要包括产品卖点及粉丝互动。还是以服装为例，主播解说商品一般有以下几点：尺码、面料、颜色、版型、细节特点、搭配衣服风格、适用场合，在介绍过程中需要主播实时与粉丝互动，及时回答粉丝的问题，从这些预设的维度出发，所有的内容讲解完，基本上商品就讲解得比较到位了。

单品解说脚本的编写样例见表 2-9。

表 2-9　单品解说脚本编写

项目	流程	提示问题	我的产品内容
单品直播内容规划	引出话题	①新粉：粉丝、品牌信任；②互动：猜代言人、话题制造	
	提出痛点	①这款产品能解决自己的什么需求；②这个问题有多大	
	建立信任	①工艺产地复杂化；②品牌形象	
	产品卖点	①产品能给用户解决什么问题；②与同类产品相比，这个解决方案优势是什么	
	使用体验	①自己的感受；②顾客的证言；③前后收益对比；④真实照片；⑤截图证据	
	诱导消费	①正当消费；②价格优势；③经济利益；④体现畅销；⑤偷换顾客心理账户	
	组合销售	①有没有其他领域的需求；②大额满减；③产品组合	
相关素材			
整体要求			

（三）单场直播脚本

单场直播脚本用以规范整场直播流程与内容，直播过程中，最重要的就是对直播流程进行规划和安排，重点是逻辑和玩法的设计以及直播节奏的把控。

单场直播脚本要明确以下五个方面。

①明确主题与内容。单场直播脚本需要确定主题，如果这一场直播是为了配合店铺上新，那就以新品为主题，再由新品发散开来延伸至其他产品。

②明确从店铺或粉丝需求出发。这场直播的主题是回馈粉丝，或是配合店铺的某一些店庆活动，或是“双 11”大促活动。店铺可以从粉丝定位或其想看的内容出发来寻找直播的主题。

③明确给谁看。这场直播是给谁看的呢？肯定是店铺的粉丝和店铺的老客户。这个时候商家要做好店铺的粉丝画像。粉丝侧重和关注的一些要点，可以提炼成这场直播的主要卖点和看点。

④明确预算与策略。一些中小卖家可能预算有限，就需要做一个单场直播成本的控制。这场直播最多可以承受多少优惠券面额？可以承受多少赠品支出等，这些都要提前预设好。预算预设好之后，可以设定截屏抽奖，或者利用直播后台的一些工具来发放直播中粉丝的一些福利。

⑤明确直播节奏。直播节奏就是确定每一个时间段直播的内容。

简而言之，直播脚本的作用就是对时间、场景、人员、道具、产品的综合性调度。直播结束后，还要及时跟进订单，进行奖品名单公布和发放，做好粉丝维护等，确保用户的消费体验。特别是在发货环节，一定要做到及时。另外，可以调研粉丝对于本场活动的评价，便于改进优化，还可以对直播视频进行剪辑，包装成一篇推文，进行多渠道宣传。单场直播策划样例见表 2-10。

表 2-10　单场直播策划样例

日期	7 月 15 日
直播时长	16：00~17：30
预估目标	全面引导转化率 8%
直播活动	①抽奖;②产品福利;③产品秒杀
活动主题	拍档心选直播
活动目的	完成直播促销活动
预热开场	大家好,“产品福利哪里找,优惠活动看文涛”,小店一年到头卖货,就是为了我们的客户谋福利
直播节奏部分	①预告:下午 16：00 直播,进场 3 分钟抢福利,只有 5 个名额,请大家准时进入直播间 ② 16：00~16：10 送粉丝福利,吸引粉丝定时观看直播,做好粉丝回访,埋好后面的铺垫(前 10 分钟预告整场热点:3 分钟抢福利,今天直播间的重磅福利是价值 ×× 元的 ×× 产品。错过再也没有。16：10 请来秒杀“性价比之星”,今天这款产品真的很便宜。这款产品是小店的引流产品。一共 ×× 份,秒杀完就下架。16：20 进行第一次抽奖。17：10 直播间限量粉丝福利等你来,今天直播间送给我们专属会员的福利,是 ×× 品牌提供的价值 ×× 元的产品,只有 × 份,送给整场直播加购产品数量前 300 名的粉丝。17：20 进行第二次抽奖,并做下一场的直播预告) ③ 16：10~16：20 流量上涨之后,应该用性价比较高的引流产品作为低价产品吸引新顾客 ④ 16：20~17：00 人气稳定,开始卖爆款和秒杀款,穿插进行,结合主推产品烘托气氛,争取实现销售转化,记住 80%的销售额来自 20%的款式(提前定好主推款,款式不在于多而在于精准) ⑤ 17：00~17：30 人气开始下降,用红包福利继续让直播活跃起来,总结本场主推产品(通过产品组合策略引导粉丝从直播间进入店铺加购产品)开始预告下一场直播的内容。最后为下一场做预热,预告下一场的重大福利
主要引导话术	①抽奖话术:话不多说,先来一波抽奖,请加购产品到购物车之后回复 666,快速刷起来 ②引导加购:今天主播讲解的产品比较多,大家看到比较好的产品,可以先加购物车,以免找不到。主播现在讲解的是 ×× 号产品,它平时的价格是 ×× 元,今天的优惠价是 ×× 元,如果您觉得不错,就先加购物车 ③秒杀款话术:上我们的秒杀款。很期待这一刻,因为今天这款产品真的很便宜。这类产品作为小店的引流产品,一共 × 份,秒杀完就下架,一定要立即下单 ④爆款话术:今天整场直播,这款产品的价值最高,是小店很畅销的款式,也是性价比较高的款式,属于进店必买款(介绍卖点和优惠措施)
结尾部分	今天的直播马上结束,没有加购的请赶紧去加购。这是我们本月优惠力度较大的活动了。下一场直播将在 × 月 × 日进行

【任务探究】

直播脚本策划在直播过程中具有至关重要的作用。它不仅可以明确直播目标、优化用户体验、提高互动效果、增强品牌形象、精准营销推广,还可以确保内容连贯性、有效控制时长以及提高转化率。

(1)明确直播目标

直播脚本策划的首要任务是明确直播目标。这不仅仅是为了确保直播有一个清晰的方向,更是为了衡量直播效果。目标可以是提高品牌知名度、推广新产品、增加用户黏性等。只有明确了目标,才能确保直播的每一个环节都服务于这一目标。

(2)优化用户体验

精心策划的直播脚本能够极大地优化用户的观看体验。通过合理的节目安排、互动环节的设计以及清晰的信息传递，使用户在直播过程中感到舒适和满足，从而增加用户的黏性和忠诚度。

（3）提高互动效果

直播的魅力在于其互动性。一个优秀的直播脚本策划应该充分考虑如何与观众进行互动，如何调动观众的积极性，如何使观众参与到直播中来。这不仅可以提高直播的趣味性，还可以增加观众对品牌的认同感和归属感。

（4）增强品牌形象

直播脚本策划是展现品牌形象的重要手段。通过直播，品牌可以传达其价值观、文化理念以及产品特点。一个精心策划的直播脚本，可以使品牌形象更加鲜明、立体，从而增强品牌在消费者心中的印象和地位。

（5）精准营销推广

直播脚本策划的另一重要作用是精准地进行市场推广。通过对目标受众的深入分析，策划出符合其需求和喜好的直播内容，从而精准地触达目标受众，提高市场推广效果。

（6）确保内容连贯性

一个优秀的直播脚本应该确保内容的连贯性和流畅性。从开场到结束，每一个环节都应该紧密相连，形成一个完整的故事线。这不仅可以提高观众的观看体验，还可以使品牌信息更加深入人心。

（7）有效控制时长

直播脚本策划需要对直播的时长进行有效控制。过长或过短的直播都可能影响观众的兴趣和耐心。通过对节目环节的合理安排，确保直播在合适的时间结束，既能够传递完整的信息，又能够保持观众的热情和兴趣。

（8）提高转化率

直播脚本策划的最终目标是提高转化率，将观看直播的观众转化为品牌的忠实用户或消费者。通过精心策划的直播内容、吸引人的互动环节以及精准的市场推广，可以大大提高观众对品牌的兴趣和购买意愿，从而实现转化率的提升。

【思政园地】

2024年3月14日，北京阳光消费大数据研究院、消费者网等机构发布《直播带货消费维权舆情分析报告（2023）》，围绕电商平台和带货主播两个维度，选取了9大电商平台和17位知名带货主播进行分析，发现问题主要涉及虚假宣传、产品质量、价格误导、发货问题、不文明带货、退换货、销售违禁商品、诱导场外交易等方面。其中，虚假宣传问题最多，占比39.67%；其次是产品质量问题，占比35.17%；然后是价格误导问题占10.29%；此外，发货问题占比7.36%，不文明带货问题占比3.59%，退换货问题占比3.52%，销售违禁商品问题占比0.40%，诱导场外交易占比0.01%。

主播必须增强自律意识，不做虚假夸大和误导性宣传；选择带货商品时，严把质量关；提高自身专业素质，加强全流程质量监督，及时自查自纠。互联网行业急需进一步完善相关法律法规和行业规范，相关部门应加大监管力度，对主播加强教育培训，鼓励其在介绍产品时注重强调产品的社会责任和环保理念，引导观众关注社会问题，积极履行社会责任，通过传递正能量让直播带货行业行稳致远。

任务 2.4 直播营销策划

【任务导入】

随着直播营销的兴起,越来越多的企业开始探索和实践这一新型营销方式。某服饰企业为了推广秋冬新品,扩大品牌影响力,决定采用直播营销手段。策划之初,企业进行了深入的市场分析,发现目标消费者主要集中在20~35岁的年轻人群,且对时尚、潮流、品质有着较高追求。基于这一分析,企业明确了策划目标:通过直播营销,提高新品曝光率,增加用户黏性,实现销售目标。目标受众定位上,企业根据市场分析结果,将受众划分为时尚达人、潮流追随者和品质追求者三大群体,针对每个群体设计了不同的直播内容和互动方式,以确保内容能够精准触达目标受众。

一个成功的直播营销策划需要综合考虑多个方面,包括目标市场与定位、营销目标与预期、直播时间与频次、直播平台与内容、嘉宾与主播选择、互动环节设计、宣传与推广策略以及预算与成本分析等。只有全面考虑和规划,才能确保直播营销活动成功并获得良好的效果。

【知识必备】

2.4.1 直播营销概述

信息广泛传播的网络时代,静态的图文内容越来越难以吸引用户的注意力,而直播是以视频的形式向用户传递信息,表现形式不仅立体化,还能实现实时互动,更容易吸引用户的注意力,所以直播获得了很多人的青睐。随着直播行业的蓬勃发展,企业、品牌商也纷纷运用直播来开展营销活动,实现销售渠道的开拓和销售额的提升。

传统意义上的直播,指广播电视节目的后期合成与播出同时进行的播出方式,以电视或广播平台为载体的体育比赛直播、文艺活动直播、新闻事件直播等。

基于互联网的直播,即用户以某个直播平台为载体,利用摄像头记录某个事件的发生、发展进程,在网络上实时呈现,其他用户在相应的直播平台上能直接观看并进行实时互动。

直播营销是指企业、品牌商以直播平台为载体进行营销活动,以达到提升品牌影响力和提高商品销量目的的一种营销活动。

案例链接

京东生鲜

1. 营销背景

京东生鲜是京东旗下的品牌,业务覆盖海鲜水产、水果、蔬菜、肉禽蛋、速冻等品类,种类达 10 万余种。通过京东生鲜的用户大数据以及生鲜电商行业报告不难发现，生鲜电商的目标受众大多是一线城市的年轻白领，这些人讲究生活品质，在社交网络上较为活跃。经调研发现，美食类产品用视频直播手段，能对用户进行动态拟真感官刺激，激活用户的购买欲望。京东生鲜的品牌知名度亟待打响，企业希望通过传播活动达成品牌和销售的双赢，同时结合热点引爆网络时尚美食圈。

2. 营销目标

传递京东生鲜“低价购美味”的“6·18”促销主题，拉动“6·18”期间京东生鲜销量，全方位提升京东生鲜的品牌知名度和美誉度。

3. 策略与创意

借助直播体验，引爆时尚美食圈，吸引用户眼球刺激用户购买。

4. 媒体组合策略

本次活动的媒介组合选择了三大模块：直播平台、社会化媒介及公关媒介。

5. 执行过程

本次活动的执行过程分为三个阶段，前期、中期和后期。每个阶段有不同的营销重点。

6. 营销效果与市场反馈

此项目借助“电商+直播”全新模式试水“网络红人”经济，通过免费送鲜活大龙虾等促销利益点，引领电商升级，助力销售增长，京东生鲜自营订单量增长了 500%，销量增长了近 1000%，移动端占比高达 88%。社会化传播方面，基于“任选三件”“第二件半价”利益点炒热微博话题阅读量超过 6000 万人次。公关方面，新闻稿件累计媒体发布或转载数超过 500 篇，抢占近 100 家媒体的首页推荐位，实现百度网页、新闻等诸多关键词搜索推荐位，央视财经频道特别策划“聚焦‘6·18’电商大战”专题报道。

2.4.2 直播营销活动的基本流程

直播营销活动前，直播运营团队要对直播营销活动的整体流程进行规划和设计，以保障直播营销活动能顺畅进行，确保直播营销活动的有效性。

（一）定目标——明确直播营销要实现的目标

对于企业/品牌商来说，直播是一种营销手段，因此直播时不能只有简单的才艺表演或话题分享，要围绕企业/品牌商的营销目标来展开，否则直播只能是“闭门造车”，无法给企业/品牌商带来实际效益。

企业/品牌商可以参考 SMART 原则来制定直播营销目标，尽量让营销目标科学化、明确化、规范化。SMART 原则的内容如图 2-14 所示。

1. 具体性

具体性是指要用具体的语言清楚地表明要达到的目标，营销目标要切中特定的指标，不能笼统、不清晰。例如，“借助此次直播营销提高品牌影响力”就不是一个具体的目标；“借助此次直播营销提高品牌官方微信公众号的粉丝数量”才是一个具体的目标。

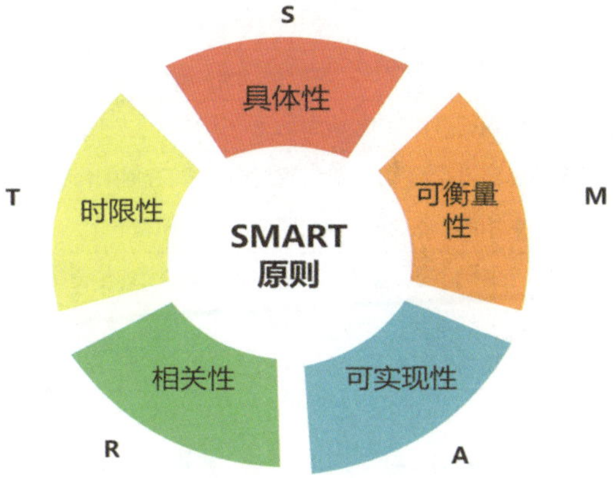

图 2-14 制定直播营销活动目标的原则

2. 可衡量性

可衡量性是指营销目标应该是数量化的或行为化的，应该有一组明确的数据作为衡量目标是否达到的标准。“利用此次直播营销提高店铺的日销售额”就不是一个可衡量的目标；“利用此次直播营销让店铺的日销售额达到 50 万元”才是一个可衡量的目标。

3. 可实现性

可实现性是指目标要客观，是通过付出努力能完成的。企业/品牌商开展的上一场直播吸引了 5 万人观看，于是企业/品牌商将此次直播要吸引的用户人数设定为 100 万人，显然这个目标很不切实际，难以实现；将吸引观看的人数设定为 7 万人或 10 万人才相对合理，是可能实现的。

4. 相关性

相关性是指直播营销的目标要与企业/品牌商设定的其他营销目标相关。很多企业/品牌商会在电商平台运营网店，企业/品牌商将直播营销的目标设定为“网店首页 24 小时内的访问量提高 80%”，这个目标是符合相关性要求的；如果企业/品牌商将直播营销的目标设定为“将商品的生产合格率由 91%提高至 96%”，这个目标是不符合相关性要求的，直播活动无法帮助商品的生产方提升合格率。

5. 时限性

时限性是指目标的达成要有时间限制，这样的目标才有督促作用，避免目标的实现被拖延。“借助直播营销让新品销量突破 10 万件”，这个目标是缺乏时限的；“直播结束后 24 小时内新品销量突破 10 万件”，这个目标才是符合时限性要求的。

（二）写方案——将抽象思路具体化

开展直播营销要有完整的营销思路，但仅靠思路无法实现营销目的。直播运营团队需要将抽象的思路转换成具象的文字表达，用方案的形式呈现出来，并传达给参与直播的所有人员，以保证直播活动的顺利进行。

直播方案一般用于直播运营团队的内部沟通，目的是让参与直播的人员熟悉直播活动的流程和分工。直播方案要简明扼要，直达主题，通常来说，完整的直播方案包括五部分内容，见表 2-11。

表 2-11　直播方案的主要内容

直播方案要点	说明
直播目标	明确直播需要实现的目标、期望吸引的用户人数等
直播简介	对直播的整体思路进行简要的描述，直播的形式、直播平台、直播特点、直播主题等
人员分工	对直播运营团队中的人员进行分组，明确各人员职责
时间节点	明确直播中各个时间节点，直播前期筹备的时间点，宣传预热的时间点，直播开始的时间点，直播结束的时间点等
预算	说明整场直播活动的预算情况，直播中各个环节的预算，以及合理控制和协调预算

（三）做宣传——做好直播宣传规划

为了达到良好的营销效果，直播活动开始前，直播运营团队要对直播活动进行宣传。与泛娱乐类直播不同，带有营销性质的直播追求的不是简单的“在线观看人数”，而是“目标用户在线观看人数”。

一场推广母婴用品的直播，从营销的角度来讲，直播运营团队应该尽量吸引婴幼儿的父母、爷爷、奶奶等人进入直播间，如果直播运营团队因为追求直播的在线观看人数而吸引很多大学生来观看直播，这对实现直播营销目标是没有价值的。直播宣传要有针对性，尽可能多地吸引目标用户来观看。直播运营团队在设计直播宣传规划时，可以从以下三个方面入手。

1. 选择合适的宣传平台

不同的用户喜欢在不同的媒体平台浏览信息，直播运营团队需要分析目标用户群体的上网行为习惯，选择在目标用户群体经常出现或活跃的平台发布直播宣传信息，为直播尽可能多地吸引目标用户。

2 选择合适的宣传形式

直播运营团队要选择符合宣传媒体平台特性的信息展现方式来推送宣传信息。微博平台上，直播运营团队可以采用“文字+图片”的形式或者“文字+短视频”的形式来宣传直播活动；微信群、微信朋友圈、微信公众号中，直播运营团队可以推送九宫格图、创意信息长图来宣传直播活动；抖音、快手等平台上，直播运营团队可以通过短视频来宣传直播活动。

3. 选择合适的宣传频率

新媒体时代，用户在浏览信息时自主选择的余地较大，用户可以根据自己的喜好选择自己需要的信息，如果直播运营团队过于频繁地向用户发送直播活动宣传信息，很可能会引起他们的反感，导致其屏蔽相关信息。为了避免出现这种情况，直播运营团队可以在用户能够承受的最大宣传频率的基础上设计多轮宣传。如果用户能够承受“两天一次广告”的宣传频率，那么直播运营团队就可以在直播活动开始前 6 天、前 4 天、前 2 天，以及直播活动当天分别向用户推送直播活动宣传信息，以达到良好的宣传效果。

（四）备硬件——筹备直播活动硬件支持

为了确保直播的顺利进行，开始直播前，直播运营团队需要筹备必要的硬件，包括场地选择、直播设备、直播辅助设备等。

1. 直播场地选择

直播营销活动的场地分为室外场地和室内场地。常见的室外场地有公园、商场、广场、景区、游乐场、商品生产基地等，常见的室内场地有店铺、办公室、咖啡馆、发布会场地等。直播运营团队要根据直播营销活动策划的需要选择合适的直播场地，选定场地后要对场地进行适当的布置，为直播营销活动创造良好的直播环境。

2. 直播设备

直播筹备阶段，直播运营团队要将直播使用到的手机、摄像头、灯光、网络等直播设备调试好，防止设备发生故障影响直播活动的顺利进行。

常见的直播所需设备有：高配置的电脑；内存充足、摄像头像素高、性能稳定的手机；外置声卡选择适合自己音质的处理效果，让声音多元化；麦克风分为动圈麦克风和电容麦克风；监听耳机及时地调整直播内容；摄像头选择高清的，自带美白、瘦颜、嫩肤等效果；背景利用布景墙、彩灯等，打造出一个场景式的直播间；补光灯进行补光以及镜头美颜，自由调节镜头的亮度；支架配件用于支撑手机、话筒、补光灯等设备；高速稳定的无线或有线网络是开展直播的基础保障。如图 2-15 至图 2-20。

（a）　（b）　（c）

图 2-15　视频摄像头

（a）带有固定支架的摄像头　（b）软管式摄像头　（c）可拆卸式摄像头

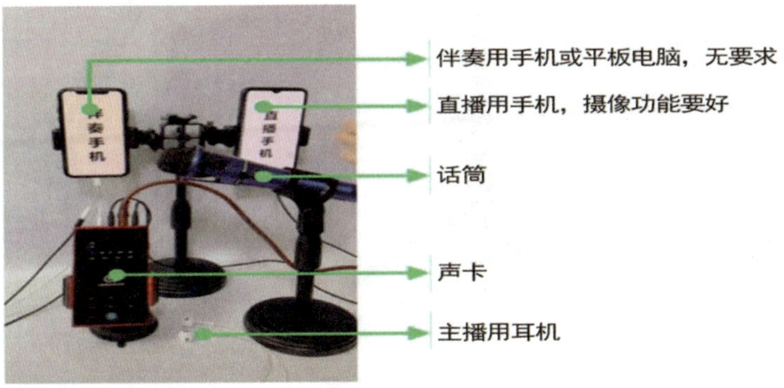

图 2-16　声卡及连接设备

3. 直播辅助设备

直播辅助设备包括直播商品、直播活动宣传物料、直播中需要用到的辅助道具等。

商品作为直播营销活动的主角，在直播开始前就应当准备好，以便直播过程中主播能够快速地找到并进行展示。

直播活动宣传物料包括直播宣传海报、直播宣传贴纸等各种能够在直播镜头中出现的宣传物料。

图 2-17 OBS 视频录制直播软件工作界面

辅助道具包括商品照片、做趣味实验要用到的工具、计算器等，巧妙地使用辅助道具能够帮助主播更好地展示商品，让用户理解直播内容和商品特性。

(a)　　(b)　　(c)

图 2-18 支架

(a)摄像头三脚架 (b)手机支架 (c)话筒支架

（a）　　（b）

图 2-19　稳定器

（a）手持稳定器　（b）自拍杆

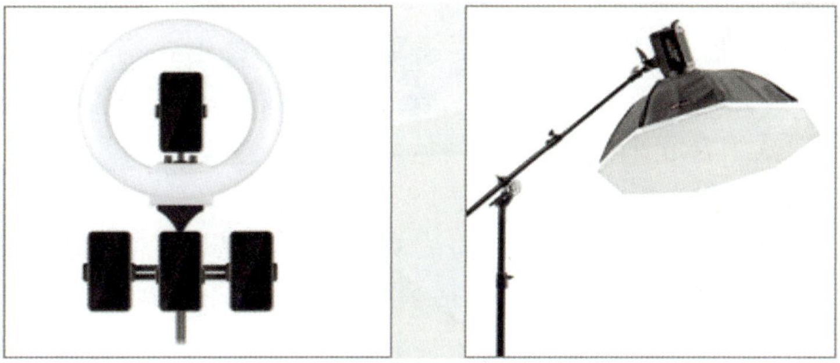

（a）　　（b）

图 2-20　灯光设备

（a）环形补光灯　（b）八角补光灯

（五）开直播——直播营销活动的执行

做好直播前的一系列筹备工作后，接下来就是正式执行直播营销活动。直播营销活动的执行可以进一步拆解为直播开场、直播过程和直播收尾三个环节，各个环节的操作要点见表 2-12。

表 2-12　直播营销活动执行环节操作要点

执行环节	操作环节
直播开场	通过开场互动让用户了解本场直播的主题、内容等，使用户对本场直播产生兴趣，并停留在直播间
直播过程	借助营销话术、发红包、发优惠券、才艺表演等方式，进一步加深用户对本场直播的兴趣，让用户长时间停留在直播间，并产生购买行为
直播收尾	向用户表示感谢，预告下场直播的内容，引导用户关注直播间，将普通用户转化为直播间的忠实粉丝，引导用户在其他媒体平台上分享本场直播或本场直播中推荐的商品

（六）再传播——二次传播，放大直播效果

直播结束并不意味着整个直播工作的结束。直播结束后，直播运营团队可以将直播活动的视频进行二次加工，在抖音、快手、微信、微博等平台上进行二次传播，最大限度地放大直播效果。

为了保证直播活动二次传播的有效性和目的性，直播运营团队可以参考图 2-21 所示的三个步骤来设计直播活动的二次传播计划。

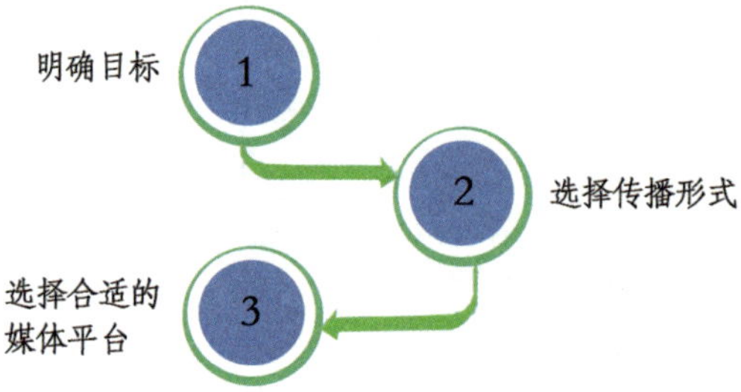

图 2-21　直播活动二次传播计划基本流程

1. 明确目标

设计直播活动二次传播计划，首先要明确实施传播计划要实现的目标，提高品牌知名度、提高品牌美誉度、提高商品销量等。需要注意的是，直播活动二次传播计划要实现的目标并非孤立的，应当与企业/品牌商制定的整体市场营销目标相匹配。

2. 选择传播形式

明确了传播目标以后，直播运营团队要选择合适的传播形式将直播活动的二次传播信息发布到网络上。常见的传播形式有视频、软文两种，直播运营团队可以选择其中一种形式，也可以将两种形式组合起来。

（1）直播视频传播

直播结束后，通过视频的形式分享直播活动的现场情况是直播活动二次传播的有效方式之一。直播活动二次传播视频的制作包括录制直播画面、直播画面浓缩摘要和直播片段截取三种方式。

①录制直播画面。直播运营团队可以将直播画面全程录制下来，也就是说，直播运营团队一边做实时画面的直播，一边录制，这样直播完成后，就可以直接用录制的文件来制作直播回放视频，错过实时直播的用户可以通过观看直播回放视频来获取直播内容。直播运营团队在制作直播回放视频时，可以添加片头、片尾、名称、主要参与人员等信息，以增强直播回放视频的吸引力。

②直播画面浓缩摘要。直播画面浓缩摘要的制作逻辑与电视新闻的制作逻辑基本相同，即直播运营团队将直播画面录制下来后，删除那些没有价值的画面，选取关键的直播画面制作成视频，并为视频画面添加旁白或解说。例如，一场新品发布会直播结束后，直播运营团队将现场直播画面制作成浓缩摘要式视频，为视频配上解说：“× 月 × 日下午 2：00，× × 公司直播了新款手机发布会。发布会上，公司产品经理详细介绍了新款手机的性能（插入产品经理介绍新款手机性能的画面），随后公司邀请了名人 × × 现场体验手机的各项功能（插入直播中名人体验手机功能的画面）……”

③直播片段截取。直播运营团队也可以从直播中截取有趣、温暖、有意义的片段，将其制作成视频发布到网上。如主播们将自己直播中有趣的片段剪辑成短视频发布在快手和抖音平台上。

（2）直播软文传播

直播软文传播是将直播活动的细节撰写成软文并发布到相关媒体平台上，用图文描述的形式向用户分享直播内容。直播运营团队撰写直播软文时，可以从分享行业资讯、提炼观点、分享主播经历、分享体验和分享直播心得等角度切入。

①分享行业资讯。对于严肃主题的直播，直播运营团队可以撰写行业资讯类软文来对

直播活动进行二次传播。在行业资讯类软文中插入直播画面或直播视频片段，从而吸引更多的业内人士关注或回看直播。

②提炼观点。提炼观点是指将直播活动的核心内容，新品的主要功能、企业未来的发展方向、产品未来的研发方向等提炼出来，撰写成软文。

③分享主播经历。主播可以用第一人称撰写一篇类似日记、工作日志的软文，在软文中回顾直播过程。与用第三人称撰写的文章相比，用第一人称撰写的文章更有温度，也更容易拉近主播与用户之间的心理距离，采取这种方式来推广直播更容易引起用户的阅读兴趣。

④分享体验。分享体验就是从用户的角度出发，撰写一篇描述观看直播的体验或感受的软文。由于这种推广软文不是从直播运营团队的角度来写的，而是以用户的视角来写的，体现的是用户的亲身感受，更具吸引力和说服力。一位用户观看了某文旅类主播的直播后，在微博上分享了自己的观看体验，该主播转发了此条微博。

⑤分享直播心得。分享直播心得就是直播运营团队从操盘者的角度来撰写一篇分享直播幕后故事的软文，软文的主题可以是“如何策划一场直播”“直播宣传引流三部曲”等。

3. 选择媒体平台

确定了传播形式以后，直播运营团队要将制作好的信息发布到合适的媒体平台上。如果是视频形式的信息，可以在抖音、快手、秒拍、视频号、腾讯、爱奇艺、微博等平台上发布；如果是软文形式的信息，可以在微信公众号、知乎、百家号、虎嗅网等平台上发布。

（七）做复盘——直播后经验总结

复盘本来是一个围棋术语，指的是对弈结束后，双方棋手复演该盘棋的记录，以检查自己在对局中招法的优劣与得失。直播营销中，复盘就是直播运营团队在直播结束后对本次直播进行回顾，评判直播营销的效果，总结直播的经验教训，为后续直播提供参考。

对于效果超过预期的直播活动，直播运营团队要分析直播各个环节的成功之处，为后续直播积累成功经验；对于效果未达预期的直播活动，直播运营团队要总结此次直播的失误之处，寻找改善方式，避免在后续的直播中再次出现相同或类似的失误。

直播营销复盘包括直播间数据分析和直播经验总结两个部分，直播间数据分析主要是利用直播中形成的客观数据对直播进行复盘，体现的是直播的客观效果；直播经验总结主要是从主观层面对直播过程进行分析与总结，分析的内容包括直播流程设计、团队协作效率、主播现场表现等，直播运营团队通过自我总结、团队讨论等方式对这些无法通过客观数据表现的内容进行分析，并整理成经验手册，为后续开展直播活动提供有效的参考。

2.4.3　直播营销活动流程规划

一般直播营销活动的时间都比较长，直播前要做好直播营销活动的流程规划。合理的直播营销活动流程规划可以帮助主播更好地控制直播节奏，保障直播的顺利进行。流程规划可以分为过款式和循环式。

（一）“过款式”直播流程

“过款式”流程，就是指在直播中按照一定的顺序一款一款地讲解直播间里的商品。由于一场直播持续的时间较长，直播期间会不断有用户离开直播间，也会不断地有新用户进入直播间。因此，在直播结束前 20 分钟左右，主播可以将本场直播中的所有商品再快速地过一遍，这样不仅可以让新进入直播间的用户了解本场直播中的各款商品，还可以通过“捡漏”形成一些订单，提升本场直播的成交额。表 2-13 为一场时长为 2 个小时的“过款式”直播流程示例。

表 2-13 “过款式”直播流程示例

时间安排	直播内容
20：00~20：10	热场互动
20：10~20：30	介绍本场直播第一款商品
20：30~20：50	介绍本场直播第二款商品
20：50~21：00	与用户互动环节
21：00~21：20	介绍本场直播第三款商品
21：20~21：40	介绍本场直播第四款商品
21：40~22：00	再次将本场直播中所有商品快速地介绍一遍

（二）“循环式”直播流程

“循环式”流程，就是在直播中循环介绍直播间的商品。假如，在一场直播中主播要推荐 4 款商品，那么，主播以 30~40 分钟为一个周期，将 4 款商品在一场 130 分钟的直播里循环 3~4 遍。表 2-14 为一场时长为 130 分钟的“循环式”直播流程示例。

表 2-14 “循环式”直播流程示例

时间安排	直播内容
20：00~20：10	热场互动
20：10~20：40	介绍本场直播的三款主推款商品
20：40~20：50	介绍本场直播的一款“宠粉款”商品
20：50~21：20	介绍本场直播的三款主推款商品（第一次循环）
21：20~21：30	介绍本场直播的一款“宠粉款”商品（第一次循环）
21：30~22：00	介绍本场直播的三款主推款商品（第二次循环）
22：00~22：10	介绍本场直播的一款“宠粉款”商品（第二次循环）

2.4.4 直播营销策划模式

（一）直播带货营销策划

如今的直播电商颠覆了人们以往对传统电商的认知，在体验、互动、交流等多方面给用户带来了新的认知。直播带货能够把货卖得很好，除了“网红”主播的营销带动，更重要的是用户体验迭代和效率升级的直播电商的强劲基因注入。直播带货策划主要可以分成四种类型。

直播营销策划

1. 商品销售

直播电商重新高效连接“人—货—场”三大核心要素，实现了新零售体验迭代。直播带货最初的时候就是以“直接销售商品”为目标，品牌方可以依据用户数据的精准画像，通过主播的商品讲解，现场互动体验，引导用户下单购买，完成商品销售，从传统电商的“人找货”，转变为刚性和柔性共同驱动的“货找人”。

2. 答疑解惑

这种直播带货模式是以主播解惑答疑的形式完成商品变现。那么，主播在直播间如何讲解商品才能提高用户转化率呢？事实上，大部分用户对商品不是很了解，甚至存在很多疑惑。主播应该从用户的需求出发，了解用户的痛点，基于行业研究、竞品对比、产品优势给用户提供相对应的解决方案。直播时主播可以通过试用体验有意识地引导用户实时交流，提出问题，然后为用户解惑答疑，引导用户购买，最终实现商品变现。

3. 品牌宣传

品牌宣传是指通过讲述品牌故事、企业文化，讲解商品设计理念、制作工艺流程、商品核心优势等，来强化用户体验，提升商品在用户心目中的地位，勾起用户的购买欲望。品牌故事是商品的灵魂，既有品牌创立和发展过程中有意义的新闻，也有品牌创始人的艰辛经历。品牌故事能够体现品牌的理念，加强用户认知，增强品牌吸引力。

4. 知识输出

主播可以在直播间通过持续输出高质量的内容来引导用户为知识付费。知识付费方式可以分成三个阶段完成：一是持续生产优质的直播内容，吸引用户关注；二是引导用户首次充值，完成首次付费转化；三是引导用户持续付费，在用户消费的不同阶段，主播要对商品进行相应的设计来引导，刺激用户完成从新用户到持续付费用户的转化。

用户从新用户转化为首次付费用户的关键是优质的直播内容，只有主播持续设计满足用户个性化需求的内容，才能吸引用户转变为粉丝持续关注。在引导用户持续付费的过程中，设置合理的用户等级体系，和用户建立社交关系和亲密关系，会刺激用户不断消费。直播商品还需要通过直播玩法的设计、直播道具的创新，进一步拓展用户的付费场景，刺激用户产生更多消费。

（二）直播“种草”营销策划

直播“种草”是主播用内容刺激用户产生需求，激发用户的兴趣与好奇心，占领用户心智，并通过电商满足供给，完成转化的一种直播营销形式。

“种草”模式的快速兴起一方面归功于社交媒体的发展，打破了人与人交流的屏障，拉近了人与人之间的距离，“种草”某事物或商品主要依托用户之间的信任，社交媒体让人们随时随地自由沟通、相互分享；另一方面来源于人们的心理层面，人们热爱时尚，紧跟潮流，特别是年轻一代，对于潮流趋势非常敏感，很容易被“种草”。“种草”模式主要分为三种类型。

1. 开箱体验

事实上很多人都觉得拆快递时的心情比下单时的心情还要激动，开箱体验“种草”就是利用人的普遍心理，通过开箱来营造惊喜的气氛，刺激用户“喜新”及“尝鲜”的心理，从而引导用户释放自己的购物欲望。

2. 试用测评

为了提升用户的信任度，主播可以试用商品，甚至做商品测评，让更加全面的数据指标和更加权威的测试结果来“说话”。商品测评方法有对比测评、实验测评、长效测评、全球首测等。这种商品展示方式既顺应了一些用户一探究竟的心理，又容易打破他们心中的顾虑，刺激其做出购买行为。

3. 品牌或名人“种草”

主播可以借助 KOL 或演员、名人制造相关话题，如“某演员同款”。演员、名人或 KOL 可结合自身的风格特色，向粉丝推介自己的爱好，介绍商品卖点、使用方法及使用体验。众多“网红”品牌的“种草”都与好奇心相关，主播阐明可见的好处，激发用户的兴趣与好奇，并用明确的语言表达出“拥有了它，你将如何如何”，促使用户购买，从而带动商品转化。

“种草”过程强调的是价值而非商品本身，“种草”的本质在于与用户建立连接，为用户塑造理想的价值状态，将用户的理想状态具象化、商品化。种草模式的最终目的是促使用户产生购买行为，并开启新一轮的“种草”行动，形成直播营销闭环。

【任务探究】

直播营销活动并非一场简单的小型活动，如果没有清晰的直播营销策划做指导，直播营销活动很可能无法达到预期的营销目的，甚至无法顺利地进行。直播营销活动前，直播运营团队必须先厘清直播营销的思路，制定合理的直播营销策划，然后根据营销策划有目的、有针对性地开展直播营销活动。一个成功的直播营销策划，对于提升品牌影响力、促进销售和增强市场竞争力具有不可忽视的作用。做好直播营销策划体现在以下几个方面。

（1）目标市场定位准

准确的目标市场定位是直播营销策划的首要任务。通过深入了解目标受众的需求、喜好和消费习惯，策划团队可以制定更加精准的营销策略，确保直播内容能够吸引并打动目标受众，提高营销效果。

（2）用户黏性提升强

直播营销策划通过创新的内容和互动环节，能够极大提升用户的观看体验和黏性。通过精心设计的互动环节，抽奖、问答等，可以激发观众的兴趣和参与度，使他们愿意停留在直播间，增加品牌曝光和用户黏性。

（3）品牌形象塑造优

直播营销策划是塑造品牌形象的有效途径。通过直播，企业可以传递品牌的价值观、文化理念和产品特点，使消费者对品牌产生更加深刻的印象。通过主播的口播和互动，可以增强消费者对品牌的认同感和信任度，塑造积极的品牌形象。

（4）销售转化率提高

直播营销策划的最终目标是提高销售转化率。通过直播展示产品特点、解答消费者疑问以及提供限时优惠等方式，可以刺激消费者的购买欲望，促使他们下单购买。通过直播间的互动和信任建立，可以增强消费者的购买信心，进一步提高销售转化率。

（5）互动体验效果好

直播营销策划注重提升用户的互动体验。通过弹幕、评论、点赞等互动功能，观众可以实时表达自己的观点和感受，与主播和其他观众进行交流。这种即时的互动反馈可以加强观众的参与感和满足感，使直播营销更加生动和有趣。

（6）成本控制预算精

精心策划的直播营销活动可以帮助企业实现成本控制。通过合理的资源分配和预算控制，可以确保直播营销的投入产出比达到最佳状态。通过精准的目标市场定位和创新的营销策略，可以降低不必要的广告投入和浪费，提高营销效果的同时控制成本。

（7）创新营销策略新

直播营销策划鼓励创新营销策略。通过不断尝试新的直播形式、互动方式和营销手段，可以激发消费者的好奇心和兴趣点，使品牌在市场上保持新鲜感和竞争力。创新营销策略也可以帮助企业树立行业领导者的形象，吸引更多关注和合作机会。

（8）市场竞争力提升快

一个成功的直播营销策划可以快速提升品牌的市场竞争力。通过准确的目标市场定位、创新的营销策略和优化的用户体验，可以使品牌在市场中脱颖而出，吸引更多潜在客户和合作伙伴。通过直播营销的成功实践，可以为企业积累宝贵的营销经验和资源，为未来的市场竞争打下坚实基础。

综上所述，直播营销策划在提升品牌形象、促进销售和增强市场竞争力等方面具有重要的作用。通过精准的市场定位、创新的营销策略和优化的用户体验等，可以实现直播营销效果的最大化，为企业创造更大的商业价值。

【思政园地】

国家互联网信息办公室、公安部、商务部、文化和旅游部、国家税务总局、国家市场监督管理总局、国家广播电视总局七部门于2021年4月23日联合发布《网络直播营销管理办法（试行）》，第三条明确指出："从事网络直播营销活动，应当遵守法律法规，遵循公序良俗，遵守商业道德，坚持正确导向，弘扬社会主义核心价值观，营造良好网络生态。"

直播带货过程中，主播及直播电商平台应当遵守以上规定，坚持正确的价值观导向，弘扬正能量，传播优良风气，营造文明氛围。

任务2.5　直播推广策划

【任务导入】

当下的数字营销时代，直播已成为企业与消费者互动的重要桥梁。某知名品牌为推广其新款产品，决定采用直播的形式进行宣传和销售。考虑到市场竞争的激烈，团队特别重视直播前的预热和引流工作，以确保直播活动的成功。

该品牌采用了多种预热策略，社交媒体宣传、短视频预告、KOL合作等。通过提前发布与直播相关的内容，引发消费者的好奇心和期待，激发他们参与直播的意愿。

为确保更多的用户进入直播间，该品牌选择了多个引流渠道。除了利用自身的官方网站和社交媒体平台，还与外部合作伙伴进行联动，通过广告投放、内容推荐等方式吸引潜在用户。预热阶段，该品牌设计了一系列互动活动，抽奖、答题等，鼓励用户参与并分享，从而扩大直播的曝光度。这些活动不仅提高了用户的参与感，还增加了用户对直播的期待。为了吸引用户的关注，该品牌在预热内容上下了大力气。创意短视频、引人入胜的故事线、具有感染力的宣传语等都为直播的引流工作起到了重要作用。

预热期间，该品牌对各项数据进行了实时监测和分析，包括用户行为、互动情况、流量来源等。根据数据分析的结果，团队及时调整预热策略和内容，以确保引流效果的最大化。直播结束后，该品牌对预热和引流的效果进行了全面评估。通过对比直播前后的数据变化，团队发现预热和引流工作对直播的成功起到了关键作用。在总结经验教训的基础上，该品牌为未来类似活动提供了有价值的参考。

该案例为我们提供了以下启示：首先，直播前的预热工作至关重要，可以有效提高直播的曝光度和参与度；其次，选择合适的引流渠道和内容创意是成功的关键；最后，实时监测和优化数据是确保活动效果的重要手段。

【知识必备】

近年来，直播的竞争越来越激烈，很多新手主播要想占有一席之地，就必然要经过一番苦战。很多主播在开播后发现直播间没有人，或者是来了人留不住，这到底是自己的直播间被限流了还是违规了呢？其实都不是，想要你的直播间源源不断地有人进来，我们就必须了解直播预热与引流的规则与技巧。

2.5.1 直播预热

直播前的预热可以吸引更多的用户进入直播间，对直播活动进行更大程度的宣传。如果预热不到位，正式直播时用户数量太少，那么商品的购买转化率就会非常低。直播预热是为了让用户提前大概了解直播的内容，这样对直播感兴趣的用户就可以在直播时及时进入直播间，提高直播间的在线人数。

（一）预热场景

直播预热可以运用私域场景和公域场景相结合的方式，以快速提升直播活动的热度。

1. 私域场景

淘宝直播中，主播可以利用的私域场景包括店铺首页、商品详情页、店铺微淘等。设置淘宝直播预告的方法如下：登录淘宝主播 APP 账号后台，在“内容发布”界面中点击【创建预告】按钮，在打开的“发布预告”界面中填写直播预告的相关信息，然后点击【发布预告】按钮，此时直播预告进入审核阶段。

主播在设置直播预告时，需要注意以下几个问题：预告视频尽量不要有水印，禁止添加字幕；视频应为横屏，画面长宽比例为 16∶9；视频画面要整洁，内容主次分明；对于第二天的直播，前一天的直播预告至少要在当天 16 点前发布，否则淘宝直播平台将不予审核浮现。

抖音、快手等短视频平台主播可以利用的私域场景主要是账号名和账号简介。主播在直播前可以更新账号名和账号简介信息，在账号名中加括号备注“今晚5点完美日记专场”，也可以在账号简介中以文案的形式说明自己的直播时间，如“每周三、四、五直播间定时宠！”。

2. 公域场景

利用公域场景为直播预热和“引流”有多种渠道，包括短视频、微博、微信公众号、社群等。

（1）短视频预热

主播一般要在开播前3小时发布短视频为直播预热，短视频预热的方式主要有以下几种。

①短视频常规内容+直播预热：指短视频前半段输出和平时风格相同的垂直内容，吸引固定粉丝观看，后半段进行直播预热。

案例链接

抖音搞笑达人直播预热文案

①每天睡前喝一杯牛奶——会比不喝的人多花几块钱。

②不管是骑电动车，还是骑自行车，一定要戴好头盔——不然你开宝马的同学就会认出你。

③上班低头玩手机，对脊椎的危害非常大——要不时地抬头看下领导的位置。

④省钱的方法多种多样，比如你买一件羽绒服，需要一千多——而买感冒药只需要几块钱。

⑤或者你可以来我的直播间，4月22日，抖音好物，全民直播，购物嘉年华，价格够朋友，美好不讲究，等你！

该主播一如既往地用搞笑内容吸引粉丝观看短视频，最后才宣布直播的主题和时间，而且宣布的方式也符合其既定搞笑风格，让粉丝不知不觉间就开心地接受了他直播的预告。

②纯视频预热：这类直播预热视频主要是采用主播真人出镜的方式，向用户通知具体的开播时间。如果主播想吸引潜在用户，就要留下悬念，勾起他们的好奇心。

③添加利益点：对于没有关注主播的用户来说，如果主播的话在直播预热视频中没有强大的诱惑力，是很难让他们进入直播间的，所以主播还可以在视频中添加利益点。例如，在直播间会抽奖，奖品有品牌包、新款手机、新上市的护肤品等；直播促销活动的优惠力度非常大等。这样可以激发用户的兴趣，使用户定时进入直播间。

④发布直播片段视频：很多影视剧在正式播出之前会放出很多花絮片段，目的是让用户对成片感兴趣。开直播之前发布直播片段也是如此，如果上一场直播中发生过一些有趣的事情，主播可以将其截取出来发短视频，为即将开始的下一场直播“引流造势”。

（2）微博

电商主播经常在微博进行直播宣传预热，告诉粉丝们具体的直播时间。某美食主播曾在微博上发布直播预热文案，通过 3 位“红人”吸引其粉丝进入直播间，并交代了具体的直播时间；某美妆主播直播预热文案的重点是某位艺人要来直播间，用“艺人加入”这个亮点吸引粉丝进入直播间。主播在发布直播预热文案时，可以将自己直播间的亮点展现出来，吸引更多用户和粉丝进入直播间。

（3）微信公众号

主播可以在微信公众号上以长文案的形式进行直播预热，插入图片或海报，更清楚地说明直播的时间和主题。

（4）社群

主播可以创建自己的社群，开播前在群内做直播预热互动。

（二）预热时机

很多主播发现，即使自己做了精心的准备和宣传，但直播间的用户增长并不明显，感觉自己的时间和资金都打了水漂。如果确定了自己的商品定位、直播间布置等都没有问题，就要考虑直播预热的时机是否合适。直播预热发布的时机与用户在社交平台上的活跃时间、预热与正式直播的间隔时间等因素息息相关。

1. 直播预热的时间

直播的人气峰值一般出现在晚上 7~11 点，这是大多数上班族的休息时间，人们利用休息时间看直播的可能性比在工作时间看直播的可能性更高。与相对固定的直播时间不同，直播预热的时间灵活很多。短视频平台、微博、微信公众号等都可以成为直播预热的平台，所以主播要抓住这些平台用户的活跃时间。

工作日，上班族和大学生更多地活跃在上午，休息日则无明显的活跃时间，用户整天都有可能看手机。电商直播的预热只需注意避开深夜休息时间和用餐时间即可。需要注意的是，直播预告的发布时间最好选择在用户活跃峰值前半个小时左右，这样可以给用户更多的反应和转发时间，以免错过用户活跃峰值。

2. 直播预热与正式直播的间隔时间

直播预热时间一般不选择休息日，这主要是为了给直播观看的活跃时间一个提前量，尽量避开各类社交平台内容发布的高峰，微信公众号、微博等平台上的创作者会在周末发布较多的文章和短视频。

当然，直播预热的提前量不能太长，否则很容易让用户遗忘；但也不能太短，否则预热效果很难呈现出来，至少要 24 小时。一般来说，主播要在正式直播前 1~3 天进行直播预热，网络热门信息的黄金发酵期是 2~3 天，一般热门信息会在这段时间内被大量用户看到。当热议人数达到顶点时，主播再开始正式直播，很好地避免了热度的衰退。

另外，提前 3 天预热可以帮助主播准备应对突发情况的预案，主播可以对粉丝反响和突发热点有一个合理的缓冲。在提前做好直播预热的前提下，主播只需要针对突发状况进行小部分的调整即可。

2.5.2　直播引流

（一）直播引流概述

直播引流是指利用多种方法，吸引、引导用户进入直播间，增加直播间的在线人数。根据引流的时间点不同，可以将直播引流分为直播前引流、直播中引流和直播后引流。

1. 直播前引流

直播前引流就是直播活动的预热，直播团队通过不同渠道对直播进行预告，吸引用户在直播时进入直播间。

2. 直播中引流

直播最大的优点之一就是互动性强，直播过程中做好引导，提醒用户时刻关注直播间。利用红包、优惠券、抽奖、“秒杀”活动等增加他们的停留时长，增强用户的黏性。

3. 直播后引流

对直播视频进行剪辑、包装到推文中或做成精彩的短视频，让每一个有兴趣的受众都能关注账号并将其分享到自己的社交圈，引来更多的流量。

（二）直播引流技巧

数字化营销的时代，直播引流技巧在提升品牌知名度、扩大受众群体、增强用户黏性、促进销售增长、实时互动反馈、塑造品牌形象、降低成本投入和提升转化率等方面具有显著的重要性。企业应充分利用这些技巧，结合自身特点和市场需求，制定有效的直播营销策略，实现更好的营销效果。

直播引流技巧

1. 设置一个夺人眼球的标题

标题的最大作用是吸引用户不假思索地进入直播间观看。一个好的标题应该能够准确地定位直播内容，并引起用户的观看兴趣。直播标题的字数不宜过多，5~15 个为宜，用一句话来展示直播内容的亮点，一定要避免空洞无物，没有信息量。

（1）直播标题的类型

直播标题可大致分为三种类型，如图 2-22 所示。

图 2-22　直播标题的类型

内容型标题主要体现直播推荐商品的功能和特点，服装类直播会重点介绍如何搭配才能凸显身材和气质，可拟标题“教你如何搭配出完美夏日着装”“今夏最潮穿搭”“糟糕！是心动的穿搭”等；美妆类直播会重点介绍新款商品，“国货彩妆，重新定义妆容美学”，或介绍美妆商品的使用技巧，“轻松一抹，涂出好气色”。

活动型标题大多展示直播间商品的包邮条件、折扣优惠、限时抢购信息等，这样可以通过低价或促销活动吸引大部分用户进入直播间，“新品一折，福利发不停”“品牌女装，折扣秒杀”。

福利型标题与活动型标题很相似，都是展示利益点，让用户心动。福利型标题的内容大多为关注有礼、随机抽奖、直播间赠送商品等，一般是为了“引流”、增加粉丝，用少量的成本吸引流量，为之后的销售做好铺垫，“关注主播，买鞋送券、送袜”“直播间指定款买一送一”。

（2）直播标题写作方法

为了起到先声夺人的作用，在实际编写标题时，我们可以合理运用以下八种方法，如图2-23所示。

图 2-23　直播标题写作方法

1）戳中痛点　戳中痛点就是指以用户在生活中的烦恼为核心，将商品与解决烦恼的方式联系在一起，巧妙地运用到直播标题中。只要能戳中用户的痛点，就一定会引起他们的注意。通过提出日常生活中真实存在的问题来迅速抓住观众眼球，从而实现引流和营销的目的。做穿搭直播的主播可以在标题中这样写：“美衣让你占中心位—想显瘦的女生一定要这样穿。”这对于想穿衣显瘦的用户来说，能使其产生点进去观看直播的想法。而做家居商品推荐的主播可以在标题中写“枕头不对，一夜难眠”，这对于睡眠质量差的用户来说有着很强的吸引力。“喝水不沾杯的唇釉”对于那些买到质量差、掉色严重的唇釉的用户来说非常具有吸引力。

2）逆向表达　一般情况下，主播肯定希望用户看到直播广告时能迅速点开直播间进行观看，接受自己的推荐，所以很多主播起的标题是“跌破底价！走过路过不要错过！”如果大家都这样说，用户就会逐渐麻木。主播可以另辟蹊径，运用逆向思维，吸引用户的注意力。“别点，点就省钱”，这个标题中的“别点”先引起反差，再告诉用户为什么，因为“点就省钱”。如果刚好是用户喜欢的商品，则用户点击进去观看的可能性就非常大。与之类似的还有“小贵，但有很多人买”。

3）利用好奇心　好奇是人的天性，主播可以合理利用人的好奇心来写标题，制造悬念，从而吸引用户提升观看直播的兴趣。在标题中提问就是一种制造悬念的方式，“秋后该如何护理肌肤”，提问的作用在于强调问题的存在，人们在发现这个问题刚好自己也存在时会对问题进行思考，从而点击进入直播间一探究竟。

4）借势热点　有热点的地方就会有流量。大部分人都对热点话题感兴趣，所以借势热点也能增加点击率，这就是新媒体文案写作要蹭热点的原因。主播所借的热点可以是节日热点，也可以是热点事件，“中秋大团圆，优惠等你来”，在中秋节到来之际，一些主播就抓住“中秋节”这个节日热点来写直播标题。

5）传达利益点　传达利益点就是给用户传递类似“不仅可以在直播间买质优价廉的商品，还可以学到实用技能，获得实用知识”这样的信息。这种方法抓住了用户想从直播中满足精神层面需求的心理，“一对一指导，精准解决问题性肌肤”“新手都可以学会的化妆技巧”。

6）传递紧迫感　让标题充满紧迫感是召唤行动的一种表示，感受到紧迫感的用户会迅速点击进入直播间观看直播。“福利大放送！手慢无”，这类标题迎合了用户“爱占便宜”的心理，怕错过好货或福利的用户会迫不及待地进入直播间抢购。这样的策略的目的就是告诉你的潜在客户，促销结束后，他们就不可能再得到你的产品或服务。让他们产生紧迫感，想要得到这次机会，就必须马上下单，不然后悔就来不及了。

7）制造娱乐效果　借助娱乐的元素或形式将主播与观众的情感建立联系，从而达到建立忠诚粉丝的目的。从娱乐营销的原理分析，其本质是一种感性营销，是通过感性共鸣引发观众忠实的行为。现在人们的生活压力很大，所以轻松幽默、带有娱乐效果的直播内容非常受欢迎，直播标题可以采用幽默的语言迅速吸引用户的目光，“我这就是瘦，不接受反驳”“我这不是壮，是幸福在歌唱”。

8）巧借数字　在众多直播界面中，用户对单个直播标题的浏览时间往往不会超过1秒，要想在如此短的时间内抓住用户的眼球，主播可以巧借数字，让直播标题变得更加直观和简洁。人的大脑会筛选掉那些同质化的信息，优先识别不同的信息。在标题中使用数字可以增强标题的辨识度，降低大脑的思考难度，从而迅速吸引用户的注意。“俄罗斯蜜蜡只要9.9元”“新品回馈优惠50元”。

2. 打造优质直播封面图

封面图是直播的门面，好的封面图可以勾起用户的观看欲望，封面图已经成为直播间流量高低的直接关联因素，这就要求直播封面图一定要足够吸引人。相关统计表明，精心设计了封面图的直播间，其流量要比使用默认头像的直播间大得多。

要想打造优质的直播封面图，主播在设计时要遵循以下原则。

①干净、清晰、整洁。封面图一定要干净、整洁，不能添加任何文字，因为直播标题已经有了文字，封面图中再加入文字会显得杂乱无章，影响用户阅读。模糊不清的封面也会影响用户的浏览体验，可能导致用户在看到封面图的第一眼就划走。

②图片尺寸合理。直播封面图的尺寸一般为750×750像素，最小不能低于500×500像素。

③色彩构成合理。直播封面图的色彩要鲜艳，但不要过分华丽，只要能体现直播主题即可。坚决杜绝任何形式的“牛皮癣”，否则会影响重要内容的呈现。

④背景禁用白色。由于直播界面的背景本身就是白色，如果封面图的背景仍然选择白色，会导致图片不够突出、醒目，很难吸引用户，所以封面图的背景禁用白色。

⑤封面图要考虑固定信息的展现。封面图的固定信息包括左上角的直播观看人数和右

下角的点赞量，封面图的重要内容一定要避开左上角和右下角，以免与直播观看人数、点赞量等构成部分相互干扰，影响观看体验。

⑥禁用合成图。为了不影响直播整体的浏览体验，封面图要放置一张自然、简洁的图片。如果放合成图，一旦拼接得不好，会非常影响视觉效果。

⑦封面图不要雷同。如果直播次数很多，直播封面图尽量不要使用同一张或极其相似的图片，这样会让用户以为内容都是相同的，降低直播间的点击率。

⑧符合直播主题。封面图要尽量契合直播主题，让用户在看到直播封面图时就能大概知道直播的内容是什么，并决定要不要进入直播间。直播在工厂实地看货，封面图可以选择工厂、车间等实景图；如果选择在档口直播，封面图要选择档口实拍图；如果要在直播间详细介绍商品，封面图最好不用模特或主播的人像图片，而选择精美的商品细节图。另外，如果直播间没有名人参与直播，就不能使用名人作为封面图；如果直播间有名人参与直播，可以使用名人肖像作为封面图，但要提供相关的肖像使用授权文件等资料。

⑨拒绝低俗。有些主播为了博人眼球，封面图会使用一些低俗的图片，这样的图片被官方检测到后，封面会被重置，降低封面的吸引力，严重者还会封禁账号。类似内衣等贴身衣物的直播封面图一般不要出现任何人物元素，直接展示商品即可。

⑩打标要规范。为直播封面图打标时，要根据规范打在同一位置，保持整体的一致性。标一般固定在封面图的右上角，不能移动，最大尺寸为 180 × 60 像素。

3.“五步法”调动直播间人气

大多数主播在一次直播过程中要推荐数十款商品，某些时长较长的主播可能会推荐更多的商品，要想把这些商品都打造成“爆款”是不可能的，主播可以合理安排商品的推荐顺序，用商品调动直播间的人气，带动销量不断攀升。调动直播间人气分为五个步骤，如图 2-24 所示。

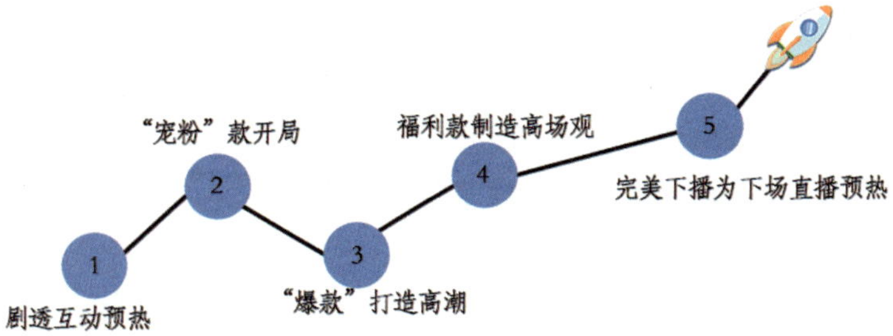

图 2-24　调动直播间人气的五个步骤

（1）剧透互动预热

一般来说，开始直播时观看人数较少，这时主播可以通过剧透直播商品进行预热。主播可以热情地与用户进行互动，引导其选择喜欢的商品。用回复口令进行互动的方式很快捷，直播评论区一般会形成“刷屏”之势，从而调动起直播间的气氛，为之后的直播爆发蓄能。某主播在直播开场时引导用户回复口令“新来的”参与抢购 0.1 元的包。该主播特意准备了限量低价包来给用户送福利，用户为了买到实惠的商品，纷纷在评论区留言，形成刷屏之势，使直播间的气氛迅速升温。

（2）“宠粉”款开局

预热结束之后，直播间的氛围已经开始升温，主播这时可以宣布直播正式开始，通过一些性价比较高的“宠粉”款商品继续吸引用户，激发其互动热情，让用户养成守候主播开播的习惯，增强用户的黏性。

这一步尤其需要注意的是“宠粉”款商品千万不能返场，销售完以后，即使用户要求返场的呼声再高，主播也不能心软，可以告诉用户第二天直播开始时仍然会有性价比超高的商品，以此提升用户留存率。

（3）“爆款”打造高潮

这一步所占用的时间可以占到整场直播时间的 80%，但只介绍 20%的商品。主播可以利用直播最开始的剧透引出“爆款”，在接下来的大部分时间里详细介绍爆款商品，通过与其他直播间或场控的互动来促成“爆款”的销售，将直播间的购买氛围推向高潮。

某主播在销售高跟鞋时，推荐的不再是低价、“宠粉”款商品，而是 168 元的外贸原单，属于高客单价商品，但互动和想要购买的用户仍然很多，因为只要在直播间停留 5 分钟，关注主播，并打出 3 遍“高跟鞋”口令，就可以领取 70 元优惠券再购买。对于这种高客单价的商品来说，这种优惠非常让人心动，且每人仅限一双，因此用户的参与热情很高涨。

（4）福利款制造高场观

直播的下半场，即使观看直播的人数很多，还是会有不少用户并非主播的粉丝。为了让这些用户关注主播，成为主播的粉丝，或让新粉丝持续关注主播，在直播间，主播就要推出福利款商品，推荐一些超低价或物超所值的精致小商品给用户，引导用户积极互动，从而制造直播间下半场的小高潮，提升直播场观。

某主播为粉丝推出了粉丝福利，新款包包邮免费送，条件只有一个，那就是点关注，成为主播的粉丝，并踊跃互动，在评论区输入 1，倒计时 3 分钟，最后抽取幸运粉丝送出福利。

（5）完美下播为下场直播预热

很多主播经常忽视直播结束时的下播阶段，事实上，主播在直播结束时更不能马虎，否则会让用户感受到不被重视。如果主播能利用好下播阶段，可以有效提升下播时的直播场观，还能提升下次开播时的直播场观。

主播在下播时可以引导用户点赞，分享直播；使用秒杀、与用户聊天等互动方式，在下播之前再制造一个小高潮，给用户留下深刻的印象，使用户感到意犹未尽。主播可以利用这一时间为下次直播预热，大概介绍下场直播的福利和商品等。

4. 互动提升直播间氛围

直播时主播不能只顾自己说话，一定要引导用户热情地互动，提升直播间的氛围。直播间的热烈氛围可以感染用户，吸引更多的人进来观看直播。直播间的互动玩法有很多，发红包、抽奖、“连麦”、促销活动等。

（1）巧妙派发红包

给用户具体、可见的利益，是主播聚集人气、与用户互动的有效方式之一。直播期间，向用户派发红包的步骤一般分为三步，见表 2-15。

表 2-15　派发红包步骤

派发红包的步骤	具体做法
约定时间	提前告诉用户 5 分钟或 10 分钟以后准时派发红包，引导用户邀请朋友进入直播间抢红包，这样不仅可以活跃气氛，还会提升直播间的流量
站外平台抢红包	除了在直播平台上发红包以外，主播还可以在支付宝、微信群、微博等平台上向用户派发红包，提前告知用户，条件是加入粉丝群。这一步是为了向站外平台"引流"，便于直播结束之后的效果发酵
派发红包	到达约定时间后，主播或助理就要在平台上发红包。为了营造热闹的氛围，主播最好在发红包之前进行倒计时，让用户产生紧张感

(2)设置抽奖环节

直播间抽奖是主播常用的互动玩法之一，但很多主播对抽奖的效果并不满意。有的主播认为，每次抽奖都要花费 10 分钟，严重影响卖货节奏；有的主播认为，用户抽奖倒是很活跃，但抽完奖就会退出直播间，几乎不买货，感觉抽奖就是在浪费时间。这两种说法其实都失之偏颇，产生这种想法的根本原因在于他们没有理解抽奖的精髓，即互惠互利法则。

用户能为抽奖环节停留，这本身就是一种互惠互利，因为用户的时间也是宝贵的。只要用户在直播间里停留，本质上就是在用自己的时间与奖品进行交换。要知道并不是所有用户在抽完奖之后都离开直播间，其实有很大一部分用户会被吸引，关注主播，并产生后续的购买行为。

对于主播来说，用户平均停留时间体现了用户黏性，而这种黏性是需要慢慢"养成"的。只要有利于增加用户的平均停留时间，使用户黏性增加，都是值得采用的方法，谈不上浪费时间。不过，主播一定要设计好抽奖环节，虽然奖品是利他性的，但最终结果一定要利己，这才能真正做到互惠互利。

抽奖要遵循三个原则：一是奖品最好是直播间里推荐过的商品，可以是爆品，也可以是新品。二是抽奖不能集中抽完，要将抽奖环节分散在直播中的各个环节。三是主播要尽量通过点赞数或弹幕数把握直播的抽奖节奏。

抽奖环节的具体设置形式有四种，如图 2-25 所示。

图 2-25　抽奖环节的具体设置形式

1)签到抽奖　主播每日定时开播，在签到环节，如果用户连续七天来直播间签到、评论，并保存好评论截图发给主播，主播将评论截图核对无误后，即可赠予用户一份奖品。主播开播的前 1 个小时，甚至是前 15 分钟是主播的黄金时间。如果第 1 个小时直播间的在线人数多，那么主播不仅可以在与同时段的其他主播竞争中获胜，还意味着拥有更长的用户停留时间和更高的商品销量。主播积极地与用户进行互动，营造热烈的互动氛围，会让主播和用户的情绪高涨，同样有利于延长用户的停留时间，进而产生更好的销售效果，形成良性循环。

2）点赞抽奖　主播在做点赞抽奖时，可以设置每增加 2 万点赞就抽奖一次。这种活动的操作比较简单，但要求主播有较强的控场能力，尤其是在做秒杀活动时，如果刚好到 2 万点赞，主播可以和用户沟通，承诺在做完秒杀活动以后会立刻抽奖。点赞抽奖的目的是给用户持续的停留激励，让黏性更高、闲暇时间更多的用户在直播间里停留更长的时间，而黏性一般的用户会增加进入直播间的次数，直接提高用户回访量，增加每日观看数量。

3）问答抽奖　主播在做问答抽奖时，可以在秒杀活动中根据商品详情页的内容提出一个问题，让用户在其中找到答案，然后在评论区评论，主播从回答正确的用户中抽奖。问答抽奖可以提高商品点击率，用户在寻找答案的过程中会对商品的细节有更深的了解，增加对商品的兴趣，进而延长停留时间，提高购买的可能性。用户的评论互动可以提高直播间的互动热度。

4）秒杀抽奖　秒杀抽奖分两次，第一次是在主播剧透商品之后，秒杀开始之前抽奖。主播在剧透商品时要做好抽奖提示，这样可以让用户更仔细地了解商品信息，增加下单数量，同时延长用户的停留时间。第二次是秒杀之后，剧透新商品之前抽奖，主播要做好抽奖和新商品介绍切换的节奏把控。

主播在直播间抽奖环节经常犯的错误，见表 2-16。主播要尽量避免出现这些错误，更好地引导用户进行互动，更充分地发挥抽奖环节的作用。

表 2-16　主播抽奖环节常犯的错误

抽奖环节常犯的错误	正确方式
无明显告知，用户在进入直播间时无法在第一时间知道抽奖信息	通过口播、小喇叭公告、小黑板等多种组合方式说明抽奖规则和参与方法
无规则、随意	明确抽奖的参与方式，用点赞量达到某个标准为规则开始抽奖，避免整点抽奖
抽奖环节无任何互动	主播提醒用户刷指定的弹幕和评论，以活跃直播间的氛围，然后启动后台抽奖界面，提醒用户关注主播，提高中奖概率
抽奖只有一次，没有节奏	抽奖要有节奏，抽奖一次以后，需要先公布中奖用户，并告知下一次抽奖的条件，以延长直播时长，增加粉丝量

（3）与主播、名人合作“增流”

主播可以在直播间与其他主播或名人合作直播，合作直播一般分为与其他主播“连麦”、邀请名人进直播间两种形式。

1）与其他主播“连麦”　抖音、快手这两个平台中，主播之间“连麦”已经成为一种常规的玩法。“连麦”就是指正在直播中的两个主播连线通话。

2）邀请名人进直播间　一般来说，有能力邀请名人进直播间的主播大多是影响力较大的头部主播，且名人进直播间往往与品牌宣传有很大的关联。名人与主播的直播间互动可以实现双赢，因为名人的到来会进一步增加主播的粉丝量，并且名人与主播共同宣传，对于提升主播的影响力会有很大的帮助。与此同时，主播也会利用自己的影响力为名人代言的商品进行宣传推广。

（4）企业领导助播“增流”

很多企业领导看准了直播的影响力和营销力，纷纷开始站到直播镜头前“侃侃而谈”，大多数企业领导参与的直播都获得了成功。企业领导亲临直播间为主播“站台”，也在一定程度上增加了主播的影响力。

（5）设计促销活动

直播带货时，主播的本质角色就是销售人员，其最大的目的就是把商品销售出去。对于电商直播来说，开展促销活动是提升直播间销量的有效方式。主播可以根据自身情况设计以下类型的促销活动。

1）纪念促销　现在很多人都崇尚仪式感，纪念促销利用的就是人们对于特殊日期或节日的一种仪式感心理。纪念促销的形式大致有四种，见表 2-17。

表 2-17　纪念促销的形式

纪念促销的形式	举例
节日促销	春节、六一儿童节、情人节
会员促销	VIP 特价、会员日活动、满 ×× 成为会员
纪念日促销	生日特惠、店庆特惠
特定周期促销	每周二上新、每月一天半价

2）引用举例式促销　引用举例式促销是指在促销时重点介绍商品的优势、功能和特色，或对商品的使用效果进行介绍，对比使用前后的效果。介绍新品时，主播往往会以折扣价销售，“新品九折”“买新品送 ××”等。

3）限定促销　限定促销是利用人们“物以稀为贵”的心理，为用户创造一种该商品比较稀少的氛围，使用户认为该商品与众不同，或限定购买的时间，使用户产生紧迫感，从而尽快做出购买行为。限定促销的形式大致有三种，见表 2-18。

表 2-18　限定促销的形式

限定促销的形式	举例
限时促销	秒杀、仅限今日购买
限量促销	仅剩 100 件、限量款
单品促销	只卖一款、孤品限定

4）组合促销　组合促销是指将商家可控的基本促销措施组成一个整体性活动。用户作为消费者，其需求是多元化的，主播在开展促销活动时合理地组合商品，充分发挥整体性优势和作用。组合促销的形式大致有三种，见表 2-19。

表 2-19 组合促销的形式

组合促销的形式	举例
搭配促销	套装半价起售、冬季温暖优惠组合装
捆绑式促销	买护肤品送面膜、加 10 元送袜子
连贯式促销	第二份半价

5)奖励促销　主播做直播促销时,要让用户在接收营销信息的同时获得奖励,他们在获得奖励以后,心理上会产生一种满足感和愉悦感,对主播的信任度和购买欲望也会大幅度提升。奖励促销的形式大致有三种,见表 2-20。

表 2-20 奖励促销的形式

奖励促销的形式	举例
抽奖式促销	购买商品抽奖、关注主播抽奖、抽取幸运粉丝
互动式促销	签到有礼、收藏有礼、下单有礼
优惠券促销	赠送优惠券、抵价券、现金券、包邮券

6)借力促销　借力促销是指借助外力或别人的优势资源来实现自己制定的营销目标的促销活动。相对于广告等传播手段,借力促销可以起到以小搏大、事半功倍的效果。借力促销的形式大致有三种,见表 2-21。

表 2-21 借力促销的形式

借力促销的形式	举例
利用热点事件促销	华为启动 6G 研究
名人促销	某名人同款
依附式促销	某综艺节目官方指定品牌

7)临界点促销　临界点促销主要是买卖双方围绕价格开展的心理战。主播采用临界点促销形式,可以给用户营造一种占便宜的感觉。当用户发现自己只需少量的投入就能换来巨大的收益,或解决巨大的痛苦时,成交过程中的关键临界点就会被突破,进而让用户对商品动心并产生购买行为。临界点促销的形式大致有三种,如表 2-22。

表 2-22 临界点促销的形式

临界点促销的形式	举例
极端式促销	全网最低价、找不到更低的价格
最低额促销	低至 5 折、最低 2 折起
定时折扣促销	定时打折清货

8)主题促销　促销主题是整个促销过程的灵魂，如果促销活动师出无名，就会缺乏说服力和吸引力。好的促销主题可以给用户一个充分的购买理由，有效地规避价格战对品牌的伤害。促销主题要符合促销需求，用简洁、新颖、有亲和力的语言来表达，在保持品牌形象的基础上做到易传播、易识别、时代感强、冲击力强。主题促销的形式大致有三种，见表2-23。

表 2-23　主题促销的形式

主题促销的形式	举例
首创式促销	“双十一”购物狂欢节、“6·18”购物节
公益性促销	拯救大熊猫、保护水资源
特定主题式促销	感恩大回馈

9)时令促销　时令促销分为两种，一种是季节性清仓销售，在季节交替间隙进行一波大甩卖，或针对滞销商品，以“甩卖”“清仓”的名义吸引喜欢占便宜、凑热闹的用户。另一种是反时令促销。有些商家会在盛夏时节销售滞销的冬季服装，这就是反时令促销。主播在直播时可以与这些商家合作，推广商家的反时令商品，很多用户往往会因为商品便宜而购买。

当然，促销的方法不止以上九种，还有悬念式促销(不标价、猜价格)、通告式促销(规定销售日期、×月×月新品首发)等其他类型的促销方式。只要有效果，任何促销方法都可以试一试，主播要学会不走寻常路，这样才会出奇制胜。

2.5.3　平台内付费推广

如果主播觉得自己的直播间人气不高，可以使用付费推广模式为直播间“引流”。下面主要介绍淘宝直播付费推广、抖音直播付费推广和快手直播付费推广。

(一)淘宝直播付费推广

淘宝直播付费推广主要采用超级推荐。超级推荐是在手机端淘宝 App 的“猜你喜欢”等推荐场景中穿插原生形式信息的信息流推广商品，基于阿里巴巴大数据推荐算法，赋能全方位定向体系，从商品、店铺、类目、内容、粉丝等多维度帮助商家精准地找到潜在消费者。

直播推广是超级推荐的一项功能，通过直播推广，直播间可以被推送到“猜你喜欢”“微淘”和“直播广场”等资源位，实现直播间的“引流”。超级推荐的主要付费方式为点击成本(Cost Per Click，CPC)，即每产生一次点击所花费的成本。也就是说，只要不点击，就不扣费。这一付费方式的优势在于成本可控。

1.“猜你喜欢”资源位

“猜你喜欢”资源位主要拥有的流量是公域流量，可以覆盖大量潜在用户，流量较大，非常适合为直播间“引流”、拉新等。“猜你喜欢”资源位的展现样式包括卡片样式、短视频样式和长图样式，见表2-24。

表 2-24　“猜你喜欢”资源位的创意展现样式

创意展现样式	说明
卡片样式	可以与商品绑定,能够呈现推广商品的标题、价格等;推广的针对性更强,投放效果较好,创意图片可以配上商品利益点(如活动优惠)进行展示
短视频样式	动态的展现形式,可以迅速吸引淘宝用户的注意,但比较考验内容创作能力,短视频的前 5 秒是否足够精彩,能不能抓住用户的注意力至关重要
长图样式	可以最大化展示图片场景,使用的图片一定要足够吸引眼球,服饰穿搭、商品实拍等

2.“微淘”“直播广场”资源位

“微淘”“直播广场”资源位拥有的流量主要是私域流量,广告只展现给粉丝,适合进行粉丝转化收割、粉丝维护等运营操作,但流量相对来说要少一些。这两个资源位的展现形式为原生展现形式,与直播后台同步,不用自行上传创意。

(二)抖音直播付费推广

如果抖音直播间的人气不高,主播可以付费使用“DOU+直播上热门”功能。该功能可以助力直播间迅速上热门,增加直播商品的曝光率。

投放 DOU+时,既可以选择在开播前投放预热视频,也可以在直播过程中根据实时数据定向投放。

如果在开播前投放,则点击开始直播页面右侧的“DOU+上热门”,选择下单金额、“加热”方式、期待曝光时长等维度,支付对应金额后开始投放。

如果在直播过程中投放,则点击直播页面右下角的“...”,选择“DOU+直播上热门”,选择维度后支付对应金额即可投放。

要想高效地投放 DOU+,主播要做到以下几点。

(1)明确投放目的,精准投放

投放 DOU+之前,主播要先想清楚投放的目的是什么,是“涨粉”还是带货?明确了投放目的之后,才能选择合适的维度,分析如何投放。直播过程中投放 DOU+主要是提升用户进入直播间后的互动数据,数据维度主要包括给用户“种草”、与用户互动、为直播间“涨粉”、提高直播间人气等,其中给用户“种草”这一维度只出现在带货直播中。

(2)直接“加热”直播间

直播“加热”方式有两种,分别是直接“加热”直播间和选择视频“加热”直播间。主播尽量使用直接“加热”直播间这一方式,其优势在于利用这种方式“加热”直播间后,用户进入直播间后无法进行上滑操作,只能点击“关闭”才能返回推荐页面,这就提升了用户的留存率。

知识拓展

抖音 DOU+投放技巧

DOU+(抖加)是抖音中的一个付费推广工具,通过抖音 DOU+可以投放广告,让自己的短视频能够被更多的抖音用户看到,并引起关注。那么,抖音 DOU+投放技巧是什么呢？你需要知道以下几点内容。

①不要发了视频就投放。抖音在我们发了视频以后，会有一个自然的推荐期，先看看视频自己会不会被投放推荐。自然推荐期内，要及时回应用户的评论，最好可以邀请自己的粉丝来点赞、转发，以此来提升视频基础数据。之后再投放 DOU+，推送的流量进来以后，看到视频有一定的基础数据后，别人也会耐心地看完这个视频，并参与互动。

②如果你需要推广的产品比较多，可以先拿出一个产品进行测试。拍几个短视频发抖音，直接推 DOU+。看看这些视频的用户反馈，再根据用户的反馈进行视频内容创作的调整。还有 DOU+也会提供用户的相关数据报告，这些数据也可以作为重要的参考，指导接下来的内容创作和流量投放。

③如果是实体店铺，想获得精细化的粉丝，投放 DOU+就需要选择「自定义方向」。特别是地域这一块，要选择自己实体店铺附近的地区。这样一来，你店铺附近的客户都能够看到你的视频。投放 DOU+之后的运营工作也很重要，要及时回复用户留言和引导用户到店。

④刚注册的新号，权重都非常的低，账号的用户标签也不明确。这个时候可以考虑投放 DOU+来积累人气和梳理用户属性。看看抖音会给我们的视频推荐什么样的用户，让抖音加速对新号的考核和判断，从而为下一阶段的长期运营打下基础。

⑤DOU+投放的目标有多种，如播放量、关注、互动等，这些目标的选择也是需要注意的。视频的内容如果只是为了展示推广某次活动，最好是选择播放量，这样可以更好地扩散活动信息；如果是长期发布的系列内容，最好选择关注和互动，这样可以让用户对视频内容有连贯性的需求。

除了了解抖音 DOU+投放技巧之外，还有一点需要注意，那就是在投放 DOU+之前，视频要好好优化。不然即使吸引流量进来，用户也很有可能划走，投放效果会打折扣。

（三）快手直播付费推广

快手平台直播时，如果直播间的人气不高，也可以进行付费推广。快手的直播推广功能于 2019 年 11 月开通，主播在开播前点击小火苗，设置参数（期望增加观众人数和每位观众推广费）后即可开启推广。

“期望增加观众人数”是推广可能引入的最多观众数量，但实际上观众数可能会比预计数量要少，所以主播要适当降低心理期待。

快手直播的每位观众推广费为 1 快币，即 0.1 元，主播在选择想要获取的人数后，就可以看到支付成本。主播的出价越高，观众数量就越多，引入速度也就越快，所以在直播高峰期时可以适当调高出价，以快速提升直播间的人气值。

快手直播推广的付费方式为 CPC，按照点击进入直播间的人数扣费，每位观众多次点击只扣除一次费用。

当然，如果自己的粉丝非常多，可以在直播前将直播信息推广给粉丝，对本次直播进行预热。主播可以拍摄一条预热短视频，详细说明直播的时间和直播主题，并在直播前为该短视频购买“推广给粉丝”功能，这条短视频就会出现在粉丝关注页的第一位，从而增加被看到的概率。为了进一步增加被粉丝看到的概率，主播开播时要在“开始直播”页面开启“开播时通知粉丝”功能。

如果主播的粉丝不多，可以在直播前 1~2 小时使用“推广给更多人”功能，将预热短视频推广给更多的潜在粉丝，为直播间增加人气的同时还可以顺便“涨粉”。

【任务探究】

直播预热和直播引流都是直播推广策划中的重要环节，但它们有着不同的作用和目标。

（1）联系

直播预热和直播引流都是为了提高直播间的曝光度和参与度，吸引更多的观众进入直播间，增加直播的流量和观看人数。

直播预热可以通过发布预告、邀请嘉宾等方式为直播引流做铺垫，提高引流效果。直播引流则可以通过分享直播内容、推广直播间等方式为直播预热提供支持，增加预热效果。

（2）区别

直播预热通常发生在直播开始前的一段时间，如提前几小时或几天，其主要目的是吸引观众提前关注并预约直播。直播引流则主要发生在直播开始后的阶段，通过各种手段引导观众进入直播间，增加直播的实时流量。

直播预热的内容通常包括预告片、嘉宾介绍、活动亮点等，侧重于激发观众的兴趣和好奇心，引发他们的期待和关注。直播引流的内容则更多地侧重于直播内容的推广和分享，社交媒体推广、平台推荐等，旨在吸引更多的观众点击进入直播间。

直播预热可以通过社交媒体、短视频平台、电子邮件等多种渠道进行宣传和推广，手段较为灵活多样。直播引流则更多地依赖于平台的推荐算法、社交媒体分享、广告投放等手段，需要一定的投入和技巧。

总之，直播预热和直播引流虽然都是为了提高直播间的流量和参与度，但它们在时间节点、内容侧重和手段方法上有所不同。合理利用这两个环节，可以有效地提高直播效果和用户黏性。

【思政园地】

《网络直播营销管理办法（试行）》第二十条规定：“直播间运营者、直播营销人员应当加强直播间管理，在下列重点环节的设置应当符合法律法规和国家有关规定，不得含有违法和不良信息，不得以暗示等方式误导用户。”

①直播间运营者账号名称、头像、简介。

②直播间标题、封面。

③直播间布景、道具、商品展示。

④直播营销人员着装、形象。

⑤其他易引起用户关注的重点环节。

直播间标题、封面的策划应该遵守上述要求，直播间设置账号和头像、简介、标题、封面等信息，线下的布景、道具和商品展示，直播人员的着装和形象都要遵守法规要求，不得发布违法和不良信息。

思维导图

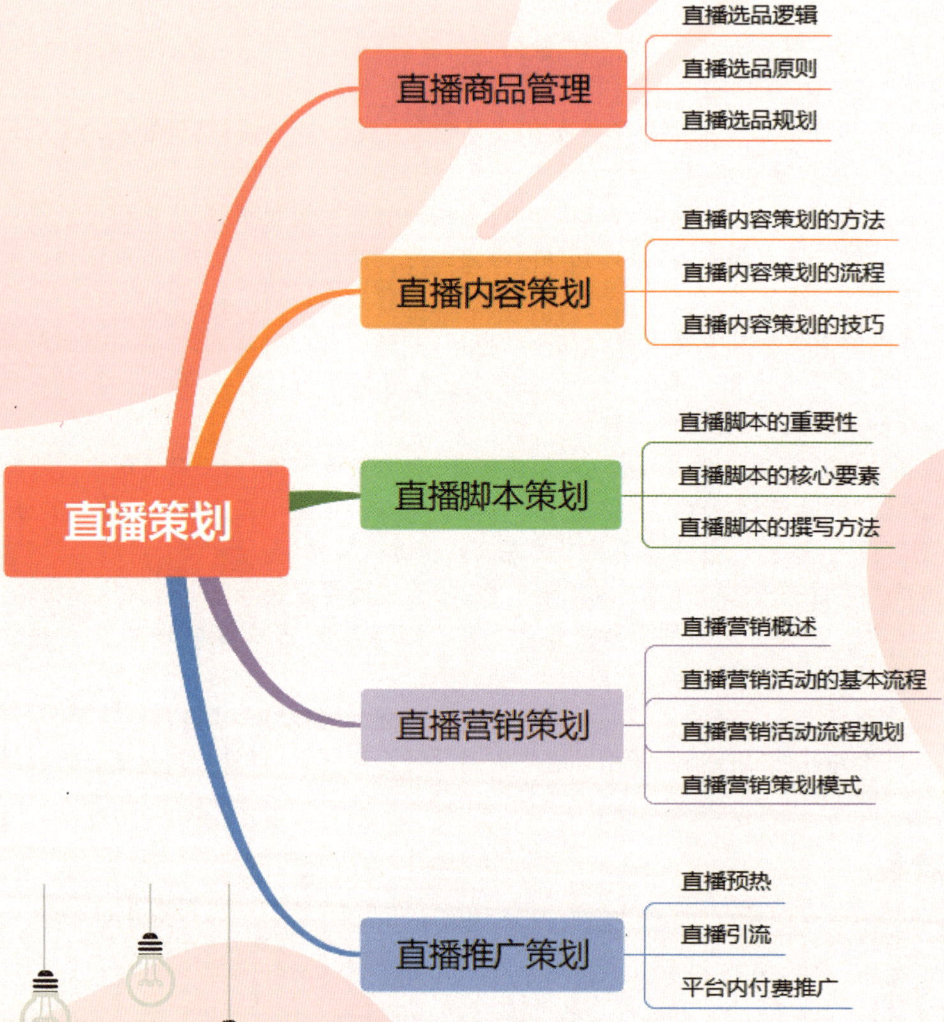

项目二　思维导图

职场省思

随着互联网的飞速发展，电商直播作为一种新兴的商业模式，正逐渐改变着消费者的购物习惯。在这样一个时代背景下，电商直播不仅带来了前所未有的市场机遇，也给从业人员提出了更高的职业要求。直播销售不仅增加了消费者的购物乐趣，也为电商平台开辟了新的流量入口。作为电商直播从业者，应敏锐捕捉这一趋势，不断提升自己的专业素养，以抓住这一市场机遇，岗课融通点如下图所示。

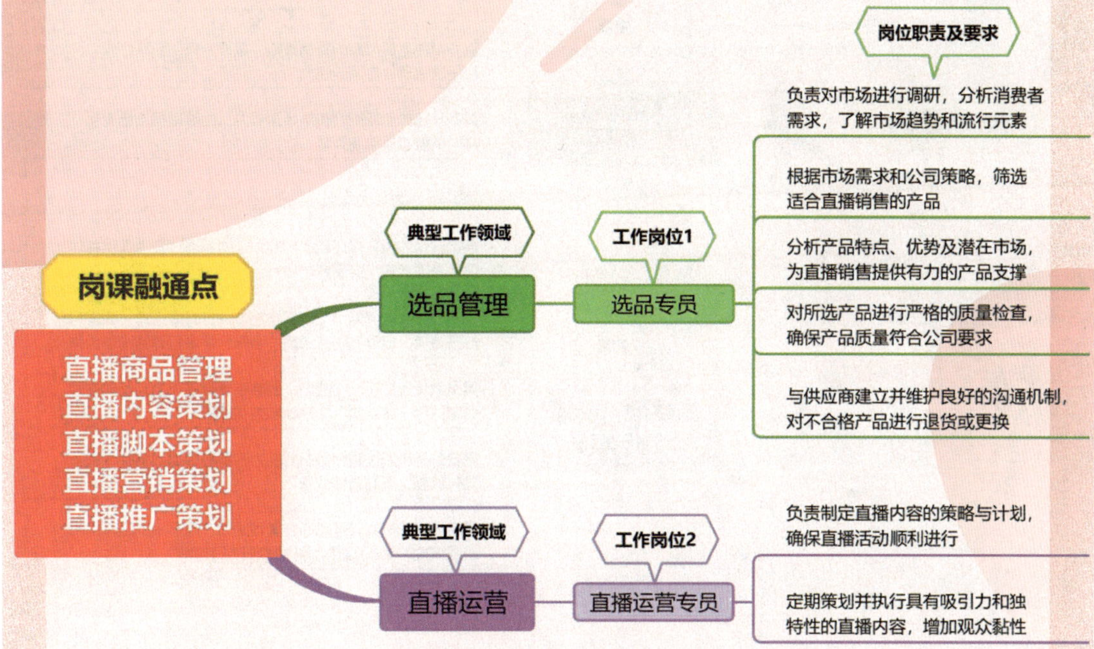

项目二　岗课融通点

课证融通

课证融通致力于与职业资格标准对接，将考证内容与课程内容相融合，使学生在完成课程学习后能够符合行业的职业资格要求。具体做法是采取与相关行业组织和企业合作，共同制定课程标准和评价体系，确保学生在完成课程学习后具备相应的职业能力和素质。

本项目知识内容与应用能力等级规范对应的专业技能要求关联点如下图所示。

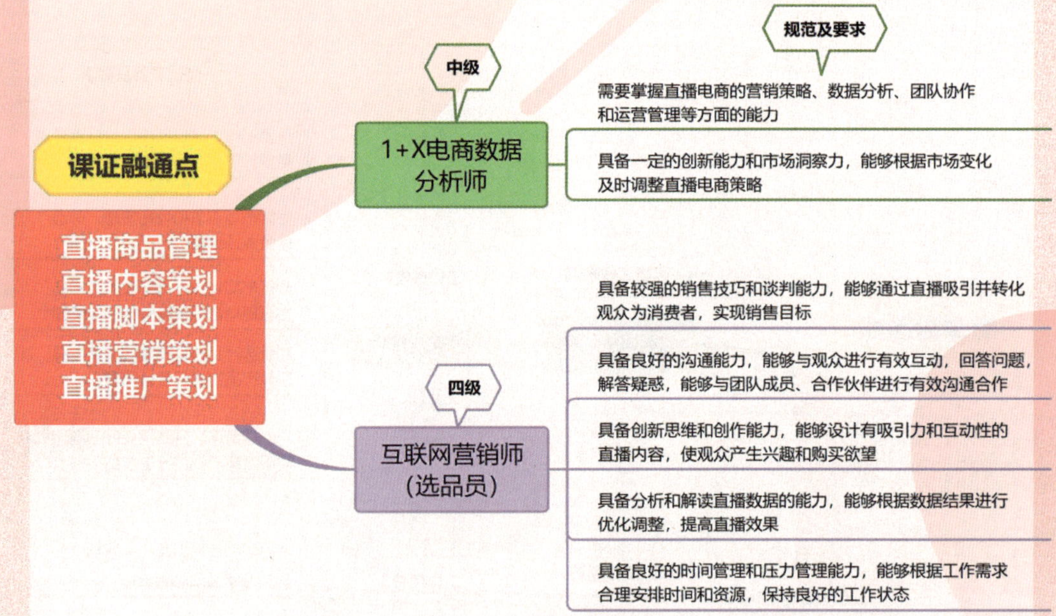

项目二　课证融通点

技能演练

电商直播作为新兴的营销方式，不仅促进了产品的销售和品牌的推广，也成了教育和培训领域的新宠。课赛关联，将课程内容与竞赛活动相结合，能够激发学习者的兴趣，提升学习效果。电商直播领域，课赛关联点如下图所示。

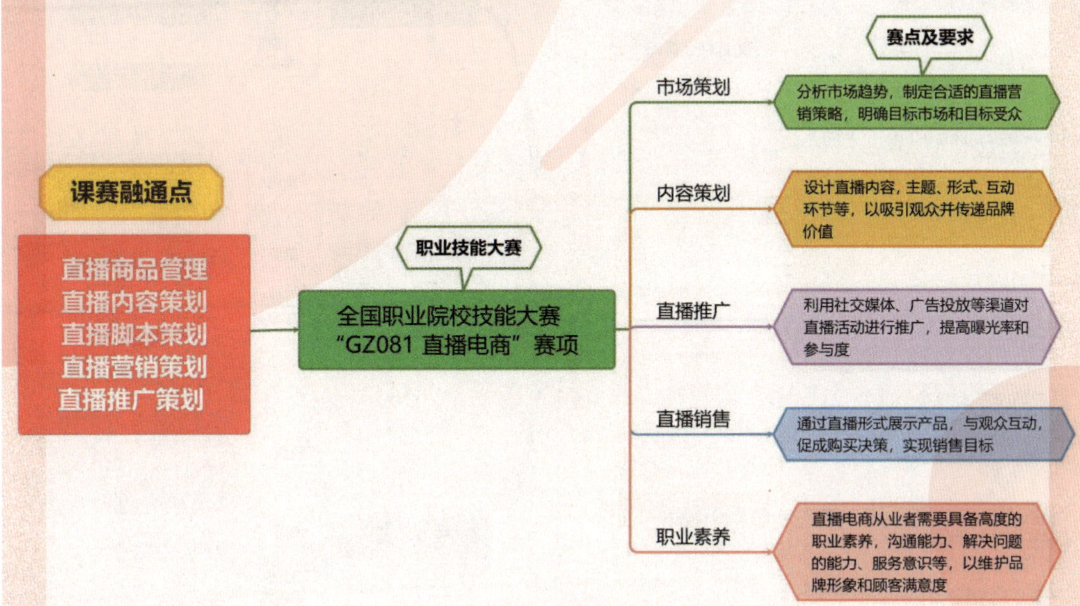

项目二 课赛融通点

知识技能梳理

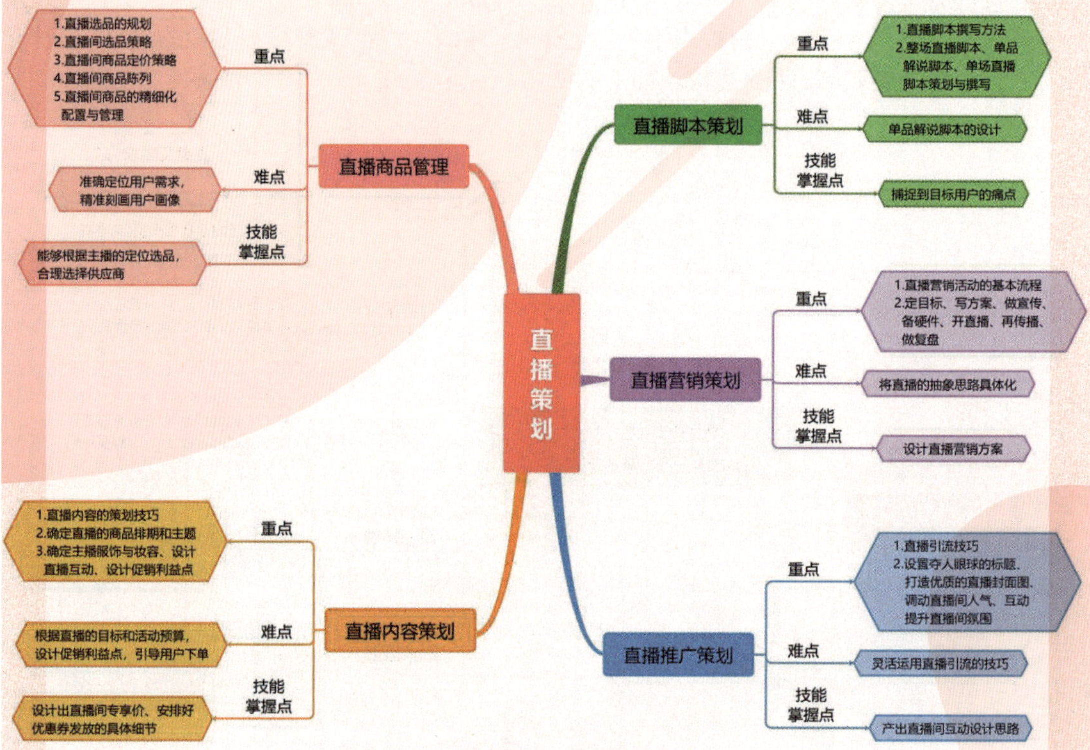

项目二　知识技能梳理

实训与提升

实训任务一：商品评估选择	
实训任务	直播选品需要根据行业预测、市场趋势、粉丝需求、匹配人设、历史销售数据等维度进行综合评估。经验表明：在直播间，商品单价低于 50 元的属于低价商品，50~100 元的属于中价商品，100 元以上的属于高价商品，高性价比的商品更容易激发用户的购物欲。“e 好食”是一家以经营方便速食、营养保健、饮料饮品、休闲食品等产品为主的店铺。请结合以上信息完成选品任务
实训要求	①根据淘宝直播热品榜，综合考虑商品热度指数和价格等因素，选择 10 款高热度、高性价比的直播商品，要求低价、中价、高价商品合理分布，适中价格的商品至少占 30% ②根据抖音直播商品库数据，选择 10 款直播商品，要求所选商品均具有较高的用户口碑，其中 40%以上的商品有促销优惠，低价、中价、高价商品合理分布，适中价格的商品要占 50%左右
任务分析	直播选品需要分析用户画像，判别商品与主播之间的匹配度，结合商品质量、价格更新频率、节日或事件热点等分析用户需求，根据直播间数据和第三方平台的数据等，选择有特色、高性价比、质量有保证的商品。需要结合直播销售目标，确定合理的商品定价策略和促销策略
实训结论	
实训成绩	

实训任务二：直播商品排期	
实训任务	直播排期计划是对直播主题、商品、促销节点合理匹配，这会为后续直播带货高转化奠定基础。需要注意的是，在直播平台的某个标签下直播时间越长，数据越好，排名就会越高，所以在制订排期计划时，尽量不要更换标签且每场直播至少 3 小时。晓丽是“e 好食”美食店铺的运营专员，准备围绕“6·18”大促和端午节两个节点制订 6 月份的直播排期计划
实训要求	①根据头部主播近 30 天直播信息，完成直播排期分析 ②根据背景信息，制订月度排期计划，要求每周开播至少三次 ③以“6·18”大促为主题完成 1 个排期内容设置，要求至少包括 20 个商品 ④以“端午节”为主题完成 1 个排期内容设置，要求至少包括 20 个商品
任务分析	确定直播主题后，根据店铺主营类目和月度排期计划，选择合适的标签；结合热点、促销节点，明确该场直播的商品数量、特征及辅推商品。具体某一主题的排期计划还需要合理规划商品配置比例，尽量保证每场直播都有新商品，定价方面要在成本基础上增加合理利润，库存配置需保持一定的“饥饿”状态，对已播商品进行预留和返场
实训结论	
实训成绩	

实训任务三：整场脚本策划	
实训任务	整场脚本是用来规范单场直播的流程和内容的。有了脚本，既可以方便直播筹备工作；亦可以在直播复盘时，优化脚本，改进流程，提升直播质量。“e 好食”店铺的运营专员晓丽，在完成了 6 月年中大促专题的直播内容策划后，开始构思整场直播脚本
实训要求	①请根据直播基本信息和商品列表，围绕“6·18”大促主题策划整场直播脚本，为公司 CEO 林总来直播间助阵设计特别互动环节 ②要求直播环节完整，所有商品合理分布在各个环节，商品讲解和互动活动交叉进行，至少有两次互动环节，人员分工明确合理

续表

实训任务三:整场脚本策划	
任务分析	整场直播脚本是对整场直播活动内容与流程的规划和安排,重点是规划直播活动中的玩法和直播节奏。完整的直播活动流程一般包括开场预热、商品讲解、互动活动、结束预告四个环节,每个环节根据流程安排和直播目标可灵活设计具体直播内容和商品
实训结论	
实训成绩	

实训任务四:单品脚本策划	
实训任务	单品脚本是对单个产品讲解设计的脚本,核心是突出商品卖点、强调利益点。晓丽是"e 好食"美食店铺的运营专员,现在她要根据小助理整理的商品信息,设计单品解说脚本
实训要求	①请根据商品基本信息,任选 1 款产品,设计单品脚本 ②要求买点清晰、卖点突出、利益点诱人,能够从品牌背书、产品展示体验、促销优惠强调等方面设计脚本内容
任务分析	单品脚本是针对单个商品的脚本。主播只有对每款商品的特点和营销手段都非常清晰,才能更好地将商品的亮点和优惠活动传达给用户,刺激用户的购买欲望。单品脚本可以设计成表格形式,将商品点、卖点、利益点、品牌背书、商品体验、引导转化等内容都呈现出来,便于主播能够全方位了解直播商品
实训结论	
实训成绩	

实训任务五:标题封面策划	
实训任务	直播引流可以为直播间吸引人气,有直播预热文案引流、短视频引流推广和付费推广引流等方法。有数据表明,符合直播平台规则的标题和封面最多能为直播间带来 38%的流量。晓丽是"e 好食"美食店铺的运营专员,她需要参考人气封面和高频标题,结合内容规范和标题文案技巧,完成标题封面的策划
实训要求	①根据人气封面的特点和封面内容规范,设置开播时间并选择恰当的封面图 ②根据高频标题的特点和标题内容规范,以 CEO 空降直播间带来福利这一事件为素材,选择"制造悬念"标题文案技巧完成标题策划,要求标题具有吸引力,简介清晰直观,标签恰当,商品至少 6 个且与标签关联
任务分析	①直播封面图作为用户接触直播的第一环节,可以起到建立直播间特色、吸引用户点击的作用。其要求主要有主题明确、图片美观、人格化 ②直播标题设置建议简洁、易懂、有重点,可借助文案技巧实现更佳的推广效果。标题文案策划有八大技巧,借势热点、戳痛点、反向表达、直接阐明价值、制造悬念、营造紧迫感、直接发福利、特定品牌+利益
实训结论	
实训成绩	

项目三 主播孵化

直播营销的驱动核心就是主播，因为主播的能力直接决定了直播间的流量转换。主播人设的打造对直播带货而言起着决定性作用，主播不断输出专业内容，在直播中展现自己独特的风格，逐渐形成个性化标签，久而久之就会形成人物IP，粉丝会特别信任主播及其所说的话，愿意购买主播推荐的商品。

项目情景

直播人设打造成功案例

辛选集团旗下的网红主播蛋蛋，以其独特的风格和精湛的销售技巧在直播平台赢得了大量粉丝和关注。她成功的人设打造可以从多个角度来看。

首先，蛋蛋的容貌和形象气质是她成功的一个重要因素。她性格活泼开朗，气质出众，这为她在直播中吸引粉丝提供了良好的基础。此外，她还注重打造自己的形象，经常在直播中展现自己的穿搭和形象，给人留下了深刻的印象。这就意味着设计一个与众不同的直播人设形象是非常重要的，一是要进行个人定位，确定自己的直播内容和风格，明确自己的专长和特点。二是进行用户调研，了解你的目标受众是谁，他们的兴趣爱好、需求和喜好是什么。三是形象要素的选择；根据自己的个人特点和直播内容，选择一些与之相关的符号和图标作为自己的主要形象要素。四是造型设计，设计一个个性鲜明的服装造型。五是注重化妆设计，适当的化妆可以让你在镜头前更加出众。六是语言和行为表现，直播过程中的语言和行为表现出了个人特点和形象。七是营销推广，除了形象设计外，还需要学习一些营销推广的知识，以提升自己在直播行业的影响力。

其次，蛋蛋在直播中展现出的独特个性也是她成功的关键。她幽默风趣，能够在直播中与粉丝进行互动，制造欢乐氛围，这让她在众多直播主播中脱颖而出。她还善于挖掘产品的特点，用生动形象的语言描述产品的优势，让观众产生购买欲望。

此外，蛋蛋的专业知识和经验也是她成功的重要因素。她在护肤品和日化等领域有着丰富的知识和经验，能够对产品进行深入的解读和推荐，让观众相信她的专业性和可信度。她的专业知识为她赢得了观众的信任，成为了众多粉丝心目中的购物顾问。

成功的直播人设打造是多方面因素的综合体现。她的性格、独特个性、专业知识和经验都为她赢得大量的粉丝和关注，成为了直播销售领域的佼佼者。这个案例充分展示了一个成功的直播人设是通过多方面的努力和展现塑造的。

项目目标

主播岗位知识及能力要求：

1.主播要掌握人设打造技巧，粉丝定位方法和流程，镜头感培养方法、开展精准直播营销；

2.负责进行直播，回答分析问题，与粉丝互动，进行商品讲解，营造真实感，拉近与粉丝之间的距离；

3.主播礼仪规范强化、形象的管理及语言表达能力提升

全国大学生直播电商创新创业大赛知识及能力要求：

1. 在进行现场直播带货时，根据直播间实时情况，开展精准的直播营销；

2. 在直播过程中主播应礼仪得体、形象良好、塑造鲜明人设

1+X直播电商职业技能等级证书（中级）知识及能力要求：

1. 能够根据产品特征和用户需求，开展精准营销；

2. 掌握如何根据利用所学知识，进行人设塑造和镜头感培养

知识目标：

1.了解主播人设作用；

2.了解主播仪容仪表形象塑造内容；

3.掌握主播人设打造步骤及策略；

4.掌握主播镜头感培养方法

能力目标：

1.能够根据自身优势和用户需求打造主播人设；

2.能够根据产品特征和目标用户定位，搭配主播服饰和妆容；

3.能够给用户营造真实感，增加用户对商品的信任

素质目标：

1.具备正能量和正确积极的直播职业观；

2.直播内容符合社会主义核心价值观，弘扬正能量；

3.培养遵法、诚实、守信、敬业爱岗、吃苦耐劳的良好职业道德素养

任务 3.1 主播人设打造

【任务导入】

成功的主播人设能够为主播带来商业价值和广告合作机会，现如今竞争激烈的直播行业中，主播人设的亮点分析非常必要。

首先，成功的主播人设需要具备个人特质和独特的魅力。主播可以通过自己的外貌、声音、性格中的某些特点来塑造自己的形象，从而成为观众记忆中的“标志性”人物。

其次，成功的主播人设还需要与观众建立情感连接。主播需要与观众保持密切的互动，积极回应观众的评论和提问，展现出亲和力和热情，让观众觉得自己在直播间里不仅能获得娱乐的享受，还有一种亲近朋友的感觉。此外，主播可以利用直播平台的互动功能，送礼物、抽奖等，进一步加强与观众之间的连接，提高观众的黏性。

最后，成功的主播人设还需要具备专业领域知识。在直播行业中，有些主播通过展示自己在某个领域的专业知识和技能，吸引大批粉丝。这种主播通常在直播中分享一些实用的技术、知识或经验，让观众从中受益，并对主播产生敬佩之情，从而赢得观众的信赖和认可。

一个成功的主播人设打造需要考虑多个方面，包括个人特质和独特魅力、与观众建立情感连接、具备专业素养和领域知识、独特的直播内容和风格等。只有全面综合考虑和管理，才能确保主播人设的可持续性发展。

【知识必备】

3.1.1 人设的定义

近年来，“人设”一词在新媒体中盛极一时，不同的人有着不同的人设，在抖音、快手等短视频平台，随着流量获取难度加大，用户的注意力阈值不断提高，主播要在激烈的流量争夺中取得优势地位，必须塑造和维护自我人设，利用语言、视频、文字、画面、音乐、音效等手段在互联网中建立个性鲜明、具备较高辨识度、带有强烈“标签”的人设形象。

拓展：主播人设及类型

（一）什么是人设

人设，即人物设定的简称。有专家认为，在营销学中，人设通常被视为可操作的形象化标签，包括体貌、性格、价值观等。也有学者提出，人设属于符号消费，建构人设的过程是人格符号化、故事化、标签化的结果。在直播电商中，主播人设主要指的是主播的形象设定和角色定位。

短视频和直播平台的兴起，为广大网民提供了展示自我的平台，激发了普通大众的创造力，一些具有独特人格魅力的主播涌现，主播人设打造逐渐受到主播和 MCN 机构的重视。

（二）人设的作用

在当今数字媒体时代，直播已经成为一种非常流行的内容形式，随着网络信息丰富多样化，人们的审美倾向趋于多元化，主播的人设塑造也呈现出多样化的趋势。在直播过程中，这些富有鲜明特色的个性化人设可以满足观众的心理需求，精准地吸引粉丝，具有先天的推广优势，有助于让用户记住自己，在提升商业价值方面有不容忽视的影响，如图 3-1 所示。

图 3-1　人设的作用

1. 满足观众期待

在网络虚拟环境中，“人设”给予大众心理愿望和情感趋向的宣泄式满足。在移情心理影响下，粉丝会将自己的情感投射在主播身上，并期待获得某种个人情感满足。

因此，成功的人设能够赋予直播更高层次的观众心理需求，有助于建立主播与观众间的信任。例如，一些粉丝常常被划分为“妈妈粉”“女友粉”，划分的依据就是粉丝所投射的感情。“妈妈粉”投射的是家长对孩子的情感，希望能见证主播成长和进步；“女友粉”投射的则是对恋人的喜爱，将主播幻想成自己的另一半。由此可见，如今的粉丝对主播的喜爱在很大程度上取决于主播的人设与自身期待的相符程度。

2. 精准吸引粉丝群体

很多人喜欢一个主播不是因为其多么出名，而是因为能让粉丝产生共鸣或者喜欢这一类型的人设。淘宝直播有分类，穿搭、美妆、亲子、美食等，就是为了方便用户找到自己感兴趣的类目。在直播商品越来越同质化的今天，当观众首次进入直播间时，如果主播具有鲜明人设的特点，就可以让观众在短时间内快速产生记忆点，为其留下深刻的印象，使主播从众多直播账号中脱颖而出，吸引更多的粉丝，并增强粉丝黏性。

3. 提升商业价值

优秀的人设自带流量，有利于更快传播有价值的内容，形成有认可度的用户聚集体，并形成裂变，再次传播，最终获得流量变现。

具有鲜明特点的人设相当于一个品牌，对直播带货而言可以起到一定的决定性作用。对于品牌方来说，挑选与本品牌产品特点相契合的代言人有增加受众信任度、提升销量的作用。如具有“好爸爸”人设的主播与售卖儿童用品、家居产品的品牌方合作时，受众对“好爸爸”人设的信任会迁移至品牌方，从而促进产品销售的提升。

4. 具有先天推广优势

像熟知的香奈儿、雅诗兰黛、迪奥、李宁等，都属于人设品牌，它们的创始人都为人所熟知，这让品牌传播起来更加方便和容易获得别人信任，这就是人设品牌的优势。

3.1.2　主播人设定位

当今的互联网时代，主播已成为一种新兴的职业。主播人设定位是决定主播成功的关键因素之一。通过人物设定可以让自身的定位更加鲜明立体，让粉丝通过一个关键词或一句话就记住你，人设定位的维度如图 3-2 所示。因此，主播人设定位需要考虑的关键问题如下：一是明确我是谁，我们首先确定自己身份，发起人、创始人、传播者、联合创始人等，确定形象，使形象统一，提高识别性，直播间的名字要与主题呼应，信息明确，如小李是一名美妆店店员，销售经验丰富，待人热情诚恳，个人形象落落大方，平时喜欢使用口红，它可以让自己更有精神和活力；二是面对谁，主播应该面对观众群体的地域、年龄、性格、偏好、收入状况、消费能力，如面对追求改善气色，喜欢时尚的年轻女性观众；三是在什么地方，如果是电商类，可以在淘宝、京东、拼多多等平台，如果是短视频类，可以在抖音、快手等平台；四是能够给用户提供什么，提供给用户的需求一定要突出自己的核心竞争力，如质优价廉；五是解决什么样的问题，当然要解决用户痛点需求，提供品质好货。一个优秀的主播一定具有独特的人格魅力，所谓的人格魅力就是来源于主播对自己人设的定义，简单来讲就是粉丝对你的外貌、穿衣打扮的固有形象，以及你的性格上带给粉丝什么样的印象。

图 3-2 人设定位的维度

知识拓展

人设定位三部曲

准确定位主播人设，对很多中小企业或是个人主播来说非常关键，如果能将主播进行 IP 化的人设打造，不仅能够快速、长期地做到用户增长，而且在很大程度上增加粉丝黏性。如果，你能够打造出一个像罗永浩这样的 IP，那你直播间的影响力就势必会呈现指数级增长。可是，一个新人主播又该如何准确定位自己的人设呢？

1. 确定直播行业与领域

选择一个用户基数大的行业，关注学习优秀同行。3C 数码、美妆产品、女装搭配，潮流服饰等。很多时候，某一行业像是服装，还可以分为男装、女装、潮流穿搭等细分领域。之所以要区分得如此细致，目的就是为了能够精准划分出你的受众群体，也就是你的潜在粉丝。再去学习和借鉴这个行业领域内优秀主播的优点。

2. 创新定位个性化标签

定位个性化标签做到人无我有，人有我优，独一无二，主要是主播必须要有自己的闪光点或特点，才能让观众记住你，浮夸的着装打扮可以是一个标签，洗脑式的口头禅也可以是一个标签，例如口红一哥的"所有女生"和"买它买它"。

3. 维护人设并且强化标签

如何做到强化你建立的个性化标签，我们可以给自己包装一个背景，通过背景为你的标签进行背书。同时，这样的背景也决定了你作为主播的号召力和公信力。强化标签，可以通过你的从业或行业背景，例如资深母婴奶粉柜员、妇幼医生一定比明星更懂婴幼儿奶粉的带货。当然，没有从业背景或经历也没关系，可以塑造一个生动贴近观众的背景，"农民的儿子""口红一哥"等都是属于这一类强化的人设背景。

随着直播电商行业的发展，主播在争夺流量中越显激烈。因此，具备鲜明人设的主播不仅能够缩短用户的消费决策时间，让用户尽快下单，更能依靠自己的魅力为商品赋能，打造消费信任，在同行业中取得竞争优势。

3.1.3 主播人设类型

随着直播带货的发展，带货主播达人层出不穷，主播要想脱颖而出是较为困难的。在此环境下,有人设的主播往往更招用户喜欢,更受用户信任,更具商业价值。主播常用的人设类型主要有以下几种。

1. 创业者、老板

老板是天生具有带货属性的,毫无违和感。换位思考也很容易理解,我们去买东西,当然想找到最有决断力的人,和他去谈交易,省去中间人赚差价是我们每个人的购物追求。也会潜意识觉得老板给出的价格就是最低价了,所以消费者最容易买单。但是创业者这个人设门槛是最高的,需要丰富的人物特点。

2. 供应链专家

直播带货有一个天然的优势,就是可以展示商品制作流程,这是传统电商不具备的优势。供应链展示出产品制作细节,供应链专家对产品制作的工艺、流程进行专业讲解,产品制作有哪些心得,让消费者眼见为实地看到产品是如何生产的,提高消费者参与感,增强信任感,也是可以让消费者买单的经典人设。

3. 产品经理、产品专家

乔布斯、雷军等为什么做发布会可以如此成功,就是他们本身是产品专家,能非常专业地讲出产品、竞品的特点,大家买东西,当然不希望入坑,希望跟着产品专家走。

4. 专业买手

专业买手型未必对产品的了解做到像产品经理那样专业,但是买手了解更多的品牌、折扣、性价比更高、更符合某类调性的产品,可以说是生活专业助手,可以买到消费者接触不到的物美价廉的好物。就像是站在消费者一方的KOL,处处为消费者着想,自然很容易引起消费者的信任和好感,成功的人设塑造,也很容易让消费者买单。

5. 测评

这类人设和专业买手有异曲同工之妙,相似的地方都是为消费者考虑,但是专注点更多放在产品检测上面,通过实验、检测验证产品的好坏特点,这类人设也可以很好地带货,弊端是门槛太低,很容易被模仿,另外检测手段是否专业,容易引起消费者质疑。

3.1.4 主播人设打造步骤

随着直播行业的快速发展,越来越多的人加入直播平台,希望通过直播来实现自己的梦想和价值。要想在竞争激烈的主播群体中脱颖而出,让用户注意到自己,建立自己的直播人设尤为重要。主播人设打造的步骤如下。

拓展:主播人设打造

1. 明确定位和目标

在打造直播人设之前,首先要明确自己的定位和目标。这包括确定自己的直播内容领域和目标群体。只有明确了自己的定位和目标,才能更好地制定后续的策略和行动计划。

2. 塑造独特个性

直播平台上有着大量的主播,要想脱颖而出,就需要塑造自己的独特个性。可以通过挖掘自己的特长、兴趣爱好、个性特点等,打造出与众不同的形象和风格。这样不仅能吸引更多的观众,也能让自己在直播平台上有更多的话题和关注度。

3. 发掘观众需求

许多头部主播有一个共同点，即在某个领域做到了最好，可以满足大众对某一方面的需求。其实就是，只有观众认为主播的内容对他（她）是有意义、有价值的，才会被主播吸引过来，并产生信任和购买行为。这就要求主播始终以“直播带货”的思想去塑造自己的人设。当然，这里所谈的需求可以指某些知识和技能，是听觉或视觉上的刺激，也可以是情感上的共鸣。

4. 提升自身实力

直播人设不仅仅是外在形象和风格，更重要的是自身的实力和能力。提升自身实力包括不断学习和积累相关知识和技能，提升自己的主持能力、表达能力和沟通能力等。只有拥有足够的实力，才能在直播中更好地展示自己，为观众提供有价值的内容。

5. 创新定位个性化标签

根据主播的性格（温柔、搞笑、幽默、正能量等）、专业能力（唱歌、跳舞、绘画等）、运营能力（销售、语言表达、动手能力等）、受众人群（性别、年龄、兴趣等）、资源匹配（团队、商家、场地等）、竞争环境（类目情况、市场容量、风险控制等）六个方面的内容来确定主播的人设定位。在此基础上，打造一系列具有创造性的个性化标签起到重要作用。主播必须要有自己的独特优势，才能让观众记住自己，比如独特风格的着装打扮或经典语录。

6. 持续优化和改进

在打造主播人设的过程中，要不断收集观众的反馈意见，持续优化和改进自己的表现。同时，要关注市场变化和竞争对手的动态，及时调整自己的策略。通过不断学习和实践，逐渐完善自己的主播形象，提升自己在直播领域的影响力。

3.1.5 主播人设打造策略

（一）培养主播直播的基本能力

就算准备工作做得再充分，直播过程中也难免会发生突发状况，这时就需要主播具备一定的基本能力，如图 3-3 所示。一是主播应具备形象管理能力，有良好的外貌形象和仪态，比如，精致的妆容，整洁、得体的着装，所选商品特质符合主播形象，这样才能给观众留下良好的第一印象。二是主播需要具备良好的语言表达能力，语言要有亲和力且幽默风趣，能够清晰准确地传达信息，与观众建立良好的互动。三是具备良好的心理素质，主播需要对自己有清晰的认知，了解自己的优点和不足，能够更好地管理自己的情绪。当主播在镜头面前，面对大量观众的关注和评价。这时主播要有良好的心理抗压能力，面对来自观众、上级以及自身的各种突发情况和压力时能保持冷静和稳定的心态。四是主播具有灵活应变的能力，电商主播是一种特殊形式的销售人员，他们不仅要会推荐商品还要能快速解答用户的所有问题，当然，这需要一个成长和学习的过程。

图 3-3 主播基本能力

案例链接

某主播首次在京东平台上直播售书，刚一开播就出现了各种意外情况，先是10多分钟没有声音，只能看到画面，接着又出现几分钟黑屏，只能听到声音。但该主播反应迅速，灵活应对，没有声音时，和团队成员演哑剧小品，表演的内容是“职场领导训斥工作没做到位的员工，员工想尽办法求放过”，幽默的演绎吸引了更多的用户。而出现黑屏时，主播又让团队擅长唱歌的人一边唱歌一边与用户互动，成功挽救了“翻车现场”。这种应变能力是优秀主播必备的基本能力，遇到危机时能够化险为夷，很好地掌控直播现场的节奏。

（二）主播直播带货必备的专业能力

主播直播带货必备的专业能力如图3-4所示。

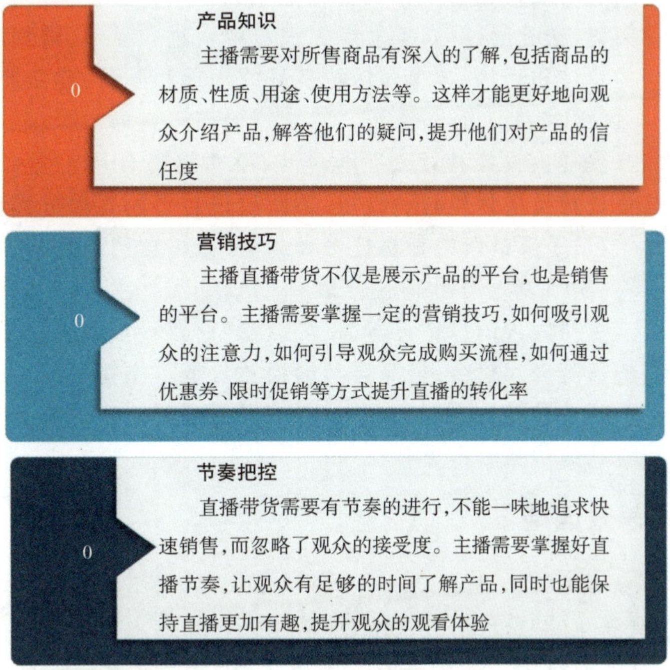

图3-4　主播专业能力

（三）多渠道渲染人设

直播带货前，主播要通过多个渠道全面渲染人设，积累一定数量的基础粉丝，这样有助于主播快速完成直播的启动工作。主播可以在各大社交平台主动渲染人设，在微信公众号、微博、抖音、快手、视频号等平台发布视频文案内容，吸引平台用户的广泛关注。

总之，要想让直播间人气高，商品销量好，主播就要从多渠道深入渲染人设，使自己的人设深入人心，然后将这些用户导流到直播间。

【任务探究】

成功的主播人设能够吸引更多的观众，提高直播的收视率。因此，打造一个主播人设是非常重要的，它决定了主播的形象和风格。在打造主播人设过程中，要遵循以下六个原则。

（1）与直播内容的相关性

主播人设应与直播内容相关性强，这样观众才更容易接受。例如，如果直播的是游戏内容，主播可以塑造成一个游戏大神的形象，展现出自己的游戏技巧和知识。如果直播的是美妆内容，主播可以展现自己的化妆技巧和时尚品位。与直播内容相关的主播人设能够提高观众的认同感，并增加观众的黏性。

(2)独特个性的展现

主播人设应展现出独特的个性,这样才能吸引观众的注意。主播可以通过打造自己的形象、穿搭风格、言行举止等展现出个性。例如,主播可以选择自己喜欢的风格进行打扮,或者采用独特的语言风格与观众互动。独特个性的展现能够让主播在众多的主播中脱颖而出,形成独特的品牌形象。

(3)真实性和诚信度

主播人设应具备真实性和诚信度,这样才能赢得观众的信任和喜爱。主播应该真实展现自己的一面,不做虚假宣传或炒作。同时,应该诚信对待观众,不随意更改直播内容或欺骗观众。真实性和诚信度是主播人设的基础,也是赢得观众长期支持的重要因素。

(4)与观众的互动

主播人设应与观众的互动密切,这样才能增加观众的黏性和忠诚度。主播可以通过互动问答、送礼物、观众点歌等方式与观众进行互动,增加观众的参与感。同时,应积极回应观众的留言和评价,与观众保持良好的沟通和互动,建立良好的观众关系。

(5)持续创新和进步

主播人设应持续创新和进步,不断提高自己直播质量和内容创作能力。主播可以学习其他成功主播的经验和技巧,不断改进自己的直播方式和风格。同时,应积极参与行业交流和学习,了解最新的直播技术和趋势,保持自己的竞争力。

(6)品牌合作和商业价值

主播人设的打造应与品牌合作和商业价值密切相关。一个成功的主播人设能够吸引更多的品牌合作机会,提高自己的商业价值。主播可以通过合作品牌进行推广和广告,实现自己的商业价值。同时,应该注意保持商业合作的道德和诚信,避免虚假宣传和低俗内容,保护自己的形象和信誉。

【思政园地】

2018年11月26日,新华社点名批评水泥妹:网红造假、人设岂能不塌。2017年,短视频中出现一个"扛水泥养家"的女人,靠扛水泥养家的人设,赚足了无数人的同情。水泥妹自称为了给患病的丈夫赚医药费,只能来工地背水泥赚钱。看着视频中宛如泥坑里打过滚的女人,而且除了瘦弱少女和水泥工的大反差,谁也没想到她竟然是一个骗子,利用水泥妹凄惨的人设剧本,博取网友的同情,获得大批粉丝。这个事情被扒出来之后,水泥妹的人设一下子崩了个彻彻底底,最后水泥妹再也挽救不回自己的粉丝,只能关停账号,如今已经销声匿迹。虽然现在很多"网红"都是通过立人设火起来,人们对"网红"的盲目追捧也是造就这种乱象的原因之一。越来越多年轻人不愿意脚踏实地去工作,而是想着在网络上面成为一个"网红",这对于青少年价值观的培养非常不利。

因此,主播作为直播的核心人物,人设不仅关系到直播内容的吸引力和观众的黏性,更在一定程度上体现价值导向和文化内涵,主播应充分认识到自己在社会中的影响力,积极承担起传播正能量、弘扬主流价值观责任。

任务 3.2 主播粉丝定位

【任务导入】

"全民直播"的时代场景,折射出网络直播受众需求多样性。主播的重要任务之一是精准地吸引粉丝。首先需要理解粉丝对主播的重要性,粉丝是维持人设的重要张力,是主播人设生产、传播和营销的策划者。在整个直播过程中,粉丝也是收益转化的关键因素,运营好粉丝就可以为直播提高收益。因此,主播只有做好粉丝定位,分析和了解粉丝的特征,才能更好地吸引并留住粉丝,从而实现商业转化。粉丝定位的步骤可以分为提取产品优势和卖点、解决粉丝痛点或引起情感共鸣、定位目标用户属性、开展精准直播营销。粉丝定位的步骤如图 3-5 所示。

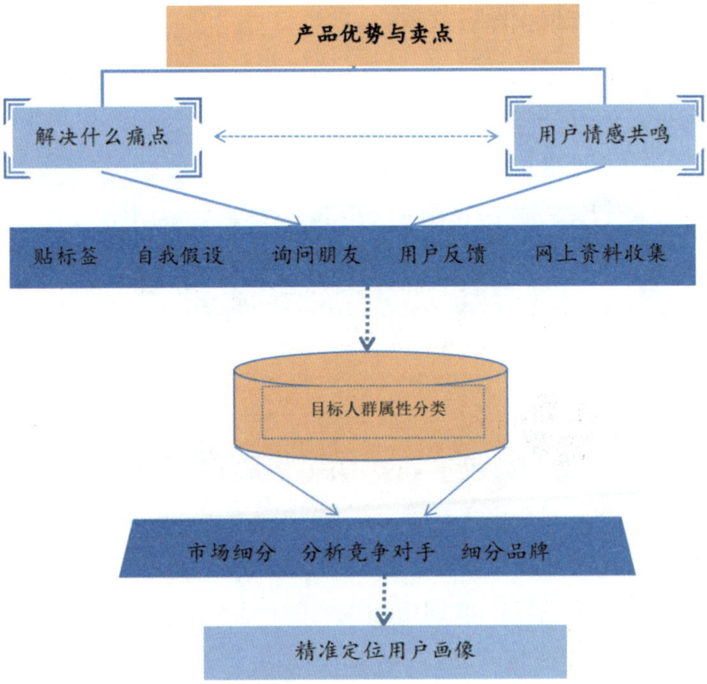

图 3-5 粉丝定位

【知识必备】

3.2.1 分析产品优势和卖点

直播带货产品的优势和卖点是指与其他产品相比具有独特的属性和特性。在直播过程中，通过主播展示和推荐产品，并且通过主播的解说和演示来了解产品的特点。这就要求主播明确产品的主要优势和卖点，卖点提炼得好，产品的识别度就高，就能得到准确传达，产品将吸引更多的消费者关注和购买欲望，实现成交。一个合格的产品卖点需要包含以下三个因素如图 3-6 所示。

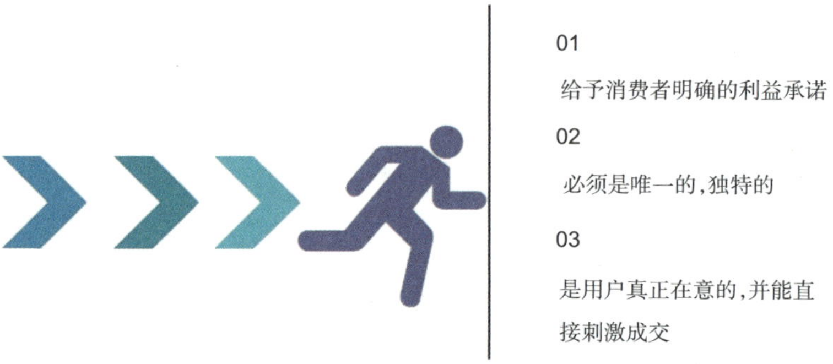

图 3-6　产品卖点三因素

3.2.2　解决粉丝痛点或引起情感共鸣

（一）解决粉丝痛点

从产品优势和卖点出发，主播需要思考以下两点，如图 3-7 所示。

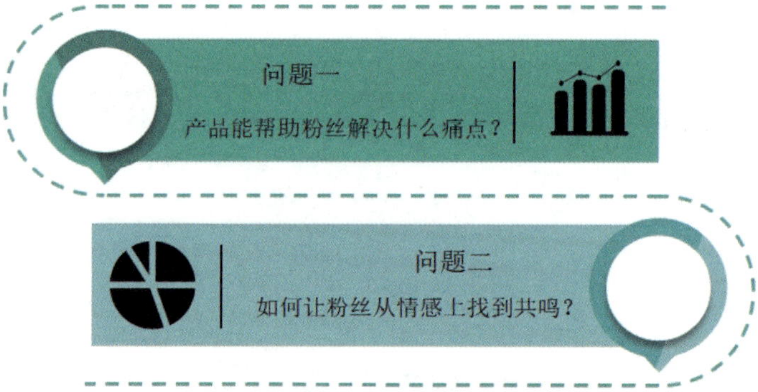

图 3-7　解决粉丝问题

痛点是粉丝心理对产品（服务）的期望和现实的产品（服务）之间的落差，而体现出来的一种"痛"。痛点和需求一样，当人们肚子饿了时，就想吃饭，这时"饿了"就是痛点，"吃饭"就是需求。在直播营销过程中，许多主播没有真正找到粉丝的痛点，或者找到的痛点实际上是主播自己认为的痛点。需要从头考虑，从表象思考到本质的内容。

痛点主要分为以下三类。

①一级分类是指粉丝的核心痛点。粉丝为了解决痛点愿意花费金钱，也是粉丝最需要解决的难处。

②二级分类是指粉丝的差异化痛点。粉丝为了解决痛点愿意支付更多的钱，这种痛点不是普通用户的痛点，而是主播寻找到的差异化痛点，其市场规模比一级分类下的痛点小。

③三级分类是指粉丝增值痛点。粉丝为了解决这个痛点愿意支付增值的钱，这可能是个别人群的痛点，市场规模比二级分类下的痛点还要小。

（二）引起情感共鸣

粉丝共鸣是指粉丝对某人或某品牌的情感认同和价值认同。引起粉丝共鸣，要求主播真诚对待粉丝，无论是个人还是品牌，都应该保持真实、坦诚，与粉丝建立信任关系。创造优质内容，无论是文字、图片还是视频，创造有价值的、有趣的内容是吸引粉丝的关键，优质内容能有效增强粉丝的黏性，获得粉丝更多的关注。

3.2.3 定位目标用户属性

（一）粉丝画像分析

针对用户的痛点和情感共鸣进行延伸，定位目标人群所具备的属性，如性别、年龄、地域、爱好、职业、经济收入、教育程度等。主播可以使用人群画像工具，尽可能全面地收集粉丝的特点并进行分析，粉丝用户画像如图 3-8 所示。用户数据分析见表 3-1。

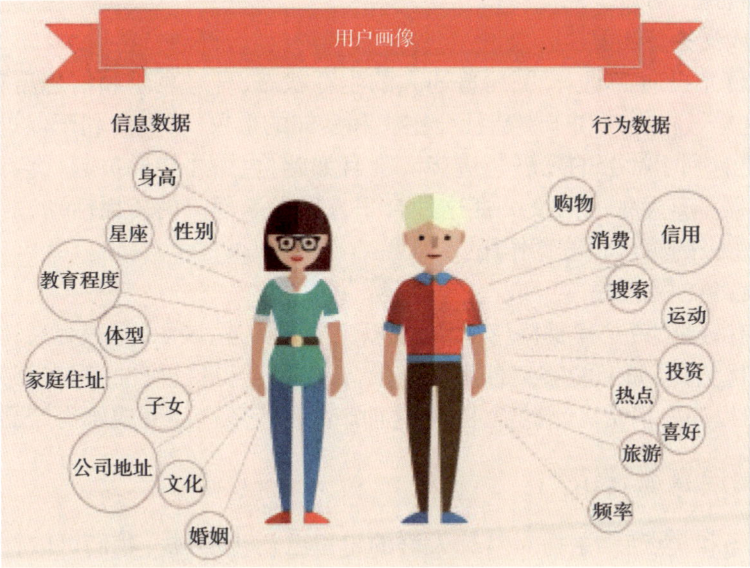

图 3-8 粉丝用户画像

表 3-1 用户数据分析

信息数据	解释说明
年龄	需要了解产品最主要受众的年龄段
性别	需要划分好产品受众的男女比例
地区	根据固定地区和重点投放地区进行分析
时段	需要分析用户在使用设备的时段和平台最高峰的时段
收入	根据粉丝的收入水平进行分析

续表

信息数据	解释说明
教育程度	根据粉丝的受教育水平进行分析
职业	根据粉丝的收入、学历分析结果进行推测
平台	一方面是产品适合投放在哪些平台，另一方面是产品受众的移动端里可能哪些 APP
爱好	分析兴趣爱好时要注意，除了要考虑目标受众的行业兴趣外，还需要考虑目标受众的相关兴趣

（二）细分卖点

筛选目标用户群的大致属性分类后，基本上就找到目标人群的轮廓，但是可能自己找到的目标人群属性别人也都找到了，竞争很激烈，所以接下来需要选择一个比较好做的市场，也就是细分需求或者细分人群（也叫细分卖点），这样定位才会更加精准，客户需求才会更加强烈。

为了筛选出更加精准的目标人群，要在产品卖点和优势上增加市场和竞争两个维度。细分卖点的思路主要有以下两个维度。

1. 从产品人文关怀出发

直播要把目光投向普通人，关注普通人的生存状态、喜怒哀乐和情感需求，提升人们的品位与素质，这样做将更有利于塑造社会主义和良知的形象，将更有利于促进直播事业的健康发展，也将更有利于社会的发展与进步。唯有如此，直播才能肩负起社会责任，不断推进社会文明的进程。直播中的人文关怀这种合乎人性发展规律的传播活动，对大众的行为方式无疑会起到积极的感化和教育作用。

2. 从产品特色创意出发

消费者都有好奇心，尤其是特色产品，配以主播的描述、展示，是很容易让人心动的。它不一定有价格优势，但如果能够契合用户场景，让用户觉得这种产品用在某处、放在家里某地很合适，就可以激发消费者新的需求，使这种产品从特色产品变成刚需产品。

3.2.4 开展精准直播营销

细分完市场和卖点后，主播对目标人群的定位已初步形成。我们可以针对精准的人群进行产品营销，这样转换率才会大大提升，起到事半功倍的效果。在直播营销中，越是能够快速准确地对粉丝反馈的信息进行大数据分析，再有针对性地选择推销的产品并制定营销方案，就越能够提升用户满意度，卖出更多产品。

进行直播带货时，商家需要采取精准营销策略，以提升销售效果，以下是几种常见的精准营销策略，如图 3-9 所示。

图 3-9 精准营销策略

案例链接

直播+营销成功案例

某知名化妆品品牌为了推广新品系列，选择通过直播平台进行产品发布活动。在直播中，该品牌邀请了一位知名美妆博主作为嘉宾，共同展示新品的特点和使用体验。同时，该品牌还设置了限时抢购活动，吸引更多用户在直播结束前购买产品并享受折扣优惠。通过这次直播，该品牌吸引数千名粉丝观看，并在直播结束后短时间内实现了较高的销售额。此案例充分展示了直播营销的优势，如分析产品优势和卖点、用户属性定位、实时互动、产品展示和限时折扣。

通过本案例，我们得知直播营销在各行业的应用及其效果。无论是化妆品、服饰还是其他行业，直播营销都具有极大的潜力和吸引力，成功的直播营销案例需具备几个关键因素。

1）精心策划　在直播前，需要精心策划直播内容、嘉宾以及互动环节，以吸引目标受众的关注，并提高观众的参与度。

2）真实互动　直播过程中，及时回答观众提问，并以实际行动回应观众期待，增强观众对品牌的信任感。

3）互利共赢　通过设置限时抢购、抽奖、优惠等活动，激发观众的购买欲望，实现销售目标的同时，带给观众更多实惠。

4）强调差异化　在激烈的市场竞争中，通过突出产品或品牌的独特之处，创造独特的卖点，吸引消费者选择你的产品。

【任务探究】

近年来直播电商的发展给企业提供了更大的商机和广阔的市场。如何能在众多的目标用户中精准地找到自己的目标用户群体对直播来讲至关重要。可以通过市场调研、数据分析和运营策略三种手段来了解目标用户的需求和特点，制定精准的营销策略。

（1）市场调研

市场调研是进行目标用户定位的第一步。通过市场调研可以了解目标用户群体的需求、喜好、购买行为等信息，为后续的定位策略提供基础数据。

首先，可以通过问卷调查、访谈等方式，收集目标用户的基本信息。包括性别、年龄、职业、收入水平等，这些信息可以帮助我们对目标用户进行初步的分析。

其次，通过分析竞争对手的用户群体，也可以了解到自己的目标用户群体。通过分析竞争对手的页面设计、产品定位、市场策略等信息，可以找到自己的定位空间，进一步锁定目标用户。

（2）分析数据

数据分析是进行目标用户定位的关键环节。通过收集和分析用户的行为数据，可以深入了解目标用户的需求和特点，从而有针对地进行推广和运营。

首先，可以利用网站数据分析工具，了解用户在直播带货平台上的访问行为、浏览时长、购买习惯等。通过分析用户的行为路径和购买转化率，可以判断用户对哪些产品更感兴趣，进而进行产品推荐和定位。

其次，可以通过社交媒体平台进行数据分析，了解用户的社交行为和兴趣爱好。通过用户在社交媒体上的互动、关注和分享行为，可以更精准地了解目标用户的特点，进而进行精准定位和运营。

（3）运营策略

在进行目标用户定位后，需要制定相应的运营策略，来吸引和留住目标用户。

首先，可以通过产品定价、促销活动等方式，刺激目标用户的购买欲望。根据目标用户的消费水平和购买习惯，制定合适的价格策略和促销策略，提高目标用户的转化率。

其次，产品展示和页面设计上，要符合目标用户的审美和购买习惯。通过优化直播带货平台的页面布局、图片选择、文字描述等方面，提升用户的体验感和购买欲望。

最后，要通过个性化推荐和定制化服务增强目标用户的忠诚度。利用用户行为数据，为用户推荐符合其兴趣和需求的产品，并提供个性化的购物体验和售后服务，从而提高用户的满意度。

【思政园地】

中国广告协会发布《网络直播营销活动行为规范》（以下简称《规范》），自2020年7月1日起实施。《规范》共六章四十四条，对网络直播营销中的商家、主播、平台经营者、主播服务机构和参与用户的行为提出规范，并鼓励网络营销活动主体响应国家脱贫攻坚、乡村振兴等号召，积极开展公益直播。重点规范直播带货行业刷单、虚假宣传等情况，主要有以下几个方面的规定。

1. 不得刷单、炒信

《规范》规定，网络直播营销主体不得利用刷单、炒信等流量造假方式虚构或篡改交易数据和用户评价。主播向商家、网络直播营销平台等提供的营销数据应当真实，不得采取任何形式进行流量等数据造假，不得采取虚假购买和事后退货等方式骗取商家佣金。

2. 不得虚假宣传，违规使用极限词

在网络直播营销中发布商业广告的，应当严格遵守《中华人民共和国广告法》的各项规定。不得进行虚假或者引人误解的商业宣传，欺骗、误导消费者；不得在直播活动中吸烟或者变相宣传烟草制品（含电子烟）。

3. 保护消费者权益

商家应当依法保障消费者合法权益，积极履行承诺，依法提供退换货保障等售后服务。主播在直播活动中做出的承诺，应符合与商家的约定，保障消费者合法权益。

网络直播营销平台应建立入驻主体服务协议与规则、知识产权保护等方面的权利和义务。

主播在直播营销时，应遵循上述规定，不得刷单；在介绍商品时不得使用极限词；在直播活动中的承诺要与商家约定好，保障消费者的合法权益。

任务 3.3 主播仪容仪表礼仪

【任务导入】

直播平台的兴起使得主播成了大众关注的焦点，在这竞争激烈的行业中，拥有良好的直播礼仪和形象塑造不仅能吸引更多观众，还能提升主播专业形象和职业素养。形象塑造指主播通过外在的形象展示，以及自身言行举止的规范和表现力，来建立观众对主播的认识和印象。一个良好的形象塑造不仅可以提升主播的声誉和影响力，还能赢得观众的喜爱和信任，帮助主播获得更多的机会和合作。主播形象可以从仪表形象、言行举止、专业素养三方面来进行塑造。

1）仪表形象　主播仪表形象是观众第一时间感知到的，主播应注重仪容仪表的整洁和得体。衣着色彩应搭配恰当，避免过于暴露或庸俗的服饰，确保个人卫生和仪表整洁，给观众以良好的印象。

2）言行举止　主播应保持斯文、自信、大方的态度，避免使用粗俗、恶俗的语言和行为。主播在直播过程中应保持自然、真诚的态度，与观众建立良好的互动，增强观众的参与感和归属感。

3）专业素养　主播应保持学习和积累的态度，提升自身的专业素养。还应遵守行业规范和道德准则，维护行业声誉，积极参与公益慈善等社会责任活动。

【知识必备】

3.3.1 主播形象管理

直播带货已逐渐成为一种新兴的营销方式，让品牌与消费者之间的连接更为直观、实时，专业的主播形象在直播带货中扮演着至关重要的角色。通过精心打造和管理，可以有效提升主播形象品质和购买者信任度。

(一)形象定义

人们对一个主播形象的评价往往源自多方面因素,包括外貌、言行举止、专业知识和互动方式等,一个优秀主播应该具备良好的形象,从而在直播中吸引更多观众并增强自身的影响力。因此,我们需要准确地定义一个专业的主播形象要素,如图 3-10 所示。

图 3-10 主播形象要素

(二)形象管理原则

1. 以直播定位为基础

在打造主播形象时要考虑直播定位,主要考虑以下三个方面:一是这场直播的核心目标用户群是谁;二是这场直播要向用户传递什么样的理念;三是直播营销产品的属性是什么。

2. 与直播统一风格

主播的形象要与直播间统一风格和色调。两者风格的统一体现在以下两个方面:一是主播形象要与品牌或产品的风格统一;二是主播形象要适应节气和热点。

3. 遵守直播间的规则和规范

主播开展直播活动应遵守相关法律法规和部门规章,规范性文件、行业公约的规定,坚持正确导向,弘扬社会主义核心价值观,遵循公序良俗、传递社会正能量,内容积极健康、向上向善,保证直播及互动环境绿色、健康、文明、有序,见表 3-2。

表 3-2　直播间规则和规范

级别	违规情况	处罚
一级违规	在着装上的体现是穿着国家机关人员的制服、军警人员制服或其他政治敏感服饰进行直播	对于发生一级违规的主播，直播平台会永久封禁主播账号或永久封禁开播权限
二级违规	直播内容中含有以下信息或直播过程中存在以下情形的，构成二级违规：带有低俗趣味的内容；含有荒诞、惊悚的内容	对于发生二级违规的主播，直播平台权限根据主播的违规情节严重程度给予警告、断播或封禁开播权限一天到永久的处罚
三级违规	直播内容中含有以下信息或直播过程中存在以下情形的，构成三级规则：着装暴露、低俗、妆容夸张、恐怖、恶俗、不雅；在直播过程中做出危害生命健康的行为；通过展示联系方式、链接等形式引导用户私下交易或导流至其他平台进行交易	对于发生三级违规的主播，直播平台有权限根据主播的违规程度给予警告、断播或封禁开播权限一天到一周不等的处罚

（三）形象管理技巧

主播是现代社交媒体时代的新职业，在互联网直播平台，他们扮演着娱乐、互动和传播信息的角色。在这个竞争激烈的行业中，如何塑造自己的专业形象成为每一位主播必须思考和努力的问题。那么如何塑造自己的专业形象呢？

1. 适当的形象定位

形象的定位是个人品牌建设的第一步，主播需要根据自己的性格、兴趣和目标受众等因素，选择一个合适的形象定位。如果你擅长游戏评论和解说，可以选择幽默风趣、热情活泼的形象；如果你是一位时尚博主，可以选择时尚前卫、美丽大方的形象。

2. 精心打造的外在形象

外在形象是主播塑造专业形象的第一印象，包括衣着、妆容和发型等方面。主播需要注重自身的仪态和形象，保持整洁干净的衣着，选择适当的妆容和发型，给人以专业的感觉。此外，还可以通过选择专属的衣服或标志的服装风格来增加个人独特性，提升形象的辨识度。

3. 技能的专业提升

作为主播，要提升自己的专业形象，就需要不断提升自己的技能。无论是才艺表演、游戏解说还是专业知识，主播都需要保持对行业和内容的不断学习和了解。通过参加培训班、学习教程或请教行业内专家，提升自己在某一领域的专业素养，使自己在直播中更有话语权，更加受到观众的认可。

4. 优质内容的呈现

主播最重要的是提供有质量和价值的内容。主播需要了解自己的目标受众，深入了解他们的需求和喜好，根据这些信息制定合适的直播内容。同时，还要关注行业的最新趋势和热门话题，及时更新自己的内容，吸引观众的关注。在直播中，主播要注意内容的制作和呈现，尽可能提供吸引人、有趣、有价值的内容，以此来增加观众的黏性，树立自己的专业形象。

5. 与观众的互动和沟通

与观众的互动和沟通是主播建立专业形象的重要环节。主播要积极回应观众的留言和提问，与他们进行交流，拉近与观众的距离。同时，主播要学会倾听观众的意见和建议，与观众共同成长。建立良好的互动关系，能够帮助主播提升亲和力和专业性，让观众感到你是一个真正关心他们的主播。

3.3.2　主播的妆容打造

大方得体是对主播形象最基本的要求。对于绝大部分主播来说，精致的妆容往往能给人留下好印象。化妆不仅能体现出主播对个人形象的重视，而且可以体现主播对喜爱自己粉丝的尊重。与一般的妆容不同，在直播过程中，主播的脸妆会受灯光、滤镜等影响，因此需要选择合适的化妆品，使用正确的化妆方法，进行妆容打造。

（一）主播妆容打造原则

原则是指言行所依据的准则，主播妆容打造原则就是指导主播在化妆时需要遵循的准则，以便更好地塑造个人形象，提高节目质量，如图 3-11 所示。

图 3-11　主播妆容打造原则

（二）妆容分类

1. 底妆与修容

直播妆容与日常妆容的不同之处首先体现在底妆上。直播时，大多直播软件有滤镜和磨皮效果，所以粉底不用上太厚，太厚重的底妆容易给人一种不精神的感觉。上粉底之后，需要用粉饼定妆，雾面底妆在镜头下相对于亮面底妆更显脸小。

上妆后进行脸部修容，包括鼻子、额头、颧骨、下颌线的修容，如图 3-12。日常妆容中，大部分女性可能会忽略掉这个步骤，修容容易导致妆容过浓、不自然。但在直播镜头前，修容却是必不可少的，镜头前的五官容易看起来很“平”，没有立体 感，这时就需要修容来改善。修容分为阴影和高光部分，主要区域最好集中在鼻子和额头上，直播软件一般都带有瘦脸功能，所以脸颊的修容可以适当减少。

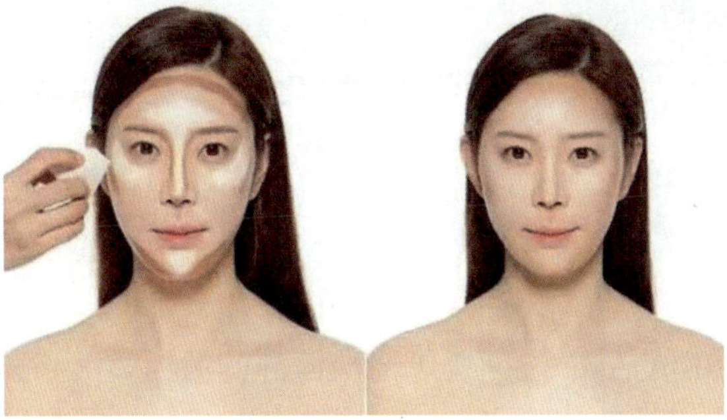

图 3-12　适当的面部修容

2. 眉毛妆容

由于直播软件具有一定滤镜、磨皮效果，主播的妆容在镜头前很容易变得不明显。因此，直播妆容需要比日常妆容更浓、更重，尤其是眉毛和眼睛部分。

眉毛在很大程度上决定了一个人的气质和五官协调度。日常化妆时，很多女性会特别注意不将眉毛画得太浓、太有棱角。然而，直播妆容正好相反，主播需要把眉毛画得相对更深、更有棱角，略把眉毛画得粗长一些，这样可以在视觉上将面部缩小。选择眉毛颜色时，也有一个小技巧，眉色需略浅于发色。

眼妆一般是整个妆容的重心部分，眼妆的风格很多时候决定了整体妆容的风格。所以在挑选眼妆配色时，不妨根据直播风格定位进行调整。没有特别要求时尽量选择大地色系，利用褐色系渐变眼影来增加眼部轮廓深邃的立体感，靠近睫毛区域的眼影感最强，然后向上逐渐变浅。另外，直播妆容适合画长眼妆。要想让眼睛变大，就要让眼影范围比眼尾大，眼影画出眼尾 3~5 毫米，眼部妆容如图 3-13。

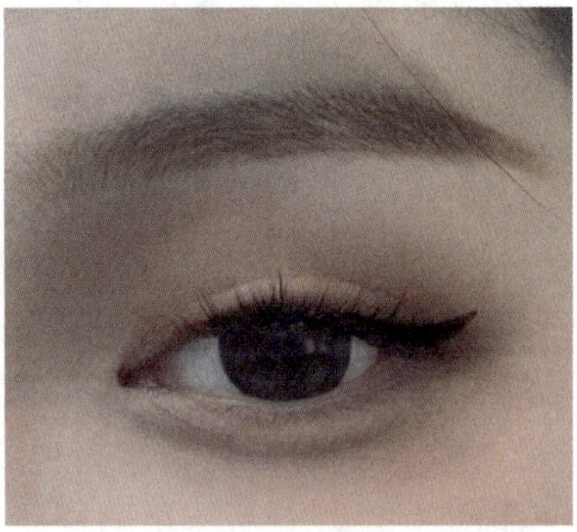

图 3-13　眼部妆容

3. 脸颊妆容

由于直播间内灯光偏亮，容易导致主播在镜头感中看起来没有气色，而腮红的修饰可以很好地弥补这一点，可以帮助修饰脸型，因此，脸颊部分的腮红很重要。腮红一般分为粉状、膏状、水状，通常使用粉状腮红，最简单的方式是采用“微笑苹果画法”，通过微笑确定笑肌的位置，在笑肌处通过由外向内打圈的方式轻扫腮红。如果主播皮肤白皙，可以选择柔和的桃粉色；如果是中等黄色皮肤，可以选用杏色系、棕色系腮红；选用带珠光的腮红，能使主播们显得更年轻。

4. 唇部妆容

和眼妆的选取一样，口红的选择也需要配合直播定位。不同质地、不同色号的口红，或许会使主播妆容焕然一新，但过浅的裸色系口红会因为直播间灯光偏亮的原因，导致主播看起来精神差，因此在镜头前应尽可能选择颜色较浓的口红色号，唇部妆容如图 3-14。

图 3-14　唇部妆容

（三）妆容步骤

1. 化妆前的准备

主播要画出精致的妆容，就要做好充足准备。比如，将化妆水沾满化妆棉，保持沾满但不下滴的状态，在脸上轻擦一遍，鼻翼和眼角等区域不要漏掉，起到妆前清洁和补水的作用。妆前准备包括束发、洁肤和护肤。

①束发：用发带、毛巾等将头发束起或包起，最好再披上一条围巾。

②洁肤：清洁肌肤，用清洁霜、洗面奶等清洁面部的污垢和油脂，有条件的还可以用洁肤水清除面部皮屑，再涂上滋润的化妆水。

③护肤：妆前的基础护肤，一般是在洗完脸后用化妆棉蘸上爽肤水或柔肤水涂抹脸部，然后涂抹精华液，接着涂抹乳液或乳霜。

2. 上隔离霜

隔离霜不仅可以在化妆品和皮肤之间形成一层保护层，防止粉底堵住毛孔，伤害皮肤，可以保护皮肤不受空气污染物的伤害，还可以起到防晒、防辐射和调整皮肤颜色的作用。

3. 上粉

上粉又称打底，给皮肤上基础底色，目的是调整皮肤的颜色。主播最好根据自己的皮肤选择遮瑕度中高的粉底，让肤色自然、无遮瑕。一般来说，深色粉底涂抹于额头侧方（太阳穴上）、鼻翼两侧、咬肌处；浅色粉底涂抹于眉骨、眼侧下、鼻梁处。

4. 画眉毛

画眉毛又称描眉，是根据原来的眉形用眉笔加深颜色，或者根据脸型对眉毛进行适当修饰。眉笔的颜色要根据自身的发色进行选择，一般选择灰色、棕色。主播可以根据自己的脸型确定想要的眉形，先用眉笔画出基本轮廓，然后用眉粉或眉膏进行填充。眉形的长度应尽量使用眉毛的眉端与嘴角的连线正好可以经过眼角，如图 3-15。

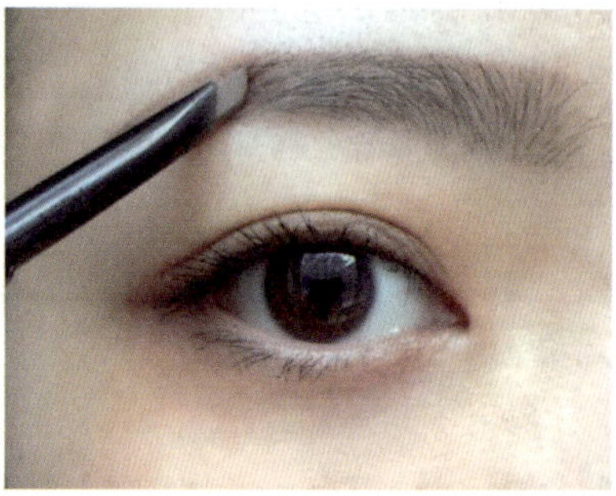

图 3-15　画眉毛

5. 画眼影

图 3-16　画眼影

画眼影常用三色眼影，步骤是眼影由浅到深分为三层：第一层是在眼窝上涂抹阴影色眼影打底，不要过厚、过宽；第二层是在 1/2 上眼皮部分使用第二色系过渡色，晕染刚刚涂好的眼影；第三层是在最靠近睫毛部分使用深色眼影，以上三层要过渡自然，模糊界限，如图 3-16。眼影的色系大致分为暖色系和冷色系。暖色系的眼影比较适合凹陷眼，冷色系的眼影比较合适“肿眼泡”的主播。

6. 画眼线

主播可以用黑色眼线液笔紧贴睫毛细细地勾画出眼线轮廓，到眼尾部分，眼线向上提起并稍微超出眼角部分。画眼线时，上下眼线不能一样浓，小眼睛的下眼睑眼线要尽量画得淡一些，或者不画。画眼线重点要放在眼睑，越往眼尾方向，眼线越要画得明显，眼角处的眼线向下延伸一点儿效果会更好，如图 3-17。

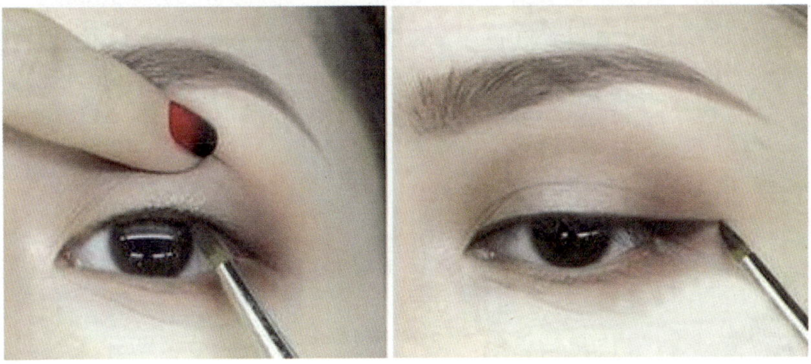

图 3-17　画眼线

7. 修饰睫毛

修饰睫毛首先要选择适合自己的睫毛膏。睫毛夹的使用：用睫毛夹在睫毛根部、45° 角、90° 角的三个位置各夹一次，用力时夹头不能移动，不要夹完之后立刻松开，要停留几秒，如图 3-18。等到睫毛打底膏干透之后，主播可以再用睫毛夹轻轻夹一下睫毛。刷睫毛时，要取适量的睫毛膏，由睫毛根部开始向上重复刷，睫毛根部要多刷几次，等睫毛膏干透之后，再次拿出睫毛夹轻轻夹一下睫毛，如图 3-19。

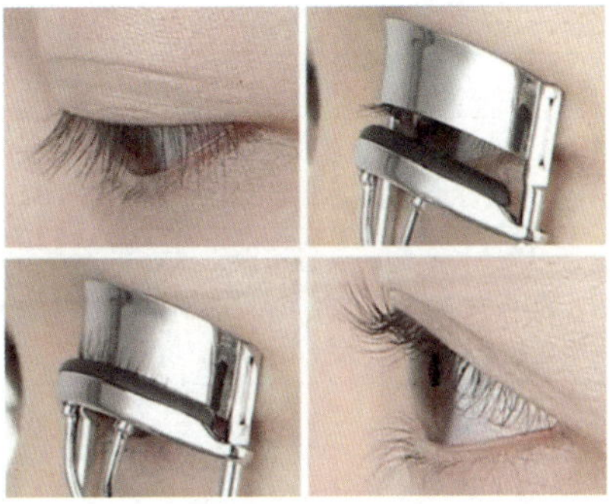

图 3-18　睫毛夹

图 3-19　刷睫毛

8. 上腮红

腮红一般分为粉状、膏状、水状，人们一般使用粉状腮红。最简单的画法是在笑肌处扫上腮红，由外向内以打圈的方式涂抹。粉色系腮红适合皮肤白皙的人，橘色系的腮红适合皮肤偏黄的人，棕色系的腮红适合皮肤暗沉的人。

9. 涂唇彩

唇彩是唇部用化妆品，直接涂抹于唇上或涂抹于口红上。在涂唇彩之前要先用笔描出唇形，唇角要画得细一些，画出唇峰，然后从唇两边往中间涂，注意涂抹均匀，不能超出唇笔画出的唇形，如图 3-20。

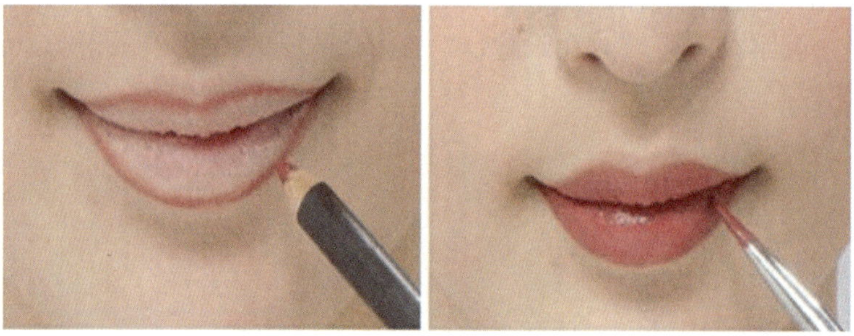

图 3-20　涂唇彩

3.3.3　主播的发型设计

（一）圆脸型

圆脸型面部肌肉丰满，线条圆润，额部的发际线较低，下颌不长，脸面的长与宽几乎相等，两颧之间是最宽的部分。

圆形脸的主播在选择发型时应该增加发顶的高度，让头顶略蓬松，使脸型稍微拉长。两侧略收紧，同时露出额头，使脸部看起来更瘦长。倒分头发，梳理垂直向下的发型，直发的纵向线条可以在视觉上减小圆脸的宽度。

（二）三角脸

三角脸分为正三角脸和倒三角脸，三角脸的特点及匹配发型见表 3-3。

表 3-3　三角脸的特点及其匹配的发型

类型	特点	相匹配的发型
正三角脸	额头窄、两腮宽、上小下大，给人以持重、稳健的感觉	顶部收紧、圆润，稍微遮盖略窄的额头，而两侧的头发要蓬松一些，线条要柔和，遮住过宽的两腮，最大限度地修正上小下大的正三角形形状
倒三角脸	额头宽、两腮窄，脸部轮廓呈倒三角形，给人以瘦小、灵敏的感觉	头发应及肩部，若两颊过宽，头两侧的头发可以自然垂下，稍微遮盖两颊，使两颊不至于太明显，顶部头发应略加高并收紧，前额可以采用中分方式略遮住额角，两侧头发应略蓬松，以减弱上大下小的倒三角形感觉

（三）方形脸

方形脸的前额较方，与颧骨和腮边一样宽，且有腮骨，面部呈现方正感，线条较生硬，缺少柔和感。方形脸的主播可以选择自然柔和的发型来中和生硬的线条，弱化脸部的方正感。

方形脸的主播比较适合"包脸"的发型，要学会用头发修饰和遮盖两颊。

（四）长形脸

长形脸脸部过长，前额发际线较高，下颚较宽、较长。长形脸的主播适合剪刘海，空气刘海、齐刘海、偏分刘海等，可以让额头看起来短得多，减小脸部线条的长度。长形脸的主播适合留蓬松一点儿的发型，使头发略带波浪形，以使脸部轮廓有椭圆感。

（五）椭圆形脸

椭圆形脸又称“鸭蛋脸”，属于标准脸型，前额宽于下颧，从颧骨位置适度地收窄到微尖的卵形下颚。这种脸型留长发和短发均可，但发型不宜过于复杂，应自然简单，尽可能把脸部显现出来，以突出脸型的协调。椭圆形脸的女主播可以根据身高来选择发型，见表 3-4。

表 3-4 根据身高选择发型

身高（厘米）	发型
160 以下	女主播最好留短发或者锁骨发（不长不短、刚好在锁骨位置，极易打理，可以很好地修饰脸型）
160~170	女主播可以尝试锁骨发或中长发
170 以上	女主播可以随意选择头发的长度

（六）菱形脸

菱形脸是指整个脸型的上半部为正三角形形状，下半部为倒三角形形状，上额部和下颚部都很狭小，颧骨部分较宽，给人以灵巧的感觉。适合菱形脸女主播的发型有锁骨发、Lob 头、Wob 头、水波纹等。菱形脸的女主播可以尝试偏分发型，不要剪齐刘海，否则脸部看起来会很方。

Lob 头是指长波波头，长度标准是发尾在下巴和肩膀之间，整体造型自然到就像是刚睡醒时呈现的发型。Wob 头是在 Lob 头的长度上，将头发烫出微卷的弧度，使头发具有如波浪般起伏的纹路。水波纹是一种卷发，但该发型的纹路没有什么规则，看起来自然随意，十分洒脱。

3.3.4 主播的着装设计

除妆容外，着装也是主播塑造个人形象的重要手段。在直播镜头前，主播可以通过衣着打扮展现出自己的形象，观众一种视觉上的享受。因此，主播在服装的选用搭配上也不可掉以轻心。

（一）主播着装的基本原则

1. 符合平台的规则

当前，国内主要的直播平台都对主播的着装做出了严格规定，禁止主播穿着暴露，严禁男主播只穿内裤或类似内裤的紧身衣，严禁内衣外穿；不得穿着包含国家法律法规禁止出现的文字及图案信息的服装等；国家公务员不得在非政务公开活动中穿着相关制服进行直播等。作为一名主播，应该把更多的精力和心思放在内容打磨上，而不是利用穿着夺人眼球，以暴露穿着引人注意。

2. 符合自己形象

主播的服饰过长、过短、过宽、过紧，都会分散观众对直播间重点内容的注意力，所以主播的服饰应符合自己的形象。合身的衣服不仅让主播穿着舒适，也能够给人非常精神、富有自信的感觉。

3. 符合自己的人设

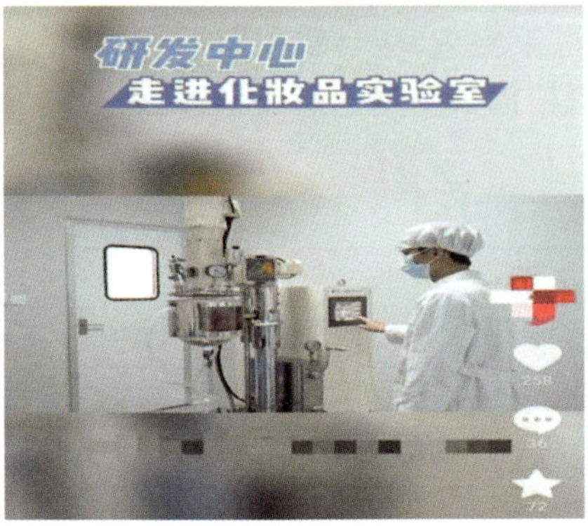

图 3-21　护肤品研发

有一位著名的电影演员曾主持过一个有关电影的专题节目，整个节目的内容非常好，然而由于该演员忘记了自己已经从原有的身份角色转换为节目主持人这一角色，每一集就换一套服装，在头发、耳朵、脖子、手腕、衣服上都挂满了各种各样的装饰品，但遗憾的是整个节目并未因此而增色，反而影响了主持效果。因此，每个带货主播都应该清楚地知道自己在直播中所扮演的角色，合理选择符合自己身份特征的服饰，才能在直播中达到更好的效果。一位给自己定位为护肤品研发师的主播，直播时身着实验室中的防护服与防护帽，如图 3-21。这不仅非常符合主播的人物身份，还可以让人觉得眼前一亮，并传达出一种非常专业，敬业的直播感受，增加粉丝的信任感。

4. 符合活动的需求

主播的着装还应符合直播活动的要求，根据直播主题来选择合适的服装。在以品牌推广为主题的直播日，主播可以穿着印有品牌标志的文化衫，为观众留下深刻印象，有利于引导观众关注品牌店铺及直播间。

（二）服装的颜色搭配

服装的颜色方面，要有一定的搭配技巧。鲜亮的暖色系会更有亲和力，避免搭配黑色系这种容易使画面过暗的衣服。尽量不选择与背景颜色相近的衣服。全身以不超过三种颜色为最佳，当主播不了解自己的风格适合什么颜色时，不超过三种颜色的穿着一般较为合适。整体颜色越少，越能体现主播优雅的气质，给观众留下鲜明清晰的印象。

主播可以适当选择一些较为和谐的搭配色进行点缀，表 3-5、3-6 罗列了不同主色调下搭配色的推荐。

表 3-5　着装的颜色搭配

颜色搭配类型	说明	举例	效果
同类色搭配	深浅、明暗不同的同一类的颜色相配	青色配天蓝色、墨绿色配浅绿色、咖啡色配米色、深红色配浅红色	同类色搭配的服装显得柔和文雅，粉红色系的搭配可以让主播看上去柔和很多
近似色搭配	两种比较接近的颜色相配	红色与橙红色或紫红色相配、黄色与草绿色或橙黄色相配	绿色和嫩黄色的搭配会给观众一种春天的感觉，整体感觉非常清新
强烈对比色搭配	两种相隔较远的颜色相配	黑色、白色、红色与其他颜色搭配	黑色、白色为无色系，与哪种颜色搭配都不会出现太大问题；同一种颜色与白色搭配时会显得明亮，与黑色搭配时会显得昏暗

续表

颜色搭配类型	说明	举例	效果
补色搭配	两种相对的颜色相配	红色与绿色、青色与橙色、黑色与白色搭配	补色搭配能形成鲜明的对比，可以收到很好的效果，黑白搭配是永远的经典，庄重大气

表 3-6　服装颜色搭配

主色	搭配色
褐色上衣	搭配颜色偏向于亮色和暖色的衣裙，以白色为最佳
黑色上衣	搭配白色衣裙
米色上衣	下身的搭配要点亮肤色，如白色衣裙
白色上衣	上身穿白色休闲衫，下身穿红色窄裙，显得热情潇洒，有强烈的对比
白色下装	白色可与任何颜色搭配，象牙白长裤可与淡色休闲衫搭配；白色百褶裙可与淡粉色毛衣搭配，给人以温柔飘逸的感觉；白色下装可与带条纹的淡黄色上衣搭配，为柔和色的最佳组合；象牙白长裤可与淡紫色西装、纯白色衬衣搭配，充分彰显个性
蓝色上衣	蓝色具有紧缩身材的效果，极富魅力。蓝色外套搭配灰色褶裙，再配上葡萄酒色衬衫和花格袜，充分彰显个性，使整个人变得明快起来
蓝色下装	上身穿淡紫色毛衣，下身穿深蓝色窄裙，即使没有华丽的图案，也能自然流露出成熟的韵味，蓝色外套和及膝的蓝色裙子相搭配，再用白衬衣、白袜子和白鞋做点缀，透出一种轻盈感
紫色服饰	紫色裙子可以搭配金色或驼色的腰带，这种亮色调会给人眼前一亮的感觉；如果是紫色的细肩衫或棉布衫，下身的牛仔裤则要配上驼色或金色的宽皮带；如果主播的肤色比较暗，最好不要选择灰蓝色、紫色等颜色的服饰

（三）款式搭配

着装的款式搭配方面，不同体型的主播有不同的穿搭方法。主播需要根据自己的情况选择适合的衣服，达到扬长避短的效果。

1. 根据颈部长短合理选择服装

颈部较长的主播不能穿无领或低领装。可以模糊颈部长度的有堆堆领、百褶领、套头立领，宽松的立领效果最佳，可戴围巾、方巾搭配短粗项链。而颈部短的主播可以选择一些低一点的领形，V 字领、U 字领，在穿着高领或立领上装时，可以在外面加套一件大 V 字领薄外套，或搭配长项链。

2. 根据肩膀宽窄合理选择服装

对于宽肩主播来说，领口开阔的上衣是制胜关键，削肩、外翻领款式也较为合适，深色系上衣有缩肩效果，应尽量避免穿有垫肩的衣服。

对于整个体型都比较瘦小的窄肩者来说，若要弥补这一弱点，理想的方法之一就是借助服装来增加肩膀宽度，可穿着一字领款的服装。这是因为该领型会产生一条横越双肩的水平线，使人的视觉产生肩部增宽的效果。

3. 根据手臂粗细选择合理服装

手臂较粗的主播可以尝试穿蝙蝠袖，有隐藏赘肉、纤瘦手臂的效果，V领蝙蝠袖上衣可以穿出主播的淑女气质，同时遮盖粗手臂。

4. 根据不同的腰型合理选择服装

对腰身较细的主播而言，凸显腰线是关键，腰部打结或有腰带的紧身连衣裙可以完美地勾勒出主播的细腰；收腰连身裙可以很好地显现出纤纤细腰，再加上短款外套或针织开衫，会将主播打造成甜美可人的形象。如果主播的腰较粗，尽量不要选择过于紧身或者肥大的上衣，腰部应选择简洁款式，可以穿质地柔软的连衣裙，过多的装饰只会让粉丝更多关注腰部。

此外，主播还要注意，衣服不在于贵，但需要有细节。一些适当的小装饰会给人细致可爱的感觉。一定要注意细节设计，巧妙的设计会给人大气的感觉。相反，恶劣的设计会拉低主播的品位。

3.3.5 主播的礼仪

（一）主播合适体态

1. 站姿

站立是人们生活交往中的一种最基本的举止，是生活静力造型的动作。优美而典雅的造型，是优雅举止的基础。在直播过程中，如果主播是站立着进行直播的，良好的站姿就显得非常重要，如图3-22。主播也要避免僵硬，身体应适当放松，肌肉不能紧张，在站立的同时可以适宜地变换姿态，追求美感。还要注意，站立时不要躬腰驼背或挺肚后仰，也不要东倒西歪地将身体倚在其他物体上，两手不要插在裤袋里或叉在腰间，也不要抱臂于胸前，否则会给观众留下不好的印象。

图 3-22 合适的站姿

2. 坐姿

坐姿是主播直播过程中较为常见的一种姿态，对主播形象有重要影响。坐姿作为一种举止，有着美与丑、优雅与粗俗之分。人们常说“坐如钟”是指人的坐姿像座钟般端直，优美的坐姿让人觉得舒适、端正、舒展大方。主播坐姿的基本要求：坐时要轻、稳、缓，神态从容自如，双肩平正放松，上身自然挺直、立腰、挺胸，坐在椅子前端；双腿自然弯曲，双膝自然并拢，双脚平落地上，切记身体随意弯曲，如图3-23。需要格外注意的是，有的主播会采用懒散的坐姿，但懒散的坐姿与放松的坐姿是有很大区别的，如果懒散中透露出疲态，就容易被粉丝误解为对直播不用心。实际上，坐姿不是刻意“摆”出来的，主播的坐姿是一种“知觉造型”，体现的是一种内心情绪的自在与自为的心理过程，只有在这样的心理过程中，才能不露痕迹地

图 3-23 适合的坐姿

完成外部形态的补足和调适。

3. 走姿

主播在直播时不可避免地会呈现出走动的姿势，在进入和离开镜头或服饰主播换装间隙等。每个人都有表现自己个性的步态，因此，对走姿不像对站姿和坐姿那样要求，可以各有风采。起步时上身略向前倾，身体重心放在前脚掌上；行走时双肩放松、展开，脚不宜抬得过高，也不宜过低，以免脚底与地面产生摩擦；头端正，目光平视，下颌微收；挺胸收腹，腰背挺直，步幅适当。需要注意的是，优美自信的走姿是平稳轻盈的，一定不能拖拖沓沓，让人觉得主播没精打采，无法展现出良好的精神面貌。

4. 手势

手势是肢体语言中非常重要的组成部分。主播可以运用手势来配合语言表达，增强观众的理解和接受。当主播想要强调一个观点时，可以运用手臂做出有力的动作；当主播想要表达温柔和亲切感时，可以运用轻柔的手势。手势的运用要自然而不过分夸张，避免分散观众的注意力。

（二）主播合适表情

面部表情轻松自然，笑容和面部表情是直播中给观众留下深刻印象的重要因素之一。主播在直播过程中要时刻保持微笑，展示出亲切和友好的形象。适当运用面部表情，眉眼的微微挑动、嘴角的微笑等，能够增强表情的生动性和真实感。笑容和面部表情的运用能够创造愉悦的氛围，增加观众的喜爱度。

对许多新人主播而言，面对镜头时，会产生一种“镜头恐惧感”，这种“恐惧感”会使他们在直播的时候表情僵硬，从而陷入一种词不达意，尴尬而紧张的困境中。因此，对新人主播而言，要通过刻意的训练，使自己在直播时做到表情自然。在最初的直播中，可以尝试以下这些方法，可以有效解决表情僵硬的问题：保持头部平直，偶尔有意地点头，而不是不停地乱点，维持视线正对镜头进行有效的沟通，最后可以把嘴维持在微张的状态下，嘴角略微往上翘，面颊保持稍圆形状，呈现出轻松自如的表情。

知识拓展

助理的工作举例

在快节奏的生活中，越来越多的用户倾向于通过短视频获取企业相关信息。时间短，信息传递快。

①主播向助理提问某些问题：助理你老熬夜，皮肤是不是特别油？

②助理自造提前策划好的问题提问主播：咱们这个产品能机洗吗？

③助理筛选粉丝提问的正向问题提问主播：有宝宝问，某种情况能用吗？

这样就很好地制造了话题。和主播秒杀促单配合时可以这样说。

①主播询问助理库存还有多少？助理根据直播间人数汇报库存数量。

②主播安排助理和厂家沟通尽快确认是不是可以 ×× 元定价销售？

③主播质问助理为什么价格标错了？这个价格怎么能卖？

这样就能够帮助主播来促成交易。

【任务探究】

主播的直播礼仪和形象塑造是直播行业成功的关键因素之一。因此,在提升主播的直播礼仪和形象塑造方面要采纳以下建议。

(1)注重专业培训

主播可以参加一些专业培训机构或者相关课程,提升自身的技能和知识。通过学习和训练,提高主播的语言表达能力、主持能力和专业素养。

(2)保持良好仪表形象

主播应该注重自身形象的打造,从穿衣、发型、妆容等方面规范自己的形象,并根据直播内容的特点选择合适的形象展示方式。

(3)与观众保持互动

在直播过程中,主播应积极与观众互动,回应观众的提问和反馈,给予观众以关注和回应。通过积极参与观众的互动,建立良好的直播社群,增强粉丝的忠诚度和归属感。

(4)保持谦虚和进取心

主播应保持谦虚和进取心,持续学习和提高自身的能力和素质。主播不仅要注重个人形象的塑造,还要注重团队合作和协作精神,与其他主播和团队成员共同努力,提升整体的直播质量。

【思政园地】

2020年6月23日,中国网信网发布通知表示,近期,国家网信办会同相关部门对国内31家主要网络直播平台的内容生态进行全面巡查,着力把网络直播专项整治和规范管理工作引向深入。经查,虎牙直播、花椒直播等10家网络直播平台存在传播低俗庸俗内容等问题,未能有效履行企业主体责任。国家网信办指导属地网信办依法依规约谈上述平台企业,并将部分违规网络主播纳入跨平台禁播黑名单。

据悉,国内31家主要网络直播平台普遍存在内容生态不良现象,不同程度地存在内容低俗庸俗问题。其中,秀场类直播乱象频发,一些女主播衣着暴露,一些男主播言行粗俗恶俗,低俗热舞、恶搞、谩骂等现象屡禁不绝;聊天类直播内容无营养无价值,甚至传播不良价值观;留言互动、弹幕和用户账号注册疏于管理,违法违规信息层出不穷。

一些平台企业经营态度不端正,自身利益至上,有的借助免费"网课"推广"网游",有的利用色情低俗内容诱导用户点击浏览并充值打赏,有的利用"抽奖""竞猜""返利"等方式涉嫌组织网络赌博。诸多直播乱象严重背离社会主义核心价值观,危害青少年健康成长,败坏社会风气,社会各界呼吁要严加整治。

此次对31家网络直播平台全面巡查,旨在督促主要平台切实履行主体责任和社会责任,守牢法律底线、道德底线和安全底线,自觉完善平台规则,优化系统功能,改进算法推荐,强化主播管理,最大限度压缩低俗不良信息生存空间,不断提升直播内容质量,为广大网民提供更多更好的文化产品和服务,推动网络直播行业健康有序发展。

直播带货过程中,作为主播要坚决杜绝各类不良现象发生,传播正能量、传递社会主义核心价值观,树立正确的人生观、道德观。

任务 3.4　主播技能培养

【任务导入】

随着直播行业不断发展，主播成为直播平台的主力军。主播的直播效果对于平台和公司来说至关重要，影响到平台的流量和用户黏性。主播镜头感则是直播效果的重要组成部分。镜头感指主播在镜头前的表现和心理状态，镜头感好的主播能够通过动作、表情等方式有效地吸引观众的注意力，提高直播的观看度和互动度。镜头感差的主播则难以吸引观众的注意力，容易出现流失现象。

某美女主播因为外形出众在平台上获得很高的关注度，但刚开始直播时由于不够注重镜头感无法吸引观众的注意力，总观看人数仅千余人。后来，她参加了一些专业的主播训练，学习如何在镜头前更好地呈现自己，后来直播效果有了很大的提升。观众在她直播间互动也更加积极。

某老牌主播已经有了大批忠实粉丝，且多年来一直是平台上的佼佼者。但随着竞争的加剧，他发现自己最近几次直播的观众数量有所下降，于是他开始思考如何改善镜头感。他从定期管理形象，注重肢体语言等方面入手，不断尝试与改善。其结果便是直播效果有了大幅度提升，观众数量也逐渐提升。

上述案例都表明主播镜头感对于直播效果的影响巨大。因此，在镜头前，主播应该注重肢体语言和心理状态等方面的表现，才能让直播效果更加出色，吸引更多观众。

【知识必备】

3.4.1　主播镜头感的体现

直播电商环境中，主播的镜头感至关重要。镜头感不仅关乎主播的形象，还影响观众的观看体验和购买决策。主播的镜头感主要是指主播在镜头前生动、自然，眼睛余光感受到镜头的位置，所做的表情、肢体语言能被镜头以最佳角度记录。主播镜头感的体现包括对象感、表演感、新鲜感三个方面，如图 3-24 所示。

图 3-24　主播镜头感体现

（一）对象感

对象感是指主播应当设想和感觉到对象的存在和对象的反应，要从感觉上意识到对象的心理、要求、愿望和情绪等，并由此调动自己的思想感情，进而表情达意，传达直播节目的精神实质。主播对直播对象的设想可以从性别、年龄、职业、人数等方面进行；也可以从环境、心理、素养、气氛等方面加以把握。主播不仅要设想对象的一般情况和个性要求，还要掌握好传播者和接收者的关系。

（二）表演感

主播的这种表演是一种适度的表演，应和本人及直播节目融为一体。

（三）新鲜感

新鲜感就是要使观众鲜明地感觉到主播所描述的是他们所关心或感兴趣的新鲜内容，从而吸引他们的注意力。

3.4.2 培养主播镜头感的方法

（一）增加练习次数

有些主播在镜头前会出现紧张的情况，导致肢体动作和表情受到影响。主播为了增强镜头感，可以通过多种形式练习，比如多照镜子，训练表情。通过镜子清楚地看到自己的脸，能够调整适合自己的表情和角度，练习举手投足间的随意和自然，把最好的状态呈现在直播里。经常照镜子还能提升自信。面对镜头的时候，就想象自己是在照镜子。

主播镜头感培养方法

（二）增强自信心

主播在心态上要先肯定自己，给自己足够的信心，要相信自己可以在粉丝面前展现出直播能力和素养，要坚定信念。除了要改变信念，还要树立对事物正确的认知与见解。主播可以通过多阅读书籍让自己的学识丰富起来，从而拥有一套正确的判断标准和对事物的理解标准，这样才能由内而外地培养主播的自信心。此外，主播可以不断鼓励自己大胆地在镜头前表达自己对事物的看法，并且敢于在别人提出疑问或反驳以后，大胆修正自己的看法，这也是一种增强自信心的方法。当主播充满自信地展现在镜头前时，镜头感就会越来越好。

（三）善于总结和交流

主播在每场直播下播后要总结本场直播的优点，分析自己在直播过程中的不足之处，进行自我肯定和自我修正是一件非常重要的事。多和同行交流，通过获得宝贵的建议来提升自己的直播能力。当直播的专业性不断提升时，主播的镜头感会得到较大幅度的增强。

3.4.3 主播语言表达能力提升

现代社会，主播是一个备受关注的职业。作为一个主播，良好的表达能力是十分重要的。只有通过流畅、准确、有吸引力的言辞，才能吸引观众的注意力，传递信息并实现成功的沟通。本节将从主播语言表达的原则、主播声音训练、主播说话气息训练三部分探讨如何提升主播的口头表达能力，成为一位出色的主播。

（一）主播语言表达的原则

主播在直播过程中要准确传达自己的观点和看法，使粉丝可以有效接收，这就要求主播的语言表达清晰、易懂，有自己的风格。具体来说，主播语言表达要遵循四个原则，分别是吐字清晰、准确，语言通俗易懂，形成自己的沟通风格，表达内容要明确。

1. 吐字清晰、准确

作为主播首先要发音准确，字音即文字的读音，发准字音是进行准确语言表达的基本要素。发准字音最关键的是做好声母、韵母的发音，尤其是比较容易混淆的几组声母和韵母的发音见表 3-7。其次声调要准，声调是指语言的音调的变化。在现代汉语语言学中，声调是指汉语音节中所固有的，可以区别声音的高低。再次就是，在直播时注意不要“吃”字，“吃”字是指人在说某些字或词时发言不全，没有将这些字或词的读音完全说出来，而是将其一带而过，使得这些字或词形成了一种似有若无的发音。

表 3-7　声母和韵母发音

字音类型	字母	发音方式	举例
平舌音	z、c、s	舌尖平伸，抵住或接近齿背	自己、测验、隐私
翘舌音	zh、ch、sh、r	舌尖翘起，接近或接触硬腭最前端	志向、训斥、诗意
唇齿音	f	上齿与下齿内缘接近，唇舌部位不能接触	父亲、费用、抚摸
舌根音	h	舌头后缩，舌根抬起，和软腭接近，唇舌部位不能接触	护理、绘画、黑夜
舌尖中鼻音	n	舌尖及舌边均上举，顶住上齿龈，气流从鼻腔出来	南北、娘亲、霓虹灯
舌尖中边音	l	舌尖前端上举，气流从舌头两边透出	录屏、栏目、烈日
前鼻韵母	鼻韵母中以-n 为韵尾的韵母（an、en、in、un）	元音发出以后，舌头向前移动，舌尖抬起顶住上齿龈形成阻碍，使气流从鼻腔透出，用鼻辅音 n 作为音节的收尾	安保、嫩芽、滨海、晕船
后鼻韵母	舌根浊鼻音中以-ng 作为韵尾的韵母（ang、eng、ing、ong）	元音发出后，舌头向后面收缩，舌根抬起顶住软腭，使气流从鼻腔透出，用鼻辅音 ng 收尾	杨梅、耕地、营地、巩固

2. 语言通俗易懂

为了让更多的粉丝了解产品的优势，主播的表现要真实、接地气，语言要通俗易懂，让粉丝能够理解其所表达的意思。主播在说话时要尽量使用规范的词语，少用粉丝不熟悉的方言、生僻词或文言词汇。主播要想使自己的表达通俗易懂，最好采用口语化语言，尤其是大众化的口语。主播要选择那些有利于口语表达的词语或句式，双音节和多音节的词语比单音节的词语更容易上口，而且听起来更悦耳。主播只有了解粉丝的需求，并通过平实的语言激发粉丝的购买欲望，才能真正体现专业能力。

3. 形成自己的沟通风格

主播要想在沟通风格的基础上融入更多风格色彩，就要改变自己的思维方式，具体体现在以下几个方面，如图 3-25 所示。在直播电商中主播常见的沟通风格有四种类型分别是驾驭型、表现型、平易型和分析型，如图 3-26 所示。

图 3-25　改变思维方式的体现

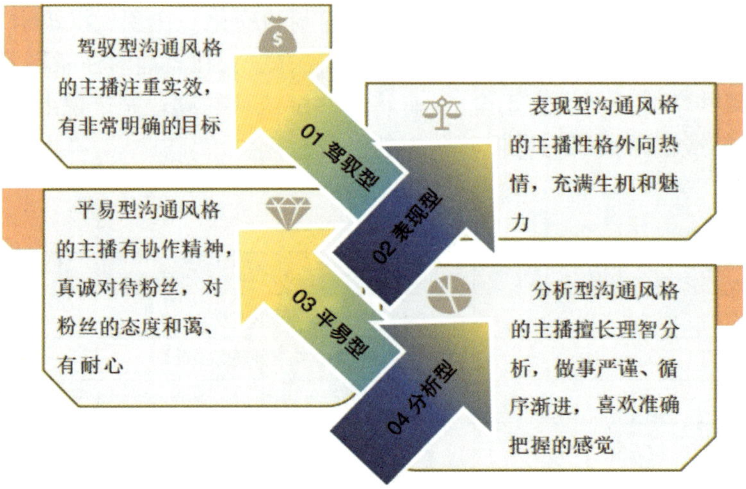

图 3-26　四种沟通风格

4. 表达内容要明确

直播中，主播需要清楚地介绍产品或活动规则，才能够吸引观众的注意力。介绍时话语内容要有意义，简洁明了的语言可以让观众更快速地理解主播的意图，避免使用过多的专业术语或复杂的词汇。语言有逻辑和层次感，主播应该按照一定的顺序和结构来组织内容，使观众能够更好地理解和记忆。可以采用因果关系、时间顺序、比较对比等方法来增强表达的逻辑性。

（二）主播声音训练

主播的声音有着特殊的力量，不仅可以传达言外之意，还可以使粉丝更欣赏主播，拉近主播与粉丝之间的距离。声音是非常复杂的，包括音节、声调、语调、音量、语速、说话气息等多种因素。通过细分领域的专注练习，主播在丰富声音内容的同时可以增强声音的感染力。

主播声音训练是提高直播质量的关键因素之一，通过科学有效的声音训练，主播可以改善发声方式，提高语音清晰度、音量和音色等方面的素质，增强表达力和感染力，为观众呈现更加专业、生动的直播内容。主播在训练自己的语言之前，应清楚自己在发言方面存在哪些问题。语言方面的问题主要体现在咬字和吐字上。常见的语言问题有四个，见表 3-8。

表 3-8　常见的语言问题

语言问题	说明
字音不准	有的主播语音经常带有地区的口音，有的主播只掌握了汉语普通话的语音系统，对具体的汉字发音没有明确对应，很容易在发音时出现错误。随时查阅字典是解决字音不准确的最简单的方法
吐字无力	有些新手主播常出现唇舌无力、字头不清晰的问题，导致整个发音松散，使观众无法准确听清楚主播说内容。主播要结合用气练习声母发音，增强唇舌力量和提高气息力度
吐字含混	这往往是因为韵母发音不准，适当扩大 i、a、u 三个元音在口腔中的三点距离，加强元音对比，可以改善这一状况

续表

语言问题	说明
吐字不圆润	复合元音韵母发音时加大舌头的活动幅度可增加吐字圆润感，即使是单元音韵母，发音时，舌头也应在本音位范围内做适当滑动，从而增加字音的流动感。归音不到位及声调幅度过小会影响吐字圆润

主播在进行语言训练时，要注意以下几个方面。

一是从音节入手正音。正音是指掌握音节正确的发音方法，先从声母、韵母、声调进行分解练习，找到正确的发音部位和方法，随后进行音节的综合练习。分解练习中，主播要始终以音节为训练内容，以便在动态的语流中自然、流畅地综合运用。练习舌尖前音 z、c、s 和舌尖后音 zh、ch、sh、r 时，首先要掌握声母的发音要领：舌尖前音发音时舌尖应平伸，顶住或接近上齿背；舌尖后音发音时，舌尖要翘起，接触或接近硬腭前端。

二是提升听觉能力。主播要提升听觉能力，提升语音的自我判断能力。主播可以使用录音设备，反复审听自己的语音，并做出调整；也可以采用互助方式，请团队成员或热心粉丝指出自己的错误发音；还可以进行朗读短文练习，首先多听标准的示范读音材料，反复跟读，形成标准的听觉感受，然后录制并播放本人的朗读语音，与示范材料对照，找到存在的错误和不足，进行改正。

三是方言辨正。方言辨正是指辨别和比较方言与普通话语音的异同点，将方言向标准普通话语音靠拢。主播应正确判断自己在语音上的错误和缺陷，有目的地进行正音练习。主播可以利用形声字偏旁来类推正确读音，或利用普通话的声韵配合规律进行类推，再配合常用字正音、绕口令、朗读等练习，便可以逐步改掉使用方言的习惯。

四是加大训练强度。主播要积极主动地加大训练强度，减少使用方言的次数。

（三）主播说话气息训练

1. 简单的气息训练

简单的气息训练方法可以两人进行，练习的人在前，辅助的人在后，后者把双手放到前者的后腰处，稍微用力，用双掌按压其后腰部，前者用腰部力量缓慢地将按压在腰部的双手推开。练习的人要把注意力集中在用力的部位，记住该位置肌肉运动的感觉，动作要慢，并进行反复练习。单人练习时，双手在背部交叉，左手摸后腰右部，右手摸后腰左部，肩部放松。在上述方法的基础上进行练习，保持后腰撑开的感觉，然后做下面的练习：保持兴奋的精神状态、面部保持微笑、仅用鼻子缓慢吸气，同时打开眉心，重复上一步，但要用口鼻同时吸气。训练时，动作要慢，感受气息从眉心、鼻子、口三点流入撑开的后腰。

2.“字音-气息”结合训练

主播控制气息的关键是要使气息和字音相结合，因此主播有必要进行“字音-气息”结合训练，我们可以参照以下三种方法来练习。

一是发“ei”音，感受小腹运动与字音的结合。初级阶段，发“ei”音时要将小腹向内微收，之后要有意识地控制小腹，等到具备初步的控制能力后逐渐把注意力从小腹上转移，达到“全自动”的效果。这需要反复练习。

二是从“ei”音向单音节词转换时，要注意保持呼吸节奏，一口气一个字，收一下小腹，然

后逐渐把单字变成词语，用同样的方法，一口气一个词，收一下小腹，最后过渡到短句。

三是“hei”音连发，这是更高级别的“字音-气息”结合训练。刚开始练习时，主播可一口气发 3 个“hei”音，找到同步感，随着熟练程度逐渐提高，可以一口气发 7~8 个连续的“hei”音，发音要扎实、有力。呼出的气流要尽量打在上门齿的齿背，不要用喉咙，弹发要轻巧，有跳跃感。

3. 胸腹联合式呼吸

使用胸腹联合式呼吸时，一般是鼻子吸气，把空气吸入横膈膜处，使肋骨向外自然张开，这时腹部有发胀的感觉，随着小腹收缩，气息从小腹深处涌上来，推动声带发音，见表 3-9。

表 3-9　练习胸腹联合式呼吸时要掌握和熟悉感觉

感觉类型	说明
对抗感	小腹微收，后腰撑住打开，这是两种相互对抗的力量，而这两种力量可以实现对气息的控制
支撑感	在呼吸时寻找两肋与后腰被逐渐撑开的感觉，这种感觉可以带动后背逐步舒缓，腰带渐渐绷紧
气柱感	身体保持正直，精神兴奋和积极，找到畅通的感觉，此时会感觉身体内有一股垂直的气柱上下贯通，气柱充盈、饱满、源源不断
流动感	深吸气，将气息压到腹腔保持数秒，再将气息提到胸腔保持数秒，反复练习，找到气息运动的感觉，在气息一压一提的过程中，可以感受到它的流动感和顺畅感

知识拓展

气息训练方法

①吸提。在推送气息的同时轻声、快速地数数字，从 1 数到 10，一口气反复数，直到气息不能再继续为止记录自己反复数了多少次。

②软口盖练习法。闭口打呵欠，即打呵欠时故意不张开嘴巴，而是用鼻子吸气和呼气。

③压腹数数法。平躺在床上，在腹部上压一摞书，吸足一口气，开始从 1 往后数。这是对气息输出作强制训练，以达到提高腹肌和横膈膜的控气力度的目的。做这个练习时，开始阶段压的书可少些，后逐渐增加，循序渐进。为了不占用工作时间，可利用睡前做这个练习。

④跑步背诗法。平时跑步出现轻微气喘时，可背一首短小的古诗来进行练习。开始训练时可两人配合进行，并肩小跑，一句接一句地背下去。背诵时，要尽量控制，不出现喘息声；一首诗背完后，要调节呼吸，然后继续背诵。

⑤一口气托住。嘴里反复快速发出“噼里啪啦、噼里啪啦”直到这口气息不能再继续为止时发出“嘭-啪”的断音，然后反复练习。

⑥一口气绷足。先慢后快地发出“哈、哈—，哈、哈…”，锻炼有爆发力的断音，先慢后快地发出“嘿-厚、嘿-厚…”，直到气息不能再继续为止。

⑦偷气换气法。选一篇或一段长句较多的文章或段落，用较快的速度读下去，在气

息不足时，运用“偷气”技巧，读后确定最佳换气处，“偷气”是指不要边发声边吸气，而是要用极快的速度，在不为人觉察时吸入部分气流，换气时口鼻并用，以鼻为主，掌握时间差，使气流充沛有力。

3.4.4　拉近与粉丝间距离的沟通策略

直播作为一种新兴的互动形式，主播与粉丝之间必然要进行互动，如果只是主播自己在那里说话，粉丝们没有任何反应、不发弹幕、不留言、也不点赞，主播直播的积极性也就不会高。要想增加与粉丝之间的互动，主播首先要想出各种拉近与粉丝之间距离的策略，增加在粉丝心中的好感度，成为粉丝的朋友。下面八种沟通策略能够拉近主播与粉丝间距离。

（一）寻找能引起共鸣的话题

要引起共鸣，首先要了解粉丝。粉丝的年龄、性别、兴趣、生活方式及价值观等因素都会影响他们对话题的接受程度。通过分析这些数据，我们可以大致确定哪些话题更有可能引起他们的共鸣。其次，寻找普遍的话题，与粉丝的日常生活、情感、价值观等密切相关的话题，爱情、友情、家庭、事业、心理健康等。这些话题要能够让观众有表达自己观点和情感的机会。再次，为了更好地引起共鸣，我们需要在节目中创造互动和参与感。主播需要注重创新和独特性，与粉丝探讨一些新颖、独特的话题，从而吸引观众的注意力和兴趣。热门话题也是引起共鸣的重要因素，主播可以通过关注社会热点、新闻事件、网络流行语等途径，找到当下热门的话题。热门话题往往能够吸引大量观众的关注，并且能够引发广泛的讨论和思考。

（二）用提问引发互动

主播可以采用暗示式提问法，如果主播向粉丝提出问题时可能得到模棱两可的回答，这个问题就不太合适。主播应尽量使用只回答“是”的提问方式，这有利于交流的深入开展。还可以采用封闭式提问，是指提问者提出的问题带有预设的答案，回答者不需要展开回答就可以使提问者明确某些问题。也可以采用开放式提问，主播可以用提问，尤其是开放式提问，给粉丝自由发挥的空间，以此来引导粉丝参与直播互动。开放式问题主要包括“怎么做”“为什么”，这样的问题可以让粉丝积极地给予反馈。

（三）使用流行语

直播中适当引入当下火热的流行语是吸引年轻粉丝的有效方法。使用流行语时，主播要注意以下几点：一是保持更新；二是明确流行语的含义；三是把握使用时机。

（四）保持微笑

保持微笑时，主播要注意以下几点：一要做好微笑练习；二要选择合适的微笑类型，见表 3-10；三是微笑要真诚。

表 3-10　微笑的三种类型

微笑的类型	说明	使用场景
一度微笑	嘴角肌上提，露出浅浅的微笑	直播时遇到老粉丝，微笑示意时使用一度微笑；谈论比较重要的话题，或者在其他活动进行的过程中，回应普通粉丝时也可以用端庄的一度微笑，表示欢迎

续表

微笑的类型	说明	使用场景
二度微笑	微笑时嘴角肌、颧骨肌同时运动	互动中谈到有趣的话题时，可以使用二度微笑，表示对粉丝的认同
三度微笑	微笑时嘴角肌、颧骨肌、眼周括纹肌同时运动	聊天气氛很好，或出现很容易点燃情绪的笑点时，可以采用三度微笑，表示内心愉悦

（五）表情和动作自然

直播销售过程中，主播要调整好自己的表情和动作，用自己的精彩表现带动粉丝们的热情。直播间是主播和粉丝沟通互动的主要渠道，除了保持微笑以外，主播还要有丰富的表情和动作来调动直播间的气氛。除了语言外，主播的表情和动作可以反映自身的状态，感染粉丝的情绪。因此，主播要保证自己的表情和动作自然、活泼、灵动，以此来带动直播间的氛围，点燃粉丝的热情。

（六）倾听粉丝的观点

主播在直播时，弹幕都会在直播间的屏幕上呈现，主播不能给人高高在上的感觉，而要时刻关注自己在镜头前的状态，同时倾听粉丝的观点，不敷衍他们的诉求，这样才能让流量稳步提升。那么，主播应如何尽可能倾听粉丝的观点呢？ 一是主播要做到时刻保持最佳状态；二是要与助理密切配合好直播工作；三是不要逃避粉丝的提问，做到有问必答。

（七）开玩笑要适度

主播作为一名公众人物，在直播间说话时要遵循适度原则，注意说话的分寸，尤其是开玩笑时更应如此。有些不该开的玩笑是要避免的，低俗玩笑等。主播不能为了娱乐粉丝以部分人的痛处或短处开玩笑，也不可挖苦或讽刺粉丝，更不能以社会上出现的令人悲伤的现象开玩笑。语言是主播与粉丝交流感情的工具，有些话不得不说，但有些话只能点到为止。并不是所有的话题都适合在任何时间、任何地点拿出来公开谈论。尤其是不要为了逞口舌之快，而谈论具有争议性的敏感话题。语言的专业性、直播内容讲解的专业性是整个直播的重中之重。

（八）恰当赞美粉丝

主播可以从粉丝的个人特质出发，给予粉丝独特的赞美，例如发现粉丝真的很有才华，每次看你们的评论或分享，都能学到很多。特别喜欢乐观、积极的粉丝，总能带给我满满的正能量。还可以从称赞粉丝的行为出发，主播可以具体提到粉丝支持行为，并表示感激。例如有些粉丝自发组织活动，真的佩服你们的组织能力。总之，主播赞美粉丝时要结合实际情况，更要真诚、注重细节。记住，真诚的赞美最能打动人心。

【任务探究】

直播带货中，镜头感和表演技巧成了主播的必备能力，通过巧妙的镜头运用和精湛的表演技巧，主播可以提升直播体验，吸引更多观众，并与观众建立良好的互动关系。镜头感和表演技巧的合理运用对于直播电商的成功至关重要。

首先，镜头感可以增强观众对直播内容的吸引力和参与度。通过精心设计的镜头运用，观众可以有更好的观看体验，更好地理解直播内容，从而增加对主播的关注和喜爱。

其次，表演技巧可以使主播更加出色地传达信息和观众互动。通过流利的语言表达和生动的动作表演，主播可以让观众更好地理解直播内容，并建立起更加亲近和信任的关系。优秀的表演技巧也能增加直播的趣味性和吸引力，使观众更愿意长时间地观看直播。

表演技巧可以让观众对他们的直播产生兴趣和共鸣。主播应该掌握直播带货中常用的三种表演技巧。

（1）语言表达

直播主要通过口语进行表达，良好的口才是必备的。主播应该注重语言的准确性和流畅性，同时也要适当运用幽默和激情，增强观众的参与感和记忆度。此外，主播还可以通过特殊的语调和韵律感来提升自己的表演效果。

（2）动作表演

网络直播中，观众通常只能通过主播动作来了解和感受直播内容。主播应该注重动作的丰富性和表达力。适当运用手势、面部表情和身体语言，可以让直播的表演更加生动有趣，能加强与观众的情感交流。

（3）互动沟通

与观众互动是网络直播的一大特点，主播应善于与观众互动，及时回应观众的提问和评价。互动过程中，主播要注意保持礼貌和热情，让观众感受到被重视和关注。主播还可以通过提问激励观众的参与度，增加直播的活跃度和互动性。

【思政园地】

2016年12月国家互联网办公室施行《互联网直播服务管理规定》（以下简称《规定》），该《规定》旨在促进直播电商行业健康有序发展，弘扬社会主义核心价值观、维护国家利益和公共利益，为青少年成长营造风清气正的网络环境。其中重点明确了对主播人设定位的规范，强调主播在直播过程中应当遵循社会功德、不得利用人设定位进行虚假宣传、误导消费者。

因此，直播过程中主播在与粉丝交流互动时应注意言行举止，传递给直播间粉丝正确的世界观、人生观、价值观，展现中华文化的魅力，传播中华优秀传统文化和现代文明成果，增强直播间粉丝对中华文化的认同感和自豪感，积极引导粉丝遵守法律法规，共同营造良好的网络环境。

思维导图

项目三　思维导图

职场省思

随着互联网红利的逐渐消失，以直播为载体的内容营销全面爆发，直播已经成为各个企业或品牌商开展营销活动的重要手段。随着平台对直播活动的持续投入，用户通过直播购物习惯的逐渐养成，直播营销产业链的渐渐成型，5G 技术的进一步普及和运用，直播营销在未来将呈现爆发式的成长状态，引领内容营销的新潮流。岗课融通知识点如下图所示。

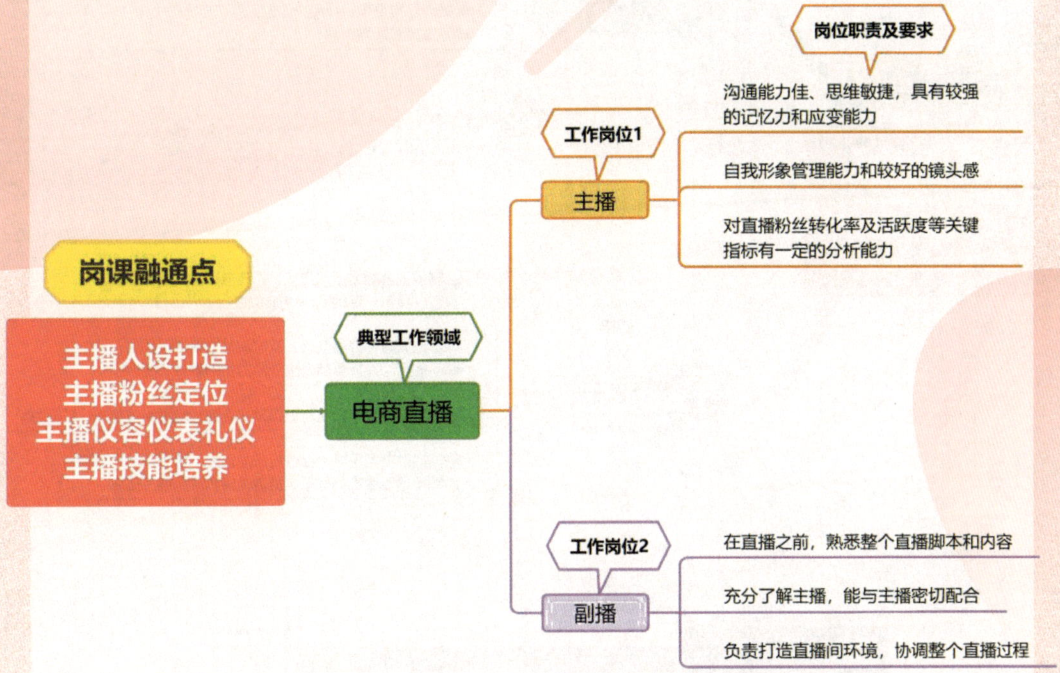

项目三 岗课融通点

课证融通

本项目知识内容与应用能力等级规范对应的专业技能要求关联点如下图所示。

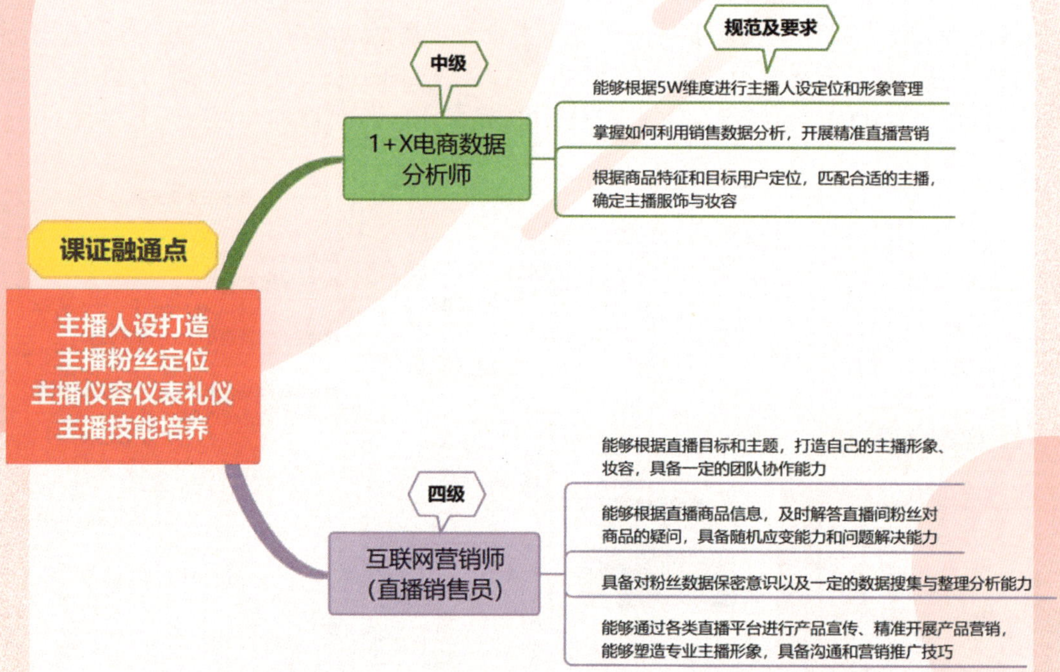

项目三　课证融通点

技能演练

促进职业教育健康有序地发展,提高职业教育的知名度和吸引力,改变我国现阶段职业教育落后的现状,提升职业教育的社会地位,完善我国人才培养结构是举行职业技能大赛的主旨。"直播电商"职业技能大赛在该项目中所涉及的知识要求如下图所示。

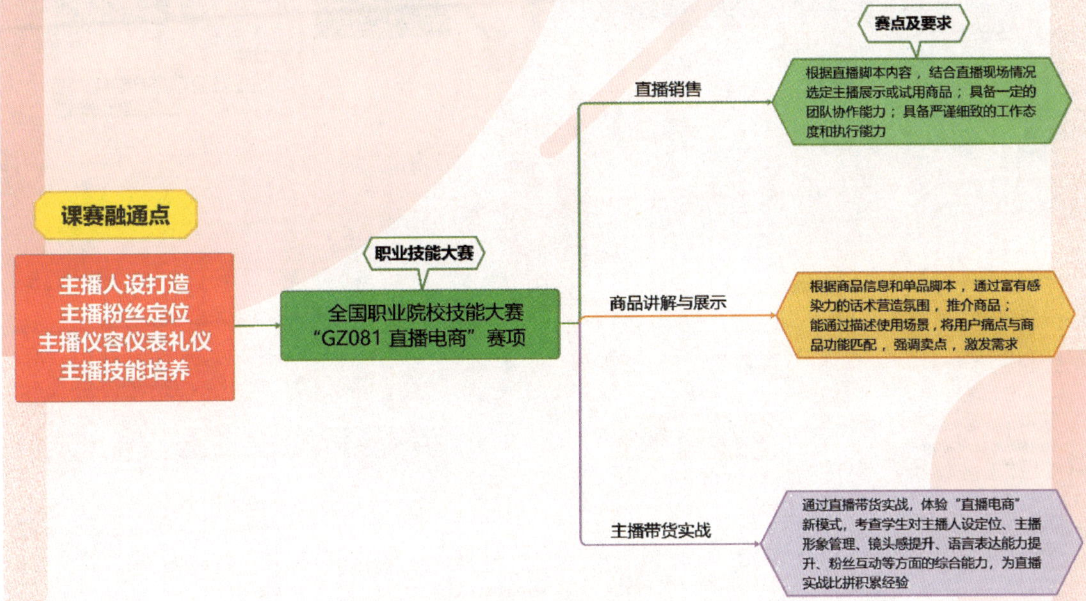

项目三　课赛融通点

知识技能梳理

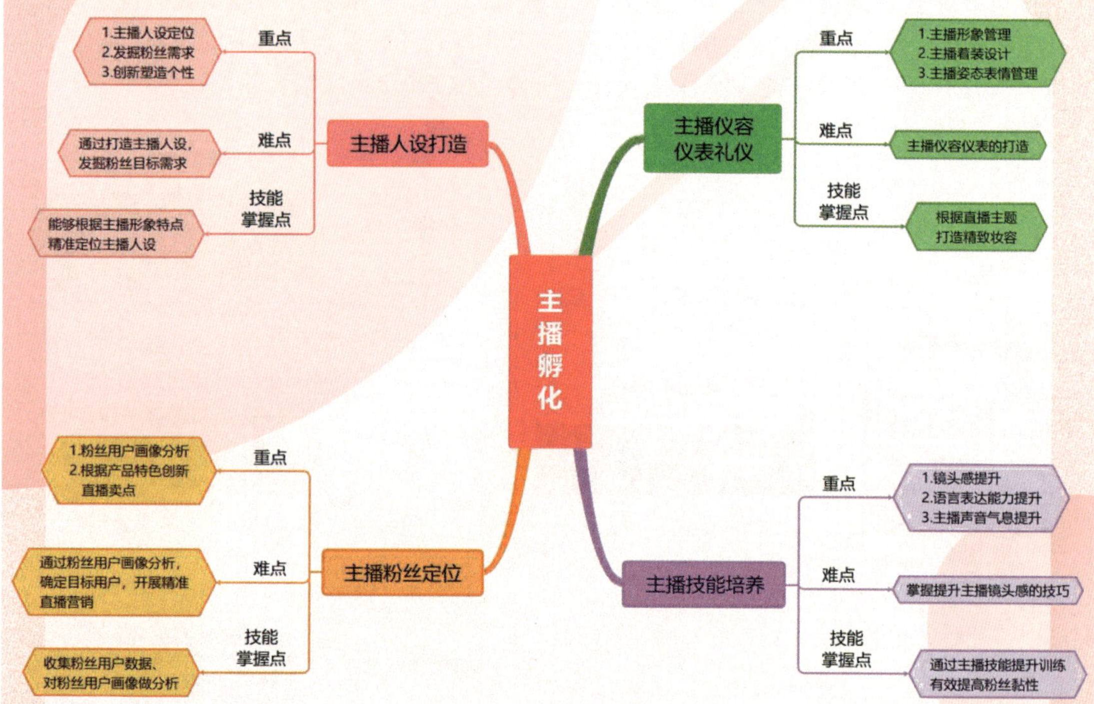

项目三　知识技能梳理

实训与提升

实训任务一：为涛涛定位主播人设	
实训任务	①任务背景：涛涛是某知名大学电子商务学院的应届毕业生，具备丰富的电子商务知识，对直播营销和农副产品有一定了解，文化功底深厚，熟知各类文化典故，为人真诚、对生活充满热情，为了让涛涛的形象更加立体，需要为他打造人设 ②任务要求：分析主播自身条件；明确人设定位 ③以 6~7 人为一个小组，分组分任务按时完成实验任务 ④各组按要求为涛涛进行人设定位，随机抽取 2~3 组进行展示、课堂交流
实训要求	①明确涛涛受教育水平、知识储备 ②理解人设定位的 5W 维度
实训结论	
实训成绩	

实训任务二：为美食主播设计人设打造方案	
实训任务	①实训目的：为美食主播设计人设打造方案，提升主播人设包装能力 ②以 6~7 人为一个小组，分组分任务按时完成实验任务 ③各组按要求为雯雯打造人设，随机抽取 2 组进行展示、课堂交流 ④实训思路：本次实训将使用 5W 维度定位主播人设
实训要求	为某公司的新手美食主播设计人设打造方案，要求人设定位要贴合主播特点，并为人设制订内容，用以在直播时呈现，该主播喜爱探寻各类美食、味觉较为敏感，性格开朗大方，谈吐幽默风趣，对美食的制作有一定了解
实训结论	
实训成绩	

项目四 直播运营

随着直播技术的不断创新，为直播行业带来了新的发展机遇，直播运营能够优化直播流程，提高直播质量，塑造品牌形象，提升品牌知名度和美誉度，增加用户黏性，并协调各环节工作，逐步提升直播效果，最终为企业实现更高的商业价值。

项目情景

良品铺子视频号直播运营经验

随着平台持续赋能视频号，视频号直播成为越来越多品牌商家的选择，持续赋能品牌发展。良品铺子是业内最早在视频号加入外卖端口的品牌，私域布局较为完整，利用视频号直播为线下门店引流。公司致力于通过完善的全渠道网络满足消费者多样化购物需求，通过在抖音商场开设店铺、搭建自播账户、与 MCN 机构及达人主播合作等方式在抖音平台进行业务布局。

良品铺子直播运营的具体策略如下。

1）私域布局　良品铺子直播运营通过企业微信、公众号及官方商店小程序直接跳转直播间，关注社群会发放优惠券，每一场直播开播都会在群里推送直播间链接及直播产品预告，提升粉丝参与度。

2）直播选品　良品铺子直播运营会结合目标人群进行针对性选品，货盘结构如下：主推品 2~3 个，次推品 3~5 个，秒杀品 2 个，挂车品 10+，福袋奖品 15 分钟一个，整点抽奖每小时一个。

3）场景设置　良品铺子直播运营会设置视频号固定直播时间段，引导用户预约最新直播，添加企业微信，进群享粉丝专属福利。

4）直播间引流　良品铺子直播运营打通流量跳转渠道，关注公众号可以跳转视频号，视频号主页有直播预约，通过官方商店小程序、企业微信、微信社群皆可直接跳转直播间。

5）直播间促销活动　良品铺子直播运营通过福袋抽奖，每隔 15 分钟一次弹幕参与福袋抽奖，奖品为腾讯会员周卡等小礼品；每小时整点下单参与抽奖，奖品为荣耀手环、口红等产品；每隔几个推品间就会插入超值秒杀品，通常为特价促销的超值单品或限量发售的新品。

6）直播间转化　良品铺子直播运营团队有良好的直播转化策略，从商品数量入手，采用饥饿营销方法，设置库存有限，最后 ×× 单，下单赠送 ×× 份赠品；从优惠入手，满 ×× 送价值 ×× 的产品（赠送时令礼品，如近期的敦煌扇子），比线下门店购买优惠了整整 ×× 元；从心理入手，只有直播间有此优惠，一个小伙伴扣 1 上一个库存，只有扣 1 的小伙伴享有福利。

良品铺子尝试了小程序直播，但直播间用户来源受限，以老客为主，后转战视频号直播，借助视频号公私域流量互通的特点，通过公私域联动，实现视频号直播间高转化，有效实现直播间流量增长、GMV 增长。

项目目标

直播间运营岗位及能力要求：

1.营销能力：直播运营需要制定营销策略，包括直播内容、时间、平台等，以吸引观众；

2.沟通能力：直播运营需要与直播团队、合作伙伴、观众等进行沟通，以确保直播顺利进行；

3.数据分析能力：直播运营需要分析直播数据，包括观众数量、购买率、转化率等，以评估直播效果，并制定改进策略

全国大学生直播电商创新创业大赛知识及能力要求：

1. 根据直播间用户特点，设置直播账号信息，完成直播场景搭建，设置商品主图与详情页；

2. 设计直播方案及话术脚本，并进行直播各个环节设计及直播数据分析，根据分析调整策略

1+X直播电商职业技能等级证书（中级）知识及能力要求：

1. 能够根据直播要求进行直播运营并进行数据分析；

2. 掌握直播运营流程，能够设计直播方案并进行方案修正优化

互联网运营师证书知识及能力要求：

1. 内容策划的能力，具备选题、策划、创作和创意能力；

2. 视频制作的能力，具备基本的拍摄能力和剪辑制作能力；

3. 用户运营的能力，视频用户定位，用户运营，解决账户用户的活跃、留存等问题；

4. 数据分析的能力，熟悉平台的数据，能够通过对账号进行数据分析和复盘，调整账号各方面的内容

知识目标：

1.掌握直播间美工设计知识点与技巧；

2.了解网店开通及直播间搭建方法；

3.掌握直播团队组建流程、团队建设方法；

4.掌握短视频拍摄与运营的知识与技巧

能力目标：

1.能够根据直播方案进行整体店铺、商品、广告页美工设计；

2.能够开设网店、开设橱窗及管理商品；

3.能够创建直播团队并进行团队建设提升；

4.能够进行短视频拍摄、发布、分析优化

素质目标：

1.能够准确进行自我定位，端正工作态度；

2.培养遵法、诚实、守信、敬业爱岗、吃苦耐劳的良好职业道德素养；

3.养成注重条理、善于思考、灵活变通、精益求精的良好习惯；

4.不断提升个人的创造力与创新能力，勇于负责，敢于担当；

5.坚持以社会主义核心价值观为引导，积极追随响应发布优质内容；

6. 树立积极正面的营销意识和行业竞争观

任务 4.1　美工设计

【任务导入】

创业者小明，在某市拥有一家服装实体店，由于近几年电子商务的快速发展，特别是近几年直播带货的兴起，使小明看到了在电子商务平台开展业务、拓宽市场、寻求发展的机会。小明通过第三方平台的数据分析，分析市场情况及市场机会，决定在主流电商平台上开一家专营服装用品的网店，开启自己的电商发展之路。

小明刚开网店时，不了解网店美工设计的重要性，认为做好产品质量和服务即可，他将商品图片按照规则要求直接上传到产品链接里，便完成了产品图片上传。由于平台内同风格的服装店铺较少，加上新人流量扶持，小明家服装网店的成交量还不错。但是近段时间网店的访客、商品销量下降却很明显，网店的订单都是忠实客户创造的，新客户越来越少，订单中新客占比越来越低。

小明为了提升网店的人气数据、销售数据，在电商平台参加了平台发布的促销活动，还提升了网店的新品上架频率。但平台活动结束后，小明发现网店的流量虽然多了，商品成交量、转化率却并不高。对此小明百思不得其解。为了寻找解决办法，小明在电商平台上浏览其他成功的网店，找到一家与自家同风格的店铺。通过第三方平台查询发现该网店的新客数据、订单数据都很好，小明进入这家网店的首页进行查看，他觉得这家店铺的美工设计非常高端大气，网店的首页清新自然，不但将产品的特色进行展现，还把不同商品的卖点通过搭配，以不同方式展现出来，而且还通过产品搭配，为用户提供完整的解决方案，并在首页中添加了产品的解说和使用方法，让商品卖点变得更加突出。

通过对这家网店的分析，小明才意识到自己的网店近期数据较差，在于网店的视觉设计效果没做好，那么通过提升网店的美工设计水平，应该可以提高店铺的商品成交量。于是，他决定对网店进行美工设计优化，先确定网店首页的整体风格，将网店的风格与产品特点结合，在首页中将服装产品的特色展现出来，在店铺首页加入高端的轮播广告图，再对店铺中的商品图片进行统一风格处理和美工的优化，挑选具有特色、高端的商品来制作广告图，并进行商品的广告页面风格设计。同时在商品详情页将企业品牌、企业文化、产品特色等元素都加入其中，产品卖点信息一览无余，提升消费者的信任感，为消费者打消疑虑。

通过整体店铺的美工设计，网店的整体风格与产品风格一致，网店更高端、更让消费者信任，访客的留存率、客户转化率明显提升，平台赋予更多的流量，店铺数据越来越好。在电商平台开设网店，需要对网店进行美工设计，良好的美工设计可以提升店铺形象、增加用户好感，进而提升店铺整体数据。

【知识必备】

4.1.1　美工设计基础

（一）色彩

色彩是通过光的反射或透射而产生的视觉现象，极具视觉冲击力，人对色彩的感觉不仅由光的物理性质决定，也会受到周围事物的影响，掌握色彩知识与色彩的应用技巧，是美工设计的关键，如图 4-1。色彩的应用在网店的美工设计中尤为突出，店铺的整体色彩风格、色彩搭配以及产品主图、详情页色彩的应用，使得整体店铺视觉设计层次更高。色彩在人们的日常生活中扮演着重要的角色，可以增加美感和吸引力、塑造氛围和情感、传达信息和意义、区分和标识物体、影响人们的行为和决策。

图 4-1　色彩呈现

色彩在美工设计中具有重要作用，良好的色彩应用可以吸引注意力，鲜艳、独特的色彩能迅速吸引人们的目光；可以传达情感和情绪，红色代表热情、蓝色代表冷静；可以塑造品牌形象，帮助品牌建立独特的视觉识别；可以创造氛围和感觉，温暖或冷静的氛围；可以引导视线和强调重点，突出重要元素；可以区分和组织信息，通过色彩划分不同部分；可以影响用户行为，具体见表 4-1。

表 4-1　色彩的特点

特点	解析
视觉感知	人类视觉系统对光的感知结果
多样性	包括无数种不同的颜色
情感表达	可以引发人们各种情感和情绪反应
文化内涵	在不同文化中可能具有不同的象征意义
设计要素	是众多设计领域中的重要元素
信息传递	能传达特定的信息和意义

续表

特点	解析
相对性质	色彩的感知会受到周围环境和参照物的影响

三原色指色彩中不能再分解的三种基本颜色，通常说的三原色，是色彩三原色以及光学三原色。三原色同时相加为白色，白色属于无色系（黑白灰）中的一种，如图 4-2。色彩的构成有色相、明度、饱和度三个要素，是人类眼睛能够正常感知色彩的基本条件，熟悉并灵活应用三原色是进行美工色彩设计的基础。美工设计人员需要掌握色彩的使用和色彩间的搭配方法，掌握色彩的构成要素、搭配原理。

色相是色彩的首要特征，用于区别不同颜色，是一种颜色的本体特征。色彩是由光的波长的长短差别所决定的，色相是指这些不同波长的色彩情况。各种色彩中，红色是波长最长的色彩，紫色是波长最短的色彩，红、橙、黄、绿、蓝、紫和处在它们之间的红橙、黄橙、黄绿、蓝绿、蓝紫、红紫共计 12 种色彩组成了色相环，如图 4-3。

图 4-2　三原色

图 4-3　色相环

色相是区分各种颜色的重要属性；直观感知，人们可以通过肉眼直接感知色相的差异；广泛分类，通常根据光谱顺序或其他分类方式进行划分；决定色彩印象，对色彩的整体印象产生重要影响；与其他属性相关，与明度、纯度等属性共同构成色彩的特征。

在实际应用中，色相的作用包括艺术创作，帮助艺术家选择和组合不同的颜色；设计领域，平面设计、服装设计等，影响作品的整体风格和效果；色彩搭配，决定颜色组合的协调性和美感；品牌识别，用于塑造品牌的独特形象；情感表达，传递特定的情感和氛围。

饱和度也称为纯度，指色彩的纯净程度或鲜艳程度。高纯度的色彩非常鲜明，低纯度的色彩比较暗淡。如图 4-4，由左向右饱和度逐步提升，呈现出的色彩艳丽程度是不同的，右侧图片的饱和度远大于左侧图片的饱和度，随着饱和度数值的增加，色彩的艳丽程度逐步增加，视觉冲击力越强。

图 4-4　饱和度由低到高呈现图像

在实际应用中，饱和度的作用主要包括艺术表现，帮助艺术家表达不同的情感和氛围；设计领域应用，平面设计、室内设计等，影响作品的风格和效果；图像处理，调整饱和度来改变图像的整体感觉；品牌形象，选择适当的色彩饱和度来塑造品牌特征；视觉吸引力，高饱和度的颜色更容易吸引注意力。饱和度的特点具体见表 4-2。

表 4-2　饱和度的特点

特点	解析
反映鲜艳度	可以衡量颜色的鲜明程度
受明度影响	高饱和度的颜色通常更鲜艳，低饱和度的颜色则显得柔和
视觉效果	对色彩的视觉冲击力和吸引力有重要影响
可调节性	可以通过色彩处理来改变饱和度
设计要素	是众多设计领域中的重要元素

知识拓展

高饱和度与低饱和度的色彩特点

较高饱和度的色彩通常具有以下特点：一是鲜明突出，容易引起注意，具有较强的视觉冲击力；二是活力感强，给人以充满活力和生机的感觉；三是情感强烈，能传达出较为强烈的情感。

低饱和度的色彩通常具有以下特点：一是柔和协调，使画面显得和谐、平稳；二是优雅低调，营造出优雅、内敛的氛围；三是稳重舒适，给人以舒适、安静的感觉。

明度是指色彩的明亮程度，它是色彩的重要属性之一，不同的色彩有不同的明度，白色是明度最高的颜色，黑色是明度最低的颜色。任何色彩都存在明暗变化。同一色相的明度中还存在深浅的变化，如绿色由浅到深有粉绿、淡绿、翠绿等明度变化。明度的特点见表 4-3。

表 4-3　明度的特点

特点	解析
亮度体现	决定了颜色的明暗程度
可比较性	可以对不同颜色的明度进行比较和区分
影响视觉效果	高明度给人明亮、清新的感觉，低明度则显得沉稳、神秘
与其他属性相互作用	与饱和度、色相共同影响色彩的表现

从明度的角度对图 4-5 进行分析，背景采用统一的浅灰色，给人一种干净、纯粹的感觉，与同色系商品的搭配，让整个画面中的各元素相互呼应、统一协调，使产品呈现高端大气，通过产品自身的颜色及明度对比，让画面显得更具吸引力，从而提升整个画面的层次感。

图 4-5　明度在广告图中的应用

明度在美工设计中的作用主要包括营造氛围，通过明度的变化创造不同的氛围和情感；强调重点，利用明度差异突出特定元素；平衡画面，使整体色彩搭配更加和谐；表达含义，传递特定的信息和意义。在具体的美工设计中，高明度色彩常用于表现活力、欢快，低明度可用于营造严肃、神秘的氛围，明度设置如图 4-6。

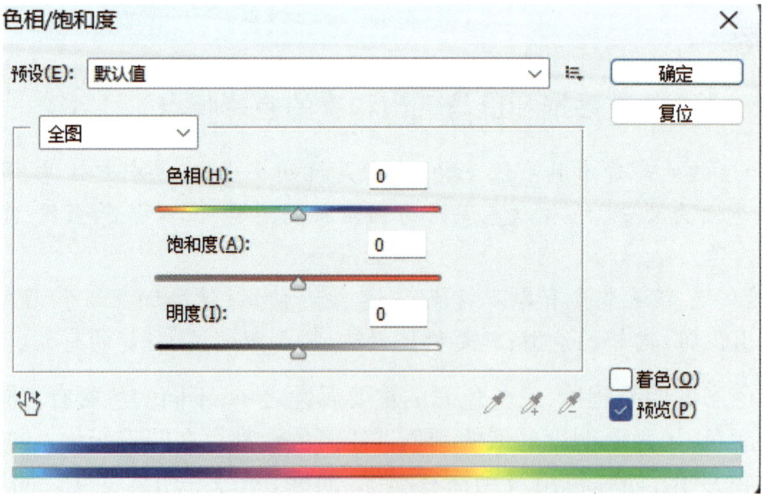

图 4-6　明度调节界面

运用视觉色彩时，需要考虑以下几方面：目标受众，了解他们的喜好和文化背景；品牌定位，与品牌形象相符；对比度和和谐度，避免过于刺眼或混乱；色彩心理学，了解色彩的象征意义；显示媒介和环境，确保在不同媒介上的效果一致；色彩搭配原则，互补色、相似色等；文化和地域差异，某些色彩在不同地区可能有不同的含义。

（二）文字

1. 字体类型

传统的字体类型分为楷、草、隶、篆、行五种，字体在广告设计、图片设计等领域有广泛的应用，可以把字体分为四种类型：宋体类、黑体类、书法体类与创意体类，如图 4-7。

图 4-7　字体分类

宋体类字体属于比较传统的字体，有衬线字体字形方正，笔画横细竖粗，常用于正式文档和印刷品。宋体字形方正、纤细、结构严谨，笔画横平竖直，末尾有装饰，给人一种秀气端庄的感觉，宋体保持较强的韵律性，一般出现在报纸、杂志、小说的正文，所以也称为印刷体，商业设计中，宋体一般出现在标题中，正文应用较少，因为宋体笔画较细，不易识别，海报、广告页中运用较少。

黑体类字体去掉了宋体类字体的尾端装饰，没有起手和收笔痕迹，属于无衬线字体，黑体类字体横平竖直，干净利索，字形端庄，笔画均匀，易于阅读，具有较高的辨识度，能够满足人们对于文案的要求，目前常用于商品海报图标题、文体描述或商品详情页的文字描述。

书法体类字体是一种具有独特艺术风格的字体，字形多变有力，体现个性化和创造力，富有文化气息，艺术美感，具有较高的艺术价值，书法体笔画的粗细、长短、曲折等变化丰富，富有韵律感。

创意体类字体是一种有图案意味或装饰意味的字体变形，它以普通文字为基础，经过专业的字体设计师艺术加工而成。其特点是符合文字含义、具有美观有趣、易认识、醒目张扬等。以下是一些常见的艺术类字体：华文彩云、华文新魏、华文琥珀、卡通字体等，风格多样，富有创意。

2. 字体搭配

字体的搭配与布局，在画面的空间、结构、韵律上都很重要。一般来说，一个广告设计中应用的字体为两到三种字体，其中一种字体可以变化字号、粗细、倾斜度等来进行调整。字体搭配要注意文字表达的层次，首要表达信息、次要表达信息等，首要表达信息需要占据主导位置，是用户首先看到的信息，字体搭配是设计中重要的一环，见表 4-4。

表 4-4　字体搭配

原则	解析
对比度	选择风格差异较大的字体，增加视觉冲击力
协调性	确保字体在风格和形态上相互协调
可读性	保证文字清晰易读
主题相符	根据设计主题选择合适的字体
限制数量	一般不超过三种字体
大小和粗细	形成对比，突出重点
同系列字体	保持整体风格的一致性

知识拓展

常见的字体搭配方案

1）黑体＋宋体　这种搭配常见于正式的文档或设计中，黑体简洁现代，宋体规范工整。

2）楷体＋行书　富有文化气息，适用于传统文化相关的设计。

3）宋体＋仿宋　保持一定的统一性，又有微妙的变化。

4）隶书＋楷书　体现古典美，常用于书法相关的设计。

5）手写体＋黑体　增加了个性化和亲切感。

6）艺术字体＋常规字体　如卡通字体搭配黑体，既有趣又不失可读性。

7）行书＋草书　展现自由洒脱的风格。

8）宋体＋圆体　圆体柔和，与宋体形成对比。

9）楷体＋瘦金体　有优雅的气质。

（三）构图

良好的构图方法能够对图片进行重点划分、区分信息，更好地展现商品信息与营销信息。可以引导视线，帮助用户快速理解画面的主题和重点；可以增强表现力，更好地展现被拍摄对象的特点和情感；可以营造氛围，通过合理布局，营造出特定的氛围和情感；可以提升美感，使画面更具艺术性和观赏性；可以强调主次，突出主体，明确画面的主次关系；可以增强故事性，有利于传达故事和信息；可以统一画面，使画面各元素协调统一；可以吸引观众，更容易吸引观众的注意力，产生共鸣。好的构图可以让作品更具吸引力、感染力和表现力，更好地传达作者的意图和情感，具体见表 4-5。

表 4-5　构图方法

名称	解析
中心构图法	将主体置于画面中心，吸引观众注意力
三分法构图	利用横竖两条线将画面分割成九等份，重要元素放在交点上

续表

名称	解析
水平线构图	适用于表现广阔的场景,地平线、海平面等
垂直线构图	可以增强画面的稳定性和庄严感
对角线构图	营造动感和活力
框架构图	利用前景框架突出主体
对称构图	给人一种平衡、稳定的感觉
引导线构图	通过线条引导观众的视线
三角形构图	有稳定、均衡的效果
S 形构图	展现优美的曲线和韵律感
黄金分割构图	符合人们的审美习惯,使画面更具美感

4.1.2 店招设计

(一)店招

店招是展示店铺形象的窗口,如图 4-8,高质量的店招可以为店铺树立良好的形象,提升店铺档次,设计店招时,不仅需要凸显店铺的风格特点,还要展现出商品的定位,吸引用户关注收藏。

图 4-8 店招

店招一般位于网店页面的顶部,主要用于展示店铺名称、活动内容、商品分类等信息,目前的主流电商平台中,常规店招尺寸为 950×120 像素。店招是指店铺的招牌,设计一个有效的店招需要考虑的因素较多,店招要简洁明了,避免过于复杂的设计,确保信息易于理解;店招要具有独特性,与竞争对手区分开来;店招要注重色彩搭配与字体选择,选择合适的颜色、清晰易读的字体来传达品牌形象。成功的店招通常有独特造型或标志性元素,能够运用创意灯光效果,能够展示明确品牌标识和核心信息。

店招的作用主要见表 4-6。

表 4-6 店招作用

名称	解析
品牌识别	展示店铺的名称和标识,帮助顾客识别和记住品牌
吸引顾客	通过独特的设计和醒目的展示吸引路人的注意
传达信息	传递店铺的主营业务、特色产品或服务

续表

名称	解析
塑造形象	体现店铺的风格和定位

（二）店招营销设计

1. 店招设计风格

店招的风格通常会决定店铺的风格，一般来说店铺的店招、导航条、商品风格应与整体店铺的风格保持一致。如图 4-9 为大疆创新京东自营旗舰店的店招效果，大疆是一个主打科技类产品的公司，科技水平高、创新性好，因此店招整体色调用干净的白色，高端大气，店招整体凸显科技感，整体设计高端、时尚。

图 4-9　大疆店招

不同类型的店铺，因为其面向的消费者群体不同，店招的风格也不尽相同。店招的设计风格多种多样，主要有简约风格，简洁、干净，注重线条和形状的简洁性；复古风格，模仿过去时代的设计元素，营造出怀旧氛围；现代风格，体现时尚、创新的感觉；工业风格，带有工业化特征，如粗糙的材质、金属等；自然风格，运用自然元素，如木材、植物等；创意风格，独特、新奇，吸引人们的注意力；艺术风格，有艺术感，如绘画、涂鸦等元素；民族风格，体现特定民族或地区的特色；卡通风格，可爱、有趣，适合儿童相关店铺；时尚风格，紧跟潮流，展现时尚气息。

美工设计师选择店招风格时，需考虑店铺类型和定位、目标客户群体的喜好、市场环境和竞争对手、品牌形象和价值观。精心设计的店招，可以吸引顾客，提升品牌知名度，为店铺创造良好的第一印象。

案例链接

店招设计成功案例

成功的网店店招设计可以吸引更多的顾客，提高品牌知名度和销售额。以下是一些网店店招设计成功案例。

1）韩都衣舍　充分利用网店店招空间，做品牌、旗下品牌、活动专场、收藏、广告等。整体色彩使用黑白红时尚搭配，以白色为主色，黑色为辅助色，红色为跳色。

2）艾斯臣　充分利用空间，对引流、引导消费和增加客单价都有较好的效果。色彩搭配上比较高大上，优惠券、三款店铺爆款都展示清晰明白。

2. 店招设计要点

优质的店招可以给用户留下好的印象，利用好店招进行信息传达是网店美工设计的重要步骤之一，美工设计后的店招不仅能传达信息，还能给买家留下记忆点。

Logo 是店铺的形象标识，在店铺及商品上出现 Logo，可以加深用户对产品的印象，提升用户的信任感与好感，品牌专营店一般会沿用商品品牌 Logo，如果是自有品牌，则更加注重本品牌的 Logo 设计，由于网店 Logo 展示空间有限，Logo 在设计过程中，最好简洁明了，能被用户清晰地看到全部信息，如图 4-10。

图 4-10　Logo 展示

Logo 设计要点简单易识别，保持视觉平衡，讲究线条流畅，使整体形状美观，利用反差、对比或边框等设计来强调主题，选用恰当的字体，注意留白，给用户一定的想象空间，运用好色彩，人们对于色彩的反应比形状更为敏锐和直接，更容易激发用户的兴趣。

知识拓展

Logo 的形式

Logo 的形式多种多样，以下是一些常见的形式。

1）图形标志　通过独特的图形来传达品牌信息。

2）文字标志　以品牌名称或特定字体设计。

3）组合标志　图形和文字的结合。

4）抽象标志　运用抽象的形状或符号。

5）具象标志　直接表现具体的对象或概念。

6）吉祥物标志　以可爱的吉祥物作为品牌代表。

7）立体标志　有三维效果。

8）极简主义标志　简洁而富有表现力。

9）手绘风格标志　体现手工绘制的艺术感。

（三）店招制作

店招的使用率非常高，店招不但包含店铺常规的基本信息，还将店铺导航栏、添加收藏、返回首页等通道融入店招中。

全国职业院校技能大赛高职组电子商务赛项中，有电商产品开发、视觉营销、网店营销与运营推广三个模块。其中，视觉营销赛项需要制作店招，具体要求如下。PC 端网店首页图片设计规范：店招图片建议尺寸 950 × 120 像素；图片大小 3MB 以内，支持 jpg、jpeg、png 格式。任务要求：根据网店营销需求及产品定位，结合给定的设计素材，遵照店招图片的设计规范及平台规则，完成店招图片设计。

下面将制作一个跑步机店铺的店招，根据电商技能大赛关于店招的要求，结合给定素材（如图 4-11），在店招中加入关注、收藏等模块来展示店铺特色，具体操作如下。

图 4-11　电子商务技能大赛跑步机素材

步骤 1：新建大小为 950×120 像素、分辨率为 72 像素/英寸、名为“店招”的文件；依次点击菜单栏“视图”“新建参考线”，在弹出的对话框中，分别在水平方向建 50%的参考线，垂直方向建 25%、50%、75%的参考线，如图 4-12。

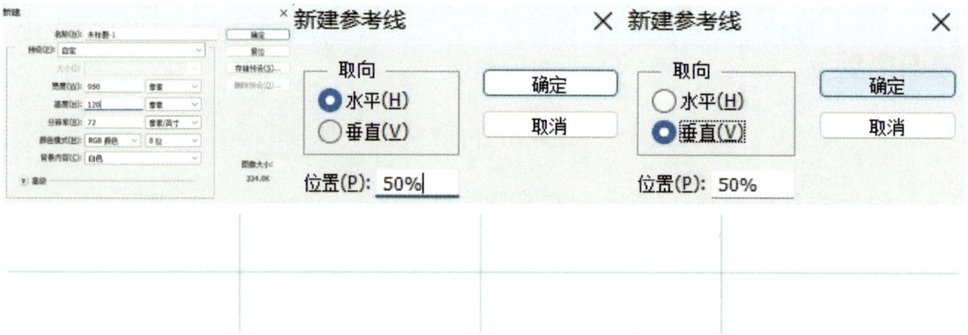

图 4-12　创建文件、建立参考线

步骤 2：设计店标，使用工具栏中的“圆角矩形”工具，在工具属性栏的左侧，选择圆角矩形形状，颜色选择“#9d05b4”，右侧选择半径为“10”，在工作区域设计一个长度为 3 cm 的圆角矩形，如图 4-13。

图 4-13　创建圆角矩形

步骤 3：依次点击“图层”“图层样式”“斜面与浮雕”，样式选择“内斜面”，深度填写“123”，大小填写“12”，软化填写“3”，点击【确定】按钮，设置如图 4-14。

图 4-14　制作店标

步骤 4：点击工具栏的【字体】按钮，选择合适的字体，输入“FP”“飞盘运动”，“FP”字体选择“白色”，“飞盘运动”字体选择“#9d05b4”，调整文字大小至合适位置。使用“Ctrl+T”键进行自由变换操作，进行大小调整。

步骤 5：依次点击菜单栏“文件”“置入”，将素材图片 1、2、4、7 置入，使用工具栏的“移动工具 V”调整图片位置，使用“Ctrl+T”键调节图片大小，呈现效果如图 4-15。

图 4-15　置入素材

步骤 6：点击工具栏的【字体】按钮，选择合适的字体，输入“新品上市”“掌柜推荐”“热卖推荐”，字体选择“#9d05b4”与“# 000000”，调整文字大小至合适位置，使用“Ctrl+T”键进行自由变换操作，进行大小调整。

图 4-16　添加文字

步骤 7：使用工具栏中的“圆角矩形”工具，在工具属性栏的左侧，选择圆角矩形形状，颜色选择“#9d05b4”，右侧选择半径为“10”，在工作区域设计一个长度为合适的圆角矩形，如图 4-17，依次点击“图层”“图层样式”“斜面与浮雕”，样式选择“内斜面”，深度填写“368”，大小填写“3”，软化填写“0”，制作立体按钮效果，点击【确定】按钮。

图 4-17　制作立体按钮

步骤 8：使用工具栏中的“形状”工具组内的“自定义形状”，在工具属性栏的左侧，颜色选择“红色”，右侧形状选择“心形”，在工作区域设计一个红色心形图案，如图 4-18，点击工具栏的【 字体 】按钮，选择合适的字体，输入“收藏”“立即购买”，字体颜色都选择“白色”，调整文字大小至合适位置。使用“Ctrl+T”键进行自由变换操作，进行大小调整。

图 4-18　立体按钮添加文字

步骤 9：为了使店招信息更具层次感，选择左边和右边的图片，不透明度选择“25%”，如图 4-19。

图 4-19　调节不透明度

步骤 10：右侧图片边界过于清晰，可以添加蒙版与渐变效果，使画面衔接更顺畅。选择右侧的图片，点击“图层”“图层蒙版”“显示全部”，为图层添加一个纯白蒙版，点击蒙版，点击工具栏左侧的默认前景色背景色，前景色与背景色恢复黑白色，点击“渐变”工具，选择由前景色到背景色渐变，如图 4-20。

图 4-20　添加蒙版

步骤 11：由图片到边缘拉出一条横线，如图 4-21。蒙版填充一个由白到黑的渐变，也可以使用柔边笔刷，选择“黑色”为前景色，修整区域。最后的完成效果如图 4-22。

图 4-21　渐变效果完成

图 4-22 店招制作完成

4.1.3 banner 图片设计

(一)banner 图片

海报图片 banner 有非常震撼的视觉效果,是用于宣传产品、推广产品和宣传活动、推广活动的图片,位于网店首页店招与导航栏的正下方, Banner 的设计不仅需要注重视觉效果,还应考虑品牌价值、产品特色、消费心理、用户习惯、色彩应用、创意元素等多方面的信息,全屏海报设计是店铺首页美工设计中的重点。

全屏海报不仅能给消费者带来视觉上的享受,还能使消费者快速了解店铺的促销内容与活动信息。优质的全屏海报,更加美观,容易吸引消费者,能够体现活动主题。广告图片的作用见表 4-7。

表 4-7 广告图片作用

作用	解析
吸引注意力	通过独特的设计和视觉效果,吸引潜在顾客的注意力
传达信息	包含商品信息、优惠活动、品牌特点等,帮助顾客了解产品
营造氛围	创造特定的氛围,如节日氛围、促销氛围
提升品牌形象	展示品牌风格和价值观
引导购买	激发顾客的潜在需求,引导他们进行关注及购买

为了达到良好的效果,网店海报图通常需要具备:清晰的主题,明确传达主要信息;高质量的图像,吸引人且能展示商品特点;简洁明了的文字,突出重点,不烦琐;突出的行动召唤,如立即购买、加入购物车等;符合品牌风格,与店铺整体风格一致,如图 4-23。

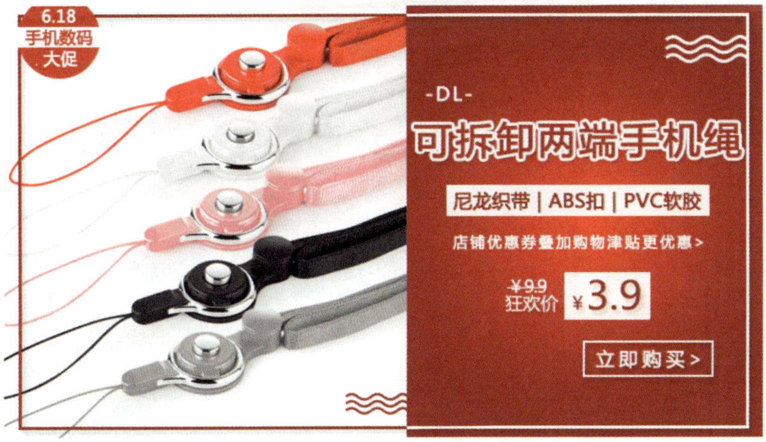

图 4-23 手机绳广告

（二）banner 图片营销设计

1.banner 图片设计风格

Banner 设计风格多种多样，给人们的感受也是不同的，以下是一些常见的风格。

（1）简约时尚风格

简洁的布局，避免过多元素的堆积，突出主要信息；清晰的线条，多用简洁流畅的线条，营造简洁感；单纯的色彩，一般采用少量的色彩，形成简洁明快的效果；简洁的图形，简单而具有个性的图形，增强视觉冲击力；大气的字体，选择简洁、易读的字体；充足的留白，给人以舒适的视觉感受，突出主题；高质量的图片，清晰、高品质的图片，提升整体品质感；强调对比，通过色彩、明暗等对比，增强视觉效果。

这种风格适合各类品牌，尤其是追求高端、时尚、现代感的品牌。它能够有效地传达信息，吸引观众的注意力，同时展现出品牌的品位和风格。

（2）复古风格

模仿过去的时代风格，有独特的韵味；色彩浓郁，使用深色调，如棕、红、绿等；老式图案，如花纹、条纹等；做旧效果，刻意制造出陈旧、磨损的感觉；经典元素，如古建筑、老式汽车、留声机等；手绘插画，体现复古的艺术风格；粗糙纹理，增加质感；繁体字或手写体，营造复古氛围；怀旧元素，呈现过去的文化、生活方式等。

这种风格适用场景：传统行业，如餐饮、手工艺等；文化艺术领域，体现其深厚的文化底蕴；个性化品牌：打造独特的品牌形象。

（3）现代风格

强调简洁、时尚，符合当下的审美趋势；简洁线条与构图，强调简洁、利落的线条，体现简洁美感，布局简单，突出主题；平面化设计，避免过多的立体和光影效果；无衬线字体，使用简洁易读的无衬线字体；高对比色彩，鲜明的色彩对比，吸引目光；抽象图形，运用简洁的抽象图形表达主题，大量留白：营造简洁、舒适的视觉效果。

这种风格适用场景：科技产品，体现科技感和现代感；时尚品牌，展现时尚、简洁的形象；数字媒体，适应互联网的传播特点，如图 4-24。

图 4-24　U 盘广告

（4）卡通风格

运用可爱的卡通形象，吸引年轻受众；可爱的形象，运用各种可爱的卡通角色或动物形象；鲜明的色彩，色彩鲜艳、活泼，给人带来愉悦的视觉感受；夸张的表现手法：通过夸张的动作、表情等来传达信息；简洁的造型，角色造型简单，易于识别和记忆；故事性，常常包含一定的故事情节或场景；趣味性，充满趣味，吸引观众的注意力。

这种风格适用场景：儿童相关产品，如玩具、儿童服饰等；娱乐产业，游戏、动漫等；年轻化品牌，体现品牌的活力和趣味性。

（5）节日风格

鲜明的节日元素，如春节的红包、端午节的粽子、中秋节的月亮等；对应的色彩，根据不同节日选择有代表性的色彩，营造节日氛围；欢乐的氛围，通过元素和布局传递出喜庆、欢快的感觉；相关的图案或符号；突出主题的文字，明确表明节日主题。

这种风格适用场景：各类节日期间，如春节、国庆节等；电商平台，进行节日促销和推广；社交媒体，发布节日祝福和活动信息。

（6）科技风格

体现科技感和未来感，以冷色调为主，如蓝色、灰色等，营造科技感，运用线条、几何图形、代码、电路等科技相关元素，加入高光和阴影，增强立体感和未来感，可能有闪烁、流动等动态效果，简洁布局，注重简洁、清晰，突出重点信息，使用具有科技感的字体。

这种风格适用场景：科技产品宣传、科技公司网站和数字化服务推广，如图 4-25。

（7）中国风风格

融合中国传统文化元素，运用中国传统色彩，如红、金、青、黑等，包含中国传统元素，山水、花鸟、书法、剪纸、京剧脸谱等。构图讲究对称、平衡，富有层次感。字体使用古朴的中文字体，体现中国文化韵味，营造出优雅、宁静、深远的意境。

图 4-25　科技产品广告

这种风格适用场景：传统文化相关产品或活动的宣传、有中国特色的品牌或网站、中式婚礼、庆典等场合的设计。

（8）文艺小清新风格

柔和色调：如浅蓝、淡黄、淡绿等，营造温馨柔和的氛围；简洁图案，如花、草、树木等自然元素，或者简单的手绘图案；手写文字，使用手写体或手写字体，增加亲切感；大量留白，给人以舒适、清爽的感觉；高质量图片，多为自然风光、静物等；朴素布局，避免过于复杂的构图。

这种风格适用场景：文学、艺术相关网站或活动的宣传、独立品牌、手工艺品的推广、摄影、绘画等作品的展示。

（9）可爱风格

一般明亮色彩，多用鲜明、活泼的颜色，多使用可爱图形，如卡通形象、动物、心形等，采用柔和线条，营造温馨、可爱的感觉，增添一些有趣的小元素，增加趣味性，使用可爱的手写字体，更显亲切。

这种风格适用场景：儿童相关产品，如玩具、儿童用品等的宣传；甜品、零食等食品的推广；轻松娱乐活动的宣传，如派对、亲子活动等。

2.banner 图片设计要点

海报的制作需要有一个主题，根据主题确定海报的文案、信息等。海报的主题以“产品+描述”体现，将描述提炼成简洁的文字，并将主题内容放置在海报的第一视觉中心，可以凸显海报主题，帮助消费者了解产品信息与活动信息。

（1）背景

制作 banner 图时，需要根据产品和活动来选择合适的背景。背景分为颜色背景、场景背景及纹理背景，海报的布局要分清主次，背景设计不能比主体商品突出，否则会影响店铺整体的美观度与海报的效果。

（2）商品

首页 banner 中包含的主体商品不能太多，否则会造成画面杂乱，影响店铺整体的视觉美观度，海报设计中可以适当留白，给消费者简单舒适的视觉体验，也能提升海报的视觉水平。海报中突出产品特色、产品价格等信息。

（3）文案

banner 中的文案分主题内容，副标题和说明性文字，把握好信息的主次关系，设计中适量留白，提升画面层次，让顾客在浏览的过程中能够轻易地抓住画面信息的重点，提高阅读体验与阅读效率。

banner 的视觉效果主要通过简洁精练的文案搭配主体商品来表现，文案在海报设计中是非常重要的组成部分，可以让消费者更直观地看到海报需要传达的信息。通常情况下，文案的字体不超过三种，用无衬线的字体突出主题。

（4）构图

Banner 排版的过程中，文案和商品图片排版尤为重要，处理好图片、文字之间的位置关系，使其整体和谐，突出主体。具体构图详见表 4-8。

表 4-8　构图类型

名称	解析
重心式	居中式，适合重点突出的文案或单个商品
两栏式	左右两部分放置文案和商品图

续表

名称	解析
三栏式	中间是文案,左右两边放商品图或模特等
上下式	上下两部分放置文案和商品图
满版式	场景图填充整个版面,以文字装饰
曲线式	以曲线为基础排版图片与文字,富有动感
三角式	营造一种强烈的空间感、稳定感

(三)banner 图制作

设计广告图片前,需要了解海报图片的设计需求,文案信息、商品图片素材、尺寸大小等信息,掌握网店的设计风格及海报图片的设计风格,掌握海报相关信息后,进行海报图片设计与制作。

全国职业院校技能大赛高职组电子商务赛项中,有电商产品开发、视觉营销、网店营销与运营推广三个模块。其中,视觉营销赛项需要制作 banner 图,具体要求如下。PC 端网店首页图片设计规范:轮播图片建议尺寸 950×250 像素;图片大小 3MB 以内,支持 jpg、jpeg、png 格式。任务要求:根据网店营销需求及产品定位,规划轮播图片展示内容,并结合给定的设计素材,遵照轮播图片设计规范及平台规则完成轮播图片设计。

下面将制作一个女装网店的 banner 图,根据电商技能大赛关于 banner 设计的要求,结合给定素材(如图 4-26),在 banner 展示商品特色及活动信息,具体操作如下。

图 4-26 电子商务技能大赛服饰素材

步骤 1:新建大小为 950×250 像素、分辨率为 72 像素/英寸、名为“banner”的文件;依次点击菜单栏“视图”“新建参考线”,在弹出的对话框中,分别在水平方向建 50%的参考线,垂直方向建 25%、50%、75%的参考线,如图 4-27。

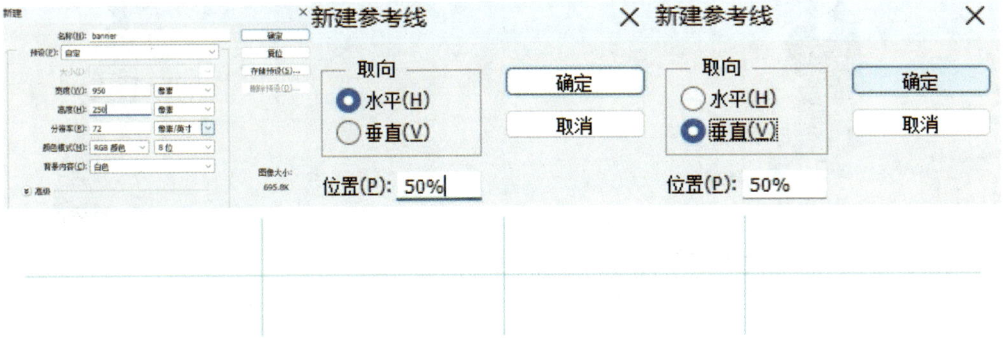

图 4-27 创建文件、建立参考线

步骤 2：置入素材，将图片文件 1 和 3 插入到工作区域，栅格化图层 1 和 3，使用工具栏中的“移动”工具，调整图片到合适位置，如图 4-28。

图 4-28　插入图片

步骤 3：调整图片背景，使图像填充整个 banner 背景。点击右下角“图层”面板，点击图层 3 左侧的【显示】按钮，使图层 3 隐藏，使用工具栏的“矩形”工具，在图层 1 的右侧框选空白区域，在菜单栏点击“编辑”“填充”“自动识别”选项，点击【确定】按钮，空白区域填充，如图 4-29，效果不理想可以使用修复工具进行修复，然后显示图层 3。

步骤 4：调整 1 和 3 使得更贴近背景，可以添加蒙版与渐变效果，使画面衔接更顺畅。选择右侧的图片，点击“图层”“图层蒙版”“显示全部”，为图层 1、3 添加一个纯白蒙版，点击蒙版，点击工具栏左侧的默认前景色背景色，前景色与背景色恢复黑白色，点击“渐变”工具，选择由前景色到背景色渐变，如图 4-30。

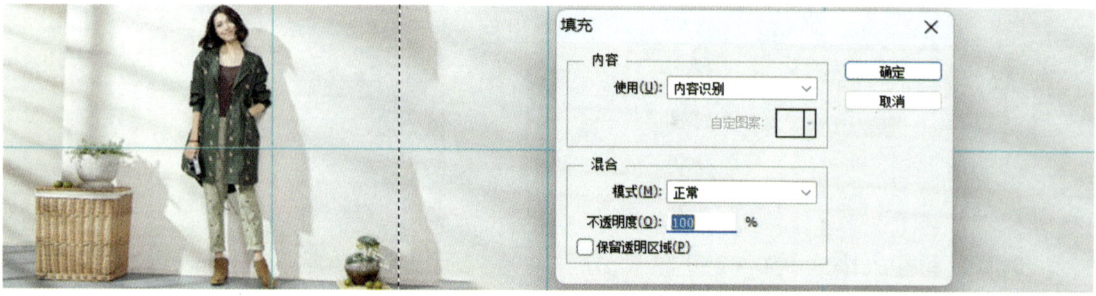

图 4-29　填充背景区域

图 4-30　背景区域调整

步骤 5：点击工具栏的【字体】按钮，选择合适的字体，点击【颜色】按钮，在弹出的拾色器对话框里，颜色填写“#414d3f”，输入“学院风韩版风衣”“双 12 活动价”“原价 369 ￥”，字体样式及大小，如图 4-31。

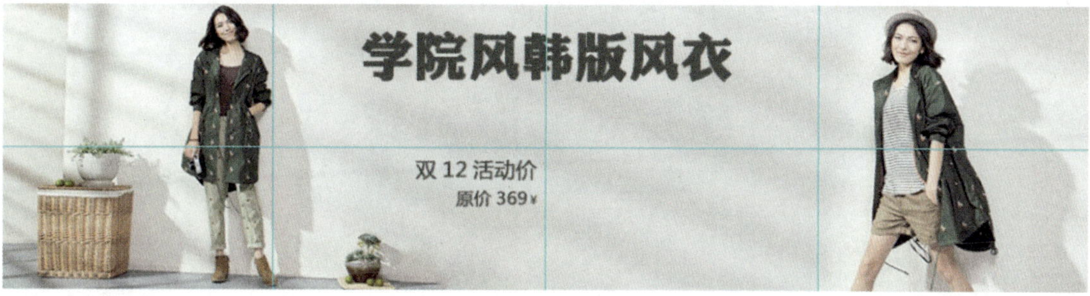

图 4-31　添加文字

步骤 6：使用工具栏中的“形状”工具组里的自定义工具，在工具属性栏右侧选择自定义图形，填充颜色选择“黄色”，在特定区域制作形状图形，栅格化图形。效果如图 4-32。

步骤 7：在工具属性栏的左侧，选择“矩形形状”工具，在工具属性栏里，填充选择“无”，描边颜色选择“#414d3f”，输入“1 点”，在工作区域设计一个合适的矩形，填充选择颜色“#414d3f”，描边选择“无”，输入“1 点”，在工作区域设计一个合适的矩形，如图 4-33。

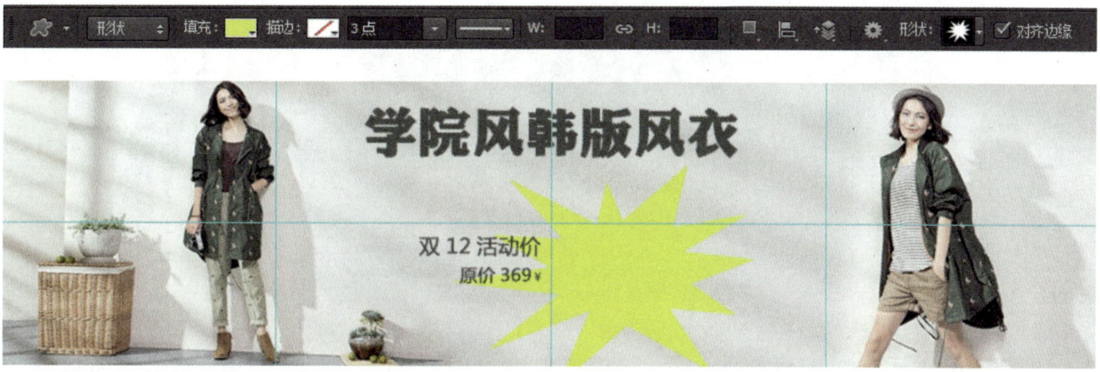

图 4-32　添加形状

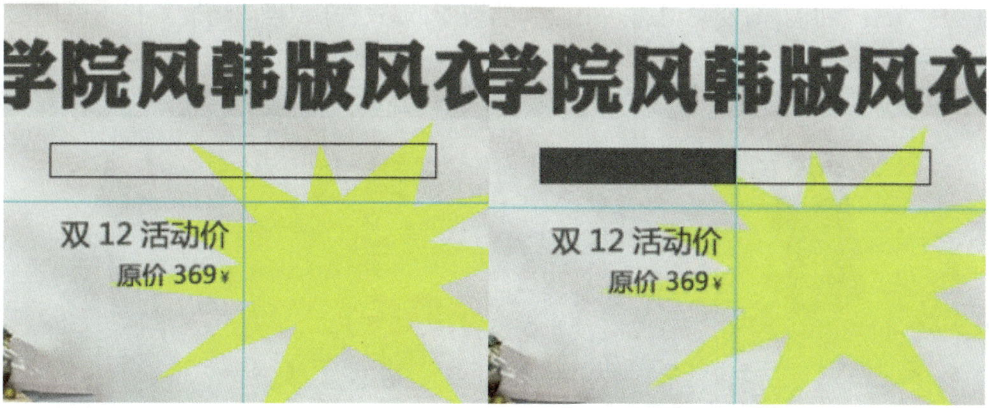

图 4-33　添加形状

步骤 8：点击工具栏的【字体】按钮，选择合适的字体，颜色选择“#414d3f”，输入“透气面料”“¥”，颜色选择“白色”，输入“柔软舒适”“立即抢购”，颜色选择“红色”，输入“295”，调整文字大小至合适位置。使用“Ctrl+T”键自由变换操作，进行大小调整。效果如图 4-34。

图 4-34　添加文字

步骤 9：使用工具栏中的“圆角矩形”工具，在工具属性栏的左侧，选择圆角矩形形状，颜色选择“#414d3f”，右侧选择半径为“10”，在工作区域设计一个长度为合适的圆角矩形，依次点击“图层”“图层样式”“斜面与浮雕”，样式选择“内斜面”，深度填写“235”，大小填写“7”，软化填写“2”，制作立体按钮效果，点击【确定】按钮，使用“移动”工具调节位置及图层上下顺序使其正常显示，如图 4-35。

图 4-35　制作立体按钮

步骤 10：点击黄色图像所在图层，菜单栏选择“图层”“图层蒙版”“显示全部”为其添加图层蒙版，点击蒙版图层，点击工具栏的默认前景色与背景色，使颜色恢复到黑白状态，使用工具栏中“渐变”功能，渐变类型选择由白到黑渐变，模式选择“径向渐变”，以爆炸图形中心点向四周画线，添加渐变效果，制作完成，如图 4-36。

图 4-36　添加渐变效果

4.1.4 主图设计

（一）主图

网店商品主图是指在电商平台上展示商品的主要图片，对于吸引消费者的注意力和促进销售起着至关重要的作用。一张好的主图可以吸引消费者点击，为网店带来更多流量，提升店铺的成交数据。

主图是网店美工设计的重点，是网店商品的展示图，用户在平台搜索产品时，展现的图片便是商品主图，必须能够较好地反映产品的特点与功能，对用户有吸引力，必须有较高的清晰度，对于图文结合的主图，要注重主图整体美观度。主图的特点见表 4-9。

表 4-9 主图特点

特点	解析
高清晰度	确保图像清晰，能展示商品的细节
准确展示商品	呈现商品的真实外观、颜色和特点
突出卖点	强调商品的优势和独特之处
吸引眼球	通过创意设计或独特的展示方式吸引消费者
简洁明了	避免过于复杂的背景或干扰元素
合适的尺寸和比例	符合平台要求的尺寸和比例
多角度展示	提供不同角度的图片，让消费者全面了解商品
体现品牌形象	与品牌的整体风格和形象一致
高质量的摄影	使用良好的光线和构图技巧
适应目标受众	针对目标受众的喜好和需求进行设计

（二）主图营销设计

商品主图营销设计对于商品的销售数据，对于整个网店的成交数据都是非常重要的，商品主图营销设计的重要意义在于：提升吸引力，能快速吸引消费者的目光，增加商品的曝光度；传递关键信息，直观地展示商品的特点和优势；塑造品牌形象，体现品牌的风格和价值观；影响购买决策，帮助消费者做出购买决策；增强竞争力，在众多同类商品、同类店铺中脱颖而出；提高点击率，增加消费者点击进入详情页面的概率；建立情感联系，引发消费者的情感共鸣；提升信任度，让消费者对商品的质量和信誉更有信心；促进销售转化，直接影响商品的销售量；降低营销成本，通过优秀的设计提高效果，降低成本。

商品主图的设计需要从素材、构图、背景及文案来考虑。

1. 素材

在商品主图的设计中，素材的使用直接影响最终效果。商品主图的素材需要选择画质高、清晰的图片。高质量的素材图片能够提升用户的视觉体验，还可以提升产品的价值体现。商品图片需要是完整的，较大的图片需要进行裁剪，使主体部分得以呈现。商品图片需要反映出商品的功能特点，才能对顾客产生吸引力，素材图片能够清晰体现商品的细节卖点，能够将商品特点与优势展现出来。

2. 构图

主图的商品构图是指在设计主图时，对商品进行的布局和组合，以达到吸引消费者、展示商品特点和优势的目的。进行商品构图时，需要注意突出商品特点和优势，主图信息及构图简洁明了，避免过多元素干扰，设计过程中注意色彩的运用。构图要保持画面整洁、美观，符合品牌形象和目标受众的审美需求。良好的构图设计能够提升顾客的视觉体验，提升顾客的兴趣，进而提升店铺的销售数据。构图方式见表 4-10。

表 4-10　构图方式

名称	解析
中心构图	将商品置于画面中心，突出主体
对称构图	营造平衡、稳定的感觉
对角线构图	增加画面动态感和延伸感
三分法构图	把画面分成三等分，商品放在交叉点上
层次构图	利用前后、远近关系营造层次感
特写构图	聚焦商品细节
组合构图	展示多个商品或与配件组合
场景构图	将商品置于相关场景中，增加代入感

3. 背景

商品主图背景设计要简洁明了，避免过于复杂，以免分散消费者对商品的注意力。背景颜色可以使用纯色来突出商品，整体颜色尽可能不超过三种，使用纯色背景搭配商品图片更加灵活多变，图片给人留下深刻印象，如果图片多、色彩杂，会降低用户的体验感，使用户产生视觉疲劳，分散用户注意力，难以给用户留下记忆点，最终影响用户的兴趣与购买欲望。

设计商品主图背景时，还需避免背景与商品颜色相近，导致商品不突出，需要确保背景图像的版权合法，商品图设计好后，可以进行多版本测试，根据获得的数据选择效果最佳的背景设计。

设计商品主图时，需要突出商品，背景不能喧宾夺主，要确保商品是焦点，选择与商品特性或使用场景相关的背景，增强消费者对商品的理解和联想，尽可能将使用场景置入其中，设置背景颜色时，应考虑与商品相协调，同时考虑品牌色彩定位。常见的主图背景设计见表 4-11。

表 4-11　常见的主图背景设计

名称	解析
纯色背景	简洁大方，突出商品
渐变背景	增加画面层次感和动态感
纹理背景	木纹、皮革纹等，增添质感
场景背景	展示商品在实际使用中的情景

续表

名称	解析
抽象背景	运用简洁的几何图形或线条
品牌元素背景	包含品牌标识或特色元素

4. 文案

良好的主图文案设计可以吸引用户的注意力，通过简洁有力的文案，吸引消费者的目光，使其关注到产品，文案可以传达关键信息，清晰地传达产品的特点、优势和价值，触动消费者的情感，增加产品的吸引力和感染力。

商品主图文案可以塑造品牌形象，提升品牌的认知度和美誉度，传递专业和可靠的信息，增加消费者对产品的信任，能够影响消费者的购买意愿，引发消费者对产品的好奇心和兴趣，促使其做出购买决策。

优秀的主图文案设计能够有效地吸引消费者，提高产品的曝光度和销售量。文字信息的内容要尽量简单字体统一，做到文字简短、清晰有力，避免混乱、喧宾夺主等情况。

知识拓展

主图测试方法

良好的主图设计能够提升顾客的视觉体验，挖掘用户的购买需求，提升商品的成交，良好的主图是需要不断测试、不断优化的，测试主图设计的方法有如下几种。

1）A/B 测试　比较不同版本的主图，观察哪个版本的转化率更高。

2）用户反馈　收集用户对主图的意见和建议。

3）数据分析　分析点击率、转化率等数据指标。

4）竞品对比　与竞争对手的主图进行比较。

5）目标受众调查　了解目标受众对主图的看法。

6）多平台测试　在不同平台上测试主图效果。

7）内部评估　团队内部进行评估和讨论。

8）长期监测　观察主图在一段时间内的表现。

通过以上方法，可以综合评估主图设计的成功程度，并根据测试结果进行优化和改进。

（三）主图制作

优秀的网店商品主图可以提高商品的曝光率和点击率，从而增加销售机会。设计商品主图图片前，需要了解主图的设计需求，文案信息、商品图片素材、尺寸大小等信息，掌握网店的设计风格及主图图片的设计风格，掌握素材信息、商品信息后，进行商品主图设计与制作。

全国职业院校技能大赛高职组电子商务赛项中，有电商产品开发、视觉营销、网店营销与运营推广三个模块。其中，视觉营销赛项需要制作商品主图，具体要求如下。产品主图图片尺寸 800×800 像素；图片大小 3MB 以内，支持 jpg、jpeg、png 格式。任务要求：根据网店营销需求及产品定位，规划产品主图的展示内容，遵照产品主图的设计规范与要求，结合给定的设计素材，完成产品主图设计。

下面将制作一个手机支架商品的主图，根据电商技能大赛关于主图设计的要求，结合给定素材（如图 4-37），结合电子商务大赛美工赛项的时间要求，主图需要先制定总体框架，制作一个主图，在此主图基础上生成其他主图，主图展示商品特色及促销，具体操作如下。

步骤 1：新建大小为 800×800 像素、分辨率为 72 像素/英寸、名为“商品主图 1”的文件，点击【确定】按钮；添加参考线，依次点击菜单栏“视图”“新建参考线”，在弹出的对话框中，分别在水平方向建 50%的参考线，垂直方向建 50%的参考线，如图 4-38。

图 4-37　电子商务技能大赛手机支架素材

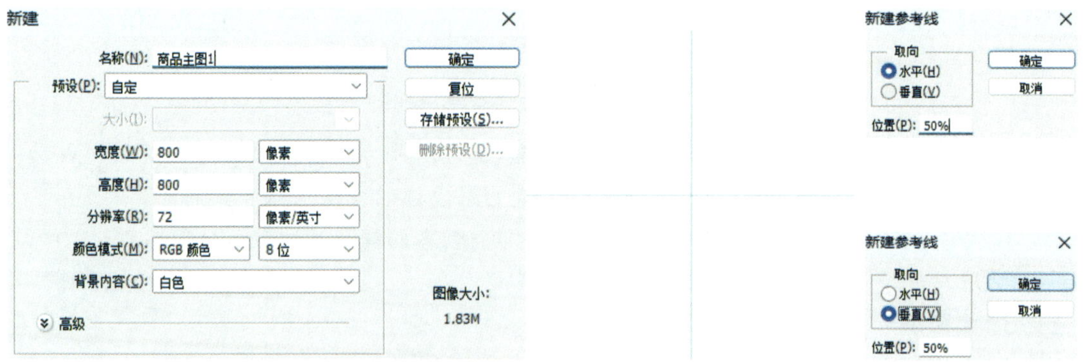

图 4-38　创建文件、建立参考线

步骤 2：制作 Logo，在工具属性栏里选择“钢笔”工具，在工具属性栏里，填充分别使用颜色“#4371ad”“#c74842”“#bd49b1”，描边选择“无”，画三个四边形，若对图形不满意，可以使用工具栏中的“直接选择”工具进行调整，如图 4-39。

图 4-39　制作 Logo

步骤 3：添加文字完成 Logo 设计，使用工具栏中的“文字”工具，选择合适字体，颜色选择“黑色”，输入“海阳数码”如图 4-39，在图层面板下面的快捷键里选择“创建新组”，将 Logo 图层移至组中。

步骤 4：接下来制作商品主图框架，点击右下角图层面板的“创建新图层”按钮，点击工具栏“矩形选框”工具，在工具属性栏里，样式选择“固定大小”，宽度选择“10”像素，高度设置“800”像素，在图层的边界创建选区，设置前景色为“红色”，点击菜单栏“编辑”“填充”，使用前景色填充。

步骤5:复制红色图层,使用移动工具移至工作区域右侧,点击菜单栏“编辑”“变换”“旋转90度”,使用移动工具移至工作区上层。选择工具栏的“矩形选框”工具,在工作区域底部创建一个高35×800像素的选区,填充颜色为“#575757”,完成边框设置,如图4-40。

图 4-40 制作边框

步骤6:点击工具栏的“圆角矩形”工具,点击工具属性栏的【填充】按钮,在弹出的“拾色器”对话框里,选择“红色”,在底部创建一个圆角矩形,在右下角图层面板鼠标右键选择复制图层,双击图层图标更改颜色为“白色”,选择“多边形”工具,在属性栏右侧边数填入“3”,创建一个播放按钮三角形,如图4-41。

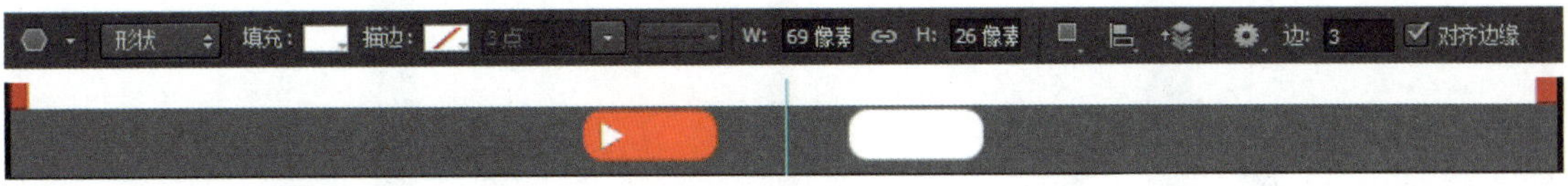

图 4-41 制作按钮

步骤7:选择工具栏的“文字”工具,分别使用白色与黑色添加文字“视频”“图片”,如图4-42。

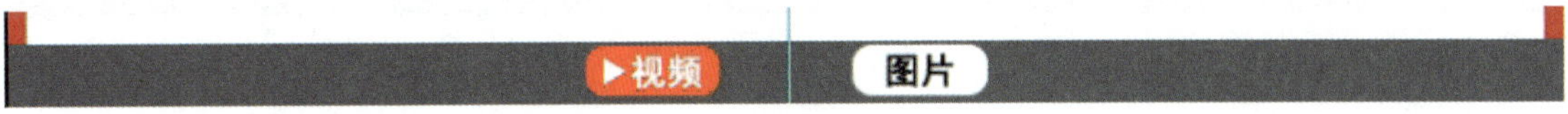

图 4-42 添加文字

步骤8:插入产品图片,选择“编辑”“自由变换”命令,调整产品图片至图示区域,下一步使产品背景图填充整个商品主图区域,选择工具栏中“矩形选框”工具,在商品图左侧空白区域创建选区,点击工具属性栏的【添加到选区】按钮,在商品图的下方空白区域创建选区,选区创建成功后,菜单栏选择“编辑”“填充”“自动识别”,进行背景填充,如图4-43。

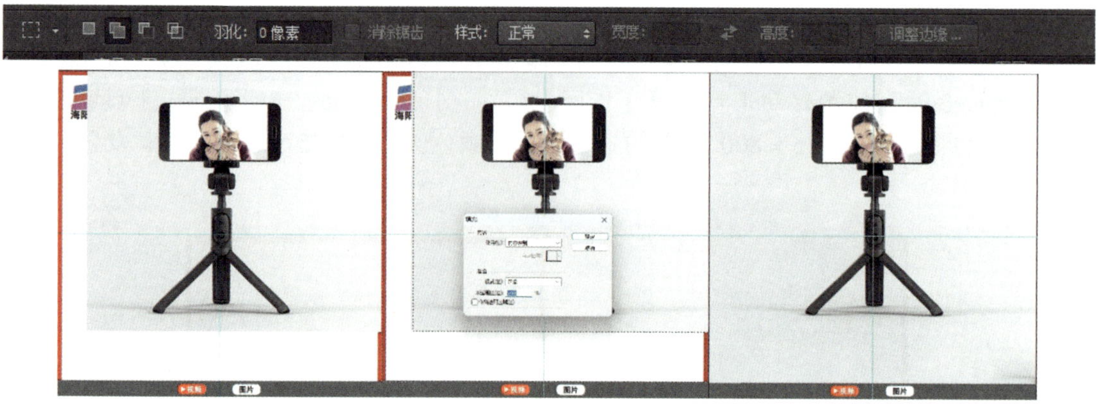

图 4-43 添加商品图

步骤 9:将商品图层移至图层面板底层,选择工具栏“矩形形状”工具,在工具属性栏里,填充选择“红色”,描边颜色选择“无”,在主图下方设计一个合适的矩形。使用“钢笔”工具,填充选择“# 9e0001”,在主图位置添加一个矩形,如图 4-44。

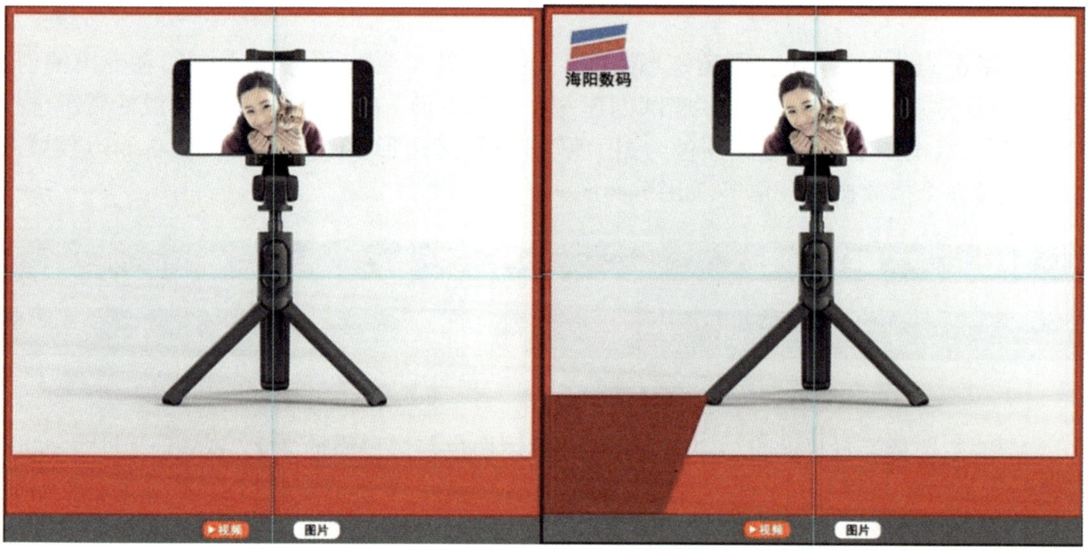

图 4-44 添加形状

步骤 10:使用工具栏中的“文字”工具,在工具属性栏里,字体颜色选择“白色”,选择合适的字体,添加文字“超低价”“¥85”“多功能自拍杆”“稳固”“伸缩”“蓝牙”“便携”“环保”,调节它们的大小,如图 4-45。

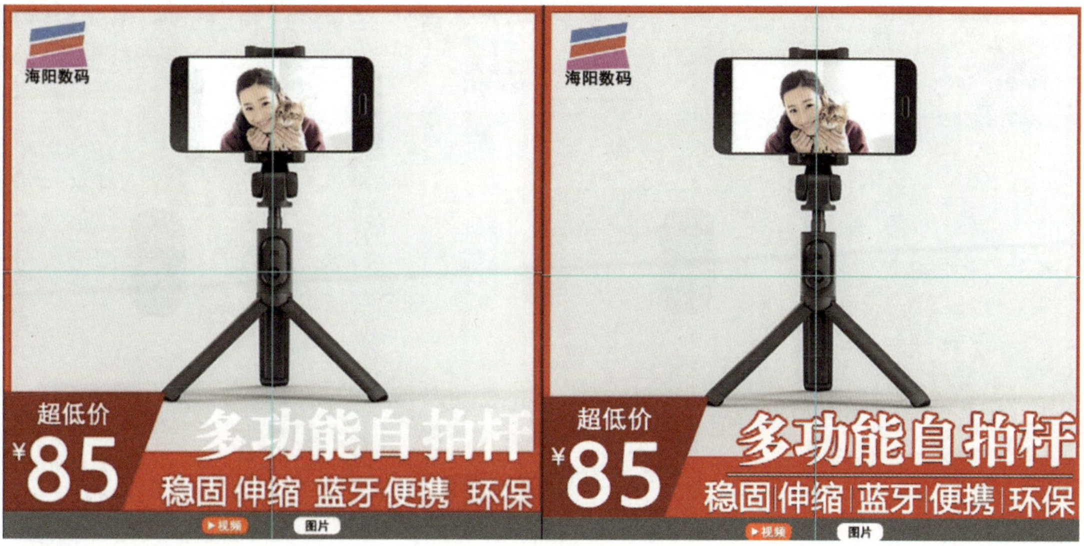

图 4-45 制作文案部分

步骤 11:使用工具栏的“矩形”工具创建小矩形,用于文案分割,为“多功能自拍杆”添加红色描边效果。

步骤 12:菜单栏选择“文件”“打开”素材图片 7,使用工具栏的“矩形选框”工具框选遥控器图,使用“移动”工具将选择区域移至主图中。使用工具栏里的“魔术橡皮擦”擦除背景图,如图 4-46。

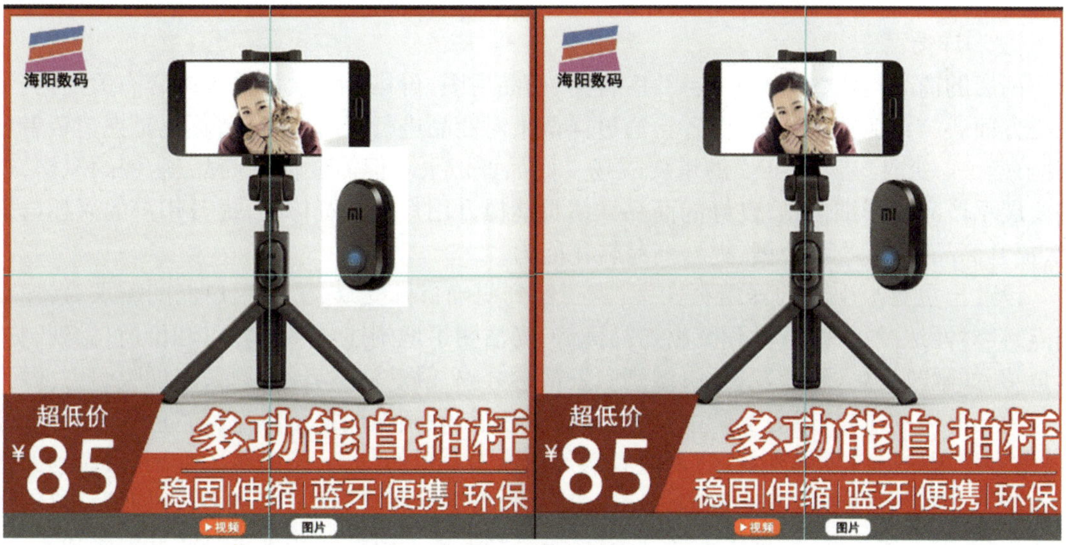

图 4-46 添加素材

步骤 13:菜单栏选择“椭圆”工具,填充选择“白色”,描边“无”,在图中区域画圆形,放置遥控器,如图 4-47。

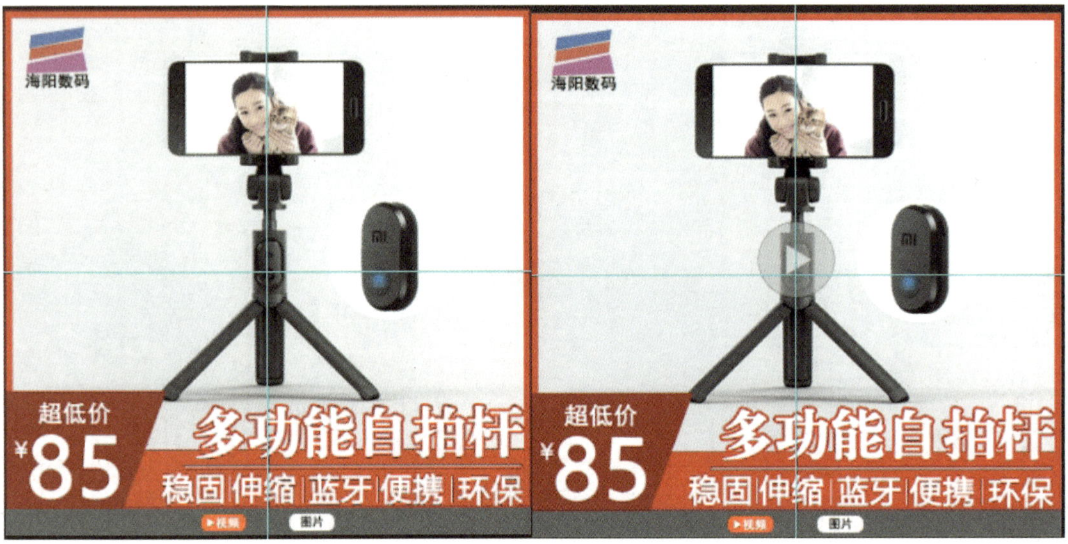

图 4-47　添加素材

步骤 14：菜单栏选择“椭圆”工具，填充选择“#b1b1b3”，描边“无”，在图中区域画圆形，复制下方白色三角，调整大小后放到中心灰色圆中心，双击灰色圆图层，选择秒表，添加 1 像素的描边。

步骤 15：保存，商品主图制作完成。

4.1.5　详情页设计

（一）详情页

网店的商品转化数据除与店招、广告图、商品主图、价格、销量、评价等内容有关外，美工视觉方面还与详情页有关，消费者会通过详情页对商品进行了解，故详情页也是把消费者从“潜在客户”变成“忠实客户”的重要战场。商品详情页不但需要体现商品、店铺的风格，还需要展示产品的详细信息，良好的商品详情页能提升用户的浏览体验，提升用户的兴趣与好感，提升商品关注、收藏数据，提升商品转化能力。

设计出更有吸引力的详情页文案，需要做到明确目标受众，了解用户们的需求、兴趣和痛点，针对性地撰写文案；做到突出产品优势，简洁明了地阐述产品的特点和价值；做到制造紧迫感，如限时优惠、限量发售等；做到引发情感共鸣，触动消费者的情感，增加吸引力；做到使用简洁易懂的语言，避免复杂术语，确保易于理解；做到强调独特卖点，与竞争产品区分开来；做到为用户提供具体利益：让消费者清楚知道能获得的信息，帮助解决的问题；做到保持创作状态，激发消费者的探索欲望；做到运用生动形象的描述，增强感染力；做到结合热门话题或趋势，增加关注度；做到体现品牌个性，与品牌形象一致。详情页布局详见表 4-12。

表 4-12　常见的详情页布局

模块名称	说明
宝贝整体展示模块	让用户对产品有直观印象，用图片展示，分场景图与摆拍图

续表

模块名称	说明
宝贝细节模块	让用户更加了解商品，展现商品材质、细节、做工等
产品规格参数模块	让顾客了解产品规格参数，对产品有一定预估效果
功能展示模块	对宝贝各个功能进行详细地解析
关联营销模块	留住用户，提升客单价，提升店铺数据
活动信息模块	提升用户兴趣，影响用户决策
搭配展示模块	为用户提供产品搭配组合，提升用户好感，提升客单价
客服体系模块	售前咨询、售后服务、问题投诉，提升客服工作效率
品牌展示模块	品牌形象打造、氛围塑造，产生记忆点，提升信任感
包装展示模块	提升网店服务质量、展示店铺实力、提供优质体验
店主个性模块	店铺个性文化体现，体现人设，提升用户认可感
会员营销模块	维护粉丝，培养忠实粉丝，为用户谋福利

（二）详情页营销设计

1. 提升用户兴趣

详情页的设计需要能够激发用户兴趣，良好的商品实用价值塑造能够激发用户兴趣，在详情页中为用户展示产品或者服务能够为用户带来的利益。

通常情况下，用户最关心产品的功能部分，也就是产品解决用户痛点的部分，所以在详情页中，需要重点展示产品卖点，设计人员在设计详情页时，需要根据商品的信息、功能、特性等，结合用户的需求与痛点，对客户的购买行为进行分析，最终在详情页中，设计出符合用户需求，解决用户问题与痛点的展示模块，才能打动用户。

良好的详情页能进一步提升用户兴趣，设计详情页时，需要呈现独特卖点，突显产品或服务的与众不同之处，吸引用户注意力，激发好奇心，为用户展示解决用户问题的功能与方法，强调如何满足用户需求和解决痛点，在详情页中引入新奇元素，保持新鲜感和吸引力，根据用户反馈改进详情页。

2. 展示产品卖点

卖点是指产品或服务所具有的、能够吸引消费者并促使他们购买的特点、优势或价值。卖点是企业在市场竞争中突出自身产品或服务与竞争对手区别的关键因素，它能够吸引消费者的注意力，增加产品或服务的吸引力和竞争力。

卖点可以包括功能特点：产品的独特功能、性能、质量优势、便利性、创新性、性价比、品牌形象、个性化等，通常情况下，产品的卖点与用户的痛点匹配，能够更好地激发用户的购买欲望，激发用户需求。

产品的卖点应该体现出商品的独特性、不可替代性，也体现出与同类商品的差异性。详情页中卖点的展示，最优的状态是使用简短、易记的语句将产品的卖点体现出来，如图 4-48。设计过程中，需要与用户的痛点进行结合，充分分析痛点与卖点的关系。产品卖点的独特性、不可取代性越高，更能体现商品的市场竞争力，更能吸引用户。

图 4-48　卖点展示

3. 消除用户疑虑

建立客户信任度，能帮助企业更好地维护粉丝用户，持续提供价值。作为商家应该对消费者提出的问题与疑惑进行解答，可以向消费者说明售后服务、品质承诺等信息，树立品牌和服务形象，打消消费者疑虑。消费者的疑虑解决了，消费者对商品与卖家的信任度进一步提升，能建立起良好的服务关系，进一步提升用户的兴趣与关注度。

商家对于多数用户提出的困惑内容或问题，在找到解决方法以后，尽可能地将解决问题的方法在详情页中说明，尽可能地消除潜在买家的疑虑，进而提升店铺的成交数据，帮助店铺更好地发展。

（三）详情页制作

优秀的网店商品详情页可以提高商品的转化率，从而提升整个店铺的数据。设计商品详情页时，通常需要经历三个环节：明确详情页展示的内容、确定规格与风格，进行详情页设计。掌握不同环节的设计要求，才能设计出符合要求的详情页。

全国职业院校技能大赛高职组电子商务赛项中，有电商产品开发、视觉营销、网店营销与运营推广三个模块。其中，视觉营销赛项需要制作商品详情页，具体要求如下。产品详情页设计规范：产品详情描述图片宽度为 750 像素；详情描述总高度不超过 6000 像素；图片大小 3MB 以内，支持 jpg、jpeg、png 格式。任务要求：根据网店营销需求及产品定位，明确产品详情描述的构成要素，结合目标群体的消费心理，明确产品详情描述的展示要点，完成详情描述设计。

下面将制作一个项链的详情页，根据电商技能大赛关于详情页设计的要求，结合给定素材（如图 4-49），结合电子商务大赛美工赛项的时间要求，在详情页展示商品特色及促销等信息，具体操作如下。

图 4-49　电子商务技能大赛项链素材

步骤 1：新建大小为 750×6000 像素、分辨率为 72 像素/英寸、名为“详情页”的文件，点击【确定】按钮；添加参考线，依次点击菜单栏“视图”“新建参考线”，在弹出的对话框中，分别在水平方向建 50%的参考线，垂直方向建 25%、50%、75%的参考线，如图 4-50。

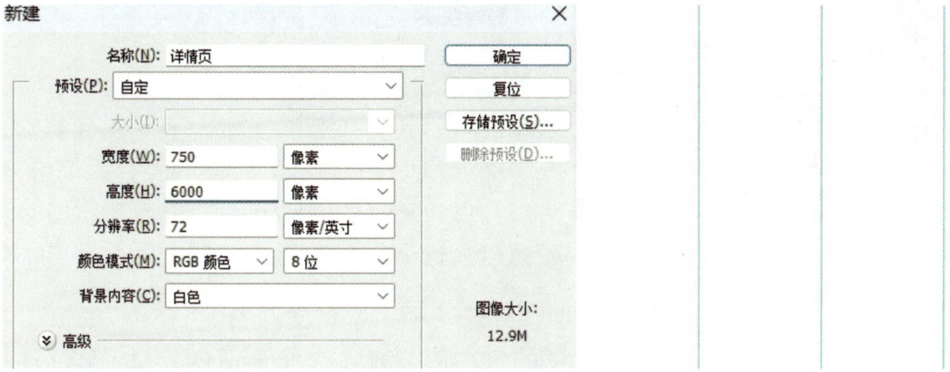

图 4-50 创建文件、创建参考线

步骤 2：制作 Logo，在工具属性栏里选择“矩形”工具，在工具属性栏里，填充使用颜色“# 89001e”，描边选择“无”，创建一个边长“100”像素的正方形；再新建一个图层，在工具属性栏里选择“多边形”工具，在工具属性栏右侧边填写“3”，填充使用颜色“白色”，描边选择“无”，创建一个三角形，如图 4-51。

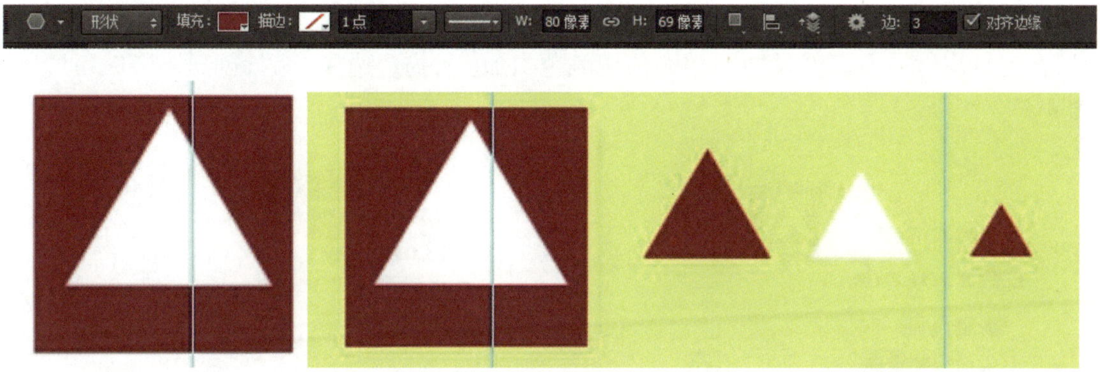

图 4-51 创建形状

步骤 3：复制形状图层 4 个，使用“编辑”“自由变换”命令，改变三角形大小，双击形状图层，更改其中两个三角形形状颜色为“白色”；为了显示效果，先改变背景颜色，使用移动工具移动三角形，创建 Logo 标志，在标志下使用工具栏“文字”工具添加“安安珠宝”，如图 4-52（左）。

图 4-52　制作 Logo、插入素材文件和文字

步骤 4：接下来加入商品图，点击“文件”“打开”，插入素材文件“10”，使用“编辑”“自由变换”，调整图片素材大小，点击工具栏的“文字”工具，选择合适的字体，颜色选择“#89001e”，输入图 4-52（右）所示的文字。

步骤 5：点击右下角图层面板的【创建新图层】按钮，创建新图层，点击工具栏“矩形”工具，在工具属性栏里，填充选择“白色”，描边选择“无”，创建三个矩形框，放置在文字下方做装饰，调节图层不透明度至合适大小。

步骤 6：点击工具栏的“圆角矩形”工具，点击工具属性栏的【填充】按钮，在弹出的拾色器对话框里，颜色选择“#89001e”，在底部创建一个圆角矩形，在圆角矩形上方使用工具栏“文字”工具添加“缤纷呈现”文字，字体颜色选择“白色”，在工具属性栏里选择“多边形”工具，在工具属性栏右侧填写“3”，填充使用颜色“白色”，描边选择“无”，创建一个三角形，如图 4-53。

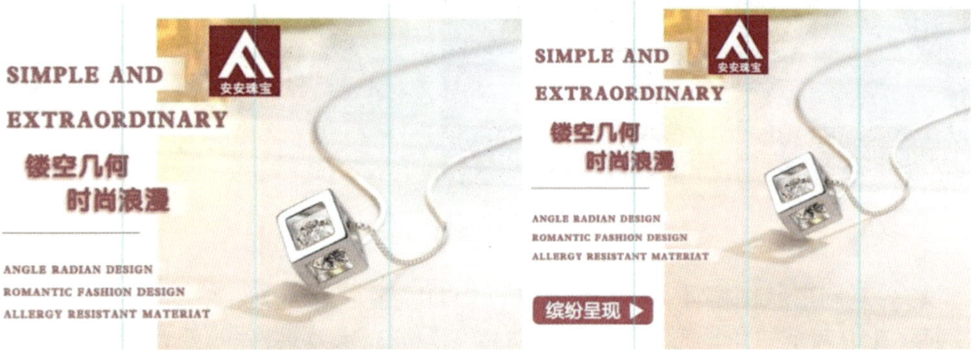

图 4-53　添加文字

步骤 7：创建活动区域，点击工具栏的“直线”工具，画出区域分割线，选择步骤 6 所创建的形状图层，鼠标放置在形状图层位置，右键选择复制图层，使用移动工具将形状图层移至下方，使用“Ctrl+T”键进入自由变换模式，调整圆角矩形大小，复制该图层，使用移动工具调整复制的形状图层位置，如图 4-54。

图 4-54 添加形状

步骤 8：在圆角矩形上方使用工具栏“文字”工具，颜色选择“白色”，添加文字“全场每满 100 元使用”“全场每满 200 元使用”“全场每满 300 元使用”，调节字体大小，如图 4-55。

图 4-55 添加文字

步骤 9：点击工具栏的“圆角矩形”工具，点击工具属性栏的【填充】按钮，在弹出的拾色器对话框里，颜色选“白色”，在底部创建一个圆角矩形，在圆角矩形上方使用工具栏“文字”工具添加“立即购买”文字，字体颜色选择“白色”；鼠标双击右下角图层，在弹出的图层样式里，点击“斜面与浮雕”，深度、大小、软化选择合适的数值，使按钮呈现立体效果，如图 4-56。

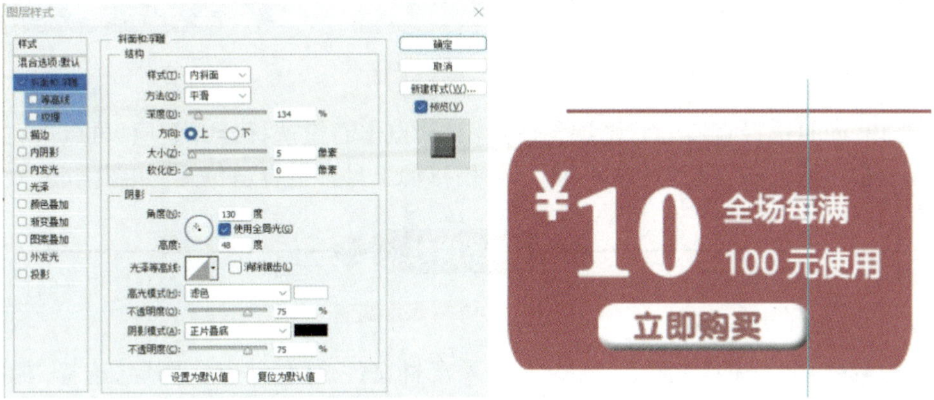

图 4-56 添加文字与立体效果

步骤 10：选中圆角矩形所在图层和“立即购买”的文字图层，使用“复制”命令，复制两个相同的圆角矩形按钮，使用“移动”工具移动至合适位置，如图 4-57。

图 4-57　复制文字与立体效果

步骤 11：制作商品属性区域，根据需求添加对称参考线，选择工具栏中“圆角矩形”工具，填充颜色选择“#89001e”，描边选择“无”，在中心位置创建合适的矩形图形；在工具栏选择“文字”工具，在圆角矩形形状上添加白色文字“商品属性”，使用合适字体即可，如图 4-58。

图 4-58　添加文字与形状

步骤 12：制作装饰线，选择工具栏中“自定义形状”工具，填充颜色选择“#89001e”，描边选择“无”，在属性栏选择如图形状。画出形状，使用“Ctrl+T”键点击选择顺时针旋转，得到图 4-59 所示图形，选择工具栏中“直线”工具，填充颜色选择“#89001e”，描边选择“无”，画出横线，如图 4-59。

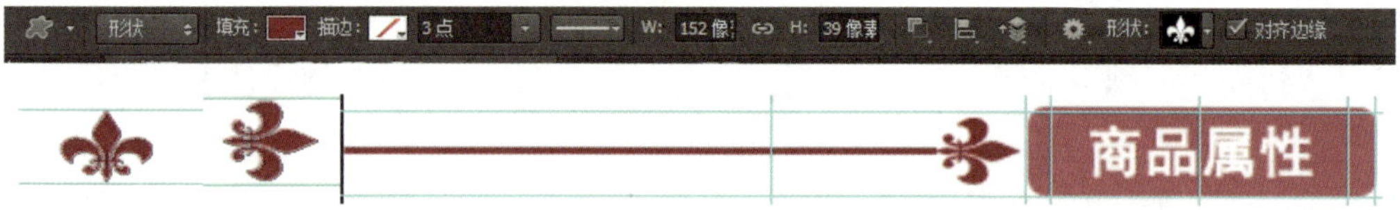

图 4-59　添加形状

步骤 13：同时选择直线形状图层与图形图层，点击右键选择合并图层，再点击右键选择复制图层，使用“Ctrl+T”键进行水平翻转，使用移动工具移至合适位置，如图 4-60。

图 4-60　完成装饰线

步骤 14：使用“文件”“置入”命令来加入素材文件 7，右键点击图层，选择“栅格化图层”，删除图层多余部分，使用工具栏“矩形选框”工具选择区域，使用“删除”键删除多余部分；在菜单栏点击“图层”“图层样式”“投影”，距离选择“21”，大小选择“38”，为素材添加投影效果，如图 4-61。

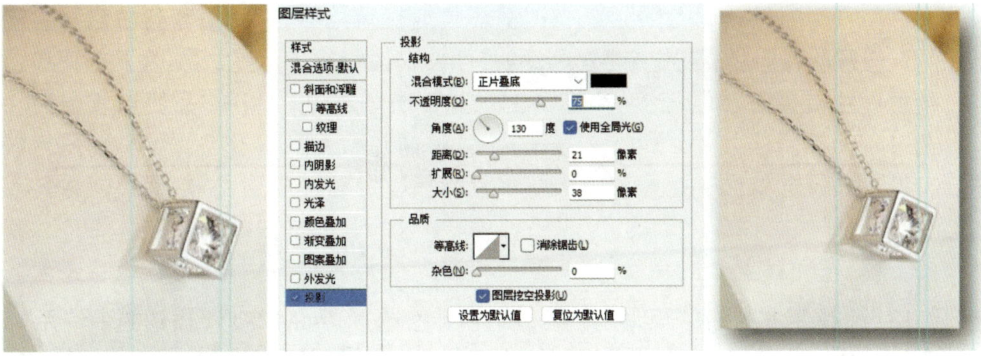

图 4-61　添加素材

步骤 15:使用工具栏“文字”工具,颜色选择“# b1b1b1”,添加文字,调节字体大小,如图 4-62,使用工具栏“移动”工具调整位置。

图 4-62　添加文字与装饰

步骤 16:添加装饰底色,选择工具栏中“圆角矩形”工具,填充颜色选择“#b1b1b1”,描边选择“无”,画出大小合适的圆角形状,移至文字下方。右键点击图层,选择复制图层,使用“移动”工具移至合适位置,最终效果如图 4-63。

图 4-63　添加装饰底色

步骤 17:同时选中上图中文字图层与形状图层,在工具属性栏里选择“移动”工具,长按“Alt”键进行辅助,可边移动边复制,将复制出的图层移至合适区域,更改文字为“商品推荐”如图 4-64。

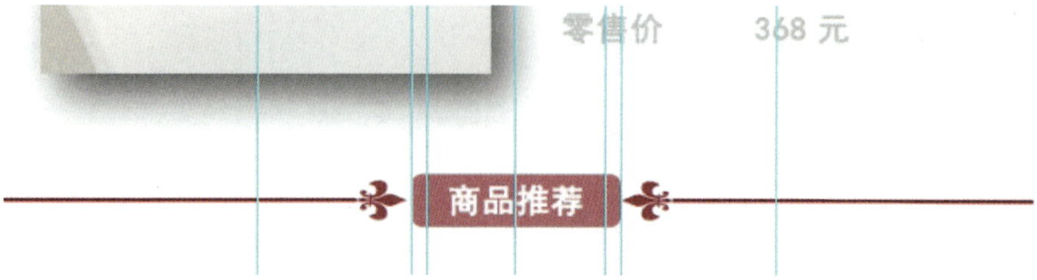

图 4-64　添加装饰线

步骤 18:选择工具栏中“矩形”工具,填充颜色选择“#aa475d”,描边选择“无”,长按“Shift”辅助键画出大小合适的正方形,使用“Ctrl+J”键复制图层至新图层,使用“移动”工具移至合适位置,如图 4-65。

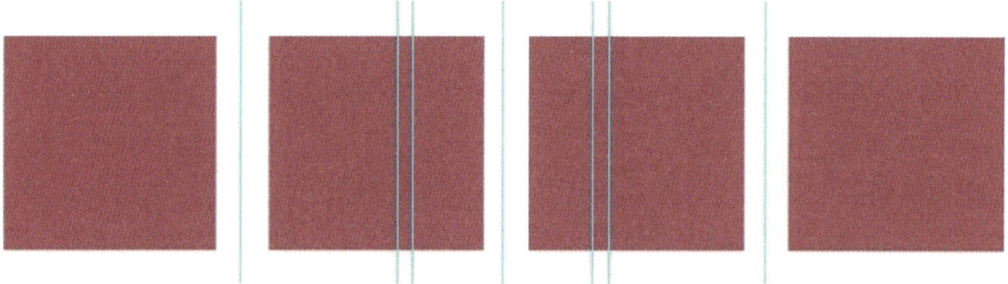

图 4-65　添加形状

步骤 19:选择工具栏中“圆角矩形”工具,填充颜色选择“#aa475d”,描边选择“无”,画出大小合适的图形,在图形的上方,选择工具栏中“文字”工具,文字选择“白色”,输入“热卖推荐”,使用“移动”工具移至合适位置,如图 4-66,链接形状图层与文字图层,点击右键选择复制,使用“移动”工具将复制出的图层移至合适位置。

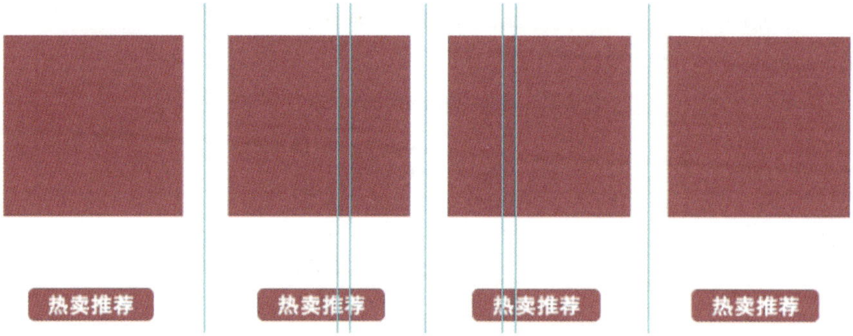

图 4-66　添加形状与文字

步骤 20:插入素材,将其他商品素材置入到工作区,右键点击图层选择“栅格化图层”,使用“Ctrl+T”键进行大小调整,使用“移动”工具将其移至合适位置,再使用工具栏中的“文字”工具,根据商品信息,添加文字,如图 4-67。

图 4-67 添加商品素材

步骤 21:美化推荐图,双击新加入的商品素材,选择描边,在弹出的对话框中,描边大小选择“3”,颜色选择“# aa475d”,如图 4-68。

图 4-68 美化描边

步骤 22:同时选中文字图层与形状图层,在工具属性栏里选择“移动”工具,长按“Alt”键进行辅助,可边移动边复制,将复制出的图层移至合适区域,更改文字为“商品卖点”如图 4-69。

步骤 23:使用工具栏“文字”工具,颜色选择“# b1b1b1”,添加文字,调节字体大小,使用工具栏“移动”工具调整位置,使用工具栏“直线”工具,填充颜色选择“#b1b1b1”,添加分割线,如图 4-69。

图 4-69 添加分割、文字

步骤 24:插入素材,点击“文件”“置入”,右键点击图层,选择“栅格化图层”,选择要删除的部分,使用工具栏“矩形选框”工具画出矩形,点击“删除”键删除。使用“移动”工具将图像移至合适位置，如图 4-70。

图 4-70　插入素材

步骤 25：重复步骤 24，再制作两个商品特点图，使用“移动”工具将图像移至合适位置，如图 4-71。

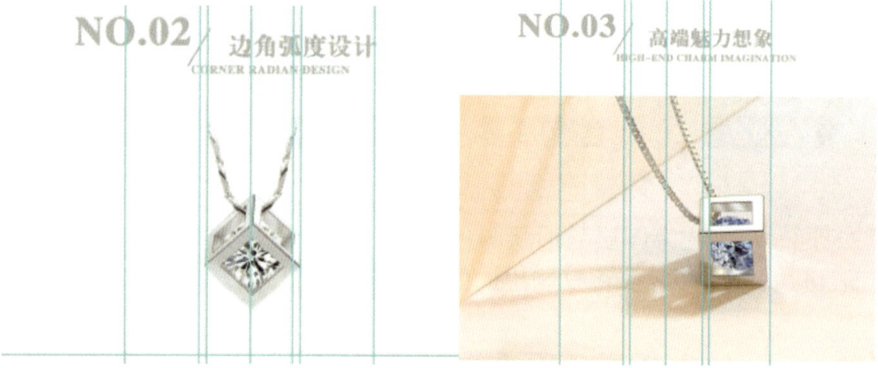

图 4-71　插入素材

步骤 26：复制步骤 17 制作的装饰线，修改文字为“适用人群”，如图 4-72。点击“文件”“置入”，右键点击图层，选择“栅格化图层”，选择要删除的部分，使用工具栏“矩形选框”工具画出矩形，点击“删除”键删除。使用“移动”工具将图像移至合适位置，使用工具栏“文字”工具，颜色选择“# b1b1b1”，添加文字，调节字体大小，使用工具栏“移动”工具调整位置，使用工具栏“直线”工具，填充颜色选择“#b1b1b1”，添加分割线，如图 4-72。

图 4-72　设计适用人群模块

步骤 27:复制步骤 17 制作的装饰线,修改文字为“商品卖点”,插入素材,参考步骤 24 调整素材,使用“移动”工具将图像移至合适位置,使用工具栏“文字”工具,颜色选择“#b1b1b1”,添加文字,调节字体大小,使用工具栏“矩形”工具添加矩形背景,调整不透明度,如图 4-73。

步骤 28:复制步骤 17 制作的装饰线,修改文字为“购物须知”,插入素材,设置为模块背景,参考前期插入形状的步骤方法,插入白色矩形底图,使用工具栏“自定义形状”工具,填充使用“白色”,形状选择如图 4-74,插入相应的图。在工具栏使用“文字”工具,添加如图所示的文字,选择合适的文字字体、文字大小、文字颜色,使用“移动”工具,将图层调整至合适位置。

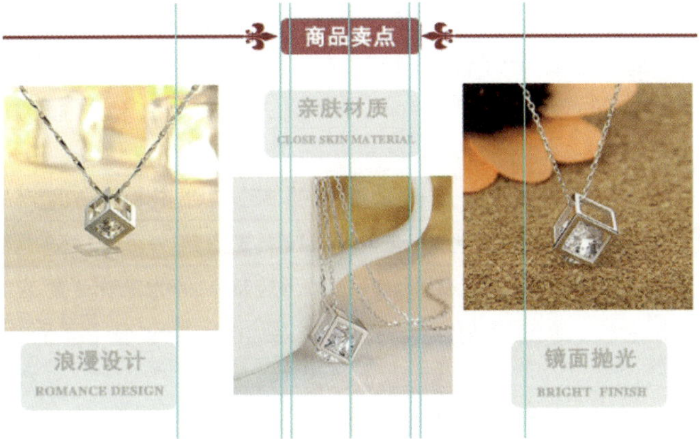

图 4-73　设计商品卖点模块

步骤 29:复制步骤 17 制作的装饰线,修改文字为“客户评价”,插入评价素材,如图 4-74,详情页的制作完成。

图 4-74　设计购物须知和客户评价模块

【任务探究】

网店美工设计是对网店的页面进行美术设计和优化的工作，除网店的店招设计、广告页设计、主图设计、详情页设计，还包括以下方面：店铺首页设计、各页面布局设计、风格塑造及用户体验优化等，美工设计的目的是通过提升元素吸引力，提高网店的吸引力、可信度和用户体验，从而增加销售额和客户满意度。

（1）店铺首页设计

网店的首页布局，关键在于提供清晰、简洁且吸引人的用户界面，顶部导航栏设计，需要充分考虑店铺产品的分类、功能，根据实际情况和用户反馈，重点设计与优化顶部导航栏，好的顶部导航栏可以为用户提供高质量的购物体验。

要在首页合适位置添加品牌标识和口号，强化品牌形象，利用爆款产品来传递品牌形象，增强品牌影响力，良好的品牌影响力可以提升产品的信任度。店铺首页还应展示热门产品与店铺推荐产品，热门产品一般自带流量，吸引用户注意力，突出特色，增加信任感，在首页底部需添加合适的返回首页按钮或底部分页导航，方便用户导航到其他页面，减少客户的跳失率。

（2）分页布局设计

店铺分页设计的关键是确保页面之间的逻辑清晰，易于导航，与整体品牌形象一致。分页设计需要有明确页面分类，根据产品特点或用户需求确定分页内容，帮助用户快速找到所需信息与产品。分页的设计需要与整体风格一致，包括分页的布局、颜色、字体等，分页一般情况下较多，需要分清主次，建立良好的层次结构，突出重要页面，页面内容布局合理，安排合适元素，提高可读性。

分页中要根据产品需求添加效果图与视频，以增强吸引力和信息传达，注重效果反馈，尽可能站在用户角度设计界面，友好的交互设计能够给用户带来好感，流程尽可能简单易懂，分页要注重测试和优化，检查页面的功能性和用户体验。店铺分页的每个页面都具有独特的功能和设计，能够提供流畅的购物体验。

（3）用户体验优化

用户体验优化是提升用户在使用产品或服务过程中的满意度和舒适度的关键。用户体验优化首先要简化流程，减少不必要的步骤和复杂操作，让用户能够快速定位产品与信息，用户体验优化还需提高页面加载速度，优化图片大小、代码等，提升浏览体验，进行用户调研，了解用户需求和痛点，提供个性化体验，根据用户偏好提供定制内容。

用户体验优化是一个持续的过程，需要不断改进产品与设计，根据用户反馈进行优化。通过优化用户体验，能够增加用户的满意度、忠诚度和转化率。

【思政园地】

创新精神是一个国家和民族发展的不竭动力，也是一个电商美工设计人应具备的素质。创新精神属于科学精神和科学思想范畴，包括创新意识、创新兴趣、创新胆量、创新决心，以及相关的思维活动，是一种勇于抛弃旧思想旧事物、创立新思想新事物的精神。这就要求美工从业人员不断追求新知识与新技能，不断进行改革和创新，敢于打破原有框框，探索新的规律与新的方法。

美工设计从业者要积极培养创新精神与责任意识，通过创新设计，来提升整体网店的形象，提升店铺整体数据，不断创新，敢于尝试，提升竞争力，同时美工从业者要对所设计的内容负责，确保符合法律法规和道德规范，为网店的良好运营贡献力量。

任务 4.2　商品橱窗及网店入驻

【任务导入】

商品橱窗可以为消费者展示商品，商品橱窗的设计效果可以直接影响商品的关注度及用户的购买欲望，影响网店的商品销售总额 GMV，从商品橱窗的优秀案例来认识商品橱窗与网店。

某网店从事的商品类目为粮油米面奶，效果数据为：收藏加购率 61.84%，收藏加购成本 4.1 元。该网店商品橱窗的设置方法与策略为：奶制品商家，将网店内的纯奶、酸奶、奶粉等产品进行了橱窗的分类聚合，制作了精品纯奶的橱窗和酸奶的橱窗，让消费者在浏览时更精准地选择网店内适合自己的商品，并在进行商品组合后，展示网店主打宝贝的优惠力度，与其他宝贝进行反差对比，从而凸显核心宝贝的活动优惠折扣优势。

某网店从事的商品类目为零食，效果数据为：收藏加购率 42.3%，收藏加购成本 4.3 元。该网店商品橱窗的设置方法与策略为：商家通过橱窗推广，将网店内的核心爆款商品进行商品橱窗精心设置，通过网店自定义宝贝排序，将最热爆款置顶，提升消费者的购买欲望。

某网店从事的商品类目为中老年女装，效果数据为：收藏加购率 42%，收藏加购成本 1.95 元，全店整体的投资回报率 ROI 为 9.5，商品橱窗的投资回报率 ROI 为 44。该网店商品橱窗的设置方法与策略是商品聚类+智能推荐。商家利用橱窗推广聚合能力，将“大衣”“长裙”“羽绒服”等进行了分类聚合，给消费者展示网店内品类宝贝大全，让消费者更简易地挑选商品。在分类聚合的同时，选择系统的智能选品服务，让系统能够基于消费者的需求进行千人千面的商品搭配聚合，提升客户选择商品的效率。

通过以上这些优秀的网店开设案例可以看出，商品橱窗的设计需要考虑消费者的需求

和心理，通过合理的分类、布局和推荐，能够吸引潜在顾客的注意力，展示商品的特点和优势，同时传达品牌的价值观和风格。这样的设计有助于提升顾客对网店的兴趣，增加他们进入网店浏览和购买的可能性，提高用户的购物体验和购买意愿。

【知识必备】

4.2.1 认识商品橱窗

拓展：商品到橱窗上架

网店商品橱窗就像是实体店的橱窗一样，是在网店页面上展示商品的一个特定区域，商品橱窗通常位于网店的首页或其他页面的重要位置，用于吸引顾客的注意力并展示热门或推荐的商品。

网店的商家可以精心挑选一些高性价比、流行、吸引力强的商品通过网店商品橱窗进行展示，这些橱窗展示的商品可能是新品、畅销品、特色商品或正在进行促销活动的商品。橱窗中的商品通常会以精美的图片、简洁的文字描述和吸引人的布局来呈现，旨在引起顾客的兴趣和购买欲望。抖音商品橱窗开通位置在抖音的创作者服务中心选项里，选择电商带货，如图 4-75。

图 4-75 抖音商品橱窗

电子商务平台用户进入网店时，网店的商品橱窗可以在顾客进入网店后，为顾客展示网店内具有强吸引力、高竞争力与高性价比的产品，迅速吸引他们的注意力，引导他们进一步浏览产品详情页，进而进行关注、加入购物车以及购买，也可以引导用户探索其他商品。商品橱窗在网店的经营过程中,可以起到以下作用。

①吸引注意力:通过展示较强吸引力的商品,引起顾客的兴趣,使他们愿意进入网店浏览。

②突出重点商品:将热门或推荐的商品放在橱窗中,突出它们的重要性和优势,体现店铺整体水平。

③提供购买灵感:橱窗中的商品搭配展示可以给顾客提供搭配或购买的灵感,促进更多的销售。

④营造品牌形象:通过橱窗的设计和展示风格,传递品牌的个性和价值观。

网店的橱窗设计和内容制定可以根据网店的定位、目标受众以及营销策略进行合理的阶段性定制。一个好的网店商品橱窗应该能够吸引顾客的目光,激发他们的兴趣,进而提升他们的购买欲望。

以抖音平台为例,抖音平台是目前非常火热的短视频平台,拥有超过 8 亿用户,抖音的消费群体非常庞大和多样化。抖音橱窗是抖音带货的官方版本,用户可以通过抖音作品,包括制作视频和开启直播等来推广产品,提升平台达人的关注度、点击量以及转化率,提升产品销量。

抖音橱窗的功能有商品展示、在线购买、数据分析,如图 4-76。商家可以展示自己的商品,包括图片、价格、描述、销量等信息;支持在线购买功能,观众可以在橱窗中直接下单购买商家的商品,无需跳转到其他电商平台;提供数据分析功能,商家可以通过数据分析了解橱窗的使用情况和商品销售情况,从而制定更合适的电商策略。

图 4-76 抖音橱窗的功能

抖音橱窗有以下优点。

①提高曝光度:通过抖音的推荐算法,将商家的商品推荐给潜在客户,有助于商家扩大品牌影响力,增加销售机会。

②降低营销成本:是一种低成本、高效率的电商营销方式,无需进行额外的推广和宣传,从而降低营销成本。

③提高转化率:支持在线购买功能,用户可以在橱窗中直接下单购买商家的商品,这可以提高转化率,提高商家的销售额。

案例链接

女装类与运动装备类网店橱窗设计

某时尚女装网店的商品橱窗以简约、时尚的风格为主,旨在吸引年轻女性消费者。橱窗的背景颜色采用了淡雅的灰色调,营造出高质感的氛围。店铺首页中间展示了一些主打时尚女装,以突出的方式吸引顾客的目光。主打女装服饰旁边,搭配了一些与之相匹配的饰品,如项链、手链和包包,为顾客提供完整的搭配灵感。网店橱窗的下方还标注了一些关键信息,如优惠活动、新品上市等,吸引顾客进一步了解。此外,网店还在橱窗图片中加入了品牌的标识和口号,加强品牌的认知度。

某运动装备网店的商品橱窗,橱窗的设计以运动场景为主题,背景使用了户外运动的图片,营造出活力和动感的氛围。橱窗中央,展示了一款主打运动跑鞋,并搭配了相关的运动服饰和配件,形成一个完整的运动穿搭展示。

为了吸引顾客的注意,橱窗中还使用了明亮的灯光和醒目的标签,突出产品的特点和优势,比如舒适性、耐久性。此外,还添加了一些运动标语和口号,进一步强调品牌的运动理念,使用动线来进一步提升用户的关注。

通过这样的橱窗设计,能够很好地吸引时尚女装爱好者与运动爱好者的目光,商品橱窗展示商品的实用性和时尚性,激发用户的购买欲望,商品的展示也能够很好地传递出品牌的文化、精神和个性。

4.2.2 商品橱窗的开通流程

商品橱窗的类型不是单一的,商品橱窗根据其功能与作用的不同,分为不同类型的商品橱窗,在商家开通商品橱窗后,用户可以根据具体需求和营销策略来选择和设置,商品橱窗的类型见表 4-13。

表 4-13 商品橱窗的类型

商品橱窗的类型	基本信息与作用
普通橱窗	这是最基本的商品橱窗类型,用户可以在橱窗中展示自己想要销售的商品
精品橱窗	这种橱窗通常会对商品进行筛选和分类,展示更具品质和特色的商品
主题橱窗	根据特定的主题或场景来展示商品,比如节日主题、季节主题

续表

商品橱窗的类型	基本信息与作用
品牌橱窗	专门展示某个品牌或系列的商品，有助于提升品牌的知名度和形象
限时折扣橱窗	用于展示促销活动和特价商品，主要体验优惠与产品的性价比

目前大部分的电子商务平台，在商家开通网店后，可以进行商品橱窗的创建与管理，开通商品橱窗的步骤与要求相差不大，在此以抖音短视频平台为例，讲解网店商品橱窗的开通流程。

电商的带货权限需要申请，如图 4-77。抖音带货权限是指达人在抖音平台获得的经营达人商品橱窗、发布短视频添加商品、发布图文添加商品、直播间添加商品的权限。获取权限的达人，可以在抖音平台，推广销售绑定的抖店商品或者带货推广其他抖店的商品。

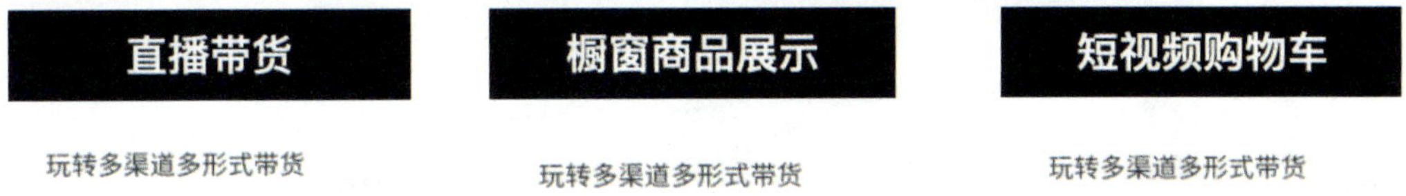

图 4-77　电商带货权限

（一）抖音短视频平台电商权限的开通

开通电商权限共分为三个大步骤：进入权限申请页面、提交带货资质、开通收款账户。抖音平台于 2023 年 09 月 13 日发布更新，支持创作者开启 0 保证金入驻、0 粉丝开通橱窗带货权限。

1. 进入权限申请页面

需要达人完成抖音平台的实名认证，才可以申请开通电商带货权限，当达人粉丝数量不足 1000 时，仅获得橱窗带货权限。粉丝数达到 1000 后的次日，可以进一步开通直播间和短视频带货权限，如图 4-78。

2. 填写带货资质

需要平台的达人准备个人身份证或个体营业执照或企业营业执照，提交带货资质，若达人以个人身份入驻，提交身份证即可。

抖音平台的带货资质是指达人在抖音电商推广带货时所使用的身份资料信息，资质类型分为个人、个体和企业三种，具体见表 4-14。若在抖音其他业务（企业号/千川等）进行过资质认证，提交资质时，平台会要求与达人在其他业务的资质主体保持一致。

表 4-14　资质类型

资质类型	是否支持对公结算	准备资料	资质认证要求
个人资质	不支持	本人清晰的身份证正反面图片、个人银行卡号	与抖音实名认证一致
个体工商户	支持	公司名称、统一社会信用代码、营业期限、经营地址、清晰的营业执照照片、经营者姓名、经营者身份证号码、证件有效期、身份证正反面照片、个人或者企业银行卡号、开户行、开户支行	与抖音实名认证一致，如进行过企业号或千川认证，则会复用企业号或千川资质，如资质不一致需注销对应资质

续表

资质类型	是否支持对公结算	准备资料	资质认证要求
企业	支持	公司名称、统一社会信用代码、营业期限、经营地址、清晰的营业执照照片、法人姓名、法人身份证号码、证件有效期、身份证正反面照片、企业银行卡号、开户行、开户支行	无限制，可以与抖音实名认证不一致，其中独资企业需要与抖音实名认证一致

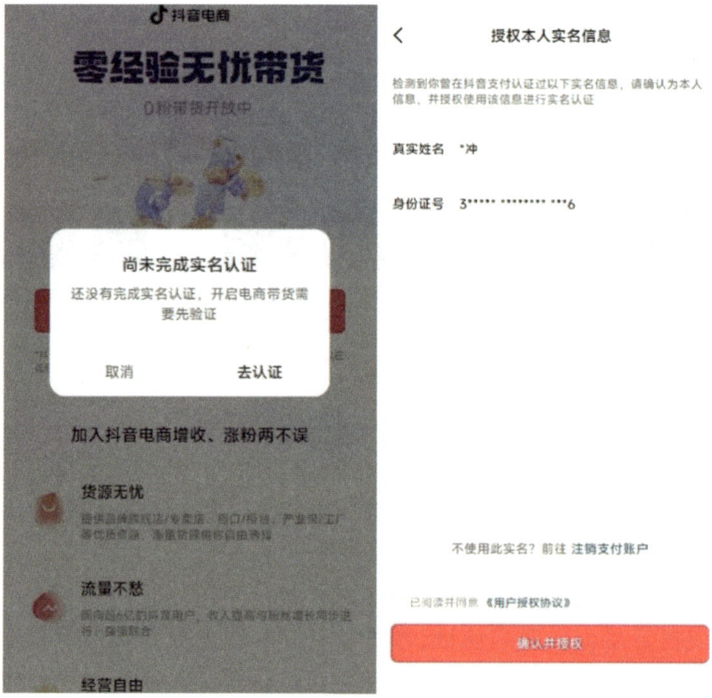

图 4-78　电商带货实名认证

3. 开通收款账户

需要达人准备个人银行账户或个体银行账户或企业银行账户，与达人选择的带货资质匹配，作为收款账户。开通收款账户是指达人绑定银行账户来进行带货佣金结算，如未开通收款账户，将无法结算佣金。

（二）抖音短视频平台商品橱窗的开通

抖音商品橱窗是一种新的商业形式，橱窗带货已经成为越来越多网红达人带货的首选方式。开通抖音商品橱窗，如图 4-79，具体可参考以下步骤。

1. 找到权限的申请入口

打开抖音 APP，底部菜单栏点击“我”，进入个人中心页面，点击右上角的“三道杠”菜单按钮，在弹出的菜单中选择“抖音创作者中心”，在“抖音创作者中心”页面，找到并点击“全部”选项，点击进入；进入“全部”选项的页面后，找到并点击“电商带货”选项，未开通电商带货账号，直播带货选项是带锁状态；在官方认证页面，根据自身情况选择“个人认证”或“企业认证”，并按要求填写相关信息，提交申请。

图 4-79　抖音商品橱窗开通

开通权限前，需要实名认证，若未实名，点击“立即加入抖音电商”即可跳转实名认证界面。部分用户在开通橱窗权限时，需要缴纳保证金，可以根据申请时的页面提示进行电商保证金的缴纳。加入抖音电商的优势见表 4-15。

表 4-15　加入抖音电商的优势

优势	具体体现
货源足	提供品牌旗舰店、专卖店、档口、柜台、产业带和工厂等优质资源，海量货源
流量大	抖音用户超过 8.5 亿，销售额提高与粉丝增长同步同行，强强联合
经营广	提供橱窗、直播、短视频等多种经营方式，有一键添加商品、一键托管等工具，方便商家们进行商品管理，自由定义专属经营模式
工具多	提供直播和短视频创意库与创意工具，帮助用户们轻松把握实时热点，无忧进行创作与直播

2. 填写带货资质

满足开通带货权限条件的达人，点击“立即加入电商带货”，进入填写带货资质开通的入口页面，进入后有三种模式可以选择：个人、个体工商户、企业，按照达人情况，根据页面提示进行资质选择、信息填写与资质上传，如图 4-80。

资质类型一旦选择并提交完毕，就不能修改，仅支持升级（个人资质升级到个体或者企业资质，个体资质升级为企业资质）。

图 4-80　立即加入抖音电商

一般情况下，平台会在 1~3 个工作日内完成审核，审核通过后，需进行账户验证操作，如果审核不通过，需要修改资料后，重新提交。

知识拓展

带货权限开通资质填写

①带货资质类型选择【个人】的需点击【填写带货资质】进入个人的填写带货资质信息页面，上传身份证正反面照片，输入姓名、身份证号，注意该身份信息应与抖音实名的身份认证一致，点击【提交审核】后进入开通收款账户环节。

②带货资质类型选择【个体工商户】或【企业】的需点击【填写带货资质】进入个体工商户或企业的填写带货资质信息页面，上传营业执照、填写经营者信息，点击【提交审核】后进入审核，审核耗时 1~3 个工作日。

3. 开通收款账户

填写个人资质后，系统进入开通收款账户页面，需要填写姓名、身份证号、银行卡号及开户行等信息，上传身份证正反面照片等，点击【提交】按钮即可完成收款账户的开通，如图 4-81，审核时间预计 15 分钟。达人账号此时必填聚合账户信息，选填微信账户信息，若微信账户未开通，达人仍可带货，但是消费者从达人购买带货推广的商品时，无法使用微信支付订单。

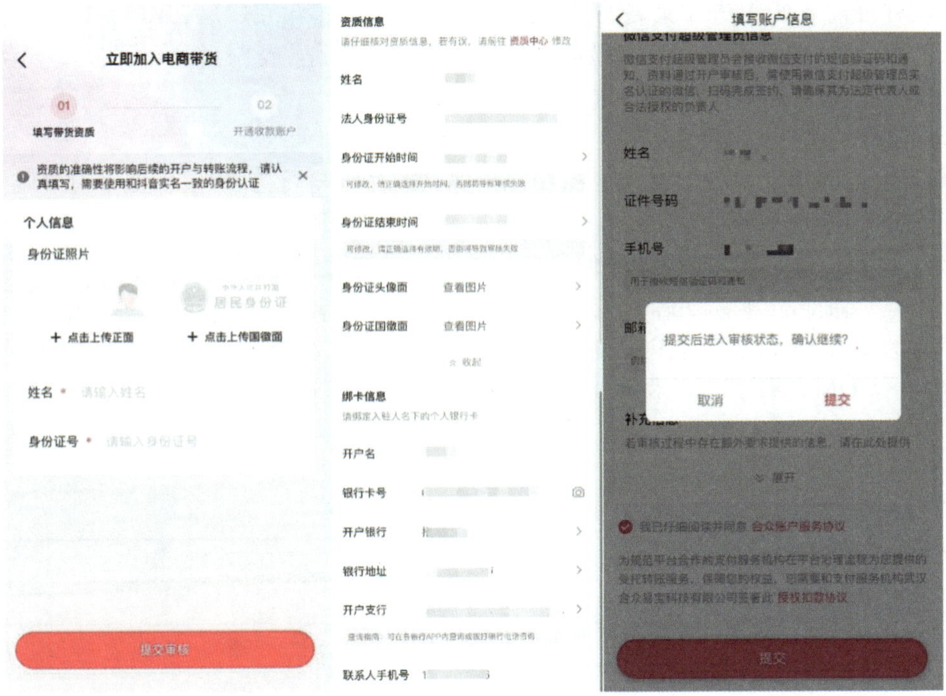

图 4-81　个人开通账户

个体工商户或企业资质审核通过后，点击“开通账户”，进入收款账户开通环节，选择开通的账户类型，需要填写姓名、身份证号、法人身份证正反面照片、银行卡信息等，申请提交等待审核，如图 4-82。

图 4-82　个体户或者企业开通账户

微信开户需要使用法人实名的微信扫码，完成签约，签约完成后，开户完成。个体或企业资质的用户，需要额外进行账户验证，可以使用“实名验证”或“打款验证”。

（三）抖音平台商家保证金的缴纳

1. 保证金

保证金是指创作者向平台缴纳的，用以担保其商品分享行为，以及保证平台规则和平台协议履行的款项，包括基础保证金、浮动保证金和活动保证金，不同情况下的保证金应缴总额不同，项目结束后，可以申请退还保证金。

创作者开通商品分享功能时，需要缴纳平台基础保证金，缴纳标准为 500 元人民币。每个自然月的 1 日，平台会根据创作者推广的商品或服务在上个自然月的在线支付订单交易情况，即支付 GMV，计算浮动保证金的应缴金额，每月 2 日按照表 4-16 的标准调整对应的应缴保证金金额。

表 4-16　浮动保证金金额

在线支付订单成交金额（万元/月）	浮动保证金金额（元）
0~5	0
5~10	3000
10~50	5000
50 以上	20000

创作者参与平台重点活动，需缴纳相应的活动保证金，活动保证金的缴纳标准由平台根据活动类型确定，分为 5000 元、10000 元、20000 元三个缴纳标准，缴纳金额以创作者保证金账户、提报活动时相应页面的提示为准，进行缴纳。

2. 未缴保证金的影响

平台达人开通电商权限后，可以先不缴纳保证金，零成本体验电商带货，但是需要注意不缴纳保证金的影响。

未缴纳保证金时，达人仅能推广平台指定的精选联盟商品，达人通过推广产品活动的收益无法进行提现。未缴纳保证金且达人的推广订单数大于 100 单时，达人将无法继续添加商品到橱窗、直播间或短视频，已发布的推广商品内容也将暂时隐藏，此时平台会进行缴纳保证金的提示。当达人不再经营电商时，可以申请退回保证金。

3. 缴纳保证金

在创作者服务中心页面，点击“电商带货”后进入相应页面，点击“更多功能”，在页面底部找到“账号管理”区域，点击“作者保证金”，点击“继续充值”选项，即可进入保证金应缴金额明细页面，点击底部的“立即充值”，即可完成保证金的缴纳，如图 4-83。

开通商品橱窗功能后，可能会有以下限制和要求。

①商品品质：确保所售商品质量可靠，符合相关标准和规定。

②内容规范：橱窗中的商品信息需真实准确，不能夸大或虚假宣传。

③服务保障：提供良好的售后服务，处理顾客购物过程中的问题和投诉。

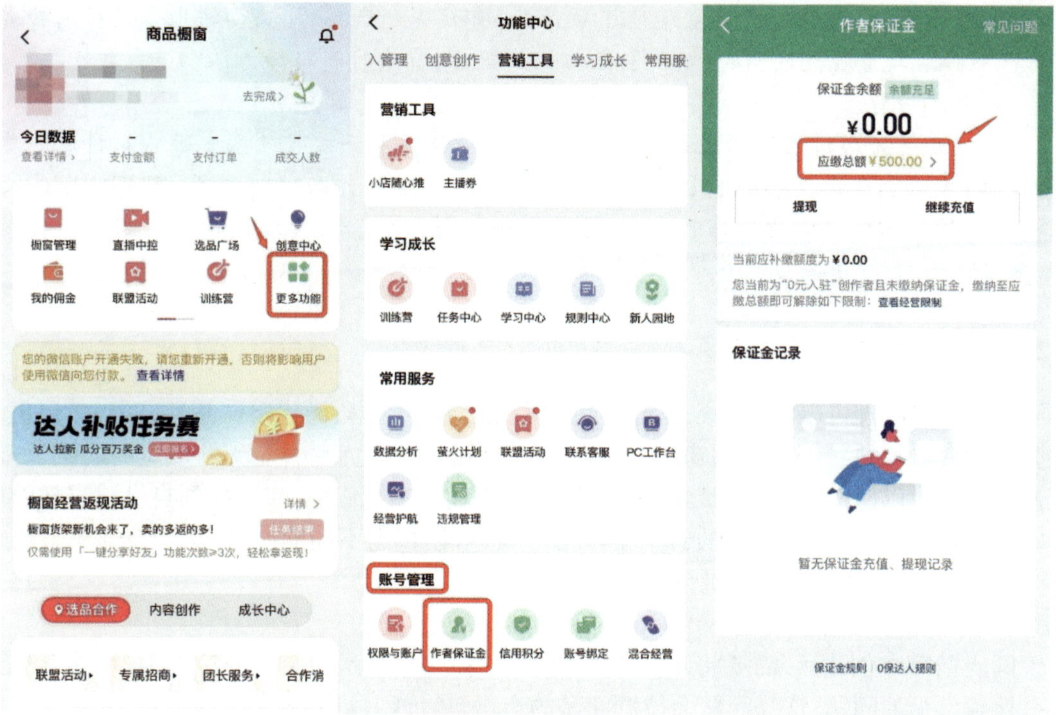

图 4-83 缴纳保证金

④合规经营：遵守抖音平台的相关规定，不得违规操作，如刷粉、刷销量等。

⑤橱窗管理：定期更新橱窗内容，保持商品的新鲜感和吸引力。

以上限制和要求的目的是维护消费者权益，保障平台正常运营。商家能够遵守平台规定，商品橱窗会吸引更多的顾客。

知识拓展

电商带货四种方式

1. 橱窗带货

橱窗带货在四种电商带货中，门槛是最低的，对经营者的经验和能力要求低，各大主流平台提供经营教程与经营方法，包括货品推荐，橱窗智能管理、流量挖掘和平台托管等，帮助商家提升店铺橱窗成交额。

2. 直播带货

直播带货对商家的技术和能力要求较高，需要主播拥有良好的表达能力、表现能力、互动能力、应变能力等，需要直播团队拥有良好的运营策划能力、技术支持能力、数据分析能力与团队协作能力等，目前主流电商平台都提供全程的直播教学，提供直播选品、方案制定、话术生成及中控跟播工具等，帮助直播团队提升工作效率，提高工作质量。

3. 视频带货

视频带货具有生动直观、互动性高、效率高、成本低等特点，需要团队人员具备良好的方案设计能力、视频拍摄与剪辑能力、数据分析能力等，对商家而言，视频带货丰富了商品的展示形式，使消费者更直观地了解产品，有效提升产品的曝光、转化率。对消费者而言，可以在观看视频的同时，购买自己心仪的产品，节省时间与精力。

4. 图文带货

图文带货是通过发布图文来推广商品，具有便捷性和高效性。图文带货对技能的要求包括：账号打造能力、涨粉策略建设、选品能力、文字创作与编辑能力、图片处理能力等，图文带货不仅仅需要发布作品，还需要做好粉丝维护、市场分析、内容策划及营销策略等多方面工作，进而提升整个账号的带货数据。

4.2.3 橱窗管理及产品分享

网店橱窗管理可以帮助商家提升商品的曝光度和点击率，优化橱窗商品数据，吸引更多顾客的关注。通过精心布置橱窗产品，展示热门商品或特色商品，能激发顾客的购买欲望。橱窗管理还可以使网店整体看起来更有条理，方便顾客在网店中，快速找到自己感兴趣的商品。通过橱窗管理，结合网店的营销手段与方案，可以根据不同的节日、活动或促销策略来调整管理橱窗展示，增加销售机会，提升店铺成交额。

（一）商品橱窗常见问题

网店橱窗在创建后，需要将产品添加到网店商品橱窗，添加商品的过程中，可能会遇到一些比较常见的问题，这些问题会拉低商品的点击量、加购数量、成交订单数量等，对于这些常见的橱窗问题，通过橱窗的有效管理可以解决。橱窗常见的问题见表 4-17。

表 4-17　商品橱窗常见的问题

问题名称	问题细节
橱窗内容不吸引人	商品选择不当、标题和描述不够精彩等，可能导致橱窗无法吸引顾客的注意力
橱窗布局不合理	橱窗中的商品排列混乱，或者图片、文字等元素搭配不协调，影响顾客的浏览体验
商品信息不准确	商品价格、库存等信息更新不及时，可能会给顾客带来困扰，甚至导致订单流失
与店铺整体风格不一致	橱窗风格与店铺整体风格不相符，会使店铺形象不统一
缺乏有效地推广	如果没有对橱窗进行有效的推广，可能会降低橱窗的曝光率和点击率

橱窗的创建与管理过程中，为了避免出现这些问题，商家们要注重橱窗内容的策划和设计，确保信息准确无误，并与店铺风格保持一致。也要积极推广橱窗，提高曝光度和影响力。

（二）橱窗商品上架及管理

开通电商权限后，便可以将平台的商品添加到橱窗。商品分享到电脑端的平台，商品橱窗管理目前仅支持商品链接添加到商品橱窗，橱窗商品的管理操作是实时的，电脑端与手机端是同步的。

1. 添加商品

网店商品橱窗支持的商品来源有小店、京东、淘宝、考拉、唯品会、苏宁、网易严选和洋码头等。如果商家绑定了抖音小店，添加的商品是绑定的小店商品，销售产品不计入佣金计算，相当于从移动端的我的店铺进行了添加。在抖音橱窗上展示商品，可以增加商品的曝光率和销售量。

商家使用自己的抖音账号进行“巨量百应”后台的登录，进入商品管理页面，在这个页面中，可以看到自己店铺中所有商品的信息。

在商品管理页面中，找到需要添加到橱窗的商品，点击进入“详情”页面。在这个页面中，可以查看商品的详细信息，包括商品名称、描述、价格、规格等。点击“橱窗管理”选项，点击“橱窗商品管理”选项，点击“添加商品”即可，如图 4-84。

图 4-84　商品橱窗添加商品

选中需要添加的商品，在详情页面中，找到“商品链接”选项，点击【复制链接】按钮，复制成功后，获得该商品的链接。在这个页面中，找到【添加商品】按钮，点击该按钮。然后在弹出的窗口中粘贴刚才复制的商品链接，点击【确认添加】按钮，如图 4-85。添加成功后，该商品将显示在橱窗中。

编辑短标题和选择商品图片仅支持抖音作者操作，头条、西瓜、火山的创作者无法进行相关操作。

图 4-85　商品橱窗添加商品

2. 置顶、更新和删除商品

(1)置顶商品

对于单个产品，勾选商品后，点击【置顶】按钮就可使用产品置顶显示。对于多个商品，创作者们可以同时勾选多个商品进行置顶操作，如选择 3 号与 5 号商品，点击【置顶】按钮，原 3 号商品排列在第一位，5 号产品排列在第二位，如图 4-86。

(2)更新商品

选中的产品可以进行更新操作，还可支持多选，点击更新后，系统会进行弹窗提示是否需要继续操作更新，如图 4-87。

(3)删除商品

选中需要删除的商品链接，点击【删除】按钮，该商品链接会从抖店商品橱窗删除。如果需要调整商品的顺序，可以在橱窗详情页面中使用【上移】和【下移】按钮进行调整。如图 4-88。

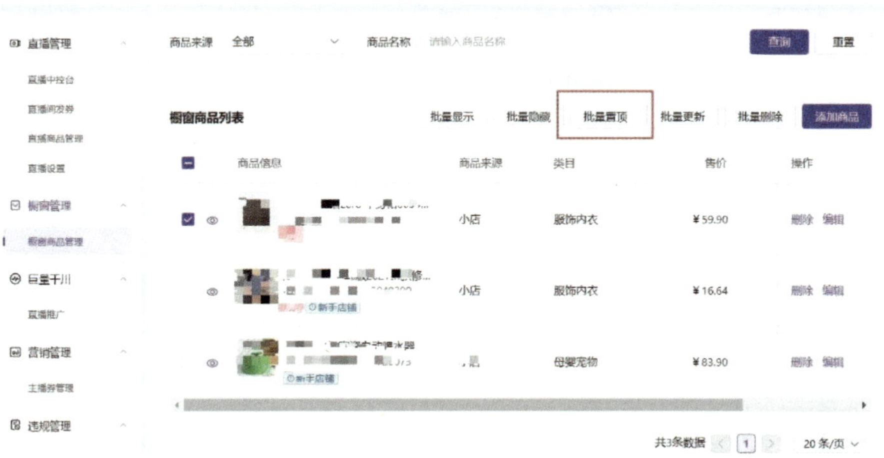

图 4-86 置顶商品

图 4-87 更新商品

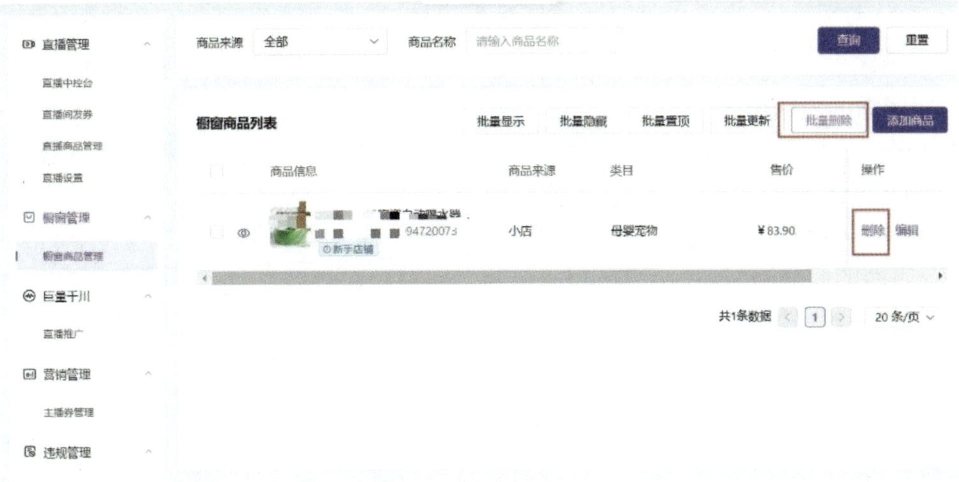

图 4-88　删除商品

知识拓展

网店商品橱窗的管理内容与设计技巧

1. 突出商品亮点

将最有特色、最吸引人的商品放在橱窗的显眼位置，吸引顾客的目光。

2. 创造视觉冲击力

使用吸引人的图片、鲜艳的色彩、独特的布局等，让橱窗在众多网店中脱颖而出。

3. 提供清晰信息

在橱窗中明确展示商品的关键信息，价格、优惠、特点等，帮助顾客了解商品。

4. 定期更新内容

保持橱窗的新鲜感，定期更换商品或调整展示方式，吸引顾客的持续关注。

5. 利用互动元素

添加视频、360 度展示、用户评价等互动元素，增加顾客的参与感。

6. 迎合季节和潮流

根据当前季节、节日或流行趋势来设计橱窗，让顾客感受到与时俱进的购物体验。

7. 提供个性化推荐

根据顾客的浏览和购买行为，为他们提供个性化的橱窗推荐，增加相关性和吸引力。

8. 打造品牌形象

通过橱窗展示传递品牌的价值观和个性，建立独特的品牌形象，吸引目标顾客群体。

9. 引导顾客进入店铺

在橱窗中设置明确的引导标识，鼓励顾客进入网店进一步浏览。

10. 不断优化和测试

根据数据分析和顾客反馈，不断优化橱窗的设计和内容，以提升效果。

通过以上方法，可以提高网店橱窗的吸引力，吸引更多顾客的关注和兴趣，从而增加店铺的流量和销售机会。

(三)橱窗的界面设计

商品橱窗界面设计的作用是吸引顾客的注意力，展示商品的特点和优势，提供商品信息，帮助顾客做出购买决策。一个好的商品橱窗界面设计可以增强用户体验，提高顾客对商品的兴趣和购买意愿。良好的橱窗界面设计能提升品牌形象，让品牌更加专业、可信。

抖音店铺的商品橱窗设计步骤如下。

①登录抖音账号，在主页下方的“我”界面，点击右上角的菜单选项，点击进入创作者服务中心页面。

②点击页面上方的“全部”，在展开的功能菜单里，选择“电商带货选项”。

③在弹出的页面中，选择“商品管理”，再点击屏幕上方的“装修”选项，即可进入商品橱窗装修界面，如图4-89。

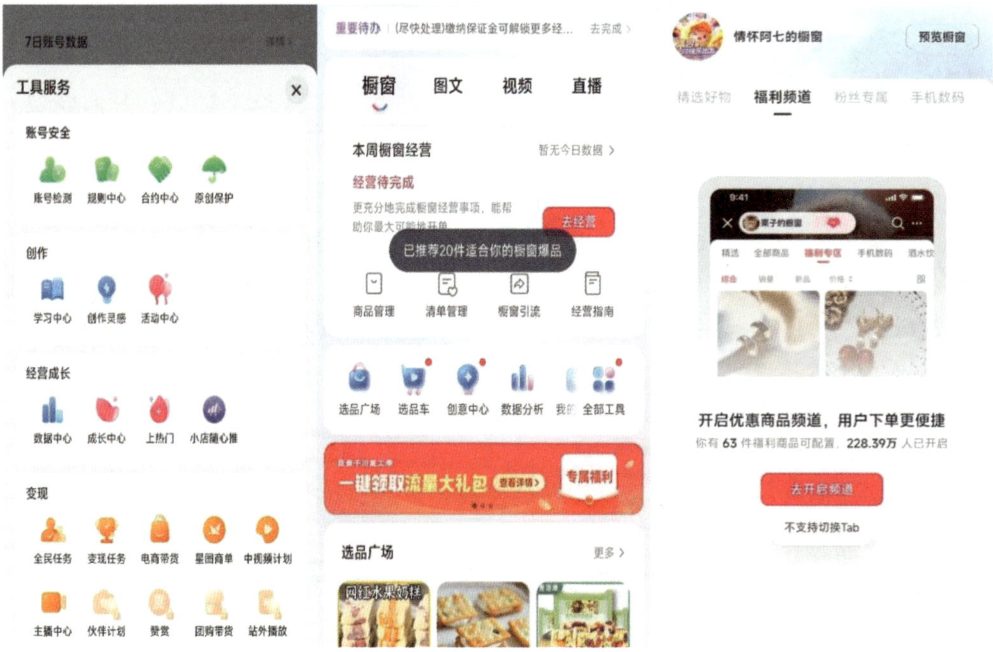

图4-89　商品橱窗的装修设计

④在装修管理界面，选择橱窗布局风格，点击“添加模块”，选择商品橱窗、图文橱窗、视频橱窗等多种类型的橱窗模块。

⑤选择橱窗模块后，设置橱窗的具体内容，商品橱窗可以选择要展示的商品，并调整商品顺序。图文橱窗和视频橱窗可以上传图片或视频，并添加相应的标题和描述。

⑥完成橱窗内容的设置后，点击“预览”查看效果，如满意可点击“保存”，正式发布橱窗内容。

商品橱窗管理与优化的作用见表4-18。

表 4-18 商品橱窗管理与优化的作用

作用	作用细节
提升产品曝光度	精心设计的橱窗可以吸引顾客的注意力，让他们更容易发现橱窗商品
展示产品特色	通过橱窗可以突出商品的特点、优势和价值，激发顾客的购买欲望
营造品牌形象	一致的橱窗风格和展示方式有助于塑造品牌形象，提升品牌的辨识度和美誉度
提高消费者购买意愿	好的橱窗管理可以增加顾客对商品的兴趣和信任感，从而提高购买的意愿
方便顾客浏览	橱窗的合理布局和分类可以帮助顾客快速找到自己感兴趣的商品，提升购物体验

(四)产品分享

在抖音分享产品可以参考以下方法。

①建立好物分享活动页面，详细介绍精彩好物，信息清晰，除好物介绍，还要有好物图片、视频，以及相应的介绍文字。

②选择合适的抖音营销渠道，抖音挑战、抖音活动等，可以帮助更多人了解分享好物。

③设计有趣的活动，让抖音粉丝参与到活动中，一起分享产品，让粉丝在互动的过程中，更加深刻地记住品牌和产品。

④制定好物分享的奖励规则，奖励优惠券，可以让粉丝更加投入地参加到产品分享的好物活动中。

⑤积极参与抖音的热门话题，把自己的好物推荐到热门话题里，让更多人了解品牌和产品。

添加到橱窗的商品，还需要进行一些编辑和优化以提高销售量，可以添加详细的描述、漂亮的图片以及吸引人的价格等信息。

为了让更多的人看到并购买产品，需要进行适当的推广和营销。可以通过抖音平台的其他功能，如直播广告等来增加曝光率。

(五)数据分析优化

1. 数据标签

通过数据分析来优化网店橱窗的效果是非常明智的做法。以下是一些可以考虑的数据分析方法和指标，根据这些数据分析的结果，可以针对性地调整橱窗的设计、内容和布局，以提高吸引力和效果。要不断尝试新的策略和方法，以适应市场的变化和顾客的需求，具体见表 4-19。

表 4-19 数据分析标签及其作用

名称	作用
点击率	通过统计橱窗的点击率，了解顾客对不同橱窗内容的兴趣程度，如果某个橱窗的点击率较低，可以考虑改进设计或内容
转化率	分析橱窗带来的转化率，顾客在点击橱窗后实际购买商品的比例，较高的转化率说明橱窗的效果较好，可以进一步优化
浏览时长	了解顾客在橱窗页面上的停留时间，较长的浏览时长可能表示顾客对橱窗内容感兴趣
热门商品	了解哪些商品在橱窗中更受欢迎，根据这些信息调整橱窗的商品展示策略

续表

名称	作用
用户行为分析	通过分析用户在网店中的浏览路径和行为，了解他们对橱窗的反应，找出潜在的改进点
A/B 测试	对比不同橱窗设计或内容的效果，A/B 测试不同的商品排列方式、标题或图片，选择效果更好的方案
反馈和评价	收集顾客的反馈和评价，了解他们对橱窗的看法，以便作出相应的改进
竞争对手分析	研究竞争对手的网店橱窗，了解行业的最佳实践，从中获取灵感
数据跟踪和定期评估	持续跟踪和评估橱窗的数据指标，定期进行分析和优化，以确保橱窗的效果不断提升

获取店铺数据后，通过数据清洗，使数据更加合理、规范，使用数据分析工具，对网店电商数据进行分析对比，查找优势，并找出店铺问题数据与不足之处，根据实时的店铺数据，制定相应的优化策略。

2. 优化策略

优化策略对于项目的成功有着至关重要的作用，制定良好的优化策略，能够引导我们在复杂的情况下找到最佳路径。通过制定和实施优化策略，可以帮助我们更高效地利用资源、提升质量。优化策略还能激发创新思维，让我们不断追求进步和提高。

制定和实施优化策略首先要明确目标，明确方案需要取得的短期目标与效果，然后对现状进行分析，找出需要改进的地方，接下来就可以制定具体的优化措施，要确保这些措施切实可行，最后就是执行优化措施，及时评估效果，根据需要进行调整。在优化过程中，要保持耐心和持续改进的心态，有利于取得预期成果。

在抖音短视频平台，优化商品橱窗可以提升橱窗商品数据，提高用户的购买热情及关注数据，最终提升产品的成交量。对商品橱窗进行优化的策略主要有以下几方面。

①完善橱窗信息：用户在浏览抖音时首次接触到的商品信息就是橱窗信息，完善橱窗信息至关重要。商家应该确保商品图片清晰、吸引人，商品标题简洁明了，尽量包含关键词，以便提高搜索排名。

②优化商品详情页：商品详情页是用户在点击橱窗后进入的页面，商家需要在这里详细介绍商品的特点、优势和使用方法。一方面要保证排版清晰，方便用户阅读；另一方面要注重实用性，回答用户的疑问。

③关注热门话题和趋势：抖音是一个追求热门话题和趋势的平台，商家需要紧跟潮流，结合热门话题进行内容创作，提高视频的曝光率。

④合理运用短视频：短视频是抖音的核心功能，商家可以通过制作有趣、生动的短视频来展示商品，吸引更多用户的关注。短视频内容要求原创度高，注重与橱窗商品的结合，增强用户的购买欲望。

突出商品亮点与优势、创造视觉冲击力、定期更新内容、提供个性化推荐都是优化商品橱窗设计，提升商品橱窗转化率的有效措施，优化过程中，还需要不断进行优化和测试，有助于获取商品橱窗优化更为优秀的方案与策略，如图 4-90。

图 4-90　数据分析及优化策略

根据数据分析和顾客反馈，不断优化橱窗的设计和内容，以提升效果，提高橱窗商品转化率的方法还有选择热门品类、拍摄场景、拍摄角度、切入点、音乐和特效、标题和描述、标签和话题等。

4.2.4　认识网店

网店就是通过互联网进行商品销售的店铺，它与传统实体店不同，没有实体店面，而是通过网站或移动应用程序来展示和销售商品。相对于实体店而言，网店的优点很多，可以 24 小时运营，打破了地域限制，让消费者更方便购物。网店的运营成本相对较低，不需要支付高昂的店面租金和其他额外费用。

(一)网店基础知识

1. 网店类型

网店类型比较丰富，比如平台型网店，像淘宝、京东这样的大型电商平台上开设的店铺；还有独立网店，是自己搭建和运营的网店，拥有更多的自主权和个性化设计；社交媒体网店，通过社交媒体平台进行销售，比如微信、微博等；还有直播带货网店，通过直播的形式展示和销售商品。不同的网店类型有各自的特点和优势，可以根据自己的需求和资源来选择适合的类型。

2. 商品选择

要根据市场需求和自身优势选择合适的商品。选择网店商品时，有以下几个关键因素需要考虑。首先，要了解市场需求和趋势，选择有潜力的商品；其次，要结合自身的兴趣和专业知识，这样才能更好地推广和销售商品；还要考虑商品的质量和价格，确保有竞争力。此外，商品的供应渠道和库存管理也很重要，要保证商品的稳定供应。商家可以通过市场调研、分析竞争对手、了解消费者反馈等方式，来做出更明智的选择。

3. 店铺搭建

设计一个吸引人的网店界面，包括店铺名称、标志、页面布局等。网店搭建需要一步步进行，首先要选择一个合适的平台或建站工具，比如淘宝、京东、Shopify。然后，为网店取一个好听又好记的名字，让人一眼就能记住；接着设计一个简洁美观的页面布局，让顾客浏览起来很舒服，上传清晰吸引人的商品图片和详细准确的商品描述；最后设置好支付和物流方式，确保交易顺畅。

4. 商品拍摄和描述

展示商品的特点和优势，吸引顾客购买。商品描述和拍摄是网店的"魅力密码"，商品描述要详细、准确、有吸引力，让顾客清楚了解商品的特点和优势。可以从商品的外观、功能、材质、尺寸、颜色等方面进行描述，还可以加上一些使用场景和客户见证，让顾客更有购买欲望。拍摄商品照片时，要注意光线、角度、背景和清晰度，尽可能展示商品的真实面貌。商家可以多拍一些不同角度和细节的照片，让顾客对商品有更全面地了解。还可以制作一些视频，展示商品的使用方法和效果。

5. 订单处理

确保及时处理订单，选择可靠的物流合作伙伴。订单处理和物流是网店运营中非常重要的环节，顾客下单后，要及时处理订单，确认顾客的信息和支付情况。然后选择合适的物流方式，确保商品能够及时、安全地送达顾客手中。处理订单的过程中，要保持与顾客的沟通，及时反馈订单的处理进度。要注意包装的质量，确保商品在运输过程中不会受到损坏。定期跟踪物流信息，遇到问题及时解决，也能提高顾客的满意度。

6. 客户服务

提供优质的客户服务，解决顾客的问题和投诉。客户服务是网店经营的"生命线"，提供优质的客户服务能让顾客感到满意，从而增加他们的忠诚度和口碑传播。客服需要及时回复信息、工作热情、建立沟通渠道及收集数据等相关能力。客服工作内容及具备能力见表4-20。

表 4-20　客服工作内容及具备能力

能力	作用
及时回复	尽量在顾客咨询或提出问题时，快速地给出回复
专业热情	展现出对产品的了解，并且以积极的态度与顾客交流
解决问题	对于顾客的问题和投诉，要尽力解决，让他们感到满意
售后服务	及时处理退换货等售后问题，让顾客购物无后顾之忧
沟通渠道	提供多种联系方式，方便顾客随时与商家进行沟通
收集反馈	定期向顾客征求意见，了解他们的需求和满意度，以便不断改进服务

7. 营销推广

通过各种渠道宣传网店，提高知名度和销量，实际经营中还需要不断学习和积累经验。营销推广工作内容及具备能力见表 4-21。

表 4-21　营销推广工作内容及具备能力

能力	作用
社交媒体营销	利用微博、微信、抖音等社交平台吸引潜在客户
搜索引擎优化	通过优化网站内容，提高在搜索引擎上的排名
内容营销	创建有价值的内容，文章、视频等，吸引用户并建立信任

续表

能力	作用
电子邮件营销	及时处理退换货等售后问题，让顾客购物无后顾之忧
沟通渠道	提供多种联系方式，方便顾客随时与你取得联系
收集反馈	与其他相关品牌或网站合作，互相推广
口碑营销	通过提供优质的产品和服务，让顾客自愿推荐给其他人

案例链接

网店运营成功案例

1. 三只松鼠

以坚果类产品起家，通过独特的品牌形象、优质的产品和创新的营销策略，成为知名的电商品牌。

2. 韩都衣舍

在淘宝平台上发展壮大，以时尚的服装款式和良好的客户服务赢得了消费者的喜爱。

3. 花西子

专注于东方彩妆，凭借独特的产品设计和高品质的产品，在美妆市场中脱颖而出。

4. 小米有品

作为小米旗下的电商平台，通过多元化的产品品类和优秀的用户体验，吸引了大量消费者。

5. 完美日记

以社交媒体营销和个性化的产品定位，迅速崛起为美妆行业的佼佼者。

这些网店运营成功的案例展示了不同的成功因素，独特的品牌定位、优质的产品、有效的营销策略和良好的客户服务等。每个网店的成功都离不开团队的努力、市场的机遇和持续地创新。从这些案例中汲取灵感，根据自身的实际情况和目标，制定适合自身的网店运营策略。

（二）网店基础技能

开网店需要考虑很多因素，选择合适的电商平台、确定商品品类、设计网店页面、制定营销策略等。开网店需要一些必要的技能和知识，见表 4-22。

表 4-22 开网店必备的知识与技能

名称	信息
电商平台操作	了解如何在选定的电商平台上创建和管理店铺
产品知识	深入了解销售的产品，包括特点、优势和市场需求
市场营销	掌握有效的营销技巧，搜索引擎优化、社交媒体推广等
客户服务	提供优质的客户服务，处理客户咨询和投诉

续表

名称	信息
数据分析	能够分析销售数据,了解客户行为和市场趋势
摄影和图像处理	拍摄吸引人的产品照片,并进行适当的图像处理
库存管理	有效管理库存,确保产品的供应和更新
财务管理	了解成本核算、利润分析和税务等财务方面的知识
法律法规	遵守相关的消费者保护法、知识产权法等法律法规
持续学习	电商领域发展迅速,要保持学习的心态,跟上行业的最新动态

这些电商行业必备的知识与技能,可以通过持续地学习、实践和不断积累来提升自身的知识储备与实际操作水平。也可以参加电子商务相关的培训课程或寻求电子商务专业指导来更好地开展网店业务。

4.2.5 网店开通

网店为创业者提供了一个低成本、高效率的销售渠道,让商家们能够将商品卖到更广阔的市场。对于消费者来说,网店提供了更多的选择,让他们可以足不出户就能买到各种商品。网店的运营模式相对灵活,可以根据市场需求和消费者反馈及时调整商品和策略。网店还能促进电商行业的发展,带动相关产业的繁荣。总之,网店不仅给人们的生活带来了便利,还为经济发展做出了贡献。

目前大部分电子商务平台,在网店开设方面,进行了优化,开通网店步骤简洁,各平台之间开通商品橱窗的步骤与要求相差不大,以抖音短视频平台的抖音小店为例,讲解网店的开通流程。

(一)抖店的基础知识

1. 抖店

抖店是抖音电商商家的一站式平台,包括网页端、APP端、客户端三种形态,在这里商家可以完成从入驻、开通抖音店铺、发布商品、订单履约、售后服务等一系列动作,能从该平台获取学习资料,以及咨询、触达通知,帮助商家开展电商经营活动,如图4-91。

图 4-91　抖音小店最新权益

2. 十大商家权益

抖音电商发布十大入驻权益，面向全体商家开放 0 元入驻等 10 条扶持政策，助力新商家开店无忧，同时加大对中小型商家的扶持力度，帮助商家降低成本增加营收。相关权益有 0 门槛快速启动经营、新商动销专属扶持、新商推广流量限时补贴、商品卡免佣权益、新商海量达人合作机会、最高 100 万元 30 天免息信用贷款、官方经营诊断工具永久免费使用、指定软件工具免费使用、运营方法指导和免费培训课程。

（二）抖店的开通

1. 入驻流程

不同的主题类型入驻抖音小店流程有略微差异，如图 4-92 所示。

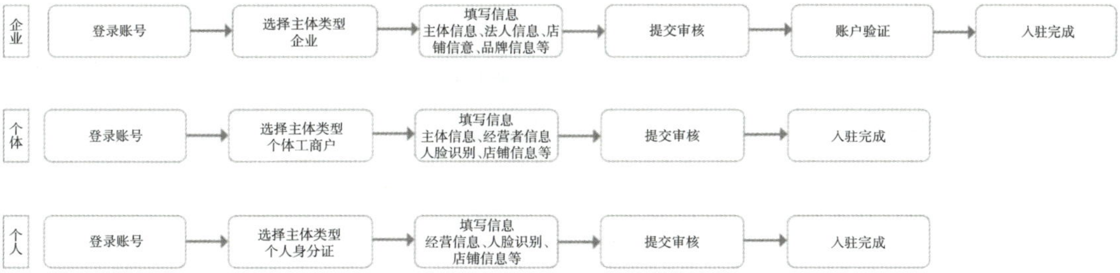

图 4-92　抖音小店入驻流程

2. 登录账号

使用电脑端网页浏览器访问网址：https：//fxg.jinritemai.com/login/common，建议使用手机号接收验证码进行登录，如图 4-93。

图 4-93　抖音小店账号登录

3. 选择主体

主体类型是营业执照的“类型”决定的，如果商家的营业执照类型是“个体工商户”，那么入驻抖店时只能选择“个体工商户”，如果商家的营业执照类型是“企业”，那么入驻抖店时只能选择“企业”，如果商家不使用营业执照入驻，可以选择以“个人身份”入驻抖店。

4. 填写信息

选择以“个人身份”入驻抖店的商家，主体信息页面，需要上传身份证正反面照片，选择交易活动类型，而选择以“个体工商户”或者“企业”入驻抖店的商家，除了需要上传法人身份证正反面照片之外，还需要上传营业执照，如图 4-94。

图 4-94　选择主体类型

上传完成之后，需要填写抖音店铺信息，包括店铺名称、经营地址、管理人姓名、手机号等，上传完成后，进入到下一步的审核阶段。

5. 平台审核

根据不同的业务情况，审核时效有所差异，预估时效可在提交审核后的页面查看。

一般情况下，企业类型商家（除企业店外）审核时效比个人店/个体店/企业店要长，选择了定向准入的类目时，时长会有所延长，具体以页面提示为准。

审核驳回或通过时，会发送短信提示商家，商家可自行登录抖店，查询审核进度，如被驳回，可以进行资料修改，再次申请，如图 4-95。

图 4-95　平台审核

6. 账户验证

根据主体类型不同，验证方式也有差异。个人认证或个体工商户认证的商家，验证方式默认为“人脸识别”。企业认证的商家可以“人脸识别”与“打款验证”二选一，如图 4-96。完成账户验证后，抖音小店开通成功。

图 4-96　账户验证

知识拓展

网店运营的数据指标

①流量：包括访问量、页面浏览量等，反映店铺的受关注程度。

②转化率：订单转化率、访客转化率等，衡量访问者转化为实际客户的比例。

③客单价：平均每个客户的购买金额，反映客户的消费水平。

④复购率：客户再次购买的比例，代表客户的忠诚度。

⑤好评率：客户对商品和服务的满意度评价，对店铺的声誉很重要。

⑥库存周转率：衡量库存的流动速度，影响资金的利用效率。

⑦市场份额：了解你的店铺在特定市场中的占比情况。

⑧ROI（投资回报率）：评估营销活动和投资的效益。

拓展：网店的运营与管理

通过定期分析这些数据指标，可以发现问题、优化运营策略，提升网店的业绩。不同类型的网店可能会有其他特定的重要指标，可以根据店铺的业务目标和需求进行重点关注。

4.2.6　商家体验分

商家体验分是电商平台上的商家分数，通常是根据一系列因素评估得出的，这些分数可以反映商家在平台上的表现和信誉，体验分是反映店铺综合服务能力的重要指标，该指标覆盖了用户消费全链路，可为商家提供店铺服务能力诊断和改善所需的数据支持。用户消费体验好的店铺分数更高，可获得更多的平台支持。

（一）体验分组成

体验分为百分制，最低为 50 分，最高为 100 分，由商家近 30 天内的商品体验、物流体验及服务体验三个评分维度加权计算得出。

1. 商品体验

商品体验由商品的差评率、商品品质退货率两部分组成。

商品差评率 = 近 30 天商品差评订单数 / 近 30 天物流签收订单数。注意：取用户首次评价结果。

商品品质退货率 = 近 30 天物流签收订单中因商品品质原因产生退货退款、发货后仅退款、换货的订单数/ 近 30 天物流签收订单数。注意：取用户首次申请售后原因。

2. 物流体验

物流体验由 24 小时支付-揽收率、48 小时支付-揽收率、订单配送时长、发货问题负向反馈率四部分组成。

24 小时支付-揽收率 = 近 30 天支揽在 24 h 内的现货订单数/ 近 30 天应揽收现货订单数。注意：无需发货订单、定制类订单不参与计算。

48 小时支付-揽收率 = 近 30 天支揽在 48 h 内的现货订单数/ 近 30 天应揽收现货订单数。注意：无需发货订单、定制类订单不参与计算，仅配饰、鲜花速递/花卉仿真/绿植园艺、服饰配件、潮品鞋服、花卉/绿植盆栽、定制珠宝文玩、二手奢侈品考核 48 小时支付-揽收率，其他行业考核 24 小时支付-揽收率。

订单配送时长 = 近 30 天签收订单配送时长之和 / 近 30 天签收订单量。订单配送时长是指订单从物流揽收到物流签收所用时长。

发货问题负向反馈率 = 近 30 天支付中产生发货问题负反馈的订单数 / 近 30 天支付订单数。现货承诺发货时效内发货慢的负反馈不计入考核，预售订单支付后 48 小时内发货慢的负反馈不计入考核。

3. 服务体验

服务体验由仅退款自主完结时长、退货退款自主完结时长、售后拒绝率、平台求助率、IM 平均响应时长、IM 不满意率组成。

4. 特色服务

加分项，满足特色服务的商家，综合加 3 分。

知识拓展

商家分数对消费者购买决策的影响

①信任感：高分商家可能被认为更可靠，消费者更愿意相信他们的产品质量和服务。
②满意度预期：高分数暗示着良好的购买体验，消费者可能预期更满意的交易。
③参考价值：其他消费者的评价和反馈可以作为参考，影响消费者的决策。
④口碑传播：满意的客户可能会推荐给其他人，带来更多的潜在客户。

⑤增加竞争力：在同类店铺中，高体验分的店铺更具优势，吸引更多消费者。

⑥促进忠诚度：消费者更倾向于在体验好的店铺重复购买，形成忠诚度。

通过提升商家体验分，能够增强店铺的吸引力，进而提高转化率和复购率，促进店铺的长期发展，购买决策不仅仅取决于商家分数，还受到其他因素的影响，如产品价格、个人需求、品牌偏好等。有些消费者可能会更注重其他方面，而对商家分数的重视程度相对较低。消费者也可能会自行查看更多的产品信息和用户评价来做出综合判断。

总体来说，商家分数是消费者在做出购买决策时的一个重要参考。

（二）体验分展示

1 展示路径

商家可通过抖店后台、店铺、商家体验分查看体验分当日数据，可查看分数概况、权益概况、指标预警和全部指标等模块。

2. 分析诊断

商家可通过首页全部指标模块，查看所有考核指标当日变化趋势，以及在同行中的排名。商家可点击全部指标模块指标名称进入对应指标的诊断详情页，查看近 30 天指标趋势，以及商品、物流、客服、售后更细维度的诊断分析。

3. 消费者端展示

商家体验分通过店铺首页、商品详情页以五分制的形式向消费者展示，百分制与五分制的转换规则可在商家后台—店铺—商家体验分页面查看。

（三）体验分提升

提升商家体验分非常重要，它就像是商家的“信用名片”，直接影响着消费者对商家的信任和选择。较高的体验分可以吸引更多的顾客，增加订单量，提升店铺的曝光率和竞争力。体验分高的商家还可能获得平台的更多推荐和资源支持。

好的体验分还能促进顾客的满意度和忠诚度，让他们成为商家的“铁杆粉丝”，不断回购并推荐给他人。努力提升商家体验分，就像是给店铺加光环，吸引更多的关注和收藏。

提升商家体验分的方法与技巧见表 4-23。

表 4-23　提升商家体验分

措施	解析
提供优质产品和服务	确保商品质量良好，服务及时、周到
关注客户反馈	积极回复客户的评价和投诉，解决问题，提升满意度
优化店铺页面	页面设计简洁、美观，提供清晰的产品信息和便捷的购物流程
快速处理订单	及时发货，确保物流顺畅，让客户尽快收到商品
加强客户沟通	主动与客户保持沟通，提供个性化服务
举办促销活动	吸引客户，增加销量和好评
提升售后服务	处理退换货等问题时，保持耐心和专业
持续改进	定期评估和改进运营策略，以满足客户需求

【任务探究】

商家体验分是衡量商家服务质量和用户满意度的重要指标，运营好商家体验分可以帮助商家提升网店的信誉和销量，商家可以根据体验分的各项指标，找出网店的优势与不足，有针对性地提供与改进服务，体验分可以展示在店铺首页，让消费者能够清晰了解店铺的服务质量。商家信用分也是商家参与平台各项活动需要考查的重要指标。

商家定期分析体验分的变化趋势，能够帮助商家及时发现问题、解决问题。商家需要掌握信用分的计算方法与商家信用分的应用场景。

（1）商家信用分的计算方法

①抖音店铺满足近 30 天有效支付订单数≥30 时，才会计算和展示体验分，不满足此条件暂无体验分。

②商家体验分的订单量信息，均指有效支付订单，赠品、福袋、实付金额≤2 元订单以及异常订单不纳入考核计算。

③综合体验分=商品体验得分 × 该项权重+物流体验得分 × 该项权重+服务体验得分 × 该项权重+加分项，即在商品体验、物流体验和服务体验加权计算的基础上，加上特色服务加分，得出最终的店铺体验分。

④商品体验的分值来源于近 30 天的商品差评率和商品品质退货率，根据商家某基础单项指标在所处行业的综合排名计算得出。

⑤物流体验的分值来源于近 30 天的（24 小时支付–揽收率）/（48 小时支付–揽收率）、订单配送时长、发货问题负向反馈率，根据商家某基础单项指标在所处行业的综合排名计算得出。

⑥服务体验的分值来源于近 30 天的仅退款自主完结时长、退货退款自主完结时长、售后拒绝率、平台求助率、IM 平均响应时长、IM 不满意率，根据商家某基础单项指标在所处行业的综合排名计算得出。

⑦特色服务加分项是商家开通《商家服务规范》中的特色服务，满足加分条件的，商家综合体验分直接加 3 分。不满足加分条件或不再满足加分条件，则无法获得特色服务加分。

（2）商家信用分应用

商家信用分除用于展现给消费者，以提升本网店在消费者心中的形象与信誉外，还能帮助商家进入到平台活动中，商家的定期体验分应用于平台营销活动提报、精选联盟准入、广告投放等场景，具体应用方式和门槛参考对应的外化规则。

①结算账期：体验分越高，结算账期越短，可以通过查看商家货款结算日期细则来确定店铺的整体结账周期。

②广告投放限制：体验分低的商家，影响消耗速度，可以通过查看巨量千川准入和管控规则指引文件，了解与学习广告投放。

③活动提报：商家体验分达到活动报名门槛时，可报名参加平台特定营销活动，参加活动的商家，可以通过平台营销活动基础规则，来进行产品的营销推广策略。

④精选联盟门槛：商家体验分满足一定条件方可准入精选联盟，商家可以通过查看精选联盟平台管理规则，来进一步做好商家体验分相关数据。

【思政园地】

2019年10月20日，国家标准委在浙江义乌召开新闻发布会，批准发布《电子商务交易产品质量网上检测规范》等一批国家标准，《电子商务交易产品质量网上监测规范》规定了电子商务交易的有形产品质量网上监测的主要活动和要求，以及实施产品质量网上监测的保障和能力支持要求，有助于规范电子商务交易产品质量网上监测相关活动，为电子商务交易产品质量的风险预警和管控等提供技术支撑，切实保障消费者权益。

直播运营团队在开设网店、运营网店的过程中，应当遵守上述规范，积极响应政府活动，优先选择资质健全、质量有保证的品牌商品，严禁推销法规禁售的商品，在规定范围内，从事电商活动。

任务4.3 直播间搭建

【任务导入】

直播间是电商平台提供的，一个可以展示才华的舞台，主播们在直播间里展示自己的才艺、分享知识或与观众互动。直播间的魅力在于它的即时性和互动性。观众可以实时提问、留言，与主播互动，还能参与抽奖等活动。直播间的氛围通常都很轻松愉快，让人感觉就像在和朋友聊天一样。通过拆解一个怀旧主题直播间的成功案例细节，来学习直播间的搭建。

1. 案例背景及数据

社会的发展趋向社会化、现代化和时尚化，这使得在农村长大的70后、80后对老物件怀有浓厚的情感。然而市面上很多老物件已经停产，不再流通，供应变得稀缺。需求与供给不匹配，导致这些产品能够溢价销售，利润较高。这些怀旧产品有情绪价值，能够吸引有怀旧情感的消费者，获得更高的溢价和利润。

2. 案例细节呈现

1）主播　主播不出镜，将镜头对准产品，不断展示和介绍产品，并与粉丝互动。重点讲解粉丝感兴趣的产品，采用直接拍单或竞拍的方式，合理引导粉丝下单购买。

2）产品　怀旧家电的价格范围广泛，从9.9元到800元不等，不同的产品，结合产品的价值进行产品定价，设定相应的拍卖价格。

3）场景　全景和细节展示产品，将场景作为内容进行展示。可以来回走动展示所有老物件的场景，结合自身想要讲解的产品以及粉丝感兴趣的产品。展示录音机等细节和使用功能时，可以提高转化率。在仓库内展示怀旧商品，边讲解边展示。

4）短视频　发布722条展示产品功能的短视频。罕见的新奇特老物件本身就是吸引流量的关键，通过发布高质量、高吸引力作品，粉丝获得持续增长，账号定位更加精准。

5）建议　货源可以通过低价从农村收购或与废旧市场合作获得；主播逐个介绍产品即

可;流量是关键,核心在于场景,场景即内容,可以多发布高质量的短视频来引流直播间,尤其在启动阶段可能需要微付费;为了提高转化率,可以采用拍卖形式,既有稀缺性和紧迫感,又能获得更高的网店产品成交量。

3. 案例分析

1)产品价值　不仅仅是产品本身的实用价值,还有情绪价值。同样是编织袋,在不同的平台,不同的背景下,商品的售价不同,好的产品搭配好的情绪价值,能够激发用户的购买欲望,产品供不应求。情绪价值代表着更高的溢价空间和产品利润。因此,选择具有情绪价值且具备高利润的产品,有更大的机会。

2)场景与产品　好的场景与产品自带流量。自然流量的获取越来越困难,但自然流量一直是有机会的。筛选出新奇特的产品,搭建创意场景,就有可能引发平台推荐流量。对平台而言,用户在平台上进行购物或使用平台,这两种方式对平台都有价值。怀旧产品与场景可以自然地吸引大量流量,但在理解场景方面也需要注意,将人、货和场景极致地结合,配合微付费策略,将是内容电商获得良好发展的绝佳解决方案。

【知识必备】

4.3.1　直播间搭建基础知识

(一)认识直播间

直播间在互联网时代指的是某一个人或一个组织开通的网络直播节目。它是一个实时的互动平台,可以让观众和主播进行实时交流和互动。直播间的环境可以根据主播的个人喜好和直播内容的不同而有所不同。一般来说,直播间的环境应该整洁、明亮、舒适,符合主播的个人风格。背景墙的布置、灯光、音响设备等都是直播间环境的重要组成部分,它们可以营造出不同的氛围和风格,吸引不同类型的观众。

除了环境之外,直播间的互动也是吸引观众的重要因素。主播可以通过与观众的互动,增加观众的参与感和黏性,提高直播的观看体验。也可以通过直播间的互动,了解观众的需求和反馈,改进自己的直播内容和方式。

直播间是一个充满活力和创意的平台,它可以让人们跨越地域和时间的限制,实时分享自己的生活和兴趣。随着互联网的不断发展,直播间也将继续发挥其重要作用,成为更多人关注和参与的焦点。

直播间的基本信息包括直播平台的选择、主播角色、副播角色、直播内容规划、技术设备要求、个人形象打造、互动转化与数据分析,见表 4-24。

表 4-24　直播间基础信息

名称	基础信息
直播平台选择	不同的直播平台有各自的特点和受众群体,选择合适的平台对于吸引目标观众至关重要。抖音、快手、小红书等平台各有侧重,有的擅长短视频,有的则以直播带货为主
主播角色	主播是直播间的核心人物,负责引导直播节奏、展示商品、与观众互动等。一个优秀的主播应该具备选品逻辑、销售转化逻辑和数据分析逻辑的思维,对产品有深入了解,能够控制直播的整体氛围

续表

名称	基础信息
副播角色	副播在直播中起到辅助作用,配合主播完成直播内容,有时也作为备用主播出现。副播需要具备与主播相匹配的思维逻辑,能够在必要时刻接替主播
直播内容规划	直播内容应根据目标观众的兴趣和需求来设计,可以是教育培训、娱乐表演、产品展示等多种形式。内容的规划应考虑到直播的时长、互动环节、亮点设置等因素
技术设备要求	进行直播需要一定的技术设备支持,如稳定的网络连接、高清摄像头、麦克风等。为了提升直播效果,还需要额外的辅助设备,如灯光、背景板等
个人形象打造	主播的个人形象对于吸引和保持观众的关注度非常重要。主播应注重自己的着装、妆容和言谈举止,给观众留下良好的印象
互动与转化	直播间的互动是增加观众黏性的关键,主播可通过问答、抽奖、优惠活动等方式与观众互动。主播还需要具备一定的销售技巧,以便在直播中将观众转化为消费者
数据分析	直播结束后,主播和团队应对直播数据进行分析,包括观看人数、互动率、转化率等指标,以便优化未来的直播策略

(二)直播间的功能

直播间可以作为一个互动平台,让主播和观众之间实时交流,增强彼此的联系和参与感。对主播来说,直播间是一个展示自己才华、技能或产品的舞台,能够吸引粉丝和观众,提升自己的知名度和影响力。对观众来说,直播间提供了丰富多样的内容,可以满足他们的娱乐、学习、购物等需求。直播间还可以成为品牌推广和营销的有效渠道,通过直播活动吸引消费者,增加品牌曝光度和销售量。

1. 实时视频直播

实时视频直播可以让观众实时观看主播的表演、讲解或其他活动。实时视频直播是一种通过互联网实时传输视频内容的技术,可以让用户实时观看正在发生的事件、活动或节目,具有实时性、高自由度与便捷性等。

实时视频直播关键技术包括视频采集、编码、传输和播放等,如图 4-97。为了保证直播间的质量和稳定性,需要有良好的网络连接、高效的编码算法和可靠的直播平台。主播需要具备一定的直播技巧和互动能力,以吸引和留住观众。

图 4-97 实时视频直播关键技术

2. 互动功能

观众可以通过弹幕、评论、送礼物等方式与主播互动,可以增强观众的参与感和黏性。常见的直播间互动功能见表 4-25。

这些互动功能可以根据直播的主题和目的进行选择和组合,让直播更加生动有趣。

表 4-25　直播间互动功能

名称	基础信息
弹幕	观众可以通过发送弹幕实时评论直播内容，与主播和其他观众互动
礼物打赏	观众可以送礼物给主播，表达支持和喜爱，同时主播也可以获得一定的收益
问答环节	主播可以设置问答环节，让观众提问并进行回答，增加互动性
抽奖活动	通过抽奖的方式，让观众有机会获得奖品，提高观众的参与度
连麦互动	主播可以与观众进行连麦，进行实时对话和交流
点赞	观众可以通过点赞来表达对直播内容的喜爱和支持
关注	观众可以关注主播，以便及时获取主播的最新直播信息

3. 直播分享

直播分享是指将直播内容通过社交媒体、视频平台等渠道进行分享，用以扩大直播的影响力和触达范围。直播分享的形式有很多种，比如将直播链接分享到社交媒体上，或将直播录制下来上传到视频平台上供用户观看等。

直播分享可以让更多的人了解直播内容，增加直播的曝光率和影响力，也可以让用户随时随地观看直播内容，提高用户的参与度和黏性。观众可以将直播间分享到其他社交平台，吸引更多人观看。

4. 商品展示和销售

直播间功能包括商品展示和销售，直播中展示和介绍商品，观众可以直接购买。在直播间，商品展示的方法主要有两类：后台操作展示和前端主播展示。

后台操作展示方面，直播团队可以利用后台工具，充分曝光商品，提高商品的转化量和转化率，也可以通过对宝贝系统更新来进行展示，宝贝更新后进行系统弹窗展示，能够很好提升产品的曝光量、点击率与转化率。

前端主播展示方面，主播可以在直播间对产品进行一系列展示，通过趣味化、多元化展示讲解，提升用户对产品的兴趣与关注，提高用户停留。主播也可以进行产品场景化展示，在直播的过程中主播通过对产品形态、体验感受的描述，达到用户"身临其境"的效果，也可以通过实景展示，围绕产品功能性卖点展开的，可以通过一些小道具，将产品卖点具象化，生动有说服力，如图 4-98 所示。

图 4-98　商品展示

5. 送礼物功能

观众可以通过点赞、关注、评论或送主播礼物等方式，来表达对主播的支持和喜爱，也是对主播能力与付出的肯定。礼物功能是直播平台上常见的一种互动方式，允许观众通过支付一定的金额来表达对主播的支持和肯定。

对直播团队来说，礼物功能可以为直播团队带来一定的报酬，也能增强与观众的互动和联系。

6. 数据统计

直播间功能包括数据统计与数据收集，主流的电商直播平台都会提供一些基本的统计数据，如观看人数、互动次数、礼物数量等，如图 4-99。通过平台的后台或相关页面查看这些数据。商家也可以通过第三方工具，收集和分析直播间数据。这些工具可能提供更详细的指标和分析功能，可以深入了解观众行为和直播效果。

收集直播间数据的目的是更好地了解观众，优化直播内容和策略。商家可以根据自己的需求和资源选择合适的方法来收集数据，并结合数据分析做出更明智的决策。

图 4-99　第三方平台查询某直播间数据

7. 直播回放

直播回放功能是指允许观众在直播结束后观看直播的录制内容。直播回放能够帮助直播团队提升直播销量，提升直播效果，见表 4-26。

表 4-26　直播回放功能

作用	解析
扩大受众群体	有些观众可能因为时间冲突无法在直播时观看，但他们可以在之后观看回放，这样就能吸引更多的观众
内容复用	直播回放可以作为有价值的内容资产，在其他平台上进行分享和推广，增加曝光度
学习和改进	主播可以通过观看回放，回顾自己的表现，发现不足之处，进行改进和提升
建立私域	回放功能可以让观众在不同时间观看直播，促进观众之间的互动和社区的建立

8. 权限管理

直播间的权限管理是确保直播顺利进行的重要环节，可以帮助直播团队控制和管理直播间的各种权限，一些常见的权限管理措施见表 4-27。

表 4-27　权限管理功能

权限名称	作用
管理员设置	可以指定一些用户为管理员，赋予他们一定的管理权限，封禁、禁言等
弹幕审核	为了保持直播间的良好氛围，可以设置弹幕审核，过滤掉不合适的言论
礼物限制	根据需要，设定观众送礼物的条件或限制，防止恶意刷礼物等行为
隐私设置	主播可以决定直播间的可见性，公开、仅关注者可见或私密
权限分级	根据用户的身份、等级或贡献，给予不同的权限级别
违规处理	制定明确的违规规则，对违反规则的用户进行相应的处理，如警告、禁言

通过合理的权限管理，可以提高直播间的秩序和安全性，提供更好的观看体验。具体的权限管理设置可以根据直播平台的功能和主播的需求进行调整。

9. 合作推广

直播间合作推广是一种扩大影响力和增加观众的有效方式，直播间的合作推广方式多样，直播间合作推广功能见表 4-28。

表 4-28　合作推广功能

方式名称	作用
与其他主播合作	可以与相似领域或有互补性的主播进行合作，互相宣传和推荐，吸引双方的粉丝关注
品牌合作	与相关品牌进行合作，赞助、产品展示或合作活动，提升直播间的知名度和专业性
社交媒体推广	在各大社交媒体平台上宣传直播间，吸引更多用户进入直播
内容合作	与其他内容创作者合作，共同制作有吸引力的直播内容，扩大曝光度
活动合作	参与或举办线上线下活动，与其他参与者合作推广直播间
粉丝互动	鼓励粉丝分享直播间，通过奖励或互动活动提高粉丝的参与度

选择合作推广方式时，要根据直播间的定位和目标受众来制定合适的策略。要确保合作伙伴与直播间的价值观和形象相符合，以达到良好的推广效果。

（三）直播间的搭建步骤

案例链接

多行业直播间搭建成功案例

1. 海鲜直播间

海鲜直播间的搭建需要考虑到海鲜的展示和销售环境，直播间搭建位置位于浙江舟山，背靠长江口、钱塘江口、甬江口，三江入海口营造了舟山渔场独特的水分条件，饵料丰富，给不同习性的鱼虾洄游、栖息、繁殖和生长创造了良好条件，造就了“东海鱼仓”和“海鲜之都”的美誉。直播间建造了 1300 m^2 直播空间和 800 m^2 海鲜产品展示中心。借助渔港为中心的海鲜原产地直播基地，配上物流、仓储、包装等配套设施，直播中确保“所见即所得"。

2. 女装直播间

现代简约风女装直播间的搭建，本直播间的面积约为 40 m^2，直播间设置直播区域、商品挂置摆放区域、换衣区等。为了直观地展示服装穿搭效果，直播间环境保持光线清晰、环境敞亮、可视物品整洁。直播前需要检测场地的隔音和回音情况，隔音不好或回音太重，都会影响直播的正常进行，在直播场地放置隔音棉，减少杂音对直播的干扰。

3. 知识分享型直播间

知识分享直播间搭建，通过虚拟背景实现内容与讲师的同框，知识分享直播，可以通过主播前方大屏题词，提高直播效率。

知识分享直播对于讲师台词的记忆度要求非常高，同时难度也比较大，大屏题词的重要性越发凸显，前方的大屏幕主播不仅用来看自身形象、粉丝留言和背景的图文内容，也可以调出提词器，协助讲师进行直播间内容讲解。支持横屏和竖屏翻转和快速切换，许多的知识分享场景是横屏的画面，因此知识分享直播间最好能够支持横屏和竖屏的任意切换，需要竖屏的时候竖屏直播，需要横屏的时候横屏直播。

搭建一个直播间有如下几个步骤，如图 4-100 所示。

图 4-100　搭建直播间步骤

1. 选择直播平台

目前，主流的电子商务直播平台有抖音、快手、淘宝、京东、拼多多、虎牙等，不同直播平台有不同的用户群体和特点。用户可以根据直播团队的情况选择合适的直播平台，不同类型的直播间适合不同的直播内容和风格，秀场直播间适合展示才艺和表演，电商直播间适合销售商品。根据自己的直播内容和风格选择相应类型的直播间。

直播间搭建

2. 准备设备

一个良好的直播间，需要直播团队拥有良好的直播设备，包括良好配置的电脑、高清摄像头、高质量麦克风、灯光设备、声卡、大屏显示器和三脚架支架等，软件包括直播软件、音视频处理软件等，需根据直播平台要求进行相应准备。

3. 设置直播软件

选择好直播软件后，需要进行软件设置，包括登录账号、选择直播平台、设置分辨率、调整画面质量、调整直播画面显示等，不同的直播软件设置方式不同，需根据具体情况进行设置。

4. 调试直播设备

完成直播软件设置后，需要对直播设备进行调试，确保直播画面和声音的质量，调试的设备包括手机、相机等图像采集设备、声卡、图像显示调试等。

5. 确定主题内容

确定主题内容是打造一个成功直播间的重要一步，首先直播团队在制定直播内容时，需要考虑主播的兴趣和专业知识，从主播感兴趣的领域或具备专业知识的方面入手，主播在直播中表现得更自信和有热情，考虑直播方案的目标受众，了解这部分群体的兴趣和需求，根据他们的喜好来选择直播内容和主题。直播内容要有一定的独特性和创新性，尝试一些独特的、新颖的主题，吸引观众的注意力，通过实践和观众反馈来不断优化和调整，在直播过程中提供多样化的内容，避免过于单一，这样可以吸引不同类型的观众。

6. 设计互动方式

设置良好的互动方式有利于直播间正常运行，互动可以增强观众的参与感，让用户更容易投到直播内容中，从而提高观众的留存率和活跃度。主播通过与观众的互动，可以更好地了解用户的需求和反馈，有助于不断优化直播内容，提升观众满意度。积极的互动还能促进观众与主播之间的情感联系，增加粉丝的忠诚度，有趣的互动方式还能吸引更多新观众进入直播间，扩大直播间的影响力。

互动是直播的核心要素之一，它能够让直播变得更加生动、有趣和有价值。直播过程中不断尝试新的互动方式，根据观众的反馈进行调整，提高观众的参与度和黏性。设置直播间互动方式的好方法见表 4-29。

表 4-29　直播互动方式

方式名称	作用
问答环节	鼓励观众提问并及时回答他们的问题，不仅能增加互动，还能让观众感受到你的关注和回应
抽奖活动	设置一些小奖品，通过抽奖的方式让观众参与，增加他们的积极性
互动游戏	猜谜语、抢答等小游戏，让观众在直播中有更多的参与感
话题讨论	提出一些有趣的话题，引导观众在评论区发表自己的看法和观点
粉丝互动	关注观众的留言和评论，与他们进行互动，让他们感受到被重视
投票表决	针对一些决策或者选择，可以让观众通过投票的方式参与，增加他们的参与感和决策权
挑战任务	设置一些小挑战，让观众在直播间里一起完成，增加趣味性

7. 宣传直播间

通过各种渠道宣传直播间，吸引更多的观众观看直播，推广的方法有社交媒体推广、与其他主播合作、设置有吸引力的封面与标题、利用直播平台推广、提供有价值内容、参加活动等。

8. 开启直播

完成上述步骤后，即可开始进行直播。

知识拓展

优秀直播间的特征

一个优秀的直播间通常具有以下特征。

①高质量的音频和视频：清晰、流畅的音视频能给观众带来更好的观看体验。

②互动性强：主播与观众之间的互动频繁，让观众有参与感。
③内容有价值：提供有趣、有用或有娱乐性的内容，吸引观众持续关注。
④主播有魅力：主播有良好的沟通能力、亲和力和专业知识。
⑤良好的氛围：直播间的氛围积极、友好，让观众感到舒适。
⑥定期直播：有固定的直播时间，培养观众的观看习惯。
⑦创新与多样性：不断尝试新的内容和形式，保持新鲜感。
⑧技术支持：确保直播过程中没有技术问题，如卡顿、延迟等。
⑨品牌塑造：通过直播间的设计、主播形象等塑造独特的品牌形象。

每个直播间都有自己的特点，关键是找到适合直播团队的风格和定位，不断提升直播质量。

4.3.2 直播间设备配置

（一）直播间设备重要性

好的直播间设备有助于直播团队开展直播销售，高质量的设备可以提升直播的画质和音频效果，让观众有更好的观看体验。清晰的画面和流畅的声音能吸引更多的观众，提高他们的留存率。好的设备还可以让主播在直播中更自信和专业，展现出更好的形象。

一些专业的直播设备还具有特殊功能，如美颜、特效等，可以增加直播的趣味性和吸引力。选择合适的设备也需要考虑到直播内容和预算。设备只是直播活动的一个方面，直播的内容和互动才是吸引观众的关键。关注设备的同时，要不断提升自己的直播技巧和内容质量。

（二）选择直播间设备

直播团队在搭建直播间的过程中，需要购置直播间设备，直播团队选择适合的直播设备，有利于直播项目的开展，可以从以下几个方面考虑。

1. 直播内容

不同的直播内容对直播设备的要求不同，直播团队可以根据直播的内容类型与方案来选择直播设备。如果是带货直播间，则需要多个高清摄像头、声卡、专业光照设备和直播大屏显示器等；如果是游戏类的直播，需要高性能的电脑、优质声卡和游戏手柄；如果是美妆类直播，可能需要高质量的摄像头和照明设备等。

2. 预算

确定直播设备的预算范围，选择性价比高的设备。直播设备的预算会因设备的种类、质量和功能有所不同，优质的摄像头是保证直播间画面质量的重要设备，摄像头的种类较多，价格区间较大。如果直播团队需要打造如图 4-101 所示的高清直播间，对直播间画质要求较高，需要关注摄像头的分辨率、帧率、视角和低光性能，可以考虑购买更专业的摄像头，预算充足可以使用单反相机作为直播摄像头。

图 4-101　高清直播间场景图

好的声卡设备及无噪声高保真麦克风，是直播间声音清晰自然的关键，设备的价格区间也较大。直播时使用电容麦克风通常能提供更好的音质。好的照明设备可以使直播质量提升，看起来更加专业与吸引人，直播间使用较多的有环形灯、柔光灯等，价格区间不大。直播间设备里，电脑或手机也占用较高的直播预算，电脑与手机是可以用于直播的设备，电脑设备主要关注电脑的处理器、内存和显卡，根据直播团队的需求和预算选择合适的手机或者电脑。网络设备是直播间良好的网络连接的保障，包含高性能的交换机、路由器和网络增强设备等，为直播间良好的网络环境保驾护航。其他配件，三脚架、悬臂支架、背景幕布等，在直播预算中占比小。

基础的直播设备预算在几百元到几千元之间。如果商家对直播间有更高的要求和预算，还可以考虑更专业的设备。选择设备时，可以根据自己的直播内容和预算进行权衡，确保获得良好的直播效果。

3. 画质和音质

优先选择画质清晰、音质良好的设备，可以提供更好的观众体验。直播间的画质和音质对观众的体验至关重要。为了给观众留下好印象吸引更多的关注，努力提升直播间的画质和音质，为更高质量、更高标准的直播间努力，见表 4-30。

表 4-30　画质与音质

名称	作用	解析
画质	提升观看体验	清晰、流畅的画质可以让观众更容易观看和理解直播内容
	增加专业感	高质量的图像可以使直播看起来更专业、更有吸引力
	展示细节	好的画质可以让观众更好地看到产品展示、表演细节等
音质	清晰传达声音	清晰的声音可以帮助观众更好地理解主播的讲解、对话或音乐表演
	增强情感连接	好的音质可以传达更多的情感和语气，让观众更容易产生共鸣
	提升音频质量	高质量的音频可以提高直播的整体质量，使观众更愿意停留和参与

4. 便携性

直播团队如果需要经常移动或外出直播，选择轻便、易于携带的设备会更方便。便携性对于直播设备来说确实是一个重要的考虑因素。

摄像头可以选择轻便的摄像头，轻巧、易于携带的摄像头，这样可以更轻松地携带它到不同的直播场所。利用手机的便携性，配合适合的手机支架和麦克风，就可以随时随地进行直播。选择合适的迷你麦克风，方便携带，同时保证良好的音质收录。

现在很多照明设备都具有可折叠性或便携性，可以折叠或易于携带的照明设备，不占太多空间。在追求便携性的同时，也要确保设备的性能和质量满足直播的需求。

5. 品牌和口碑

选择直播设备时，设备的品牌和口碑可以影响直播团队的采购意愿，可以参考其他用户的评价和推荐，选择可靠的品牌和口碑好的设备。

6. 自身需求

考虑自己的技能水平和使用习惯，选择易于操作和满足个人需求的设备。直播间设备选择时，最重要的是在选择之前，多做一些研究，比较不同设备的特点和价格，然后根据直播的实际情况做出购买决策。具体的设备配置会根据直播的类型、预算和需求而有所不同。如果需要更专业的直播效果，还可以考虑投资一些高级设备，专业摄像机、声卡等。

（三）直播间设备调试

1. 直播间设备调试的作用

直播间设备的调试对于直播销售的开展至关重要，能让直播效果更上一层楼，直播间设备调试的作用如下。

①优化画质：通过调整摄像头的对焦、曝光、色彩等参数，可以让直播间的画面更清晰、鲜艳，给观众带来更好的视觉体验。

②改善声音质量：调试麦克风的音量、增益、降噪等设置，能让主播的声音更加清晰、平衡，减少杂音和失真。

③确保设备兼容性：正确设置连接和驱动程序，避免设备间的不兼容问题，确保直播的稳定进行。

④适应不同场景：根据直播内容和环境，调整照明设备的角度、亮度和颜色，能创造出适合的氛围和效果。

⑤提升直播流畅性：对网络设备进行优化，选择合适的网络、测试带宽等，可以减少卡顿和断流现象。

⑥个性化设置：通过调试，可以根据直播团队的喜好和风格，打造独特的直播间，展现个人特色。

调试过程可能需要一些耐心和实践，调试良好的直播设备，可以大幅提升直播质量和观众的满意度。

案例链接

直播间设备调试案例

1. 女装直播间的调试

问题描述：客户反映直播间不清晰且偏灰色，显得没有档次。

调试步骤：检查电脑端的推流设置，将直播平台的效果调到最佳；增加灯光照明，地灯的作用是打亮眼袋，提升脖子下巴光线，顶灯的作用是使人物更立体、通透；与客户沟通，确认是否需要更改其他地方。

调试结果：画面效果得到提升，相比之前提升了一个档次。

2. 海鲜直播间的调试

问题描述：客户反馈直播间画面不够清晰且偏暗。

调试步骤：先检查电脑端的推流设置是否存在问题，尝试进行调整。经过一段时间的调试，仍然感觉效果不理想，发现是灯的照明不够。于是，工作人员建议客户更换照明效果更好的灯具，安装完成后，地灯用于打亮人物面部，使主播看起来更精神，顶灯则使整个直播间更明亮。对比之前，直播间的效果有了显著提升。

调试结果：客户对直播间的效果表示满意。

2. 直播间调试的步骤

调试连接直播设备如图 4-102，具体步骤如下。

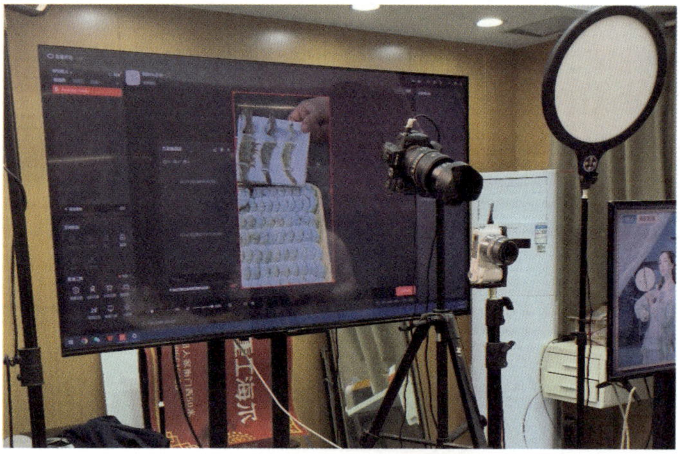

图 4-102 设备连接调试图

①连接设备：将摄像头、麦克风、音频接口等设备按说明书正确连接到计算机或直播设备上（如编码器或直播软件）。

②检查设备驱动程序：检查设备（如摄像头、麦克风）是否需要安装或更新驱动程序。

③调整图像设置：如果使用摄像头进行直播，需要根据实际情况进行图像设置，可以调整的设置包括对焦、曝光、白平衡、对比度等。

④测试音频设置：检查麦克风是否正常工作并捕捉到声音。使用音频设置工具，调整麦克风音量、增益、噪声消除等设置，确保声音清晰。

⑤配置网络设置：直播设备需要可靠的网络连接才能进行直播。确保设备连接到稳定的网络，根据直播平台/软件的要求进行网络配置。

⑥测试直播回放：实际开始直播前，需要先进行测试直播回放。

⑦执行终端到终端测试：开始直播前，可以邀请一些可靠的测试观众对直播进行终端到终端的测试和反馈。

每个直播间的需求和情况不同，直播团队可以根据实际情况来进行设备调试。

4.3.3 直播间场景布置

(一)直播间场景布置的重要性

直播间场景布置是直播间取得良好直播数据的基础，良好的直播间布置可以提升观众的观看体验，影响观众的购买决策。一个精心布置的直播间可以吸引更多观众，提高观众的留存时间和参与度，精心布置直播间场景可以为直播带来更好的效果和收益。直播间场景布置重要性见表 4-31。

表 4-31 直播间场景布置重要性

重要性	解析
营造品牌形象	独特的场景布置，展示品牌的个性和风格，让观众对品牌留下深刻印象
提升观众体验	舒适、美观、有趣的直播间环境可以让观众更愿意停留和参与，提高他们的观看满意度
增强产品展示效果	合适的场景布置可以突出产品的特点和优势，使观众更好地了解产品，增加购买的可能性
创造氛围	根据不同的主题和活动，打造相应的场景氛围，能更好地引发观众的情感共鸣，提高他们的参与度
提高信任度	专业、整洁的直播间布置会让观众觉得主播和品牌可靠，增加对产品的信任度
与竞争对手区分开	独特的场景布置可以使直播间在众多竞争对手中脱颖而出，吸引更多观众的关注

(二)直播间场景布置类型

直播场景可以根据你的直播内容和风格来设计，可以根据主播的兴趣和直播内容选择合适的场景，重要的是要让场景与直播内容相匹配，营造出吸引人的直播间氛围，打造出独特而吸引人的直播间，以下是一些常见的直播场景类型。

案例链接

直播间场景布置案例

①云喂鸡：通过直播养鸡的过程，吸引观众停留与互动。在直播间，观众送一颗红心就可以帮忙喂一次鸡，这种新颖的互动方式不仅增加了直播间付费数据，还提升了鸡蛋订单的成交数量。

②酒店直播服装：在五星级酒店直播，以窗外的风景为背景，销售高端服装。这种场景布置能够提升衣服的档次，符合高端人士的口味与需求，提升购买欲望。

③雪山直播羽绒服：在西藏雪山上直播销售羽绒服，把人、货、场直接推向天花板级别。这种独特的直播场景吸引了众多观众的停留与关注，成功提高了羽绒服的成交量与

转化率。

④潮服直播间：从地毯到天花板，包括主播的发型、妆容、饰品和肢体动作，都透着潮流元素的风格，细节之处彰显品位。这种直播间风格在近30天内创造了2100万销售额的佳绩。

⑤切菜板直播间：直播间内摆放着大斧头和电锯，后面放置一个大圆木，上面写着“300年的木头，30年的手艺”，成功吸引了四五千人的在线互动。

⑥工匠精神的鞋匠：两名主播穿上鞋匠的围裙后，各项数据都有显著提升，体现出了工匠精神对直播的重要性。

⑦水果直播间：采用美女在果园直播的方式，销售特产美食。主播身后的果树和树上的果子成功吸引了观众的注意，营造出了一种自然、真实的氛围。

⑧新疆干货特产直播间：采用家庭直播的方式销售新疆干果，多人直播的形式增加了直播的趣味性和可看性。这种其乐融融的直播场景，成功吸引了众多观众的停留，也表达出了干果的正宗和优质。

这些案例都是成功的直播场景布置，直播团队根据直播内容和风格，选择适合的场景进行布置。

1. 场景角度

从场景角度来分，直播间场景可分为以下几种场景，如图4-103所示。

图4-103　直播间场景布置

生活场景是展示真实的生活环境，如客厅、卧室、厨房等，让观众感受到亲切和真实。主题场景是根据特定的主题来布置场景，如美妆直播可以设置化妆台，游戏直播可以打造游戏室。工作室场景是创建一个专业的工作室环境，配备背景板、灯光等设备，展现出专业形象。户外场景是将直播带到户外，如风景优美的公园、旅游景点等，给观众带来新鲜感。虚拟场景是使用绿幕技术，通过后期制作添加虚拟背景，实现各种创意场景。

2. 风格角度

从风格角度来分，直播间场景布置分为以下几种，如图4-104所示。

图4-104　直播间场景布置

简约风格是以简单、干净的设计为主，注重空间的整洁和清爽感，使用单一或少量的颜色，搭配简洁的家具和道具。主题风格是根据特定的主题进行布置，如美妆、游戏、美食等。通过道具、背景和装饰来营造出与主题相关的氛围。生活场景风格是将直播间打造成真实的生活场景，如客厅、卧室或工作室等，让观众有身临其境的感觉。品牌风格是按照品牌的形象和定位进行布置，突出品牌的特色和价值观。创意风格是运用独特的设计和道具，展现创意和个性，吸引观众的注意力。

知识拓展

布置直播间的注意事项

①背景：选择简洁、整洁的背景，避免过于杂乱或刺眼的颜色，以突出主播和产品。

②照明：确保充足且均匀的照明，避免出现阴影或反光，可以使用灯光设备来提升效果。

③空间布局：合理安排主播和道具的位置，留出足够的展示空间，让观众能够清楚地看到直播内容。

④色彩搭配：选择与直播主题相符合的色彩搭配，营造出特定的氛围。

⑤道具摆放：精心布置与直播内容相关的道具，增加场景的丰富度和趣味性。

⑥测试和调整：正式直播前，进行测试和调整，确保场景布置达到最佳效果。

注意保持场景的整洁和卫生，给观众留下良好的印象。

（三）直播间场景布置实用技巧

直播间布置的实用技巧，如图 4-105。

图 4-105　直播间场景布置技巧

①才艺主播布置直播间时，主要采用可爱活泼、清新简约风，整体呈现出简约素雅的风格。如果直播背景是一面墙或窗帘、壁纸等，可以选择纯色和浅色，这样视觉效果更宽阔。

②直播背景墙或墙纸风格不适合直播调性时，可以用置物架来调节。配上闪烁的 Led

星星灯，既能丰富背景内容，又能用作补充光源。节假日可以适当地布置一些跟节日息息相关的东西，或配上节日的妆容和服装，以此来吸引观众的目光，提升直播间人气。

③为避免直播间显得过于空旷，可以贴一些好看的壁纸或加一个窗帘，买一把高端大气的椅子，粉嫩系或皮草系的都可以，然后再放置一些沙发、桌子、植物之类的。也可以根据主播的风格添加，只要干净整洁即可。

④直播间搭建时，应具备三个部分：展示区、产品区、道具区。展示区的核心作用是突出主播讲解及展示的产品。产品区应通过货架陈列等方式，向用户展示其他商品，以达到留住观众的目的。道具区用于增强品牌信任度，告知福利活动。

⑤布光技巧也很重要，有的直播间画面不清晰、有噪点，但有的直播间却非常清晰有质感。需要有顶光灯、侧光、轮廓灯。顶光灯足够亮，才能显得整个直播间的场景明亮。侧光的用处是补主播的面光。顶部光线打下来之后，主播的面部容易有阴影，需要再补一个面部光源，也就是侧光灯。轮廓灯会让整个人的轮廓显得比较好看。

⑥灯光和背景颜色要匹配。比如用的是白光灯，那么背景墙相对来说要明亮。如果背景用的是壁纸，就不建议用过于花哨的壁纸，简约风格即可。

⑦主播的脸部光线要均匀，不能出现阴阳脸。如果是服装鞋帽或是彩妆护肤品类，建议灯光用冷色系的白光，让产品有最佳的展示效果。如果是美食直播间，灯光建议选择暖色调，目的是衬托美食的色泽，让粉丝感觉更有食欲。

⑧主播在讲解过程中，用来进行产品说明的辅助工具，比如展示板和小黑板。服装类直播间，会经常用到尺码表，可以提高效率，减少常见问题的重复回答。彩妆直播，什么肤色选择什么色号，或者什么场合选择哪一款，通常也会写在展示板或小黑板上。

直播间布置技巧非常重要。一个精心布置的直播间可以吸引更多观众，提升观众的留存率和参与度。好的布置能营造出专业、舒适的氛围，让观众更愿意停留观看。独特、有个性的布置可以突出主播的风格和品牌形象，加深观众的印象，合理的布局和光线设置能提升画面质量，使观众有更好的观看体验。

4.3.4 直播拍摄方法

直播拍摄方法同样不可小觑，高质量的拍摄可以让直播更流畅、清晰，给观众带来更好的视觉享受。合适的拍摄角度能展示产品或主播的特点，让观众更全面地了解直播内容。稳定地拍摄可以避免画面晃动，提高观众的观看舒适度。如果工作人员掌握一些拍摄技巧，合理运用光线、调整焦距等，还能让直播画面更具艺术感。

直播中，一个优秀的摄像师和令人惊叹的构图是吸引观众注意力和提高观看体验的关键。

（一）直播拍摄思路与构图要点

1. 深入了解直播主题

进行直播摄像前，摄像师应对直播主题与内容有充分的了解。了解活动的性质、参与者以及所要传达的信息，有助于摄像师更好地抓住重点和关键瞬间。

2. 空间感和深度

利用空间感和深度可以增强观众对画面的沉浸感。摄像师可以合理安排前景、中景和背景元素,创建层次感和透视效果。通过巧妙地运用焦距和景深,摄像师能够将观众的视线引导到主要元素或关键动作上。

3. 视角构图

摄像中,不同的视角可以产生截然不同的效果和情绪。摄像师可以尝试不同角度的拍摄,俯拍、仰拍、低角度拍摄或特写等,展现独特的视觉效果和观点。不同视角,画面中的点、线、面元素的构图不同,呈现的效果也不同,合理的构图能够让画面更有吸引力。

4. 常规与创新的平衡

直播中,既要满足观众的期望,又要有创新和新颖的元素。摄像师可以在一些传统的构图要点上发挥创意,尝试新的拍摄方式和镜头运动,为观众带来新鲜感和惊喜。

5. 实时调整与反馈

直播摄像是一个动态的过程,摄像师需要实时调整和反馈。观察反馈和评论,根据观众的反应来做出调整,以提供更好的观看体验。

知识拓展

构图技巧

直播拍摄中,通过合理的构图可以让画面更有吸引力,以下是几种常见的构图技巧。

①对称构图:将画面分成上下或左右对称的两部分,可以营造出一种平衡和稳定的感觉。

②三分法构图:将画面分成上下或左右三部分,将主体放在其中一条分割线上,可以让画面更生动和有趣。

③斜线构图:将画面中的元素斜线排列,可以营造出一种动感和活力。

还可以使用框架构图、中心构图等方式,通过合理运用这些构图技巧,能让直播画面更具美感和吸引力。

(二)直播拍摄方法与技巧

直播摄像是一门融合艺术和技术的综合性任务。摄像师通过熟练的技巧和精心的构图,能够为观众营造出令人愉悦和难忘的视觉体验。不断学习和实践这些技巧和要点,摄像师可以不断提升自己的摄像水平,成为出色的直播摄像师。

1. 使用高质量的摄像设备

选择一款高质量的摄像机或摄像手机,具备较高的分辨率、对焦速度和图像稳定性。确保摄像设备的镜头清洁,避免模糊或有污点的画面。

2. 照明效果优化

良好的照明可以大幅提升直播画面的质量。首先,选择自然光线充足的环境进行直播,尽量避免背光或过暗的情况。其次,可以考虑使用专业的摄影灯光设备来调整光线的亮度和方向,以烘托出更好的画面效果。

光线是摄像中至关重要的因素之一。直播时,尽量选择明亮的环境,合理利用自然光或人工照明设备来烘托氛围。避免强烈的逆光情况,以免造成曝光不足或过度曝光的问题。

3. 稳定的拍摄手法

直播过程中，摄像设备的稳定性至关重要。使用三脚架、稳定器或手持支架等设备，可以有效降低抖动和晃动，提供更流畅、清晰的画面。摄像师应该避免频繁的镜头切换和快速移动，以免引起观众的不适。

4. 调整白平衡

白平衡是指相机根据不同光线条件下物体的自然色彩来调整图像的功能。确保在直播前正确设置相机的白平衡，以获得准确的颜色呈现。

5. 优化网络带宽

直播过程中，弱网络信号或带宽不足可能导致画面卡顿、模糊或延迟。确保稳定和高速的互联网连接，可以通过连接到有线网络、关闭其他设备的网络使用或选择高质量的网络运营商来改善直播的网络状况。

6. 合理选择分辨率和比特率

根据您的直播需求和网络情况，合理选择适当的分辨率和比特率。高分辨率和比特率可以提供更清晰的画面，但需要更高的网络带宽，要根据实际情况进行平衡。

7. 合理的背景与布景

通过精心设计和搭建合适的背景和布景，可以增加直播画面的艺术感和专业感。选择简洁、干净的背景，避免杂乱的视觉干扰。

通过以上这些方法和技巧，可以提升直播画面的质量，使其更加专业、清晰和吸引人。无论是个人直播还是商业直播，提高直播画面质量都能够提升用户体验，增加观众的参与度和留存率，进而提升直播间的整体数据。

知识拓展

直播摄像设备参数设置

直播拍摄中，通过合理的参数设置，可以呈现更高质量的直播画面，让画面更有层次感和吸引力，直播常用的参数包括分辨率、帧率、码率、白平衡、对焦。

分辨率决定画面的清晰度，一般选择 720p 或 1080p；帧率影响画面的流畅度，常见的是 30fps 或 60fps；码率影响视频的质量和数据量，需要根据网络情况和设备性能进行调整；白平衡可以确保画面颜色准确，对焦确保主体清晰。

具体的直播设备参数设置还需要根据直播设备实际情况和直播平台的要求来进行调整，这样才能呈现更好的效果。

【任务探究】

随着技术的发展，手机更新换代速度提升，手机的硬件设备已经达到较高水平，手机的摄像功能越来越强大，网络速度也越来越快，这为使用手机直播提供了良好的条件。手机直播具有便捷、实时、互动性强等优势，能够满足人们随时随地分享和观看的需求。

要进行高质量的手机直播，还需要注意一些细节，选择合适的直播平台、保证良好的网络连接、优化直播内容等。使用手机进行直播的过程中,会遇到手机直播画面不清晰的情况,可能是以下原因造成的。

①网络问题:网络不稳定或带宽不足可能导致直播画面模糊、卡顿。

②光线不足:环境光线太暗会影响摄像头的成像效果,画面变得模糊。

③摄像头问题:手机摄像头的质量和清晰度会影响画面清晰度。如果摄像头有灰尘或污渍,可以尝试清洁一下。

④软件设置问题:检查直播软件的设置,确保分辨率、帧率等参数选择了合适的选项。

⑤直播平台压缩:有些直播平台可能会对直播画面进行压缩,导致画质下降。

使用手机直播的过程中,遇到画面不清晰问题时,可以逐一排查这些问题,找到解决方法,提升直播画面的清晰度。

主播想让手机直播画面更清晰,运行更加流畅,可以尝试以下方法。

①调整手机相机分辨率:打开相机设置,将录制视频分辨率调整为 2 K 及以上。

②确保手机有足够的运用内存:如果手机在使用过程中经常出现卡顿或死机等情况,可能是手机的内存不够,会影响直播画面清晰度。

③擦拭手机镜头:直播前擦拭手机镜头,去除灰尘和污渍。

④检查网速:无论使用流量还是无线网,都要检查网速,网速的上行速度最少要达到 30 mb/s。

⑤合理布置直播间灯光:镜头对着什么地方直播,灯光就对着什么地方照,其他地方尽量不要有灯光的照射。

⑥设置直播间清晰度:直播平台可以设置直播间清晰度,如果没有进行设置,其他步骤做得再好,也无法实现超清画质。

【思政园地】

直播间的搭建与运营是一个复杂且系统的工作,需要一个团队所有成员共同努力,共同完成,任何一个团队成员在工作的任何一方面的错误或能力弱,都可能给直播团队、给企业带来损失与风险,把握不住成功机会。

结合“木桶理论”,让每个学生都认识到一个团队的成败往往取决于最弱的位置,每个人也一样都应思考一下自己的“短板”所在,尽早补足,提高自己的综合素质,培养学生团结协作、全面发展的意识。

任务 4.4 直播团队组建

【任务导入】

2022 年 6 月,抖音平台某甄选直播团队因采用“双语带货”的独特直播形式爆火出圈。团队由主播、运营、选品、编导、拍摄等人员组成。主播团队多才多艺,以主力主播为代表的主播们，在直播间中采用中英双语讲解产品，还会和观众们分享知识、才艺、生活感悟等内容，成功吸引了大量的粉丝。选品团队则严格把关产品质量，确保消费者能够买到高品质的商品。运营方面，直播团队运营组注重用户体验，通过不断优化直播流程和服务，提高用户的满意度和忠诚度。

抖音平台某直播团队的巨大成功得益于其优秀的团队建设和运营管理，通过不断创新和优化，为用户提供优质的购物体验和服务，赢得了消费者的信任和喜爱。

抖音平台某头部 MCN 机构在直播带货领域拥有丰富的经验和资源。直播团队由主播、助播、运营、场控等人员组成。某头部 MCN 机构注重主播的培养和选拔，通过选拔具有潜力的新人主播，进行系统的培训和培养，提高主播的专业素质和能力。注重直播内容的创新和优化，通过不断尝试新的直播形式和内容，提高直播的趣味性和吸引力。运营方面，注重数据分析和精细化运营，通过数据分析了解用户需求和行为，不断优化直播流程和服务，提高用户的满意度和忠诚度。机构的成功得益于其优秀的团队建设和运营管理，通过不断创新和优化，为用户提供优质的购物体验和服务，赢得了消费者的信任和喜爱。

直播团队组建

通过抖音平台某直播团队组建成功案例与抖音平台某头部 MCN 机构的直播团队组建成功案例分析得出：搭建直播团队需要明确目标和定位、招募合适的人才、打造优质的内容、建立良好的运营体系以及加强合作与联动，才能打造出一支高效、高质量的直播团队。

【知识必备】

4.4.1 认识直播团队

（一）直播团队组建的重要性

良好的直播团队是直播营销活动成功开展的关键力量，可以将直播事业提升到新的高度，如图 4-106 所示。直播团队的重要性体现在以下方面。

图 4-106 直播团队重要性

1. 提高平台作品质量

直播团队中的各个成员为主播提供更好的技术支持、内容策划和运营推广,从而提高直播和短视频作品的质量和观看体验。直播团队可以提供更多样化的内容,不同风格的直播策划、多种形式的互动环节、丰富的产品展示等,吸引更多观众并增加用户黏性,提升用户的关注度与参与度。

2. 扩大影响力

通过直播团队的协作,可以更有效地进行直播推广,吸引更多观众,扩大直播的影响力。直播团队扩大直播影响力的主要方法见表 4-32。

表 4-32 直播团队扩大影响力方法

方法	作用
高质量内容	不断优化直播内容,提供有价值、有趣或独特的信息,吸引更多观众
社交媒体宣传	利用各大社交媒体平台进行直播预告和推广,吸引更多粉丝关注
合作与互动	与其他主播或品牌合作,互相宣传,扩大曝光度
参与活动	参加相关的线上或线下活动,增加知名度
与观众互动	积极回应观众的留言和评论,增强观众黏性
数据分析与改进	通过分析直播数据,了解观众喜好,针对性地改进直播内容
建立社群	通过社群与观众保持紧密联系,提高粉丝忠诚度
优质的用户体验	确保直播的画质、声音清晰,提升观众的观看体验

3. 专业协作提升效率

直播销售涉及很多环节,如直播策划、商品拍摄、视频剪辑、直播运营与短视频运营等。通过直播团队成员的分工合作,团队中的成员们可以更专注于直播岗位的核心工作。不同直播团队成员在各自领域发挥专长,如主播的口才与互动能力、运营的策略规划和数据分析、技术人员的设备维护和画面优化等。这种专业分工有助于提高直播质量和效果,团队成员之间可以互相协作和支持,分担工作压力,提高工作效率,确保直播的顺利进行。

4. 实现创新

直播团队成员可以集思广益,开展头脑风暴,共同探讨新的直播形式和内容,推动直播的创新发展。直播团队成员的多元化背景和专业知识可以激发整个团队的创新思维,推动整个团队的直播理念提升和直播方法的创新,保持团队竞争力,在直播营销的竞争中赢得市场与发展。

5. 培养专业人才

直播团队中,团队成员可以相互学习、共同成长,培养出更多专业的直播人才。直播团队可以聘请行业资深人员提供专业培训,为团队成员提供直播技巧、内容创作、营销策略等方面的培训,帮助他们提升专业水平。

直播团队人员参与实际的直播项目,通过实践积累经验,不断提高直播实践能力,直播团队合作过程中,通过团队活动和项目合作,培养团队成员之间的协作能力。直播团队成员可以分享学习资源，鼓励团队成员不断学习和提升能力。

6. 提高商业价值

专业的直播团队，能够为粉丝、为平台用户提供高质量的直播作品与短视频作品，提供更多的商业机会，如渠道合作、广告推广等，直播团队的商业价值取决于直播团队的实力和影响力，直播团队要不断提升自身的品牌形象和内容质量，吸引更多的用户和合作机会，从而提高直播团队的商业价值。

7. 建立品牌形象

一个专业、有凝聚力的直播团队可以树立良好的品牌形象，增加观众的信任和忠诚度。直播团队需要了解团队的核心竞争力，在直播及短视频作品中，将团队的核心竞争力进行展示，以吸引用户。直播团队在服装、妆容及形象设计方面，都需要体现品牌形象，维护品牌形象，用符合品牌定位的元素来展示品牌个性。

组建一个高质量的直播团队，可以整合各方资源和优势，实现更高效、更优质的直播效果。一个成功的直播团队能够为直播活动的顺利开展和取得良好效果提供有力保障。

知识拓展

直播团队的商业价值

直播电商团队的商业价值主要体现在以下方面。

①提升品牌认知度：直播团队通过专业的内容制作和互动形式，可以帮助品牌在互联网上大面积地宣传自己的产品和服务，提高品牌的知名度和影响力。

②促进产品销售：直播团队可以利用直播的形式，通过介绍产品的特点、使用方法和优惠活动等方式，吸引用户的注意力，提高用户的购买欲望，增加产品销量。

③增强用户互动：直播团队可以通过设置问答、抽奖等环节，让用户参与其中，提高用户的参与度和黏性。这种互动形式可以帮助企业更好地了解用户的需求和反馈，从而改进自己的产品和服务。

④内容驱动影响力：直播团队通过专业创造商业价值，例如严格的选品和质检流程、庞大的客服团队、全链路服务，以及联合平台、商家的三重服务保障，可以提升用户的购物体验。内容的创新和多样化也是吸引用户的关键因素，一个有内容的直播间能够有长久的吸引力。

直播团队通过专业的运营和服务，不仅能提高直播的质量和观看体验，还能有效地推动销售转化，实现商业价值最大化。

（二）直播团队的组成

直播团队的质量是直播成功的关键之一，直播团队的组成通常取决于直播的规模、目标和资源，根据直播团队的大小和需求，团队角色可以有所调整和变化。一个完整的直播团队成员简介见表4-33。

表 4-33 直播团队成员简介

名称	作用
主播	主播是直播的核心人物，负责展示产品、与观众互动、促进销售
助播	助播协助主播，负责补充说明产品、引导关注、购买演示、互动答疑等
运营	运营人员负责直播的整体规划和执行，包括选品、组品、赠品机制设定、播前流程策划、播中问题解决以及播后复盘
投手	投手主要负责广告投放，为直播间引流
中控	中控负责直播间后台数据监控，同步反馈促单，链接上下架，设置库存，直播间产品管理等
客服	客服负责售中售后服务，解答客户的问题，帮助主播促进成交
选品	选品人员负责对接日常直播间的选品，协调样品、库存调动事宜
拍摄剪辑	负责日常带货作品的脚本策划、拍摄与剪辑输出
内容运营	负责账号内容日常输出，脚本、拍摄、剪辑、运营等

直播团队的每个成员都在直播过程中发挥着重要的作用，他们的默契配合和专业能力可以提升直播的质量和效果，推动直播营销项目发展。

案例链接

直播团队组建成功案例

淘宝平台的美妆直播团队：某主播作为淘宝平台知名美妆主播，直播销售的成功离不开背后团队的支持。直播团队的成员包括主播、副播、选品人员、运营人员、售后人员及物流人员等，整个团队成员各司其职，在专业岗位做专业的工作，直播销售数据越来越好，整个直播团队共同打造了美妆直播品牌。

抖音短视频平台的某友谊直播团队在直播带货领域也取得了不错的成绩。该明星直播团队注重产品品质和用户体验，通过精心策划的直播内容和互动环节，吸引了大量观众，注重直播的横向发展，目前直播项目还包括产品销售、知识付费、娱乐等。

抖音某直播团队在服装搭配和时尚领域有很高的知名度。他们通过展示时尚穿搭和分享购物心得，吸引了众多粉丝，实现了良好的销售数据。

这些直播团队，都在各自的专业领域取得了成功，他们的经验值得学习和借鉴。每个成功的直播团队都有其独特的特点和优势，商家可以根据自身的实际情况进行参考和创新，组建直播团队。

（三）直播团队组建的方法

直播团队的组建具体情况可能会因团队规模和业务需求而有所不同，组建直播团队的过程中，要注重团队的凝聚力和执行力，不断提升团队的整体实力，直播团队组建的具体流程见表 4-34。

表 4-34　直播团队组建的流程

步骤	细节
明确目标	确定直播的目的、受众、风格、需求、内容方向，制定直播方案
招募成员	根据目标和需求，招聘合适的主播、运营人员、技术人员，有针对性地组建团队
角色分工	明确每个成员的职责和工作重点，确保团队协作高效
培训与提升	为团队成员提供相关培训，提升他们的专业技能
制定计划	制定详细的直播计划和营销策略
搭建直播平台	选择合适的直播平台，进行相关设置和测试
选品与准备	挑选适合直播销售的商品，做好直播前的准备工作
直播执行	按照计划进行直播，注意直播过程中的互动和客户服务
数据分析与总结	分析直播数据，总结经验教训，不断优化直播效果
团队建设与沟通	定期进行团队建设活动，加强成员之间的沟通与协作

组建高质量、高效的直播团队，最重要的是要找到一个相互信任、沟通良好、专业能力强、团队协作好的团队，这样才能共同打造出精彩的直播内容，帮助直播与短视频作品的数据提升到更高水平。

知识拓展

品牌直播间的搭建

1. 品牌直播电商团队搭建

品牌直播不仅仅依赖于镜头前的主播，而是需要整个团队的配合支持。品牌如果想组建比较完善的自有电商团队，需要店铺运营、达人流量投放、企业号服务等不同的团队。具体岗位设置策略策划、店铺运营、直播执行、媒介投放、流量分析等。

2. 初创企业团队架构

针对不同规模的企业，可以选择不同的团队架构。例如，大型直播平台或拥有庞大用户群体的企业可能需要旗舰版团队架构，包括主播、副播、直播运营、内容运营、拍摄剪辑、招商选品、客服等；中等规模的企业可能需要标配版架构，包括主播、副播、直播运营、内容运营；小型直播平台或新兴企业可能只需要简配版架构，即主播和运营；个人创业者或初创企业可能需要全能版架构，主播兼任运营。

3. 直播运营团队的组建方法

企业组建直播运营团队前，需要确定团队的职能和目标，如提高直播观众数量和质量、增加用户黏性、提高转化率。团队的人员构成和数量应根据团队的职能和目标来确定，一般包括直播策划师、主持人、摄像师、编导、运营专员、营销专员。企业还需要通过多种渠道招聘合适的团队成员，并进行专业的培训和技能提升。

4. 直播团队的激励机制

为了保持团队的活力和创造力，激励机制是非常重要的，包括奖励制度、晋升机会、培训计划，以激发团队成员的积极性和主动性。

企业组建一个直播团队，努力把团队打造成高效、高质量的直播团队，根据企业直播营销的具体情况进行调整和优化。

4.4.2　主播和副播

（一）主播

主播在直播销售过程中，扮演着至关重要的角色，优秀的主播，可以调动直播间气氛。增加观众的参与感，拉近观众与主播之间的距离。主播的表现和风格能够塑造良好的形象、建立信任感，提升直播的层级，让观众感到轻松、愉快，认可主播的专业能力与知识水平。

主播还能与粉丝建立情感连接，增加观众的黏性和忠诚度，不断优化直播内容。一个优秀的主播能够提升直播的质量和效果，吸引更多的观众，为品牌或个人带来更多的价值。

一个优秀的主播需要具备以下一些特质。

1. 出色的沟通能力

主播需要与观众进行实时互动，讲解产品，解答疑问，提出建议，传递信息。良好的沟通能力可以帮助主播更好地与观众建立联系和互动，增强观众的黏性和忠诚度，让主播在与嘉宾、团队成员等合作时更顺畅，提高工作效率。沟通能力强的主播更容易展现自己的个性和魅力，吸引更多的粉丝和商业机会。努力提升沟通能力，对主播的事业有很大帮助。

图 4-107　主播风采

2. 专业知识和技能

专业的知识和技能对主播来讲至关重要，直播内容类型不同，需要主播具备相关的专业知识，美妆、游戏、美食、家居、服饰等。如果是特定领域的主播，拥有相关的专业知识或技能会让你更可信和有吸引力。

主播还需要掌握直播设备的操作、画面构成设置及灯光设置等，以确保直播的质量和效果。

3. 亲和力和魅力

亲和力和魅力是主播吸引观众，建立良好关系的重要因素，让观众感到亲切和喜爱，吸引他们的关注。自信的主播能够更好地吸引观众，亲和力能让观众感到舒适和亲近。

主播可以通过保持真诚和友善、关注用户需求、培养独特风格、提升沟通能力、保持良好形象等，来提升亲和力与主播魅力。

4. 良好的口才

拥有良好的口才对主播来说是一大优势，表达清晰，语言生动，能够吸引观众的注意力。主播可以通过多说多练、学习表达技巧、学习知识技能、模仿优秀主播、接受专业训练、保持自信心态等，提升口才。

口才的提升需要时间和实践，需要主播不懈地努力。

5. 应变能力

直播中可能会出现各种意外情况，能够灵活应对并保持冷静很关键。应变能力使主播在面对突发情况时，能够迅速、灵活、冷静和自信地做出反应并有效处理问题，保证直播的正常进行。

主播可以通过实践增加经验、提前做好应急预案、团队协作、学习借鉴和坚持训练来提升应变能力。

6. 热情和活力

一个充满热情和活力的主播能够感染观众，让他们更愿意参与和关注，提升粉丝对主播的好感，热情和活力是主播吸引观众的重要特质。

主播可以通过保持良好的心态、与观众积极互动、丰富表达方式、实时调整状态、创新直播内容与形式、分享快乐等，来提升自身的热情与活力。

7. 坚持和毅力

坚持与毅力是成功的关键，对主播来说也不例外，做主播可能需要面对一些挑战和困难，坚持不懈地努力才能取得成功。

主播可以通过确定目标、培养计划、保持活力、持续学习、自我激励与寻求支持等方法来积极培养自身意志力。

8. 自我推广和营销能力

良好的自我推广能力与营销能力，能够很好地宣传主播、产品与服务等，吸引更多的观众和粉丝，提升直播间销售额，良好的自我推广与营销能力，有助于主播塑造个人品牌，提升知名度与影响力。

良好的营销推广能力，可以增强与粉丝之间的互动，在激烈的直播市场竞争中突破重围，脱颖而出，赢得市场，实现更高的商业价值。

良好的营销推广能力，可以帮助主播建立独特的形象和品牌，塑造个人 IP 形象，形成有辨识度和影响力的个人品牌。

9. 团队合作精神

主播与直播团队紧密合作，共同打造优质的直播内容，良好的合作可以优势互补，提升创新能力，提升团队的凝聚力，实现整个团队的成长与资源共享。

10. 持续学习和自我提升

不断学习新知识，提升自己的能力和表现，不断反思，不断为自己设立新目标，为新目标努力。

每个主播都有自己独特的风格和魅力，找到适合自身的定位和发展方向，对主播以及直播团队的发展是非常重要的。

知识拓展

个人 IP

个人 IP 是指个人在特定领域中建立的独特形象和品牌。它包括个人的特点、价值观、技能、经验，通过各种渠道进行传播和推广，形成一种具有辨识度和影响力的个人品牌。

建立个人 IP 有以下几个重点。

①独特性与辨识度：能让主播在众多主播中脱颖而出，与其他竞争对手区分开来。

②建立信任与忠诚度：可以与观众建立更紧密的联系，提高他们的信任度和忠诚度。

③拓展商业机会：吸引更多商业合作和赞助机会，增加收入来源。

④内容创作优势：围绕个人 IP 进行有针对性的内容创作，提高内容质量和吸引力。

⑤职业发展：有助于在相关领域内建立专业形象，为个人的职业发展打下坚实基础。

要建立个人 IP，可以从以下几个方面入手。

①明确定位：确定自己在直播领域中的独特定位和核心价值。

②塑造形象：通过个人形象、风格、语言等方面塑造独特的个人形象。

③提供优质内容：持续提供有价值、高质量的直播内容，满足观众需求。

④社交媒体互动：积极利用社交媒体与观众互动，增加曝光度和影响力。

⑤建立社群：通过社群运营，与粉丝建立更深入的互动和联系。

⑥持续学习与成长：不断提升自己的专业能力和知识水平，保持个人品牌的竞争力。

（二）副播

副播是主播的得力助手，直播过程中可以在主播不在场时接替主播进行直播，确保直播活动的连续性。副播还需要在直播过程中与主播配合，解答观众问题，以及帮助主播进行产品展示和销售，在必要时能够迅速适应并掌控直播节奏，提升直播间观众的观看体验。

为了成为一名合格的副播，需要具备一定的销售技巧，具有良好的沟通能力和应变能力。副播的选拔通常涉及实际操作的考核，以确保他们能够满足直播团队的要求。一旦被选中，副播将接受专业的培训，以提升其专业技能和直播表现。

1. 副播的作用

①协助主播：副播可以帮助主播准备道具、展示产品、解答问题等，让直播更顺利。

②增加互动：与观众进行互动，回答观众的问题，增加观众的参与感。

③营造氛围：通过与主播的配合，营造出轻松、愉快的直播氛围。

④专业支持：如果直播涉及某些专业领域，副播可以提供相关的知识和技能支持。

⑤分担工作：帮助主播分担一些工作，让主播能够更专注于核心内容的展示。

一个优秀的副播能与主播默契配合，共同打造出精彩的直播内容。

2. 副播的特质和能力

①良好的沟通能力：能够与主播和观众进行有效沟通，积极与观众互动，回答问题，引导观众参与直播。

②产品知识：了解直播中涉及的产品或服务的特点、优势，能详细地介绍和展示。

③团队合作精神：与主播和其他团队成员密切配合，共同完成直播任务。

④丰富的知识储备：对直播内容有一定的了解，能提供准确的信息。

⑤较强的应变能力：能应对直播中的各种突发情况，观察直播间的氛围和观众反应，及时调整自己的表现。

⑥良好的形象和气质：给观众留下良好的印象。

⑦热情和活力：积极参与直播，为直播增添活力。

⑧时间管理能力：合理安排直播时间，确保各个环节的顺利进行。

⑨学习能力：不断学习新的知识和技能，提升自己的专业水平。

⑩表演能力：适当的时候展示一些才艺或表演，增加直播的趣味性。

这些特质和能力可以帮助副播更好地协助主播，提升直播的质量和效果，让直播更精彩和成功，如图 4-108。

图 4-108　副播风采

3. 副播培训

①学习相关知识：不断学习与直播内容相关的知识，提高自己的专业素养。

②实践经验积累：通过参与直播实践，积累经验，提高应对各种情况的能力。

③观察和学习：观察其他优秀副播的表现，学习他们的优点和技巧。

④接受专业培训：参加相关的培训课程，学习专业的直播技巧和知识。

⑤自我反思：定期对自己的表现进行反思，找出不足之处加以改进。

⑥与团队交流：与直播团队的成员交流，听取他们的建议和意见。

⑦多角度练习：可以通过模拟直播、录制视频等方式，从不同角度提升自己的能力。

⑧保持热情和积极心态：始终保持对直播工作的热情和积极心态，不断追求进步。

副播不仅是主播的得力助手，也是向主播晋升的重要通道。通过在工作中持续学习和提升专业技能，副播可以逐渐承担更多的职责和任务，最终有机会晋升为主播。这种晋升不仅意味着更高的职业地位，还伴随着更多的挑战和机遇，使副播能够为直播团队做出更大的贡献。

4.4.3 场控

场控是直播中的重要角色，他们就像直播间的"导演"，确保整个直播过程顺利进行。观看直播带货时，看到过这样的场景：直播间冷场、主播接不上话、主播对产品不熟悉，现场试用翻车等，即使是知名主播带货也有翻车的时候，如何避免翻车事件？需要直播团队的场控人员掌握直播场控技巧。

目前很多人对场控的认识存在一定的误区，认为场控不重要，对直播带货效果的影响较小。场控远比想象中重要。场控角色做不好，只能简单的禁言、发评论，对整场直播无关紧要，场控如果在直播销售中表现出色，不仅是主播的亲密合作伙伴，更是整个直播间的导演，把控节奏，掌握整个直播场。

场控是直播行业不可或缺的一员，场控的角色从过去的边缘配角，逐渐演变成直播间不可或缺的角色。一场直播有优秀的场控在，直播销量会大幅提升，战绩翻几倍、翻几十倍都是有可能的。

（一）场控需具备的能力

1. 调动气氛的能力

直播间气氛的好坏直接影响粉丝的观看情绪，也会影响主播的带货效果。优质的直播间粉丝互动气氛好，在直播间停留时间长，留存率高，直播间的人气会越来越高。场控的主要工作就是调节直播间气氛，带动粉丝积极性，配合主播节奏，达成直播销售的目标。

直播间内，所有的互动话题最后一定要正向引导，防止舆论失控，导致翻车事故。

2. 补充短板

场控需要与主播形成优势互补，很多主播的直播经验不足，大部分的直播团队在不断摸索直播玩法，主播在直播带货的过程中，在某些领域、某些方面能力出现短板，比如对产品的了解、粉丝的提问、脚本执行的完整度以及直播节奏的把控。这时场控需要补足主播的短板，及时帮助主播解决突发问题，解决直播问题，调动直播气氛，调节直播节奏，最终完成直播销售。

3. 促单能力

场控需要具备一定的促单能力。场控需要做到深入了解产品，包括产品特点与卖点，拥有敏锐的观察力与良好的促销策略、良好的沟通技巧及团队协作能力。优秀的场控是主播的辅助，直接影响直播的数据。

场控其他能力见表4-35。

表 4-35 场控能力补充

能力	细节
良好的沟通能力	能够与主播、观众和其他工作人员进行有效沟通
观察力和应变能力	留意直播间的动态，快速应对各种情况
组织协调能力	协调直播间的各项工作，确保直播顺利进行
团队合作能力	与其他工作人员紧密合作
情绪管理能力	保持冷静，处理各种问题
学习能力	不断学习和掌握新的技能和知识
时间管理能力	合理安排时间，确保各项任务按时完成
技术能力	熟悉使用相关的软件和设备
服务意识	为主播和观众提供优质的服务

（二）场控工作职责

1. 熟悉主播

一个优秀的直播间，直播销售数据好，场控和主播的配合必须默契。好的配合源于双方的了解，场控平时要多了解主播的性格、人设、习惯与带货风格，以及主播所带货品的详细属性等，这样才能形成良好互动，增加直播间的吸引力，最终提升直播间的销售数据。

2. 角色定位

场控和主播一样，需要有特定的人设，尽量与主播人设配合，也可以在一定程度上“出圈”，让粉丝对场控有记忆点。场控要树立导演意识，控制直播的时间进度，确保各个环节按计划进行，引导主播，把握直播节奏，适时地提醒主播话术和情绪调节。时刻注意主播的状态，当主播状态不佳时，需要主动替主播去讲解一些内容，应对突发情况，如网络问题、技术故障等，保证直播的连续性。

3. 提前确认好直播流程

场控需要和主播提前确定直播流程，掌握直播方案与直播活动，掌握活动时间节点，如抽奖、分享主题、分享干货、卖产品等。场控需要提前准备好流程单，或准备好大屏显示器来做提示，场控需要确保直播设备的正常运行，如摄像头、麦克风等。

4. 熟悉产品

场控需要了解产品，不仅要熟悉商品的性能、参数等信息，更重要的是进行实际操作，让客户看看是否如商家宣传的那样。在主播不熟悉的情况下，可以替主播讲解产品，这样的话可以避免由于主播的不熟悉导致直播卡顿、直播效果差以及粉丝流失。

5. 及时反馈数据给主播

场控需要实时关注直播间粉丝反馈和产品的数据反馈，实时监控直播画面，确保直播画面质量良好，及时处理可能出现的问题。比如说某款产品卖得好，提醒主播继续播，相反则需要提醒主播切款，减少直播间粉丝的流失。

6. 保证供应链

直播电商，始于直播，终于供应链。不论主播口才多棒，消费者最终还是看商品质量好不好,价格贵不贵,背后考验的仍是供应链。场控需要掌握商品库存,避免出现压单不能发货的情况。

7. 分析数据

场控需要进行预售数据的处理,如图 4-109,对粉丝人群的分析等。电商平台提供的直播数据非常详细,需要场控去查询分析,将对应的模块数据进行匹配。这些数据对直播复盘和直播优化非常重要。

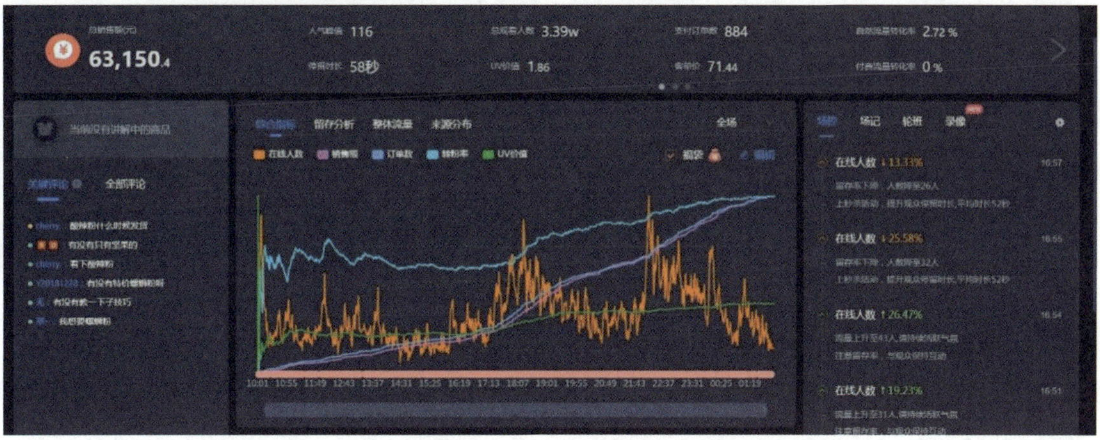

图 4-109 场控分析数据

(三)场控分类

1.“商家式”场控

“今天商家亲临现场,主播一定给大家实惠的价格”,“不行真给不了,这个价不行,不能再压了”,通过主播与场控的对话,制造一种主播砍价的氛围,营造紧张感,让观众觉得价格实惠,性价比高,主播努力为大家争取到了最优惠的价格。

2.“运营小哥”式场控

直播团队内,很多场控都是做了多年的运营。他们精通各种活动策划,计价策略炉火纯青,对定价,产品上架排序,脚本、粉丝消费心理都相当清楚,直播经验丰富,这部分团队成员做场控,自然是如鱼得水,组织直播间玩法,发红包、秒杀热场,配合主播的节奏,不强行加戏,配合直播间的销售计划。

3.“专属设计师”场控

抖音短视频平台的服装类直播,为了更好地讲解设计理念,会直接请设计师来当场控,不仅让直播内容更专业和直观,也方便设计师与消费者直接交流,强化品牌的设计感和产品质感。提升直播质量的同时,也提升了粉丝黏性,提高粉丝关注度。

4.“老板”式场控

网店老板更懂货品,他们一般做过线下实体店,有丰富的销售经验。对材质、生产体系都非常熟悉,对产品领域内的问题都有把握解答,对产品的认识、自信程度高。主播和老板齐上阵,给粉丝营造出一种良好的氛围,直播间效果好,观众参与感高。

4.4.4 运营和策划

直播团队的运营策划是直播成功的关键之一，良好的直播运营能够提升直播数据与直播质量，打造出更具吸引力和影响力的直播活动，让直播更精彩有趣。

（一）运营策划需要具备的能力

运营策划是直播团队的军师，运营策划需要具备的能力见表 4-36。

表 4-36 运营策划的能力

能力	细节
创意能力	能够想出新颖、有趣的直播内容和活动，吸引观众
市场分析能力	了解市场趋势和观众需求，制定有针对性的策划方案
数据分析能力	通过直播数据分析，了解观众需求和行为，优化直播策略
沟通能力	与团队成员、合作方等进行有效沟通
项目管理能力	合理安排直播项目的进度和资源
学习能力	不断学习新的知识和技能，跟上行业发展
应变能力	能够应对各种突发情况，及时调整策划

运营策划需要考虑很多方面，如目标定位、内容策划、活动策划、合作推广、团队协作等。目标定位方面，明确直播的目标受众和定位，制定相应的策略；内容策划方面，设计吸引人的直播内容，主题、环节、互动等，吸引用户关注与停留；活动策划方面，组织各种直播活动，抽奖、优惠、问答等，增加观众参与度；合作推广方面，与其他平台或个人合作，扩大直播的影响力；团队协作方面，与主播、场控等团队成员密切合作，确保直播的顺利进行。

一个好的运营策划需要有创意、市场敏感度和数据分析能力，他们是直播间的“创意引擎”。

案例链接

美妆直播运营策划案例

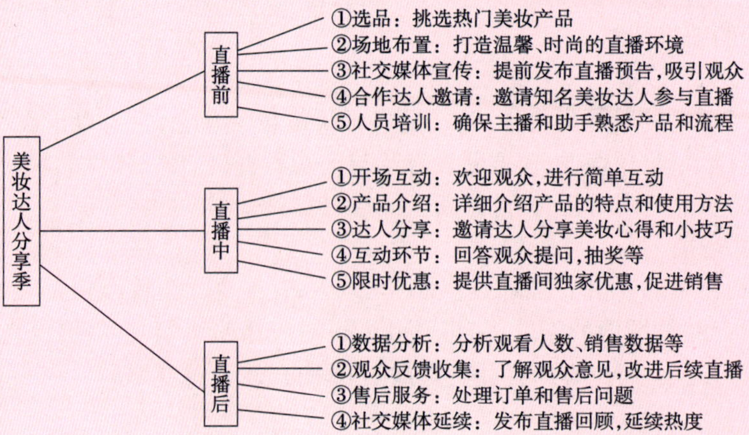

通过以上策划，旨在提高直播的观看量和销售量，增加观众的参与度和忠诚度。

（二）运营策划的工作任务

1. 直播前

运营策划在直播前需要首先确定直播主题，明确直播的核心内容，制定策划方案，包括直播流程、互动环节、脚本等，进行选品与直播筹备，选品过程中，采用数据选品，挑选合适的直播商品，然后跟直播团队其他人员一起，打造直播场景，建设具有吸引力的直播间。

前期的工作结束后，下一步便是进行宣传推广。通过多渠道吸引观众，将直播信息尽可能传递给粉丝们，做好直播预热活动。直播预热活动包括通过短视频进行预热、个人信息进行预热、站外预热的方法往直播间引流、粉群提前预热导流。

开播前，需要进行设备检查与测试，保障直播设备的正常运转。

2. 直播中

直播过程中，需要与主播进行有效沟通，对直播间的数据与直播进程进行实时监测，确保直播按计划进行。需要对直播间互动弹幕进行有效管理，回答用户问题，提升整个直播间的氛围。直播中的检测数据见表 4-37。根据实时数据制定调整计划，见表 4-38。

表 4-37 直播数据监测

数据指标	细节
人气趋势	当直播间的人气达到峰值的时候，需要与主播沟通，提示主播过款，上利润款，如果主播正在讲解产品，提醒主播提升直播节奏
互动趋势	粉丝互动率，即粉丝互动人数与粉丝 UV 之比。粉丝互动率指向的是，观看直播的粉丝中，与主播产生互动的数据，可以是点赞、评论、转发等任意互动行为。这个数值低，说明直播没有调动粉丝的积极性，那就需要考虑新的玩法和互动
测品数据	如果直播间的货品很多，需要对测品数据进行实时监控，以便在现场进行及时调整

表 4-38 直播调整计划

措施	细节
定时爆款返场	假设直播间的爆款链接已经上架，转化率也还不错，那么当直播间的下一波流量增大的时候，场控可以让主播再次进行爆款产品的讲解，引导有需求的粉丝下单购买，以提升直播间数据
宠粉产品及时补位	宠粉产品是用户进入直播间后的留人产品。当直播间的进入流速跌了，代表此时的实时权重不高，在线人数下跌，需要采取措施把在线人数调整起来，可以利用宠粉产品进行补位，以提升直播间数据
弱势时段补强	当实时数据显示直播间的在线停留下降了，停留下降就是在线时长的人数少了。在循环销售过单品、利润品的场景中，当发现过利润品时的在线人数大幅度下降，此时需提示主播上架福利品进行留人，以提升直播间数据

3. 直播后

直播后的复盘，首先要进行的是人、货、场复盘，如图 4-110。进行主播复盘时，需要关注脚本和各种话术、控场的能力以及对直播数据与直播状态的总结。用直播间的实时监测数据与主播一起进行状态总结。互动指标包括转粉率，3%是及格，5%是优秀；评论率5%是及格，10%优秀。人均停留时长30秒是及格，2分钟是优秀。平均停留时长最能说明直播内容的吸引力。转化数据（带货转化率）是反映直播间购买力和主播带货能力的重要指标，1%是及格，3%是优秀。

图 4-110　直播数据大屏

进行场控工作复盘时，要关注整个流程设置，选品数据、排品、视觉效果，以及各种重要数据维度，配合整个直播过程的数据，进行复盘。

进行运营复盘时，要关注引流视频发布，投放效果，助理要关注后台操作及配合，复盘过程中，发现引流视频发布、投放、后台操作与直播数据趋势不匹配时，及时调整发布与投放策略，根据实际情况进行操作优化，提升销售数据。

进行团队复盘时，除了每个角色进行自己职责范围内的复盘外，还需要整个团队一起进行开会复盘，共同讨论整体配合中出现的问题。对直播间粉丝提出的问题进行汇总，再根据问题共同对话术进行优化。

直播后的复盘，其次要进行的是数据复盘。进行数据复盘时，需对直播间的人气变化数据进行回顾，人气即直播间的流量，来源可通过数据大盘的流量详情查看，流量来源可以帮我们分析出各个渠道流量来源的占比，直播推荐做到60%是及格，做到90%是优秀。复盘过程中需要记录观众总数，因为观众总数代表的是当前直播间所在的流量层级，平均在线人数决定了直播间人气，是判断直播带货效果的前提。

进行数据复盘时，需要对付款率的变化进行总结，如果直播间有300人下单，仅有100人付款，这说明付款率偏低，付款率低于2/3说明转化率不合格，需要找出粉丝下单不付款的原因。直播转化漏斗是一个很好的工具，能帮你找到需要优化的流程，提高下一场直播的带货转化率。

直播复盘的目的是把实践经验拿出来分析，找到直播过程中的优势与不足，对于良好的数据、优势的领域，需要进行记录在下一次直播过程中进行应用，对于直播数据中的不足，在复盘过程中，进行优化方案整理，在后期的实践中，不断分析，持续优化，为下一场直播做好准备。

复盘对于直播团队来说，是发现团队优势与不足，创新实践方法的有效途径，必须保持良好的复盘习惯。

对直播数据进行持续分析，对直播方案与直播过程等进行持续优化，才能提升整体团队的能力与竞争力，在未来的直播领域赢得市场、赢得发展空间。

知识拓展

抖音直播需要关注的关键指标

1. 直播销售额

销售额是最能体现直播带货能力的数据指标，但是需要综合分析一段时间内的数据走向，才能真实地反映主播的直播带货能力。可以监控抖音账号近30天的直播带货数据，从每场直播的预估销量和销售额，可以看出一段时间内的直播带货效果是否稳定。一旦出现数据下滑的趋势，就要找出原因，尽快调整策略，才能保证直播数据的稳定性。

2. 直播转化率

直播间观众如果对商品感兴趣，一定会有点击购物车查看商品详情的操作，这一点可以通过直播中出现的“正在购买人数”弹幕来体现。

3. 直播观众留存率

用户在直播间停留的时间越久，说明直播间的内容越有趣。直播间的人气越高，系统就会把你的直播间推荐给更多的人看，这和抖音视频的推荐机制是相似的。留住直播间的观众，提高观众留存时间对直播间上热门有很大帮助。

4. 直播间用户画像数据

直播间的用户画像是抖音直播电商需要分析的关键数据，带货就是基于直播间用户的需求进行的。直播间的用户画像包括年龄、性别、兴趣、来源，掌握了这几个数据，无论是选品还是直播间的优化，都能找到切入点。比如直播间观众大部分是30岁以下的女性，那么服饰、护肤、少女心的商品就可以成为直播间选品的方向。通过兴趣分布，还能进一步缩小范围。

5. 直播互动数据

直播观众的互动数据是可以看出用户的购买倾向和主要需求的，最主要的是弹幕词。通过弹幕词数据，可以知道粉丝都喜欢聊什么，下次直播的时候可以多准备一些相关的话题，来调动直播间气氛。也可以知道观众对哪些商品的兴趣比较高，在之后的直播中可以持续进行推广。

4.4.5 客服

客服是直播团队中非常重要的一员，客服人员就像直播间的“守护者”，时刻关注着观众的需求和问题。

（一）客服的主要工作

客服工作直接影响客户的满意度，良好的客服能帮助直播团队建立良好的品牌形象，增加客户的忠诚度，提升直播销售数据，减少客户流失与增强团队竞争力等，客服的工作内容见表 4-39。

表 4-39　客服工作内容

客服工作	内容简介
回答观众问题	直播过程中及时回复观众的留言和提问，提供准确的信息
解决问题	帮助观众解决遇到的问题，技术问题、产品咨询等
收集反馈	收集观众的反馈和建议，转达给直播团队
维护良好氛围	积极与观众互动，营造友好、和谐的直播氛围
售后服务	处理直播后的售后问题，退换货、投诉等

（二）客服能力

一个优秀的客服需要具备良好的沟通能力、耐心和服务意识，他们是直播团队与观众之间的桥梁。作为一名客服人员，表 4-40 中的能力和技能是非常重要的。

表 4-40　客服能力

客服能力	内容简介
沟通能力	能够清晰、准确地与观众进行沟通，理解他们的问题并提供有效的解决方案
服务意识	要主动为观众提供帮助，关注他们的需求并尽力满足
问题解决能力	能够快速分析问题并找到解决办法，提高观众的满意度
学习能力	不断学习新的知识和技能，以应对各种复杂的问题
耐心和责任心	面对观众的问题和需求时，要保持耐心和责任心，为他们提供优质的服务
团队协作能力	与其他团队成员密切配合，共同为直播的成功努力
情绪管理能力	在面对各种情况时，保持冷静，不受情绪影响

具备这些能力和技能的客服人员可以为观众提供更好的服务体验，增强观众对直播的信任和满意度。

案例链接

客户服务

1. 快速响应

某电商平台的客服团队在收到用户咨询后，立即回复并解决问题，让用户感受到了高效的服务，提高了用户的满意度。

2. 专业知识

一位客服人员凭借丰富的产品知识，成功帮助用户解决了技术问题，赢得了用户的信任和好评。

3. 个性化服务

某客服人员根据用户的历史记录和偏好，提供个性化的建议和解决方案，让用户感受到贴心的服务。

4. 积极的态度

即使面对用户的抱怨和投诉，客服人员也始终保持积极的态度，耐心倾听并尽力解决问题，最终成功化解用户的不满。

5. 团队协作

客服团队与其他部门密切合作，共同解决用户问题，提高服务质量和效率。

某些成功案例都体现了客服人员在沟通、专业知识、服务态度和团队协作等方面的优秀表现，帮助用户解决问题，赢得良好评价，维护团队形象。

【任务探究】

优秀的带货主播及副播，一定是经过合理、科学地培训，不断探索实践，学习与实践相结合，不断优化培养出来的。企业要打造优秀的直播带货团队，可以通过“训练”“实践”“思考”“优化”四步法来进行培训。

（1）训练

直播团队成员的主播和副播在训练过程中，要重点训练状态，训练镜头感，训练记忆与口述话术，训练高频语速。训练状态，就是在直播过程中，在短视频拍摄过程中，重点关注个人状态，尽可能地在训练过程中，展现自己的良好情绪、魅力与亲和力；训练镜头感就是在直播销售与短视频制作过程中，练习直视镜头，与粉丝聊天，可以参考专业人士的状态，学习专业训练方法；训练话术，就是在直播销售或短视频制作过程中，重点训练产品卖点话术、产品憋单话术、产品成交话术、产品催单话术等；训练高频语速时，要调动直播间气氛，不冷场，训练自己的吐字发音，保持高频语速的同时，语句熟练度以及发音清晰度需要保持好。

（2）实践

直播销售与短视频拍摄过程中，多参与实践，多进行问题查找与问题解决，特别是直播开始阶段，要进行多次实践，频繁直播，增加直播次数，积累经验，多次改进方案，尝试不同主题，拓展直播内容的多样性，多与观众互动，积极回应观众提问和留言，尝试新形式，反思每次直播，总结经验教训，不断改进，通过不断实践来提升直播能力。

（3）思考

“学而不思则罔”，通过思考提升直播能力，反思自身表现，回顾直播过程，分析优点和不足，积极研究观众需求，思考观众喜好，针对性地调整内容。分析竞争对手，了解他人优势，取长补短，积极构思规划直播内容，使直播更有条理，积极探索创新思路，寻找独特的直播方式和话题，积极思考互动方式，提高观众参与度，多研究直播数据，了解观众行为，优化策略，积极挖掘个人特色，思考如何突出自己的特点，制定长远计划，持续提升。

（4）优化

通过优化提升直播能力，考虑设备优化，确保使用高质量的直播设备，提供清晰流畅的画面和声音；直播环境优化，创造一个舒适、专业有吸引力的直播环境；内容优化，精心策划直播内容，保持新颖和有趣，关注热点话题，及时调整内容；互动优化，增加与观众的互动环节，提高参与度；时间管理优化，合理安排直播时间，适应观众作息；团队协作优化，加强团队成员之间的沟通与协作；自我形象优化，注意仪表、穿着和言谈举止；推广优化，加大直播的推广力度，吸引更多观众；数据分析优化，深入分析直播数据，针对性地改进；素质优化，培养良好的心态，应对各种情况；品牌形象优化，树立独特的品牌形象，提高辨识度。

对不同行业来说，直播团队的主播与副播培养方式不尽相同，但团队配置、各环节协作要求基本一样。企业可以对照高效直播团队搭建方法进行尝试，寻找搭建高效直播团队、提升产品销售数据增长的更优路径。

【思政园地】

百年成就使人振奋，百年经验给人启迪。总书记深刻指出："一百年来，党和人民取得的一切成就都是团结奋斗的结果，团结奋斗是中国共产党和中国人民最显著的精神标识。"一百年来，中国共产党始终坚守为人民谋幸福、为民族谋复兴的初心使命，团结带领亿万人民经千难而百折不挠、历万险而矢志不渝，攻克了一个又一个看似不可攻克的难关，创造了一个又一个彪炳史册的人间奇迹，书写了中华民族几千年历史上最恢宏的史诗，实现中华民族伟大复兴进入了不可逆转的历史进程。百年奋斗历史深刻表明，团结就是力量，奋斗开创未来；能团结奋斗的民族才有前途，能团结奋斗的政党才能立于不败之地。百年奋斗历史还告诉我们，围绕明确奋斗目标形成的团结才是最牢固的团结，依靠紧密团结进行的奋斗才是最有力的奋斗。

直播团队的组建与发展过程中，团队成员要讲团结，能团结的团队才有前途，能团结的团队才有战斗力，团结，提升整个团队的凝聚力与向心力。

任务 4.5　短视频设计与发布

【任务导入】

新媒体平台中，优质的短视频内容可以带来源源不断的流量，由短视频带来的流量大部分是免费的，平台需要优质内容，优质内容可以带来优质用户，平台会乐意用优质内容来置换自己平台的流量给到短视频内容生产方。短视频创作者可以向客户广泛或精准推送消息，提高用户的参与度和账号知名度，充分利用粉丝经济，达到相应营销目的。

目前，短视频运营已经成为许多企业和个人获取流量和提升销售数据的重要手段。以下是成功的短视频运营案例。

1）河北某羊毛加工厂转型　某短视频创作博主在抖音上通过短视频推广自己的羊毛被产品，成功地将当地的传统产业推向全国市场，通过对产品的精确分析，提炼产品的优势与卖点，精确进行客户定位，将工厂工作日常、同事间趣事、产品优势等融入短视频作品中，不断积累粉丝、维护粉丝，账号的作品数据与产品的销售数据逐步提升，解决了产品销售困境,帮助企业优化销售渠道,促进企业转型。

2)老牌国货品牌的数字化转型 某企业的美妆类产品在抖音短视频平台上,进行直播和短视频营销,通过品牌形象塑造、产品的优势与卖点的展示、优秀主播参与,精确进行客户定位与客户开发,直播作品不断展示产品特色、优势及品牌形象,短视频作品展示企业文化、产品科技含量、产品效果等,不断积累定向粉丝,做好客户维护工作,账号的作品数据与产品的销售数据逐步提升,直播团队借助付费渠道,在抖音平台的巨量千川进行付费推广,快速积累高质量粉丝资源,短视频的作品数据、带货数据以及直播的 GMV(商品交易总额)逐步提升。

这些案例表明,短视频运营不仅仅是制作有趣、高质量的视频内容,还涉及对产品的分析与定位、目标受众的精准定位、多平台策略的运用以及与品牌核心价值的紧密结合。通过这些策略,企业能够有效地提升品牌认知度和销售数据,帮助企业开拓更广阔的销售渠道,有助于企业健康发展。

【知识必备】

4.5.1 认识短视频

(一)短视频

1. 短视频

短视频是指在各新媒体平台上播放的、时长较短的视频内容,一般在数秒到数分钟之间。它是一种内容传播方式,也是一种内容创作形式。短视频的特点是内容简洁、节奏快、创意性强,能够吸引观众的注意力,并激发他们的兴趣和好奇心。

短视频的类型有很多,包括生活记录、美食、旅游、科技、娱乐、体育等。不同类型的短视频有着不同的受众群体和表现形式。制作短视频的工具和软件也有很多,手机、相机、电脑、剪辑软件等。制作短视频需要一定的技术和创意,但也可以通过简单地学习和实践来掌握。短视频的传播渠道也有很多,社交媒体、视频分享平台、电视台等。通过这些渠道,短视频可以被更多的观众看到和分享,提高其影响力和传播效果。

2. 短视频的作用

短视频的作用非常多样化,如图 4-111 所示,短视频平台可以提供各种有趣、轻松和娱乐性质的内容,让人们放松身心,享受快乐时光;短视频平台可以进行信息传递,快速有效地传递信息,包括新闻、知识、技能等;短视频平台还可以进行社交互动,平台允许用户与其他用户进行互动,点赞、评论和分享,增强社交联系;短视频平台还可以进行产品营销和广告推广,短视频成为一种流行的营销和广告工具,企业可以通过短视频宣传产品、服务和品牌;短视频平台还可以进行创造力和表达力展示,短视频为个人提供了一个展示创造力和表达自我的平台,用户可以通过制作和分享短视频展示自己的才华和个性。

图 4-111 短视频功能与作用

这些只是短视频的一些主要作用,随着技术的不断发展和用户需求的变化,短视频的作用还在不断扩展和演变。

知识拓展

短视频的设计与发布

短视频的设计与发布需要考虑以下几个方面。

①确定视频主题和内容：确定视频的主题和内容，根据目标受众的需求和兴趣进行策划。

②拍摄和剪辑：拍摄视频素材，使用剪辑软件进行剪辑和制作。

③添加音乐和特效：根据视频内容选择合适的音乐和特效，增加视频的吸引力。

④设计视频封面和标题：设计一个吸引人的视频封面和标题，吸引观众的注意力，根据数据信息进行后期标题封面优化。

⑤选择发布平台：选择适合目标受众的发布平台，抖音、快手、B 站等，分析平台特点与受众群体。

⑥制定发布计划：制定发布计划，定期发布视频，保持观众的关注度。

⑦分析数据和优化：定期分析视频数据，了解观众的喜好和反馈，根据数据进行优化。

3. 短视频的应用

短视频的发展趋势是越来越受到人们的关注和喜爱，成了很多品牌和企业的营销和推广手段之一。随着技术的不断进步和创意的不断涌现，短视频将会继续发展和演变，为观众带来更多的惊喜和乐趣。

直到目前，短视频是商家互联网销售获得流量的主要途径。商家通过发布优质的短视频内容，迅速激发平台用户的好感与兴趣，引发用户的关注，用户转化为粉丝，会极大地拓展企业的商业模式。通过这种方法，企业商品的网络销售量会迅速增长，通过短视频营销方式，企业的产品获得展现的同时，企业品牌也获得了很好展现，用户了解到企业的信息与品牌文化，企业的品牌影响力也会迅速提升。商家创造出优质的短视频内容时，通过免费推广与付费推广结合的方式，可以有效地提升商品的展现次数，提升商品的整体销量。

4. 短视频的推送算法

短视频作品数量目前仍在快速增长，为用户提供良好使用体验是短视频平台的不懈追求。目前主流的短视频平台在运营过程中，为了给用户提供优质内容，提升平台使用体验感，都会采用赛马机制来进行短视频内容的筛选。

平台赛马机制的算法下，如果视频账号发布优质的内容，粉丝观看、点赞、评论作品时，会为作品产生基础数据，优质作品的基础数据会优于同层级的账号数据，该作品的展现次数将会增加，更多的用户会提供点赞、评论、关注与分享数据，从而增加用户的参与度，作品将会推荐到更高层级的用户群体，实现好的作品逐步出圈，就是赛马机制选作品的效果。

抖音短视频平台是一个去中心化的算法平台，如图 4-112 所示。去中心化算法平台的优势是能够让使用平台的每个人得到公平的展示机会，获取流量的规模取决于作品的反馈数据，平台会根据流量池的筛选标准，从几百万粉丝的大博主和新人博主中进行选拔，优秀的博主会获得更多的作品展示机会，新手博主作品质量优秀，账号的权重可以直接提升层级。

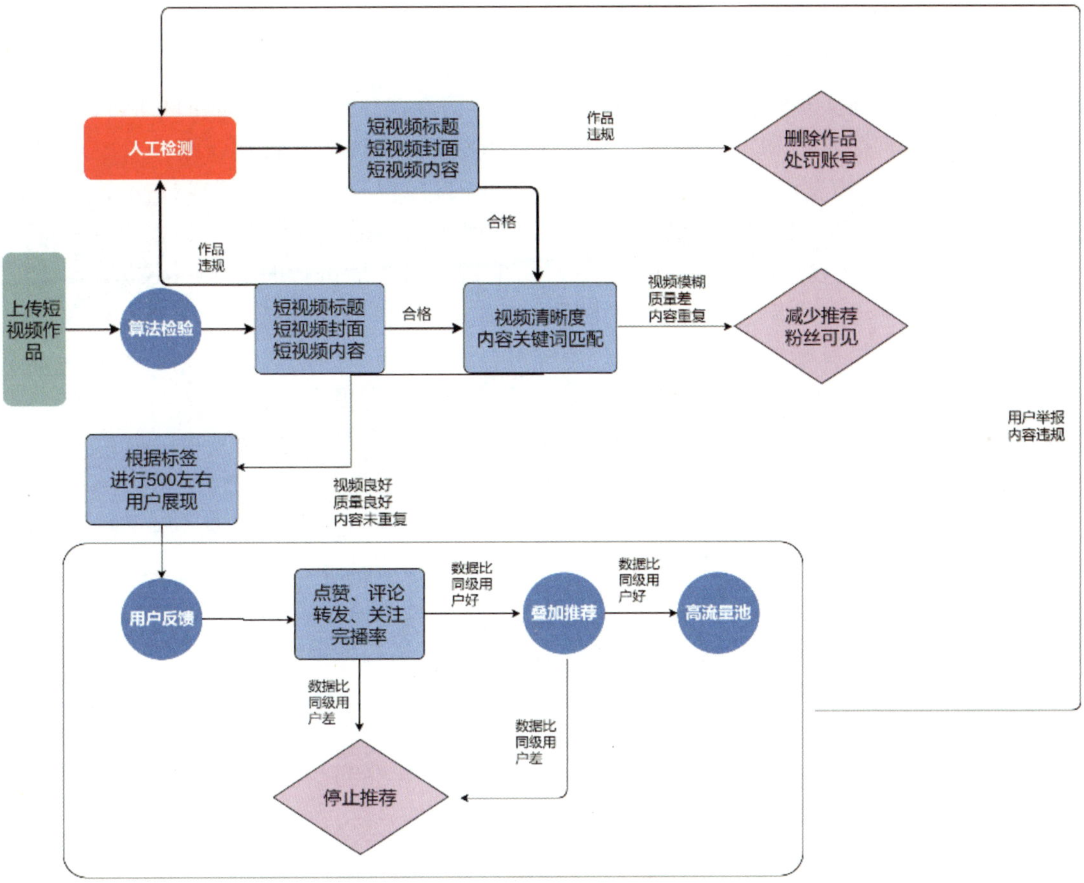

图 4-112　抖音平台推荐算法

知识拓展

短视频的考核数据与指标

短视频的考核数据与指标如下。

①视频观看量：短视频被观看的次数。

②视频播放完成率：观看者完整观看短视频的比例。

③用户互动指标：点赞数、评论数、分享数等。

④观众保留率：在观看短视频一段时间后，继续观看下一个视频的观众比例。

⑤观看时长：观众平均观看短视频的时间长度。

⑥流量来源：了解观众是通过哪个渠道或平台观看短视频的。

⑦用户信息：了解观看者来自哪个地区、喜好与标签等。

短视频数据可以评估短视频的受欢迎程度、内容质量、观众参与度以及用户行为等方面的表现，可以使用视频分享平台提供的数据分析工具或第三方分析工具来获取这些数据，并根据数据进行评估和优化短视频的制作和推广策略。短视频运营过程中需要根据具体的业务目标和需求，选择适合的关键指标进行考核。

（二）短视频和直播带货

1. 短视频与直播带货

直播带货是短视频兴起以后出现的一种新型营销方式。短视频营销和直播营销各有优势，商家选择把直播营销和短视频运营结合在一起，从而实现产品转化效果更好。就目前的发展趋势来看，未来一段时间内，短视频营销和直播带货都会成为商家互联网销售的主流方式。短视频与直播带货结合方式能让消费者直观看到产品质量和使用效果，消费者与主播进行面对面交流，拉近商家与消费者之间的距离，主播与粉丝可以实时互动，在直播销售的过程中，粉丝能够即时提问和获得解答，增加了购买的便利性和信任感。短视频销售过程中，粉丝能够在作品评论区进行提问，短视频创作者可以在评论区解答粉丝疑问，解决用户问题，发布产品链接，提升短视频带货数据。

短视频与直播带货

通过短视频或直播展示产品的实际使用效果和特点，让观众更直观地了解产品，提高企业产品的销售数据，直播团队还可以通过社交媒体等渠道进行推广，吸引更多的潜在客户，扩大销售范围、拓宽销售渠道。短视频与直播销售结合还能降低营销成本，提高品牌知名度和忠诚度。做好短视频运营，还需要有好的产品、专业的运营团队。

2. 短视频与直播带货的相互作用

短视频和直播带货之间存在着密切的关系，如图 4-113 所示。短视频可以作为直播带货的预热和宣传手段，为直播活动吸引更多的观众，直播带货可以将短视频中的产品展示和介绍转化为实时的销售活动，提高企业产品的销售数据。

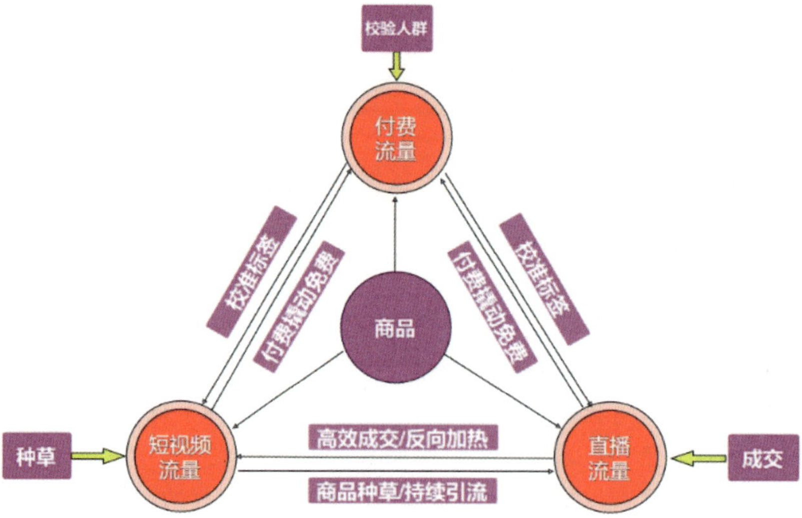

图 4-113　短视频与直播带货的相互作用

短视频作品中，商家可以通过展示产品的特点、优势和使用方法等信息，吸引观众的兴趣和关注。然后通过直播中实时介绍和演示产品，商家可以与观众进行互动，解答观众的疑问，促进产品的销售。短视频还可以作为直播带货的补充，在直播活动之外提供更多的产品信息和购买渠道。直播带货可以提供更加直接和实时的销售体验，让观众更便捷地购买到自己喜欢的产品。

尽管直播带货与短视频营销两个用户群体流量池的特征各异，它们的销售额却存在着密切的联系。目前主流的新媒体平台中，视频账号发布的短视频质量高，获得的反馈数据好，受粉丝欢迎，那么该账号运营团队及时创建直播队伍，进行直播，账号整体的销售量及销售额会提升；当直播团队运营的直播间评分较好，直播间及主播比较受欢迎，直播间权重高，那么该账号发布的短视频作品，会获得较高的基础数据，平台根据基础数据反馈，结合算法进行判断是否继续推送。通常情况下，直播运营与短视频运营能够形成双重的震动效应，共同提升数据。账号运营过程中，运营团队应制定有共同目标、共同方向的运营计划，使直播与短视频两个流量池的用户特征保持相似，制定直播与短视频的方案与脚本的过程中，应依据直播与短视频运营的共同方向与目标。

总的来说，短视频和直播带货都是商家在电子商务领域中常用的营销手段，它们可以相互补充，相辅相成，共同提高企业产品的销售数据。

知识拓展

短视频运营的意义

短视频运营的意义主要包括以下几个方面。

①提升品牌知名度：帮助企业或个人扩大影响力，增加曝光度。

②吸引目标受众：精准定位并吸引对内容感兴趣的用户。

③增强用户黏性：通过优质内容和互动，使用户愿意关注和参与。

④促进销售转化：可引导用户进行消费，实现商业价值。

⑤传递信息：快速、直观地向观众传达重要信息。

⑥建立情感连接：与用户建立起情感纽带，提升用户忠诚度。

⑦增加社交互动：鼓励用户评论、分享，扩大传播范围。

⑧提高内容传播效率：短视频形式更符合现代人的快节奏生活，有利于信息快速传播。

⑨数据分析与优化：通过数据了解用户行为，优化运营策略。

⑩降低营销成本：相对传统营销方式，成本较低。

⑪引领潮流：在某些领域，短视频运营可引领潮流，影响大众观念。

4.5.2 短视频账号定位

目前主流自媒体平台上发布的短视频很多，有的作品看似内容结构简单随意却播放量火爆，有的短视频作品制作精良却只获得基础播放量，这让不少短视频创作者或商家感到不知所措。其实短视频的创作过程并不是一味地追求内容、表现形式优秀或通过模仿爆款短视频，就能博人眼球，不同的用户喜好不同，对于短视频作品的喜好程度也不尽相同。

短视频创作者要获得粉丝的认可，首先良好的创作能力、创新能力、良好的粉丝亲和力是必备条件，其次短视频创作者需要找准市场定位，根据发布作品的内容、专业领域、特征等信息，为短视频账号及作品定位，要进行目标用户群体定位。作品定位与目标群体定位，是为了将优质的短视频作品真正分发给喜欢该作品的人群。好的作品分发给对的用户，才会获得良好的作品数据。

短视频创作者要做好营销策划、账号定位和目标群体定位，才能把创意作品和受众群体的需求充分结合起来，产生良好的匹配效果，使短视频账号的数据不断提升。

案例链接

农产品类目的短视频运营

抖音短视频平台的某生鲜旗舰店，在抖音平台利用直播与短视频来进行土鸡、鸡蛋等产品的销售与推广，目前通过账号短视频运营，做到了鸡肉、鸡蛋类目的头部领域，目前抖音加辨识标签“新农人”，该生鲜旗舰店由 CCTV、AHTV 进行了报道，主打标签放心产品、美味高山散养原生态土鸡、皖南山区、万亩基地。

从人、货、场来分析一下农产品类目的短视频账号。首先短视频账号主角是一个养鸡人，是一个博士，这里形成反差，博士养鸡，必有不同，仅通过这一点，便可以吸引用户停留、关注，激发他们的购物热情，并且可以建设好品牌形象；其次该农产品类目的短视频账号所销售的产品是土鸡、鸡蛋类目的产品，产品选择的是 30 年育种的皖南土鸡，而不是普通的鸡苗，依托地方优势，产地优势，来增强产品的信任背书，增加产品的辨识度与提升独特性。最后分析一下场，该账号的短视频作品拍摄场地是大山深处，云雾缭绕，为粉丝展现美丽迷人的生态画卷，让粉丝感受到该店铺的产品更自然、更健康，环境好，鸡肉、鸡蛋的品质才好。

这个农产品类目的短视频账号标签精准、垂直，该账号的市场细分与定位是合理和精准的！短视频账号要获得这样的效果，就需要在拍摄短视频之前给账号定位，然后根据账号定位做基础的账号搭建方案。

（一）账号定位

账号定位是指明确一个短视频账号的内容方向、目标受众、风格特点等方面的规划。良好的账号定位，在短视频平台内拥有良好的行业标签与内容标签，喜欢该行业或该内容的用户，在使用短视频平台的过程中，更容易接收到平台推送的产品，账号定位的作用见表 4-41。

表 4-41　账号定位的作用

作用	解析
明确发展方向	帮助创作者确定要呈现的内容类型和主题
塑造品牌	打造独特的品牌形象，与其他同类目账号区分开来
吸引受众	提高粉丝的关注度与黏性
持续创作	为创作者提供清晰的创作方向，便于持续产出优质内容
商业变现	有助于与相关品牌合作，实现商业价值

短视频创作者进行短视频账号定位时，需要考虑的内容主要包括：内容垂直领域，即确定要做哪方面内容，账号定位一般情况下只定位一个方面的内容，不要贪多，定位的方向多的话，容易产生标签混乱的情况。账号定位还需要注意 IP 定位，IP 定位即人设，需要确定账号作品内人物人设、账号的标签，以及粉丝提到该账号时所能想象到的画面。确定短视频账号定位的方法见表 4-42。

表 4-42　账号定位的方法

方法	解析
自我分析	了解自己的兴趣、特长和资源
市场调研	研究热门话题和竞争对手
目标受众	明确账号的目标受众群体
内容风格	确定呈现内容的形式和风格

为了更好地满足短视频平台用户的需求，短视频创作人员应该根据粉丝用户的特点，选择合适的内容来展示他们的品牌和产品。例如，为了宣传农产品，你可以选择拍摄一些关于生产过程和实际烹饪的短片。用户对农产品感兴趣，会在刷到作品时停留，通过观看视频，了解商品信息、生产过程和烹饪过程，挖掘用户需求，提升账号的数据。通过制作一系列精彩的短视频，不仅能为消费者提供产品使用指导，还能深入浅出地讲解如何正确使用和注意事项，使消费者全面了解所需商品。

（二）账号搭建

搭建短视频账号需要先确定账号的主题和目标受众，然后选择内容类型、发布频率和互动方式。搭建短视频账号分三个步骤：确定账号名字、上传账号图片、补充账号信息介绍。

为短视频账号起一个名称，是账号定位的第一步。短视频账号的命名需要根据账号作品的类目方向来定，短视频账号的名称尽可能短小精干、通俗易懂、朗朗上口，更容易让用户有印象，让用户记住。用户使用短视频平台观看短视频时，对于简短、有趣、辨识度高的账号名称更容易留下记忆点，也容易引发用户的好感，更有机会让账号获得关注。总之账号名称要尽可能易读易记。

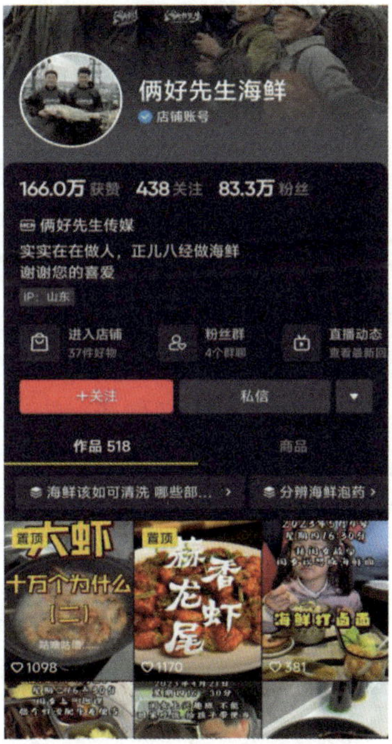

图 4-114　俩好先生海鲜短视频账号

短视频账号的名称要与账号的定位相关联，在账号名称中附带所从事行业的垂直领域和独特人设，这样的短视频账号名称更容易被用户记住，更容易吸引用户停留，吸引用户的关注，如图 4-114 所示。俩好先生海鲜这个短视频账号，名称简短易记，俩好先生表明了这个账号的主角是两位好兄弟，账号便给观众带来友情及兄弟情，海鲜一词让账号与美食、美味等产生联系，用户通过短视频账号名称，能快速了解账号的创作领域与运营方向，能更好地吸引该领域的粉丝用户，用户使用关键词搜索时，也能增加账号的曝光概率。

搭建短视频账号第二步是上传头像和背景图片，账号头像是个人品牌的标志和符号，就像企业和品牌的 Logo 一样，良好的账号头像可以给粉丝留下好的第一印象。头像的制作要根据账号的风格来定。

如果短视频创作者是一位真实的实体企业经营者，那么可以使用个人形象照片来展示个人特点，也可以使用产品图片来凸显产品信息；如果短视频创作者是一位专注于某一特定领域的博主，可以使用与该领域相关的头像，来展示该账号作品的专业性；如果短视频创作者的账号作品是以图片或文字为内容进行呈现，可以使用文字标题来表达你的信息。前面提到过的俩好先生海鲜，就是共同创业的兄弟二人的形象照作为头像，这种头像更容易让粉丝们接受，更容易给粉丝产生良好印象。

短视频账号在制作头像时，应该简洁明了，避免出现复杂的细节，尽可能选择大尺寸的头像，禁止使用任何与政府机构有关的图案，文字类头像最好不要超过六个字，头像与背景应保持一致，以便给他人留下深刻的印象。

背景图的设计应该遵循以下原则：颜色与头像的颜色协调一致，营造出统一的视觉效果；将所需要传达的信息置于背景图的正中央，以免由于软件的限制而影响信息的传达。内容上可以是打造个人形象或利用背景图做二次介绍，深化粉丝对短视频账号的了解，也可以用话术起到引导用户关注的作用。

短视频账号的简介是账号主页唯一的文字展示位，具有非常强的功能性，介绍就是根据账号的定位，突出账号的特点，介绍信息里可以加上直播时间，简短精练接地气。短视频创作者撰写账号简介时需要做到言之有物、条理清晰、简明易懂。短视频账号的简介可以直观呈现账号的主要内容或“人设”，短视频账号的简介可以为直播导流，将短视频平台的粉丝导流到直播间，实现粉丝转化。

短视频账号的简介还可以展示性别、生日、所在地、学校等信息，这些信息可以使账号资料更加丰富，也可以为算法提供多维度的分析资料，在不同维度为你的账号和相关用户建立连接。比如用户可能会对老乡、校友等有亲近的感情，相较于完全没有关系的陌生人这种关联会增加用户关注账号的概率。

短视频账号的定位很重要，没有定位的短视频创业叫流浪式创业，有定位的短视频创业才是航行式创业。找准优势，挖掘出自己的特点，再持续地给用户提供有价值的内容，通过作品不断地强化记忆点，短视频账号的运营才会达成目标！

知识拓展

无论做任何领域，都应该扬长避短，短视频的内容定位也是如此。应避免涉足自己不熟悉的领域，这样会消耗大量的时间和精力，而且很难取得成功。一定要做自己擅长的领域。美食达人通常拥有出色的烹饪技巧和高超的美食鉴赏能力，这些都是他们的优势，并且容易取得成功。短视频制作者需要具备一些吸引人的特质，才能更好地吸引观众。否则，短视频就只能流于平庸。兴趣是我们不断前行的源动力。将自己的专长与兴趣相结合，我们才能不断创造优秀的作品。

拓展：做好短视频

4.5.3　短视频的创作与运营

短视频营销的本质是内容营销。没有好内容，传播就无从谈起。通过短视频的策划和营销，可以把复杂的准备工作变成一份详细的实施计划，让短视频团队的每一位成员都能够清晰明确地知道应该采取哪些措施，从哪些角度出发，通过精心的策划，让短视频的内容更丰富、完整。制作出优秀的内容并非易事，从最初的想法和灵感到最终的视频制作，每一个环节都需要精心把控。短视频主流人群分析如图 4-115 所示。

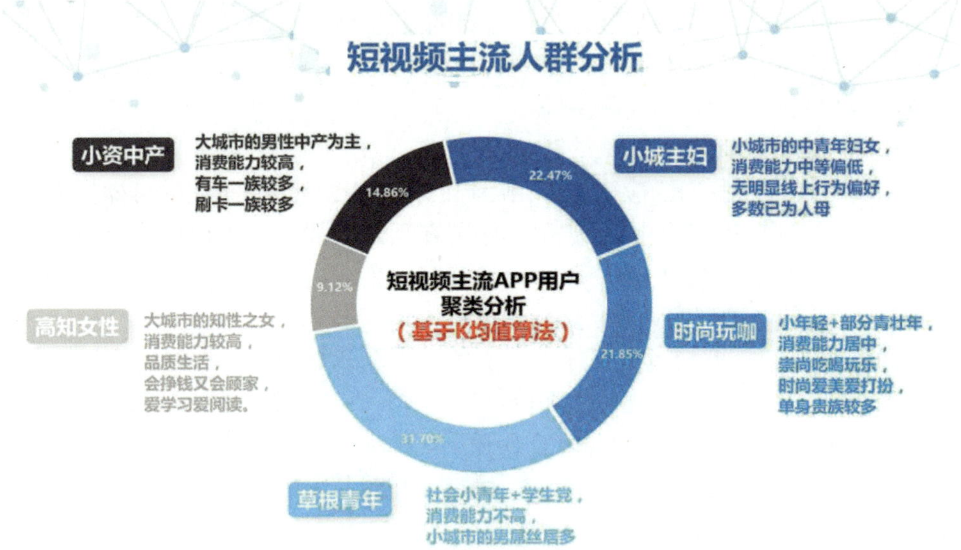

图 4-115　短视频主流人群分析

（一）主题明确

短视频的主题是影响观众体验的重要因素，短视频团队需要仔细策划，确保短视频的主题能够准确地定位，从而吸引到目标用户的关注。只有通过精心地设计，才能让短视频的主题更符合观众的需求，达到最佳的效果。

1. 进行市场调研

确立短视频的主题前，首先要进行市场研究。能在网络中受到用户欢迎的短视频，一定有其独特之处，短视频创作者应对其进行反复观看，找出其亮点并加以记录，从而了解到当下的市场需求，避免选择冷门主题。不同的平台有不同的特点，短视频制作者应该对各类平台分别加以调查研究，将所得到的数据制成图表，进行对比分类，根据目标用户选出最优主题，这样才能保证短视频成品可以吸引到用户的注意。主题定位见表 4-43。

表 4-43　主题定位

主题定位	解析
明确自身特长	根据自身的特长或擅长的领域，确定短视频的主题，明确创作方向，构建创作框架
确定领域	根据自己的情况，选择实用、娱乐、美食、知识、社会化、教育等领域
细节入手	从批量生产、高质量内容、差异化特征、个人设计、风格、节奏、音乐、场景等诸多细节入手

2. 重点关注用户的需求

短视频的制作和发布都取决于它们的定位和内容。如果想让更多的人收获，就必须确保它们的内容符合他们的兴趣和喜好，并且吸引更多的人来参加。对于用户的需求，短视频制作者应采取前期调查，收集足够的、可靠的、准确的信息，以便获取更精准的结论。他们也应采取合适的技术手段，以便更好地把握客观的市场趋势，尽可能地节省宝贵的时间。一旦确定了短视频的核心内容，我们需要谨慎控制它的制作周期。由于它可以让人们在日常的琐事中轻松获取信息，如果制作周期过于漫长，将无法获得消费者的青睐。这个产物必须保持适当的长度，否则它无法完整地展现出创造者的想法，无法让消费者感受到。

短视频创作者还可以从自身的爱好出发，大量搜索相关赛道的成功案例、账号和变现模式，参考这些成功案例来确定短视频主题。

（二）方案可落地

制定短视频计划时，我们既应该考虑到用户的需求，也应该注重它的可操作性。一个成功的计划应该能在现场得到应用，而非仅仅停留在理论层面。一个计划的成功取决于我们投入的财力、招募的人手和获得的资源。要想制定一个适应现状、切实可行的解决方案，必须仔细研究所涉及的各种现实因素。

制定短视频方案时，策划者需要仔细分析各种问题，以便找出其中的关键点，并采取有效措施来解决这些问题，确保最终的方案能够被实施。制定解决方案时，应考虑到策略和实施步骤，确保项目的顺利完成，避免出现任何遗漏。一个短视频的策划方案可能会涉及多个问题，策划者应根据重要性来安排，优先处理最关键的问题，但不能忽略其他细节。重要的因素将决定这个计划是否能成功实施。

通过充分利用资源，短视频创作者可以获得巨大的收益。拥有更多的资源，他们可以更自信地制定计划，更快地完成他们的作品，这样就能获得更好的成果。尽管资源并不能完全决定一个短视频的成功与否，但它可以为其带来巨大的帮助。

制作一个短视频时，资源是至关重要的。最基础的是资金，如果有足够的资金，那么制作的短视频将会更精美，能达到更好的效果。人脉也是一个非常重要的因素。拥有丰富的人脉资源可以让短视频制作者以更低的成本实现同样的目标，在最终的运营和推广过程中，能获得更多知名人士的支持，迅速赢得用户的青睐。

对于要求极高的短视频作品，单靠一个人来完成显然是不够的，团队成员之间的分工必须清晰明确，每个人都有明确的任务，要有明确的时间表，让大家都能够有效地完成任务，避免出现互相推诿的情况。通过设定明确的时间表，可以有效地提升团队的工作效率，避免因为拖延影响最终的短视频作品的发布。

（三）短视频策略

短视频创作策略包含内容客观性强，平台用户的碎片时间有限，短视频的长度短，如果没有足够的热情和吸引力，可能让观众感到困惑。因此，短视频创作者应采取一些措施，让短视频在开始播放阶段，就能吸引住用户，调动用户的情绪，让作品能够迅速达到高潮，让观众产生兴趣，让他们更深入地观看，如图 4-116 所示。

短视频创作策略包含重视内容创意，在短视频平台上进行营销，创作者的目的是利用其平台的用户、便捷的传播渠道来扩大公司的影响力和声誉，但是在这个过程中，内容的质量也是至关重要的。为了成功地实施短视频营销，公司必须仔细审查内容和创新方向。公司还应考虑该公司的产品和服务的潜力，确保其具有良好的市场竞争力。进行短视频创作时，最重要的一点就是让内容具有独特的创造性，还需要注重短视频素材的多样性和可读性。

图 4-116　短视频策略

短视频创作策略包含账号定位精准，短视频创作团队为了成功地进行长期营销战略，必须把品牌理念融入短视频制作中，努力使其具有统一的内容风格。在进行这些工作前，我们必须对品牌理念进行深刻的分析，了解目标用户的特征、个性化的账号、富有创造力的内容和优秀的团队结构。

短视频创作策略包含注重人设打造，在这个移动互联时代，短视频的兴起使得每个人或组织都有机会在短视频领域内取得成功。要在短视频平台上持续获得良好的创作数据与用户数据，创作者们必须拥有自己的独特人设，以便更好地把握用户的需求。为了让自己的作品更具竞争力，创作者需要不断更新自己的内容，以便让自己的作品更具吸引力。

短视频内容策划与营销思路

短视频创作策略包含融入场景营销，随着信息技术的迅速发展，当今世界正处于一个快速、有趣、富有洞察力的新型社会环境。这种新型环境下，消费者对短视频内容的接受度和使用体验都有显著提升，因此，许多企业纷纷采取措施，以更精准、有趣、有效地将自己的产品结合使用场景等信息呈现给消费者，创作短视频作品可以很好地将产品与场景进行结合，使产品展现在特定场景中，从而进一步提升用户的需求，提升产品的销售数据。

短视频创作者团队要多研究同类型的短视频爆款作品，研究相关领域的头部网红作品。确定内容的主题后，还要注意把握好短视频成品的时长。短视频创作者要根据主题方向和作品内容来安排成品的时长。短视频时间太长会增加成本，观众可能也没耐心看完。短视频作品时间太短又无法放入太多信息，观众的满足感会打折扣。

知识拓展

优质短视频的特点

①开头吸引观众：开头一般是剧情的高潮，留住用户。

②中间告知关注情节或解释：让观众不迷惑。

③结尾引导评论、点赞等互动内容。

④短小精干，内容有趣：多数以有趣幽默为主，脑洞大开，剧情反转等，时间比较短，超过 1 分钟的平台推荐很少。

⑤人设鲜明：有辨识度和记忆点，能引起粉丝好感。

⑥情感共鸣：引起粉丝的情感或情绪上相同或相似的反应倾向。

⑦受众面广：作品的受众人群广泛。

⑧时效性强：对时间的要求高，同一事件在不同时间，价值不同。

优质的短视频还有背景音乐、配音字幕等方面的特点。

4.5.4 短视频发布

（一）短视频发布规律

1. 稳定的更新机制

短视频平台中，账号的活跃度是一个重要的衡量指标。为了保持账号的活跃度，短视频创作者应定期进行账号作品更新。发布短视频操作如图 4-117。

图 4-117 短视频发布

2. 短视频的合理发布时间

实践证明，同一类型的短视频在传播效率和互动数据上存在明显的差异，其中一个影响传播效果的因素就是发布短视频的时间。不同时间发布的视频，也会出现效果不一样的现象。有时候，短视频发布后就引爆流量，粉丝用户们纷纷积极推广，让该作品迅速变为热门作品。但有时候，运营者自认为高质量的短视频作品反而获得流量少，粉丝参与分享者寥寥无几。查看短视频数据如图 4-118。

短视频的最佳发布时间是由用户习惯形成的。短视频的优点是可以随时随地利用碎片时间来欣赏。用户一天中有许多碎片时间，但并不是每个碎片时间都会用来看短视频。这导致不同时间段短视频平台的用户在线人数会出现较大差异。创作者在用户活跃时段的高峰期上传短视频作品，短视频作品成为爆款的可能性更高。找准发布作品的黄金时间，短视频营销的效果将事半功倍。

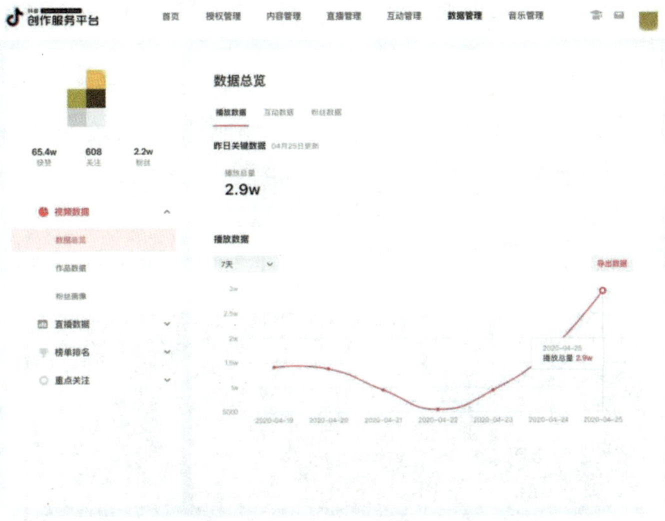

图 4-118　短视频数据查看

抖音发布作品的高峰期一般出现在中午（11：00~12：00）和傍晚（17：00~19：00）这两个时间段，傍晚时间段更活跃，工作日的傍晚时段又比周末要活跃一些。17：00~18：00对应了碎片化时间最集中的下班高峰期，大数据表明这个时间段发布的短视频更容易产生互动（工作日和周末都是如此），能给作品带来较大的流量。其次是中午 11：00~12：00 发布的短视频。

知识拓展

短视频的发布时机应当根据用户的日常生活习惯来确定，每个人的观看习惯都不尽相同。运营者需要综合考虑用户的时间安排和精力投入，以及他们能够接受的信息量，才能确定最佳的发布时机。通过发布精彩的短视频，可以吸引更多的用户，带来更大的流量和更多的粉丝数。

（二）短视频发布前后

短视频创作者在完成视频创作后，就开始进行视频编辑。制作出高质量的短视频作品，确保它们能够被广泛传播，是短视频创作者们都在积极追求并努力实现的目标，如图 4-119 所示。

图 4-119　短视频内容品牌塑造

为了确保短视频作品能获得更高的流量，短视频创作者必须确保视频作品的完整性。这意味着，视频中的所有元素都必须完整无缺，包括标题、描述文案、封面、配乐、字幕和画面。我们还必须确保作品符合国家的法律法规。为了确保作品能够顺利通过审核获得批准，我们必须采取行动。

抖音上，制作一个优秀的内容需要经过六个关键环节：挑选合适的封面、提供合适的地点、定义合适的主题、撰写精美的内容、@给自己的好友以及确定合适的用户。

1. 选择封面

用户查看短视频账号时，如果封面设计统一、主题明确，可以有效地吸引用户的注意力，能给用户带来最佳的视觉体验。封面的色彩搭配、图片构图、文字表达等都可以帮助用户快速找到自己感兴趣的内容，短视频封面设置如图 4-120。

我们在发布时应尽量保持封面的协调一致，确保主题清晰易懂。

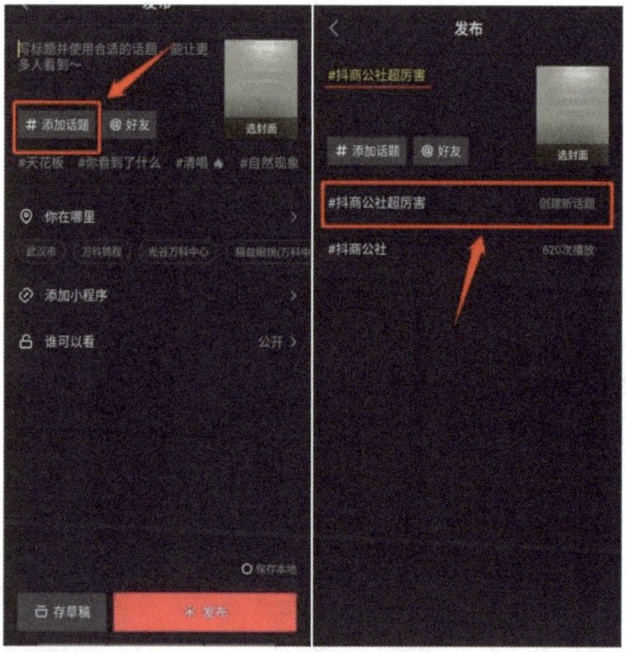

图 4-120　短视频封面设置

2. 添加话题

短视频平台的话题可以被看作是一个群体流量池，我们在发布作品时，要根据系统的识别能力，选择最合适的话题进行推荐，以获取更高的流量。仅仅依靠话题数量来获取更多的流量是不够的。主流短视频平台的流量分布是一个集中的模式，短视频创作者将作品分配给喜欢相关话题的用户，以便更好地满足用户的需求。

在添加话题时，应从 3~4 个话题中挑选出最合适的。发布时，可以使用与视频内容相关的关键词，行业热门话题、行业垂直话题、企业品牌名称、平台官方活动等。

3. @朋友

短视频创作者发布视频时，可以通过@自己的账号来构建一个矩阵，吸引更多的粉丝。还可以通过@官方账号，让官方了解我们的作品正在参加活动，从而获得更多的流量支持。

4. 作品描述

对一部短视频而言，有效地描述和文字表达至关重要。首先，通过有趣的提问，唤醒用户的兴趣，使其对影片的主题有更深入的理解；其次，通过详细的叙事，使其更加生动形象；

再者，通过有趣的悬念，使其更加有趣，从而更有效地吸引用户的眼球。

5. 选择地理位置

通过将作品的地理位置选择在想要推广的地方，不仅能够更轻松地获得当地的推荐流量，还能与用户建立良好的联系。

6. 权限设置

发布作品时，最好将权限设置为公开可见，这样可以吸引更多的用户。如果某些内容不适合公开，可以考虑将其部分保留。

7. 善用评论区

短视频创作者可以在作品评论区举办一些小活动，送礼物，可以通过引导来帮助粉丝，或者在评论中@相关话题或账户，甚至可以直接评论一些具有争议性的内容，如图 4-121。

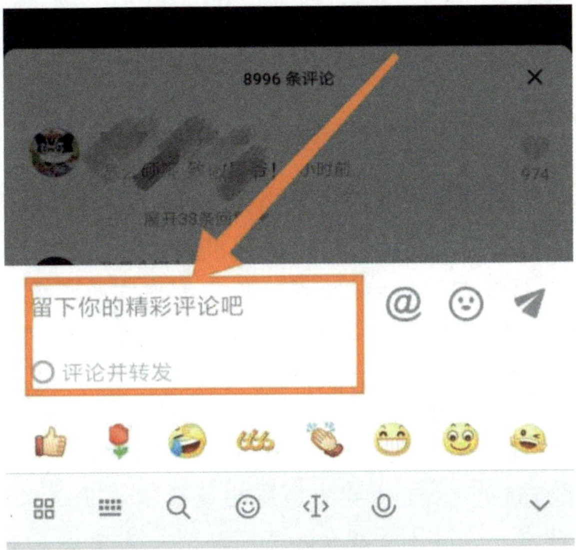

图 4-121　短视频评论区

结合大众关心的热点来设置问题，共同关心的热点才能激起大家参与讨论的积极性；问题要精准，否则粉丝们根本不知道怎么回答，也就不参与了。

为了提高粉丝参与率，短视频创作者应努力提供更简洁明了、易懂易记的问题，也可以通过提供多种选择来吸引粉丝。这样不仅有助于提高粉丝参与率，也有助于减少粉丝参与门槛。每个人的时间都是珍贵的，没多少人会花费精力来讨论。短视频创作者能提出更明确的问题，粉丝参与的热情会提升。

短视频的优化与发布

8. 利用热点话题

产品话题包括产品的功效、性能、材质、用法、生产、营销等信息。凡是关于产品的一切，都可以想办法做成一个话题。对商家来说，产品话题是跟经济利益与社会效益关系最直接的热点话题，也是短视频营销中要表达的核心内容。值得注意的是，产品话题要设法营造出新鲜感。用户对同一产品越熟悉就越容易对宣传视频产生审美疲劳。一定要找到更新颖、更贴近生活用途的角度，最好是能用产品来引出某个大众关心的生活需要。

传播话题是指用于包装产品的当下热点话题。“回家过年”是每年春节期间必然会出现的热点话题。如果能把产品和“回家过年”的热点结合在一起，短视频宣传片的推广效果会更好。

运营者一般都能利用好传播话题。可是当一个热点结束后，短视频的推广效果也会迅速下降。能否持续让产品和品牌一直保持足够的话题热度，是衡量短视频营销水平的一个重要标杆。短视频创作者需要找到能反复讨论且跟品牌有关的日常话题。用日常话题来引爆流量需要注意：话题要差异化，与同类内容产生区别；话题要能让目标用户对产品产生印象深刻的记忆点；话题要具备一些争议性，才能引起大众反复讨论；话题要抓住大众的某种情绪，触发人们的情感需求。

知识拓展

视频要突出主题和重点

短视频是按照脚本来拍摄的。脚本是作品的灵魂所在，它将所有的情节和细节紧密结合在一起，使整部作品更精彩绝伦。在短视频中想让观众看到的东西与观众自己对作品内容的理解是否一致，主要是看后期剪辑能否做到突出主题和重点。如果视频作者认为观众没有理解视频的意思，那么问题不是出在脚本策划上，就是出在后期剪辑环节。负责后期剪辑的工作人员会按照自己对作品的理解来剪辑素材。同样的拍摄素材若是运用不同的剪辑手法来处理，呈现出来的东西可能会完全不一样。本来是赞扬的内容，经过剪辑后反而表达出否定之意。悲伤的故事也能被剪辑成一个喜剧。视频后期剪辑时一定要注意不能让成品偏离主题，也不能忽略重点，把想要表达的东西歪曲或淡化了，否则观众无法感受到视频作者要传递的思想感情。

拓展：短视频剪辑

【任务探究】

短视频作品的指标中，完播率指标是衡量作品的质量及粉丝喜欢程度的重要指标，高完播率，是每一位短视频创作者努力奋斗的重要目标之一，短视频完播率低的解决方案如下。

（1）视频内容不宜过长

短视频平台上的带货作品，通常都是为了展示某种产品或卖点而制作的，由于它的内容通常都比较单调乏味，用户们在观看几秒钟之后就会划走。为了提高短视频作品的数据，建议使用更短的视频，例如 15~30 秒，简短的作品可以让用户在观看时更舒畅轻松，这样可以让完播率更高。

（2）做好视频的开头

一个精彩绝伦、引人入胜的开场白，不仅有利于吸引更多人点击，还有利于极大地提高视频的观看时长，需要掌握一些视频开头的制作技巧：通过使用疑问句来探索内容，可以更有效地激发用户的求知欲，让用户对短视频作品的内容产生浓厚的兴趣；视频开头可以利用反差，让观众固有的印象产生极大的反转；视频的开头话不多说，单刀直入，直接点题，更容易获得观众的好感；视频的开头部分，迅速地引发观众的共鸣，也是提升短视频作品数据的好方法。

（3）视频内容的视觉效果好

对于制作出精美而又具有吸引力的产品展示视频，若无法保证高质量，可能还会影响消费者的体验。建议使用高质量的设备和专业人员来制作。对普通消费者来说，可以参考主流短视频平台提供的相关技术和调色指南，进行精心编辑，使得制作出来的作品更出众，更具有吸引力。

【思政园地】

对于个人，"工匠精神"是干一行、爱一行、专一行、精一行，务实肯干、坚持不懈、精雕细琢的敬业精神；对于企业，"工匠精神"是守专长、制精品、创技术、建标准，持之以恒、精益求精、开拓创新的企业文化；对于社会，"工匠精神"是讲合作、守契约、重诚信、促和谐，分工合作、协作共赢、完美向上的社会风气。

学习短视频制作的过程中，学生们要懂得精雕细琢、精益求精的重要性，体现在方案制作、优化及视频拍摄过程中需要团结协作，培养学生不断优化、勇于挑战、精益求精的大国工匠精神。

思维导图

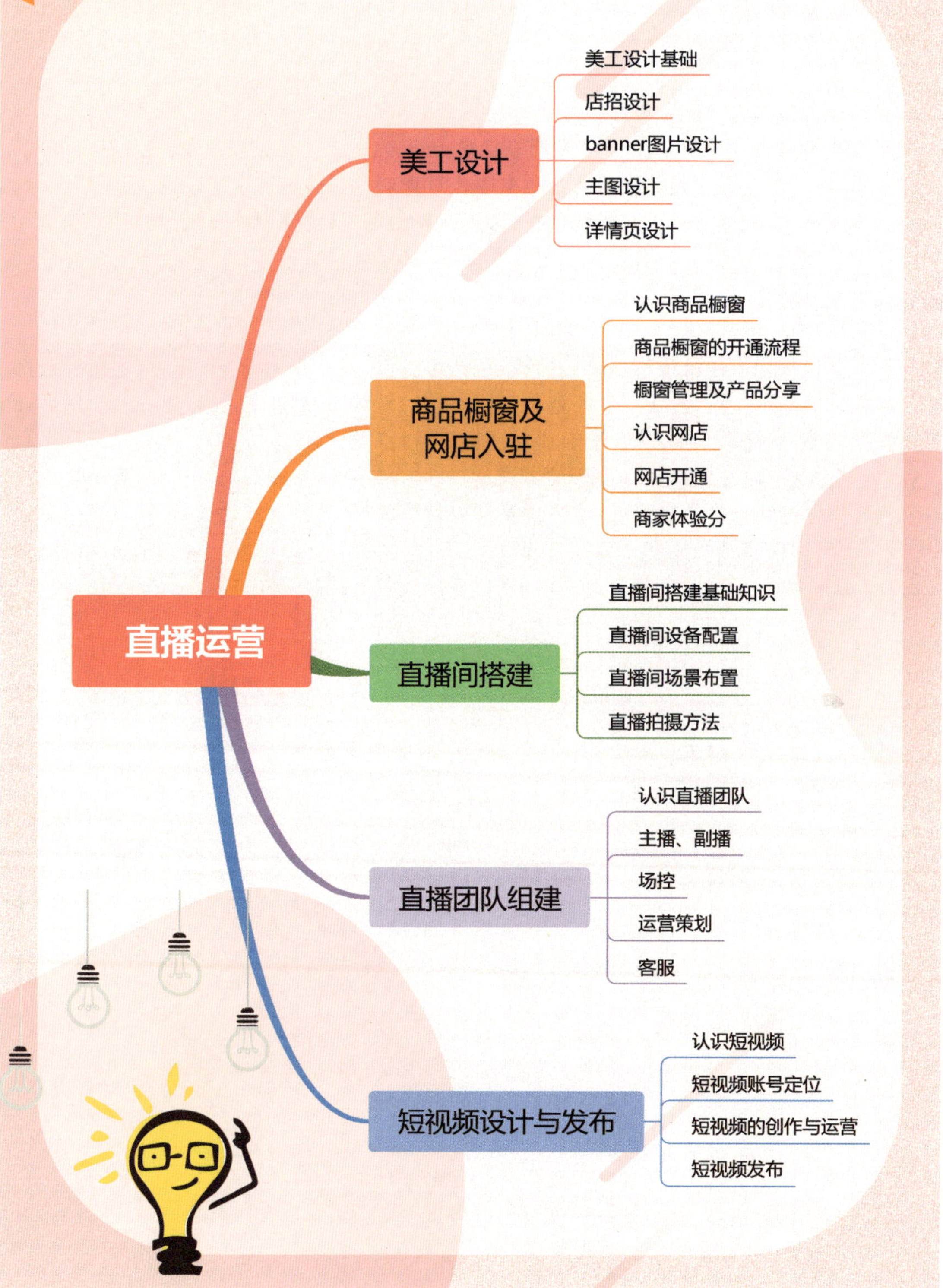

直播运营
美工设计
美工设计基础
店招设计
banner图片设计
主图设计
详情页设计
商品橱窗及网店入驻
认识商品橱窗
商品橱窗的开通流程
橱窗管理及产品分享
认识网店
网店开通
商家体验分
直播间搭建
直播间搭建基础知识
直播间设备配置
直播间场景布置
直播拍摄方法
直播团队组建
认识直播团队
主播、副播
场控
运营策划
客服
短视频设计与发布
认识短视频
短视频账号定位
短视频的创作与运营
短视频发布

职场省思

直播运营岗位对于整个直播团队来说，具有重要意义，直播营销工作开展过程中，直播运营承担着重要任务，通过精心运营，吸引更多观众，提高直播的影响力和商业价值，打造独特的直播风格，树立品牌形象，增强品牌辨识度，促进销售转化，优化用户体验，掌握市场动态，增强竞争优势，依据数据调整运营策略。

直播运营的专业能力和高效工作对于直播团队的成功至关重要，如下图所示。

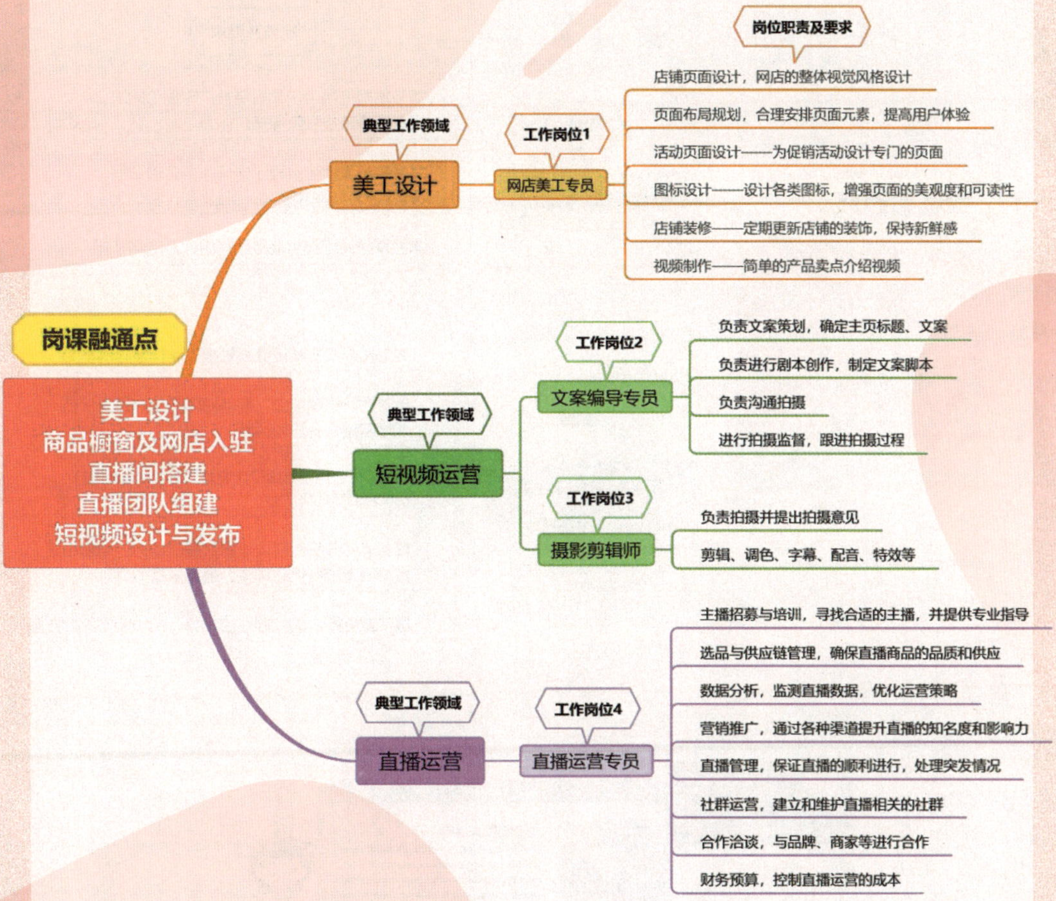

项目四　岗课融通点

课证融通

“课证融通”是将课程学习与职业资格证书获取相融合的一种教育模式。课证融通致力于与职业资格标准对接，将考证内容与课程内容相融合，使学生在完成课程学习后能够符合行业的职业资格要求。具体做法是采取与相关行业组织和企业合作，共同制定课程标准和评价体系，确保学生在完成课程学习后具备相应的职业能力和素质。

本项目知识内容与应用能力等级规范对应的专业技能要求关联点如下图所示。

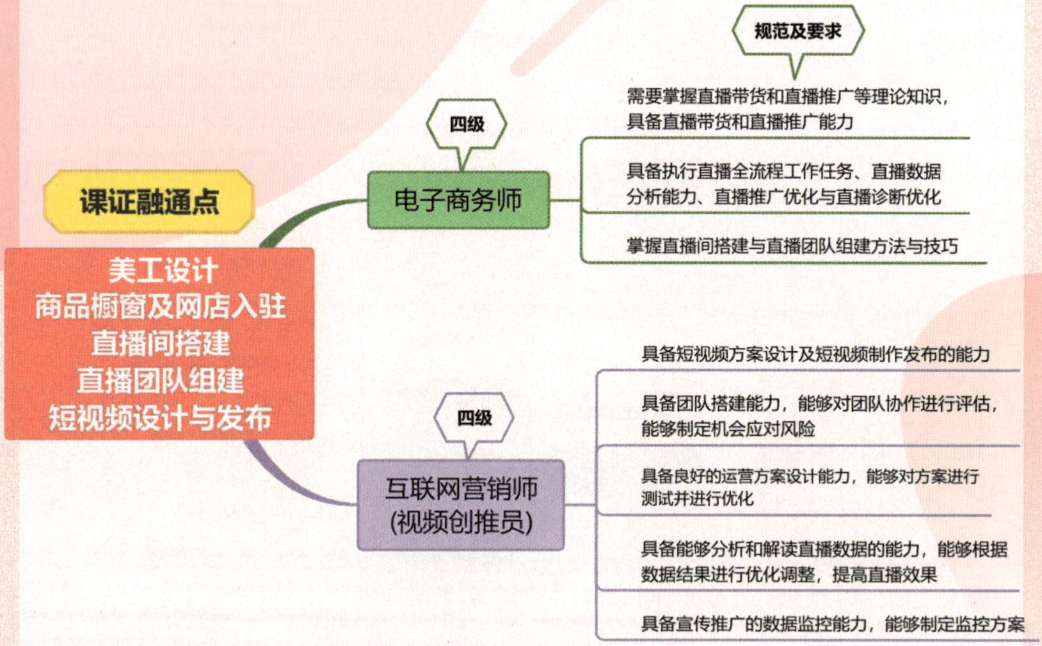

项目四　课证融通点

技能演练

促进职业教育健康有序地发展，提高职业教育的知名度和吸引力，改变我国现阶段职业教育落后的现状，提升职业教育的社会地位，完善我国人才培养结构是举行职业技能大赛的主旨。课赛关联，将课程内容与竞赛活动相结合，激发学习者的兴趣，提升学习效果。电商直播领域，课赛关联点主要体现如下图所示。

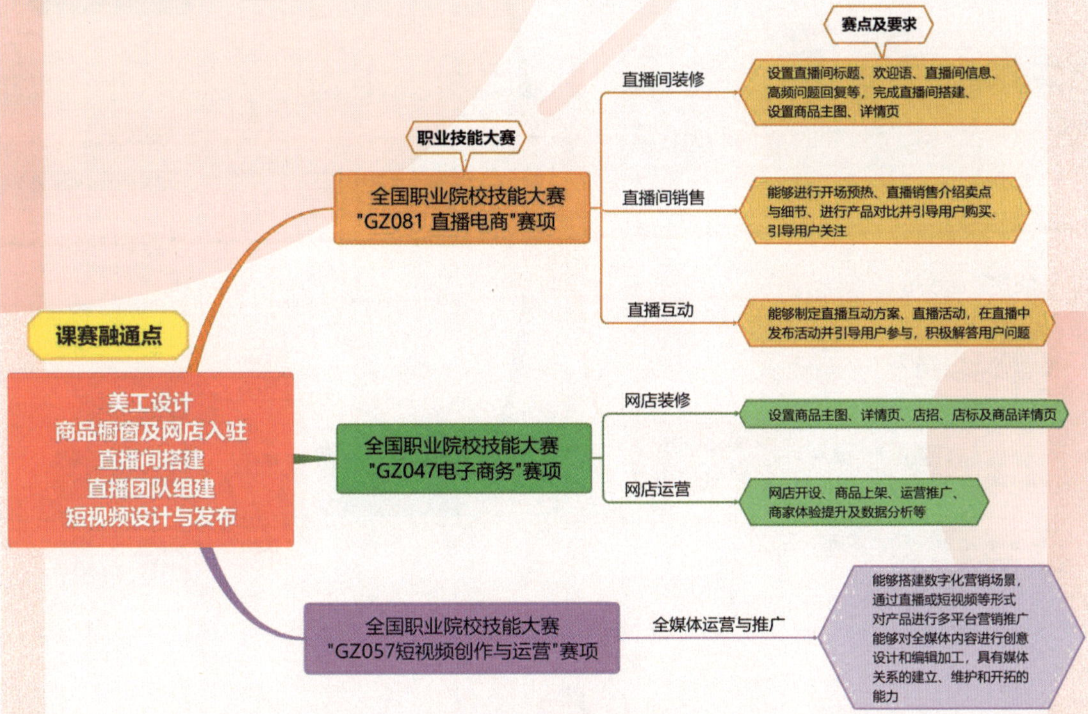

项目四　课赛融通点

知识技能梳理

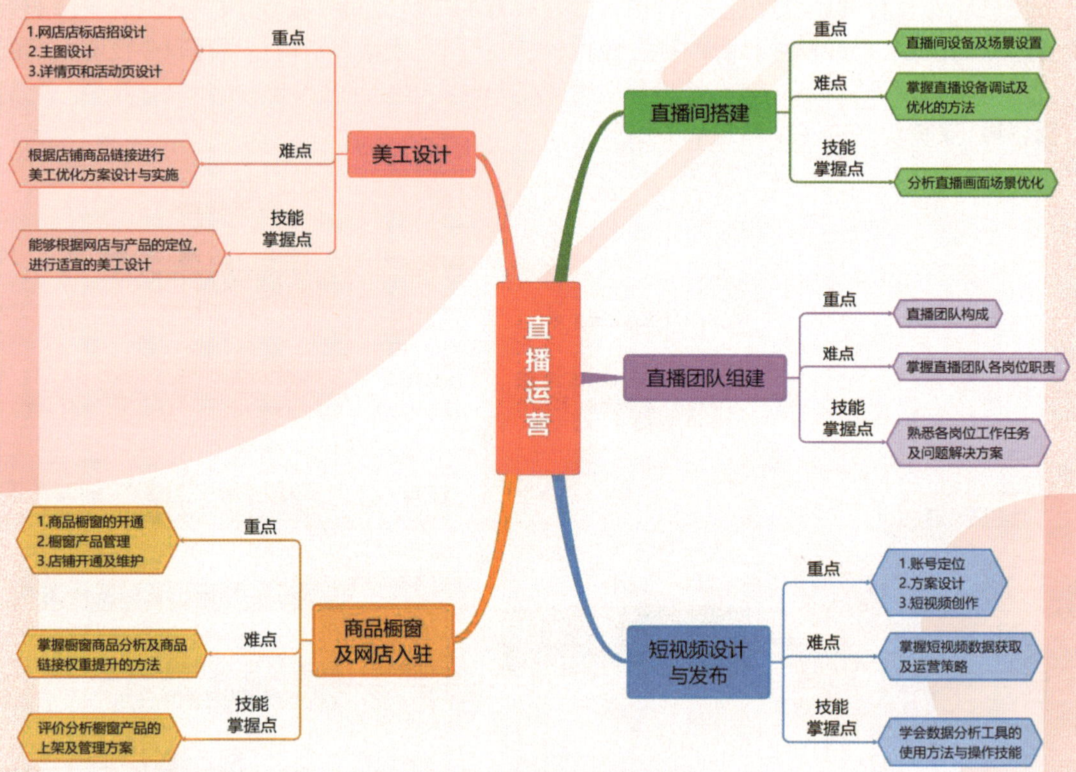

项目四　知识技能梳理

实训与提升

实训任务一:网店美工设计	
实训任务	网店美工设计需要根据店铺及产品的定位、网店的运营方向、目标受众群体特征等来制定网店美工设计方案,良好的美工设计效果能提升用户视觉体验,提升店铺的销售数据。"安安珠宝"是一家以经营高端钻戒、手镯、项链、珠宝等产品为主的网店,请结合以上信息完成网店美工设计
实训要求	①根据品牌定位、目标受众群体等信息进行综合考虑,制定网店美工的设计方案,要求方案内有整体布局方案、色彩方案、文案信息并提供美工设计图基础框架 ②根据节日活动和特定活动,结合店铺定位及产品特点等来制定广告图方案,要求提供广告图结构、构图思路、文案信息等
任务分析	网店美工设计,需要根据品牌定位、目标受众、产品信息等来制定网店的整体布局、产品主图、详情页及活动页面,通过竞店分析、竞品分析等来获取分析数据,调整优化美工设计方案,美工图应用过程中,需要进行测试及优化
实训结论	
实训成绩	

实训任务二:网店开设及橱窗开通	
实训任务	网店开设及橱窗开通是进行直播销售与短视频带货的前提,开通网店及橱窗是传统店铺拓展销售渠道、降低成本、调整经营策略、提升销售数据、扩大粉丝群体的有效方案,网店的开设及橱窗的开通需要符合电商平台的规则,在平台规则内进行网店开通及产品销售。作为"安安珠宝"实体店的销售经理,准备应店长要求,在电商平台开设网店并进行产品销售
实训要求	①根据店长的开店要求,以企业店铺的身份入驻电商平台 ②根据电商平台的要求,制定网店开设计划,并制定材料需求表 ③制定网店销售方案,包括销售产品、网店风格设计、产品更新方案、客服方案及问题处理方法
任务分析	网店开设可以为商家提升商品销售业绩,网店以企业身份入驻,需要掌握企业身份入驻所需要的步骤、材料信息及注意事项;销售方案可以指导整个电商团队开展电商销售工作,方案内需要提供销售的产品信息,包括产品定位、风格、目标市场情况等;客服可以为消费者解决问题,提升购物体验,提升店铺服务水平,需要制定客服工作计划及问题解决方案等,有利于客服人员开展工作
实训结论	
实训成绩	

实训任务三:直播间的搭建	
实训任务	良好的直播间搭建,可以提升观众体验、增强品牌形象、提升观众兴趣与关注度,提高整体直播质量,作为一名直播团队的运营,需要掌握直播间搭建的方法与技巧,解决直播间搭建问题,直播间的搭建是一个持续的过程,不断优化不断调整,最终获得更优质的直播间
实训要求	①根据直播间的基础知识,制定一个服装类的直播间搭建简版方案,方案包括直播内容策划、直播设备、主播打造、活动设计等 ②要求根据直播间搭建过程,制定直播间搭建问题的解决方案,方案要求可实施性高
任务分析	直播间的搭建是进行直播销售的重要基础,重点在于直播设备配置、设备调试及场景布置。直播间搭建的过程中常遇到问题,需要制定问题解决方案并安排直播团队人员负责解决,制定好直播内容,培训好直播团队,能够提升直播水平,良好的直播间搭建方案,能够帮助直播团队搭建高质量直播间
实训结论	
实训成绩	

实训任务四：直播团队组建	
实训任务	良好的直播团队，各成员发挥特长，团结协作，能够打造高质量直播，持续输出丰富且具有吸引力的直播作品，提升品牌认知与粉丝数量，提升整个直播销售数据，为企业提升销售业绩，作为一个服装企业的销售部人员，需要组建直播销售团队，制定直播团队组建方案
实训要求	①请根据直播团队组建方法，制定直播团队组建方案 ②方案中要求对直播团队各成员及职责进行说明 ③设计一场服装销售直播，根据直播销售前、直播销售中、直播销售后三个阶段分配工作任务
任务分析	直播团队的每个成员都在直播过程中发挥着重要作用，他们的默契配合和专业能力可以提升直播的质量和效果，推动直播营销项目发展；直播团队的规模可以根据直播销售任务及项目预算来定，整个直播团队搭建方案可以根据直播销售目标、确认团队角色、招募人员、培训与提升、工作任务分工、团队建设、考核标准来指定
实训结论	
实训成绩	

实训任务五：短视频方案设计	
实训任务	①短视频在当今社交媒体和营销领域，都扮演着重要角色，创造短视频文案与脚本，组成拍摄团队，明确团队人员的分工，准备拍摄设备、道具和场地，有条件可以搭建灯光效果；按照脚本进行拍摄和搜集文字、音频等素材，按照制定的方案思路进行后期剪辑和制作，并提交最终成品，时长 30 s 左右 ②参与人数：每组 5~6 人 ③实训时长：180 分钟
实训要求	①脚本设计合理，思路明确，主题突出 ②熟练操作拍摄设备，灵活运用拍摄手段，注意光线问题 ③熟练使用后期剪辑工具，掌握正确的剪辑思维和逻辑
任务分析	短视频制作首先要制定方案，方案包括脚本设计、设备使用、道具场地等，拍摄过程中，要根据方案，找准切入点，形成独特性，更容易吸引用户，注意拍摄质量，呈现高画质作品，制作短视频的过程中，还要合理地运用音效、配乐、视频颜色调整、字幕、贴纸、特效等
实训结论	
实训成绩	

项目五

评估优化

直播数据复盘，是直播销售结束后，对本场直播销售过程进行回顾，从不同的角度进行数据分析、经验总结，从中发现问题并有效解决问题。只有通过一次又一次的直播复盘分析与优化，才能有效提地升直播间销售数据，让直播带货可以持续健康发展。直播复盘与优化，是每一位直播电商运营人员必备的职业技能。

项目情景

直播带货“选奢品”热销的背后

随着直播行业的快速发展，不少行业的销售从线下转到线上，从名牌包直播上线第一天开始，观看人数就非常多，但是在我们日常生活中名牌包包属于奢侈品，很少有人在奢侈品包包的直播间下单。喜欢抖音名牌包直播的朋友们，可能经常刷到小雨的选奢品直播间，她的直播间单场直播销售额曾经破1亿元。

踏入抖音直播领域前，小雨就已经在奢侈品包包行业耕耘近10年，对名牌包有透彻的认识。2020年小雨开始接触抖音电商，通过向主播供货来销售名牌包。

小雨在供货一段时间后，发现了部分主播的直播弊端。于是，2021年小雨开始转型，自己拍摄名牌包包的讲解视频，从包包的材质、工艺讲到维护、翻新、洗护、改色、边油修复、五金翻新和镀金等，为自己的账号积累了原始粉丝，以自己老到的经验和事无巨细的讲解赢得粉丝喜爱。有一定粉丝数量之后，小雨开始直播销售名牌包包，一开始直播间人数较少，没人下单。于是小雨开始寻找原因，经过多次直播数据复盘分析发现直播间业务内容无法满足直播间粉丝的需求，之后小雨开始拓宽直播业务内容，给粉丝推荐名牌包的同时帮忙选取与之搭配的其他奢侈品，销售额开始慢慢提升。后来小雨又精细了直播团队的分工，随着专业的数据分析人员和运营人员加入之后，直播销售额开始直线上升。此后，小雨的选奢品直播越播越好，备受业内人士和粉丝的关注。

小雨的选奢品直播间的成功，离不开小雨本人过硬的“带货”能力和优质供应链资源，以及专业运营团队的加持。无论是短视频内容创作环节，还是直播间促销、直播后数据分析环节，都实现了高速运转。

思考与讨论

（1）直播中数据分析有哪些作用？

（2）小雨的选奢品“带货”成功的原因有哪些？

项目目标

互联网营销师岗位能力要求：

1.能够进行产品发货跟踪查询，处理用户反馈问题；
2.能够采集营销数据并统计营销数据；
3.能够分析异常数据，建立售后标准工作流程；
4.能够通过复盘提出营销方案的优化建议；
5.能够使用客服智能交互系统，撰写售后工作报告；
6.能够制定数据维度、分析标准数据和采集操作流程

数据分析师岗位能力要求：

1. 能够熟知企业所属行业的相关知识及业务流程；
2. 根据具体情况熟练地选择合适的数据分析方法，将数据中隐藏的信息挖掘出来；
3. 能够运用各种分析工具开展数据分析工作；
4. 能够将分析的结果清晰、美观的呈现出来

全国职业院校电子商务技能大赛知识及能力要求：

1. 能够处理电商销售订单并查询产品发货信息；
2. 能够对销售数据进行采集、分析，并制定解决方案；
3. 能够对品牌、团购、低价市场以及站外市场进行分析，对客户人群进行分析，制定并调整推广方案；
4. 能够进行直播商品特性卖点分析，提炼制定直播方案、撰写直播脚本，并进行直播销售

全国职业院校直播电商赛项知识及能力要求：

1. 能够进行直播流量、销售及用户等相关数据分析，评估直播整体效果；
2. 能够提炼直播及推广的亮点与不足，并根据信息制定直播优化方案；
3. 能够进行直播销售复盘汇总及汇报

1+X电商数据分析师证书知识及能力要求：

1. 能够进行销售数据收集、整理分析，并提供分析报告；
2. 能够调研新产品数据，分析客户需求；
3. 能够发现行业趋势变化，提出可行的运营优化建议；
4. 根据不同电商市场需求，定制产出报告，竞品分析、消费者行为分析、销量分析、行业分析、产品技术发展分析报告等

知识目标：

1. 了解数据分析的作用和原则；
2. 了解数据分析的纬度；
3. 了解数据分析的流程；
4. 掌握数据分析的思路；
5. 掌握直播数据分析方法；
6. 掌握直播复盘的思路、指标体系及优化策略；
7. 掌握直播分析报告撰写

能力目标：

1. 能够进行直播间数据的收集并筛选有价值数据；
2. 能够选择合适的分析方法对数据进行分析；
3. 能够进行直播异常数据的分析与汇总，并制定直播数据分析优化方案；
4. 能够进行直播各项数据指标的复盘并提出优化策略；
5. 能够将分析出来的结果运用清晰、美观的图表和数据分析报告呈现出来，让数据的可读性更高

素质目标：

1.树立大数据分析理念，培养数据分析运营思维；
2.培养尊重数据、实事求是、科学严谨的精神和态度；
3.有质量意识、安全意识、信息素养、工匠精神、报国精神、创新思维、全球视野和市场洞察力；
4.具有较好的数据敏感度，在数据统计与处理过程中有严谨的逻辑思维；
5.勇于奋斗、乐观向上，有自我管理能力、职业生涯规划的意识，有较强的集体意识和团队合作精神；
6.熟悉电子商务行业相关法律规范及岗位规范，熟悉电子商务职业道德标准

任务 5.1 直播运营数据分析概述

【任务导入】

华为技术有限公司(以下简称华为)是全球领先的信息与通信技术解决方案供应商,为了应对全球业务和维持企业的良好运转,华为开始实施数字化转型,采用场景、算法、算力、数据四位一体的方式,在华为云底座上基于数据湖、数据工坊和数据治理,提供智能运营、智能助手、智能机器人等一系列智能服务,全面打造华为智能大脑。这种四位一体方式的核心,就是强大的数据采集、处理和分析系统。这种系统能够将复杂的各类数据串联,构筑出可信、一致、及时的数据"底座",然后采用大数据边缘计算、边缘整合、数据图谱等先进的计算方法构建统一的数据模型,将各个数据节点用人工智能衔接,在数据与数据链之上构建感知和智能,最终实现利用大数据来完成业务的智能运营。

得益于数据的帮助,华为能够更轻松地开展各种电子商务活动,利用数据来分析商品销售情况、客户喜好等。大家耳熟能详的"华为商城"就是华为的电子商务平台,客户可以在平台上购买华为的各种商品,华为也可以在数据的帮助下为客户提供更好的购物体验。

从上述案例可以看出,即使强大如华为,也非常重视数据的采集、处理和分析工作,努力实现企业的数字化转型,最终让数据更好地为企业服务,有效地提高企业的运营和管理效率。就电子商务而言,只有数据的有力支持,才能让企业获取更为有价值的信息,从而使企业实现良好的发展。

【知识必备】

5.1.1 数据分析的认知

用数据驱动决策是当前大数据环境下做好直播运营的必选策略之一。数据分析应贯穿直播运营的始终,做好数据分析,能对直播间的趋势进行预判,对直播效果进行优化。

(一)数据分析的定义

数据分析是指收集、处理数据,并从数据中获取信息的过程。具体来说,数据分析是指运用分析工具使用适当的统计分析方法对获取的数据进行处理,将这些数据加以汇总和理解,最大化开发数据的功能,发挥数据作用的过程。

数据分析是直播电商重要的运营工作,既要分析运营账号的直播数据,了解账号的运营状况,又要分析直播行业的相关数据,了解直播数据反映的用户购买需求,了解当前热门的直播带货商品等,为优化直播内容、提升直播质量和效果提供精确化支持。

(二)数据分析的类型

数据分析可以分为描述型分析、诊断型分析、预测型分析和指导型分析。

1. 描述型分析

描述型分析解决的是“发生了什么”的问题，通过将大量杂乱的数据进行提炼、整理，进而说明事物的整体情况及事物之间关系。

图 5-1 为某网店运营数据，这些数据展示了网店运营的相关情况，运营者可以从中发现异常，但无法获悉导致这些情况发生的原因。

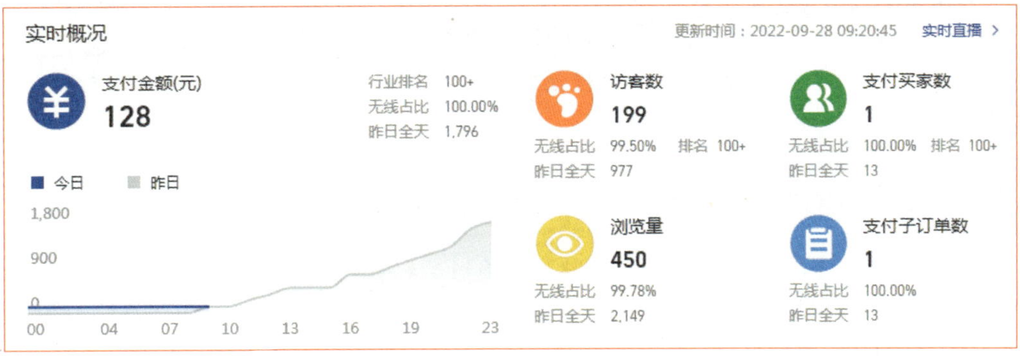

图 5-1 网店运营数据

2. 诊断型分析

诊断型分析解决的是“为什么会出现某种情况”的问题，其目的是帮助运营者了解导致某件事情发生的原因。为什么本场直播的观看人数增加了，直播间商品转化率却下降了2%。运营者通过分析直播数据发现，本场直播的直播间商品点击人数为 1.2 万人，直播间商品成交人数为 3905 人。也就是说，很多用户虽然点击并浏览了直播间商品，但他们并没有下单购买。此时，运营者可以猜测导致直播间商品转化率下降的原因可能是直播间的选品不符合用户需求，或者是商品价格不具备吸引力等。

3. 预测型分析

预测型分析是进行某种预测，解决的是“可能会发生什么”的问题，预估某场直播的销售额，预测直播电商行业的发展趋势等。预测型分析用到的各种数据与预测结果是存在某种关系的。直播用户的不断增多可能会推动直播电商的发展，因此就可以说网络用户规模与直播电商发展具有相关性。此时，运营者可以将体现网络用户规模的数据与体现直播电商发展的数据放在一起进行分析，以挖掘这些数据背后的关系。

4. 指导型分析

指导型分析是在描述型分析、诊断型分析和预测型分析的基础上，帮助电商运营者制订更合理的运营方案或策略。运营者在选择直播间上播的商品时，需要综合分析商品价格、商品在店铺中的销量、商品与直播主题的契合度等情况，选出最适合上播的商品。

知识拓展

数据分析的思维

“思维决定意识，意识决定行动”对于数据分析思维是非常重要的一部分，当确定一个主题，我们必须迅速地对这个主题展开各方面的思考，而这个思考不仅仅是从哪方面入手这么简单，而是延续到后期对这个主题的各种分析。公司需要我们对淘宝店铺进行数据分析，我们第一想到的就是数量，然后接着是月收入、各省店主比例，甚至可以细分到性别需求以及各个产品系列等，但这点思维不足以支撑整个数据分析，我们还要思考到如何采集数据。

从搜索引擎寻找，自己亲自调查，或者是从数据分析网站上调取以前的数据，再根据现在的增长幅度进行计算匹配，这就是所谓的自我调查和二次资料。有了以上两种思路之后我们要想的就是“身临其境”，面对分析出的数据如何让自己、企业摆脱这种困境，可以提出建议找到平稳高效的发展策略。

5.1.2 数据分析的原则

（一）数据分析的作用

数据分析在直播中的地位是不可忽视的，只有对直播的数据进行全面深入的分析，才能真正把握用户的心理和行为，为直播的优化提供方向和依据。直播中的数据分析有以下作用。

1. 了解消费者需求

数据分析是反映一个作品或者一场直播的效果和观众状态最直观、真实的一种方式。点赞和评论在什么时候达到最高，和粉丝的增长趋势是否一致等。通过这些数据，可以深入了解消费者的兴趣点、购买意愿以及产品喜好等信息，这对于制定精准的营销策略和调整产品方向有着重要的指导意义。

2. 发现账号问题

数据分析可以发现账号存在的一些问题，如数据突然流失很多，分析是否违规、为什么不受到欢迎，以便及时做出调整。

3. 指导运营策略

数据分析还可以指导运营策略，分析竞争店铺的选品、直播时间、用户喜欢的内容、偏好等，发现自身产品的优势和不足之处，从而制定更有针对性的运营策略。

4. 调整直播策略

数据分析还能帮助商家调整直播策略，提高直播效果。通过研究直播间互动数据，发现观众的兴趣点和关注点，调整直播内容和方式。还可以发现自身直播团队的不足之处，调整关键因素，提高直播间的吸引力和转化率。

5. 优化产品策略

通过分析市场动态和消费者反馈，商家可以优化产品策略，根据直播间的高频问题和观众的负面反馈，调整产品功能、价格、外观等，以满足消费者不断变化的需求。

6. 提高广告投放效果

对于大部分直播带货商家而言，广告投放是提升销售效果的重要手段。通过数据分析，商家可以更准确地掌握广告投放的效果和 ROI，优化广告策略。通过分析广告投放数据，发现不同广告渠道的效果差异和受众特点，调整广告投放策略，提高广告效果和 ROI。

7. 精细化运营

直播带货想要寻求更好的发展以及更大的利润增长，需要做精细化运营，应该重视数据分析工作。当遇到某个视频播放量急剧下滑时，可以通过数据分析查出原因，然后做出相应的调整。

综上所述，数据分析在直播带货中有非常重要的作用。通过运用数据分析工具和方法，可以帮助商家更好地理解消费者需求和市场趋势，优化产品策略和营销策略，提升市场竞争力。

（二）数据分析的原则

运营者在收集数据的过程中，需要遵守一定的原则，才能确保数据的可用性和科学性。

1. 数据真实性

真实性是指运营者要对数据的真伪进行辨别，以保证数据的可靠性。运营者可以从数据来源、数据细节两个方面对数据的真实性进行辨别。

（1）数据来源

数据来源真实是保证数据真实的首要条件。数据来源主要分为官方来源和非官方来源。一般来说，从官方渠道获得的数据更具真实性和客观性，而从非官方渠道获得的数据可能会因为数据统计方的主观倾向而存在不真实、不客观的情况，这就需要运营者在收集数据时仔细甄别。

（2）数据细节

在对数据进行分析的过程中，一个不准确的数据有可能导致数据分析结果出现极大的偏差。为了避免这种情况的出现，运营者在收集数据时要特别关注与重视数据的细节。运营者要分析直播电商行业的发展趋势，收集数据时应将数据的时间跨度设置得大一些，可以设置收集近 1~3 年的数据，不宜设置收集近 1 天至 1 个月的数据，因为时间跨度大的数据能够更好地从宏观上反映直播电商行业的发展趋势。

2. 数据的时效性

运营者要对数据的时效性进行分析，确定收集到的数据所产生的时间，判断其是否适用于当前的状况。运营者要分析 2022 年直播电商行业的发展规模，就应收集 2022 年与直播电商相关的数据，几年前的数据显然不适用于当前状况，自然就没有价值。直播环境是实时变化的，因此数据分析需要实时监控。及时收集和分析数据，反映最新的市场和用户行为变化，以便及时调整直播策略。通过实时监控，可以及时发现数据异常和问题，快速做出反应和优化。

3. 数据的支持性

数据能否为论证某个研究主题或观点提供有效支持是判断数据价值性的一个重要方面。有些数据虽然没有任何问题，但它不能为论证某个研究主题或观点提供任何帮助，在该主题或观点下，这样的数据就是没有价值的。运营者想要了解店铺的会员增量变化趋势，那么表现店铺商品销量的数据就是没有价值的。

4. 数据的全面性

有些数据能够为某个研究主题或观点提供支持，但仅用这些数据并不能充分地说明问题，需要更多的数据作为背景或支撑，才能更加充分、全面地揭示研究主题或观点。

开展数据分析时，运营者全面利用特定主题下的相关数据，才能使数据的价值得到最大限度的体现。运营者要想分析店铺的会员情况，仅收集会员性别构成比例数据是不够的，还需要结合会员地域分布、会员年龄分布、会员购买频率、会员购买金额、会员数量变化、会员使用终端类型等数据进行分析，这样才能全方位地揭示研究主题。

5. 可比对性

为了更好地评估直播效果和销售转化，需要将数据分析结果与其他数据或基准进行对比。与历史数据对比，了解观众数量、互动率和销售转化率的变化趋势；与竞品数据对比，了解自身优劣势和市场竞争力。通过可比对性，可以更准确地评估直播效果和制定优化策略。

知识拓展

数据分析的逻辑

数据分析是从数据到信息的过程，数据本身没有什么价值，有价值的是我们从数据中提取出来的信息。

1. 对比

对比在现实中的应用非常广，如选款测款、监控店铺数据等，这些过程就是在做对比，分析人员拿到数据后，如果数据是独立的，无法进行对比的话，就无法判断，无法从数据中读取有用的信息。

2. 分析

分析这个词从字面上来理解，就是拆分和解析。经过对比店铺的数据，发现今天的销售额只有昨天的 50%，这个时候，我们再怎么对比销售额这个维度，已经没有意义了。这时需要对销售额这个维度做分解，拆分指标。

销售额=成交用户数 × 客单价，成交用户数=访客数 × 转化率。

3. 降维

数据维度太多的时候，我们不可能每个维度都拿来分析，一些有关联的指标，可以从中筛选出代表的维度即可。如表 5-1 所示的这么多维度，其实不必每个都分析。我们知道成交用户数 ÷ 访客数=转化率，当维度可以通过其他两个维度计算转化出来的时候，我们就可以降维。

表 5-1　数据维度—降维

日期	浏览量	访客数	访问深度	销售额	销售量	订单数	成交用户数	客单价	转化率
2014/2/1	2584	957	2.7	9045	96	80	67	135	7%
2014/2/2	3625	1450	2.5	9570	125	104	87	110	6%
2014/2/3	2572	1286	2	12780	130	108	90	142	7%

成交用户数、访客数和转化率，只要三选二即可。成交用户数 × 客单价=销售额，这三个也可以三择二。

我们一般只关心对我们有用的数据，当某些维度的数据跟我们的分析无关时，我们就可以筛选掉，达到降维的目的。

4. 增维

增维和降维是对应的，有降必有增。我们当前的维度不能很好地解释问题时，就需要对数据做一个运算，增加一个指标，见表 5-2。

表 5-2 数据维度—增维

序号	关键词	搜索人气	搜索指数	占比	点击指数	商城点周占比	点周率	当前宝贝数
1	毛呢外套	242,162	1,1119,253	58.81%	512,673	30.76%	45.08%	2,448,482
2	毛呢外套女	33,285	144,688	7.29%	80,240	48.88%	54.79%	2,448,368
3	韩版毛呢外套	7,460	29,714	1.45%	15,076	21.38%	50.04%	1,035,325

我们发现一个搜索指数和一个宝贝数，这两个指标一个代表需求，一个代表竞争，有很多人把搜索指数 ÷ 宝贝数=倍数，用倍数来代表一个词的竞争度，这种做法，就是在增维。

增维和降维必须对数据的意义有充分了解后，为方便我们进行分析，有目的对数据进行转换运算。

5. 假说

我们拿不准怎样分析的时候，可以应用假说，假说是统计学的专业名词，俗称假设。当我们不知道结果，或者有几种选择的时候，那么我们就运用假说，先假设有结果，然后运用逆向思维。

从结果到原因，要有怎么样的因，才能产生这种结果。这有点寻根的味道。那么，我们可以知道，现在满足了多少因，还需要多少因。如果是多选的情况下，我们就可以通过这种方法来找到最佳决策。

5.1.3 数据分析的维度

（一）数据分析的时间维度

时间维度是指以时间为分析、描述研究对象的度量尺度。按照时间进程分析研究对象，看研究对象在每个时间段内有什么特点，或者随着时间的推移，看研究对象会发生什么变化等。运营者可以以“日”“周”“月”“季度”“年”为统计周期，统计 1 天、1 周、1 个月、1 个季度、1 年内店铺的各项运营数据，以了解店铺每天、每周、每个月、每个季度、每年的运营状况。

（二）数据分析的空间维度

空间维度泛指除时间维度以外的其他维度。运营者要确定参与“双十一”营销活动的商品，就可以从目标用户群体的需求、店铺内各款商品的销量、商品的好评率等方面进行分析。

实际应用中，如果运营者要重点分析研究对象的发展趋势、发展规模等，应采用时间维度；如果运营者要分析研究对象的构成要素、各要素的表现等，则应采用空间维度。通常情况下，实施商务数据分析时，运营者需要同时运用时间维度和空间维度进行分析，这样有利于确保数据分析的全面性和完整性。

知识拓展

数据分析对不同电子商务岗位的意义

从运营的角度来看，电子商务中的岗位很多，参与数据分析环节比较有代表性的是推广、客服和运营。推广人员的主要工作是利用数据分析了解不同地区、不同年龄群体的行为偏好，在此基础上开展推广工作；客服人员的主要工作是与客户交流，解决客户的问题，向客户推荐商品，收集客户的需求和对商品的建议，提高客户满意度；运营人员的主要工作是采集、编辑并传递商品信息，以减少咨询成本、提升商品品牌形象、提高转化率等。这些岗位都是电子商务运营中必不可少的，它们或多或少都会涉及数据分析的工作环节。

推广类岗位的数据分析主要是收集市场信息并进行整理与分析，提出可行的市场推广方案，做好市场推广预算，控制活动成本，再根据收集到的信息进行市场推广活动的效果评估，进一步调整市场推广方案。

客服类岗位的数据分析主要是客服人员对客户提出的疑问与建议做出响应，收集客户的需求和建议，在销售过程中分析客户的购买需求，为客户推荐合适的商品。

运营类岗位的数据分析主要是商品信息采编人员通过数据分析出网店首页浏览量、商品详情页浏览量、商品销量等信息，找到客户的喜好，设计出更容易让客户觉得舒适的页面效果。

【任务探究】

随着大数据、云计算等信息技术的发展，企业已经从过去的“粗放式”运营转变为当前注重数据分析的精细化运营。数据已经渗透到每一个行业和业务职能领域，成为各个行业的核心资产和创新驱动力。当今的商业社会，竞争越来越激烈，对数据的掌控和合理利用、分析是企业增强竞争力的一项制胜法宝。企业要想真正实现数据化运营，不能只是收集数据、偶尔看看数据，还要在实事求是的原则指导下，完整地、正确地反映客观情况的全貌，从多维度、多层面进行数据处理和分析，通过分析得出有效结论，用于指导业务，推动企业向前发展。

通过电商数据分析，企业可以深入了解市场趋势、消费者行为、产品销售情况等，还可以提高运营效率、降低成本、增强竞争力。因此，电商企业应该充分利用数据分析工具和技术，深入挖掘数据价值，为企业的战略和战术决策提供有力支持。通过分析消费者购买行为，企业可以确定最受欢迎的产品和促销策略，优化库存管理和采购计划。

【思政园地】

如今在数字化转型发展的大环境中，如何利用好数据分析问题并预测未来，已成为各行各业面临的首要问题。很多的伟大发明的成功也离不开数据收集与分析。开普勒就是通过大量观测天体运行，然后通过数据分析发现和验证了行星运动定律。科学研究历来都是和数据分析相伴而来的，尤其是在大数据时代，没有相应的数据分析，很难想象怎么做科学研究？

比如生物学、基因工程会产生大量的数据，数以万计的基因，数以十亿计的碱基对，如何分析他们和疾病的关系，没有超强的数据分析能力，难以想象。天文学产生的数据量更大，数据生产速度更高，数据分析的重要性尤为突出。奋勇攀登矢志不渝的“中国天眼之父”南仁东，他和他的团队创造出了世界最大最灵敏的单口径射电望远镜“天眼”，让中国的天文科研水平持续领先世界20年。天眼之所以如此灵敏，可以接收到百亿光年外的电磁信号，是因为数据分析在背后的加持。

数据分析是一项技术性很强的工作，数据分析人员应爱岗敬业、增强职业责任感，在数据分析的工作中应保持严谨、认真的态度，保障数据分析结果客观、准确；要具备强烈的好奇心，能够积极、主动地发现并挖掘出隐藏在数据内部的真相；要具备缜密的思维和较强的逻辑推理能力，面对各种复杂的问题，能够从若干种发展可能性中选择出最优的方案。

任务 5.2　数据分析流程

【任务导入】

小王是某公司的运营工作人员，主要负责统计与分析网店的数据情况，他每天的工作如下。

首先，小王统计了今天的销售数据、流量数据、推广数据等，包括客单价、总成交用户数、总成交金额、转化率、真实转化率、网店总浏览量、网店总访客量，以及各种推广商品的浏览量、访客量、成交金额等。小王统计后发现前天的销售额是58674.21元，昨天的销售额只有46593.78元，销售额降低了近12000元，考虑到网店的销售额受流量、转化率和客单价三个指标的共同影响，因此他开始重点对这三个指标进行分析，以便找到销售额突然降低这么多的原因。

然后，小王查看流量数据，看看是不是网店的搜索流量减少了，或者付费推广流量减少了。经过一番仔细检查，小王确定问题并不是出在流量上。网店商品的种类和定价在近一段时间也没有太大的变化，因此客单价一直比较稳定，所以他把注意力集中到了转化率这个指标上，经过排查，小王发现一款畅销商品的转化率急剧下降，然后他集中精力分析该商品转化率下降的原因，终于发现了问题：该商品的评价中有一条差评被推到了评论区的首位，

这将影响了其他客户看到评价后对商品的印象。小王马上联系客服人员，要求他们积极邀请未评价的客户在评论区留下好评。

最后，小王对客服数据进行处理，分析每名客服人员的接待客户数、转化率、响应时间等，及时了解客服人员的工作情况。如果发现某名客服人员昨天的转化率有明显降低，则立刻查看他与客户的聊天记录，看看是哪里出了问题，找到客户疑惑的关键点，从实体商品、网店详情页等角度有针对性地处理，以提高转化率。

从上述案例中可以看出一个清晰、完整和高效的数据分析流程对于确保数据分析的有效性和可靠性至关重要。数据分析的第一步要先挖掘业务含义，理解数据分析的背景、前提以及想要关联的业务场景结果是什么。第二步需要制定分析计划，如何拆分场景，如何推断。第三步需要从分析计划中拆分出关键的数据，真正落地分析本身。第四步需要从数据结果中，判断提炼出业务洞察。第五步，根据数据数据结果洞察，最终产出商业决策。确定数据分析流程并关注每个阶段的关键要素，可以确保数据分析工作的有效性，为运营决策提供有力支持。

【知识必备】

5.2.1 明确数据分析的目的

（一）数据分析的基本思路

直播数据分析的重要性日益凸显，成为运营工作的关键环节。直播团队要想优化直播运营效果，提高直播营销的转化率，就需要深耕数据，对数据进行精细有效地分析。直播数据分析的基本思路，如图 5-2 所示。

拓展：直播复盘的核心思路

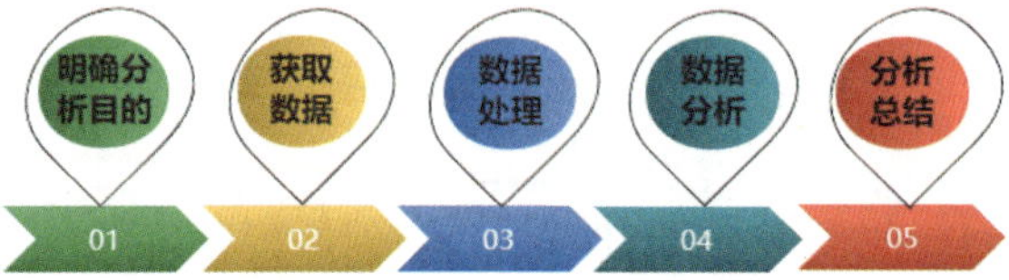

图 5-2 直播数据分析的基本思路

（二）数据分析的目的

随着直播电商行业的快速发展，数据分析已经作为直播行业中重要资产，被广泛应用于盈利分析、市场趋势预测、直播流量、用户行为、互动情况、产品质量、运营成本、客户关系管理、合规性监管等业务当中，运营者必须充分认识到数据分析对直播电商发展的重要性，重视数据分析工作，提高数据分析质量，保障数据分析的精准度。要进行数据分析，首先要明确数据分析的目的。通常来说，数据分析的目的主要有以下六种。

①查找问题：通过数据分析快速找到直播营销存在的问题，将直播营销过程中存在的问题具体化、量化。

②找到方法:通过数据分析有针对性地找到解决问题的方法。

③挖掘需求:通过数据分析深度挖掘用户需求。

④分析原因:寻找直播间数据波动(数据上升或下降都属于数据波动)的原因。

⑤优化内容:通过数据分析寻找优化直播内容、提升直播效果的方案。

⑥优化方案:在发现问题、分析问题并找到解决方案后,直播团队就需要将方案应用到下一场直播中,不断提高直播质量和直播效果。直播运营者通过数据规律推测平台算法,然后从算法出发检验直播营销团队提供的解决方案是否有效,并对直播内容进行优化。

5.2.2　获取直播数据的渠道

直播带货结束后,需要对整场直播的数据进行分析。进行数据分析前,为确保数据的真实性与科学性,首先要获得更多的有效数据,直播平台的商家们可以通过平台账号后台和平台提供的数据分析工具来获取数据,也可以利用第三方数据分析工具来获得更多有效的电商数据。

(一)账号后台获取数据

直播平台的账号后台通常有直播数据统计,主播可在直播带货的过程中或结束后,通过平台的后台获取相关数据。不同的直播平台查询数据与获取数据的方式不同,但都具有一定的相似性,这里以抖音平台为例,主播可从抖音直播的控制台、直播大盘以及抖音小店后台、抖音 APP 获取数据,如图 5-3。

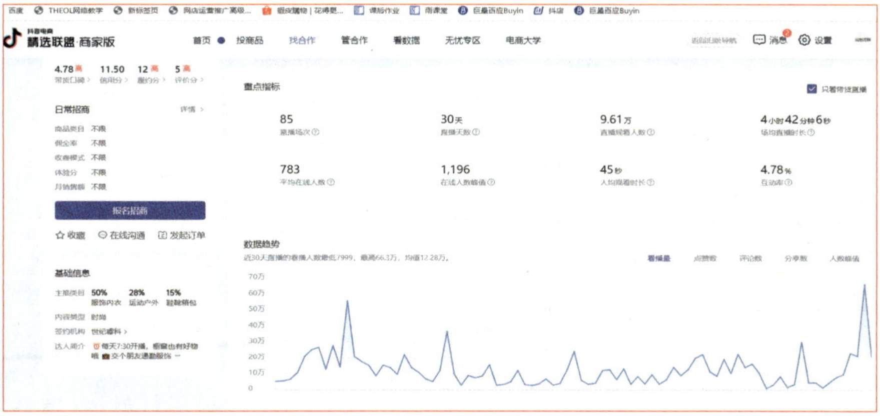

图 5-3　抖音后台查看的销售数据

1. 利用电脑端查看数据

如果直播团队想在抖音创作服务平台中获取直播数据,可以通过抖音账号在 PC 端登录抖音创作服务平台(https://creator.douyin.com),然后在平台左侧导航窗格中选择【直播数据】→【数据总览】,可以查看账号的基础数据、观看数据和互动数据,如图 5-4。如果是企业账号,PC 端登录企业服务平台(https://e.douyin.com),在平台左侧导航窗格【数据中心】可以查看数据概览、粉丝画像、主页分析、门店数据分析等数据,如图 5-5。

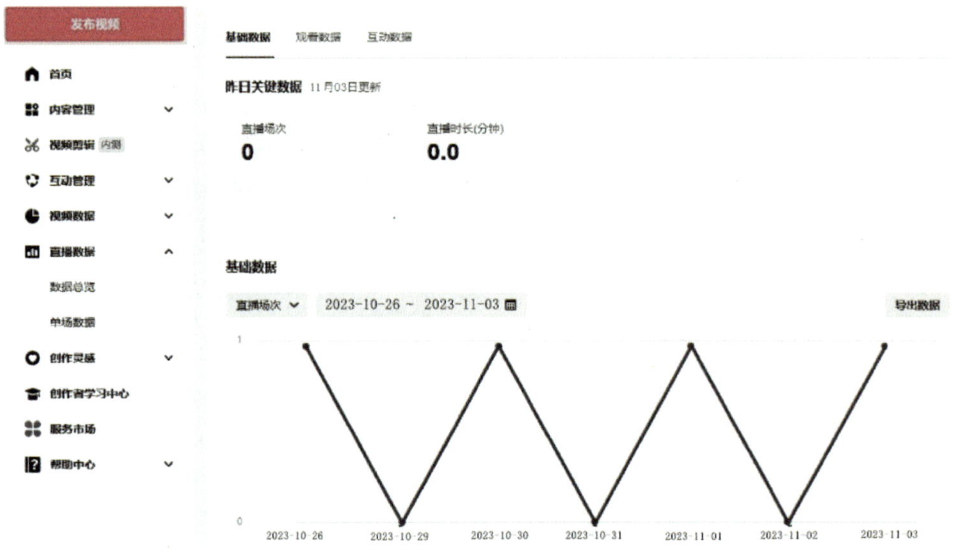

图 5-4　直播数据总览

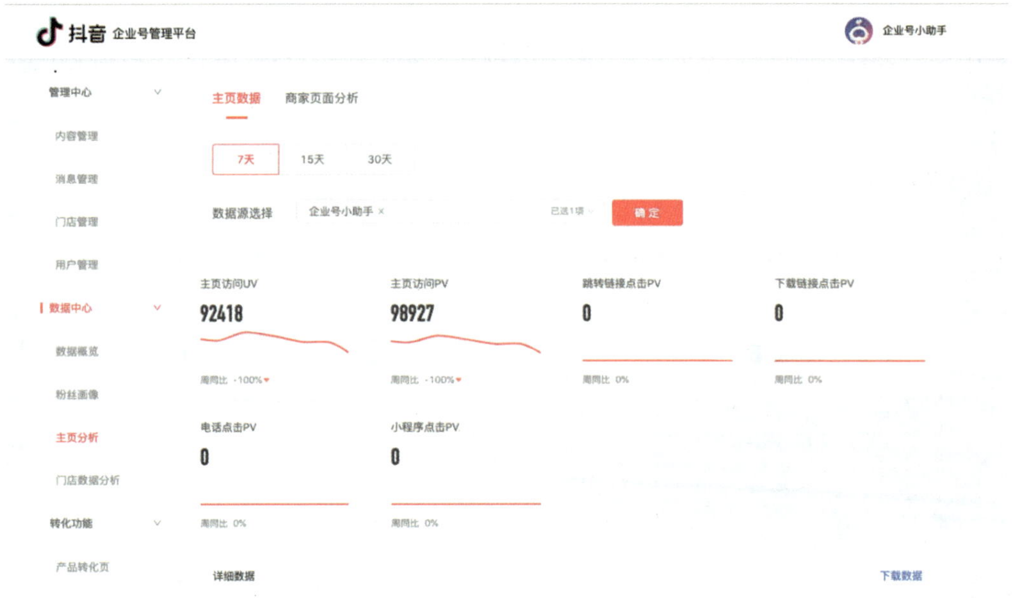

图 5-5　企业号管理平台

2. 利用直播平台 APP 查看数据

使用手机 APP 查看相应的直播数据，可以在直播平台 APP 上登录相应的账号，通过直播动态进入直播中心，点击数据分析即可查看直播带货的详细数据，还可查看相应数据图表与趋势图等。

以抖音直播为例，抖音直播数据的获取步骤如下。

①打开抖音 APP 并登录，点击“我”，在打开的侧边栏中选择“抖音创作者中心”，如图

5-6。

②在打开的“创作者中心”界面点击“主播中心”，如图 5-7。

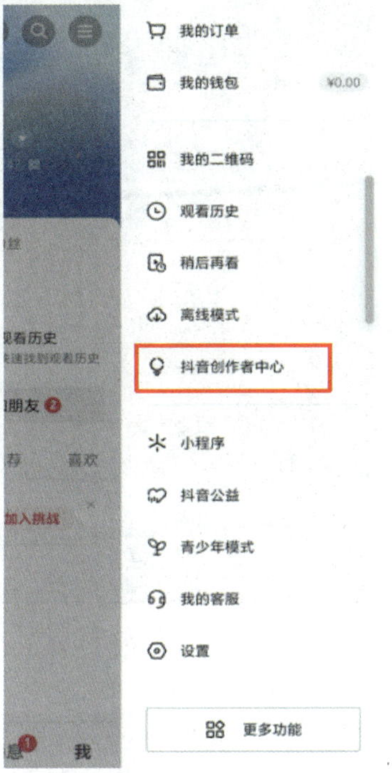

图 5-6　选择“抖音创作者中心”

图 5-7　点击“主播中心”

③进入“主播中心”界面后，就可以看到近期直播的相关数据，如图 5-8。

④点击“数据中心”进入“数据中心”界面，点击“数据总览”可以查看整体的数据，如图 5-9。

（二）平台提供的数据分析工具

直播平台为了更好地帮助商家们了解行业情况、产品情况、竞店情况、竞品情况及个人店铺的经营情况等，平台提供了多项运营工具，帮助店家进行店铺经营管理。以淘宝平台为例，淘宝平台为商家提供了一些运营分析工具，生意参谋、品牌数据银行、达摩盘等，这些工具能为商家提供直播的相关数据。商家可以使用这些工具了解自己店铺的直播情况。

生意参谋是阿里巴巴打造的首个商家统一数据平台，面向全体商家提供一站式、个性化、可定制的商务决策体验。生意参谋提供了一系列工具和服务，市场行情、竞争情报、数据监控、营销推广等，帮助商家更好地运营和管理自己的店铺。通过这些工具和服务，商家可以更好地了解市场和竞争对手，制定更有效的营销策略，提高销售额和客户满意度。此外，生意参谋中的实时直播数据对店铺的运营发展有很大的帮助。一方面商家可以跟踪商品的推广引流效果，观测实时数据，发现问题并及时优化调整策略；另一方面商家可以实时查看商品推广效果，如果转化率较低和点击量较少，可以及时调整推广力度。图 5-10 为生意参谋中的直播数据。

图 5-8　主播中心相关数据

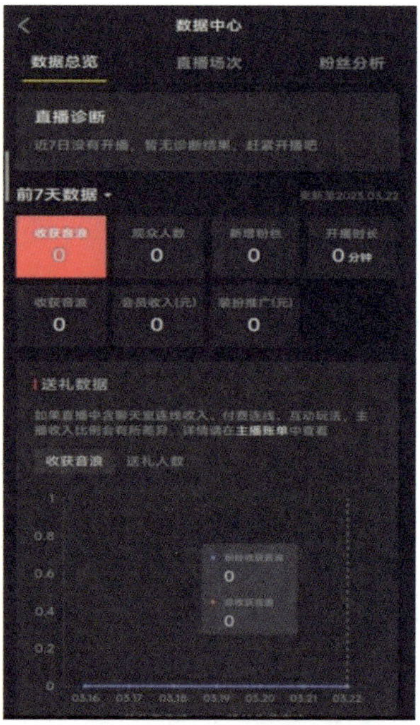

图 5-9　查看数据总览

图 5-10　生意参谋中的直播数据

(三)第三方数据分析工具

目前直播电商数据分析市场上有很多第三方数据分析工具，可供直播团队搜集相关直播带货数据，分析行业数据与产品数据等，直播团队可以使用这些直播数据分析工具，收集平台内其他直播间的销售情况、粉丝画像、流量来源及客单价等数据，有利于直播团队更好地了解其他优秀直播间的直播数据，根据分析结论，发现自己直播间的问题，并解决问题，提升直播间数据。这一类的第三方数据分析工具包括蝉妈妈、飞瓜、达多多、灰豚数据、新抖与抖查查等。

1. 蝉妈妈

蝉妈妈旨在协助国内达人机构和商家提升业务效率，实现精准的品牌营销和服务能力。基于强大的数据分析技术，利用专业的数据挖掘技术和分析能力，蝉妈妈提供了短视频、直播全网大数据开发平台，建立了多维数据算法模型。用户可以通过数据查询、商品分析、用户画像研究与视频监控等服务，进行数据研究和短视频小工具管理。这为直播达人、MCN机构提供了电商带货一站式解决方案，如图 5-11。

图 5-11　第三方平台首页界面

在蝉妈妈榜单数据中，直播榜单为平台使用者提供准确、详尽的直播间数据信息，包含直播间人数、人气趋势、送礼人数、商品销售额和产品销量。蝉妈妈还提供今日直播榜、达人带货榜、直播商品榜、礼物收入榜、送礼榜和直播分享榜六大榜单，如图 5-12。

直播带货的主播们参考直播榜、达人带货榜、直播商品榜，通过详细数据了解最有效的直播时间和直播商品的选择，以达到更好直播效果。

直播榜单又被分为三个子榜单：直播带货榜、人气榜和抖音小时榜。主播可以根据各自在竖直领域的优势，在这些榜单里查看自己的排名情况，排序的维度包括：直播销售额、直播销量、人气高峰和粉丝数。

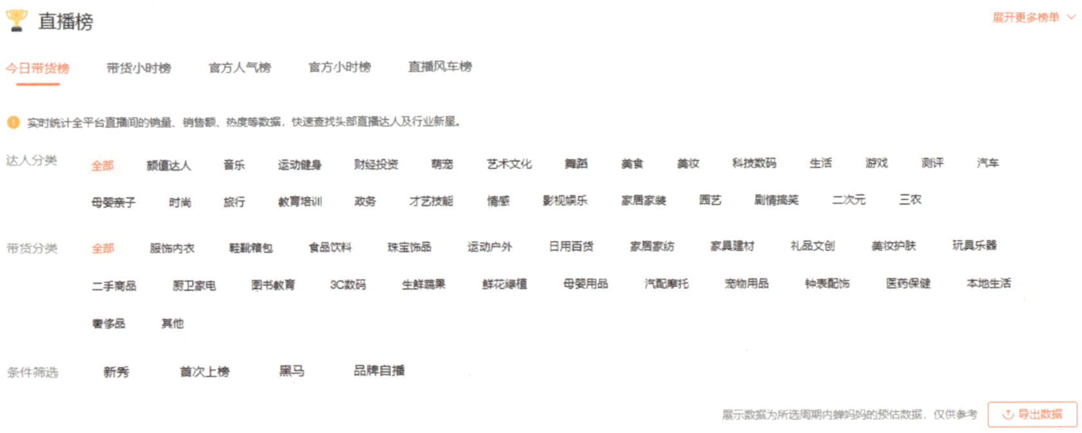

图 5-12　第三方数据分析平台直播榜界面

达人带货榜反映的是前一段时间的达人带货排名，主播能查看日、周和月榜单，按照直播销售额、直播销量、销售额单价等方面进行排名，如图 5-13。主播还可以在直播详情页看到达人的直播数据，包括人气和带货情况。这些数据可以根据在线人数、音浪收入、粉丝团人数、弹幕热词、用户画像等方面进一步分析。

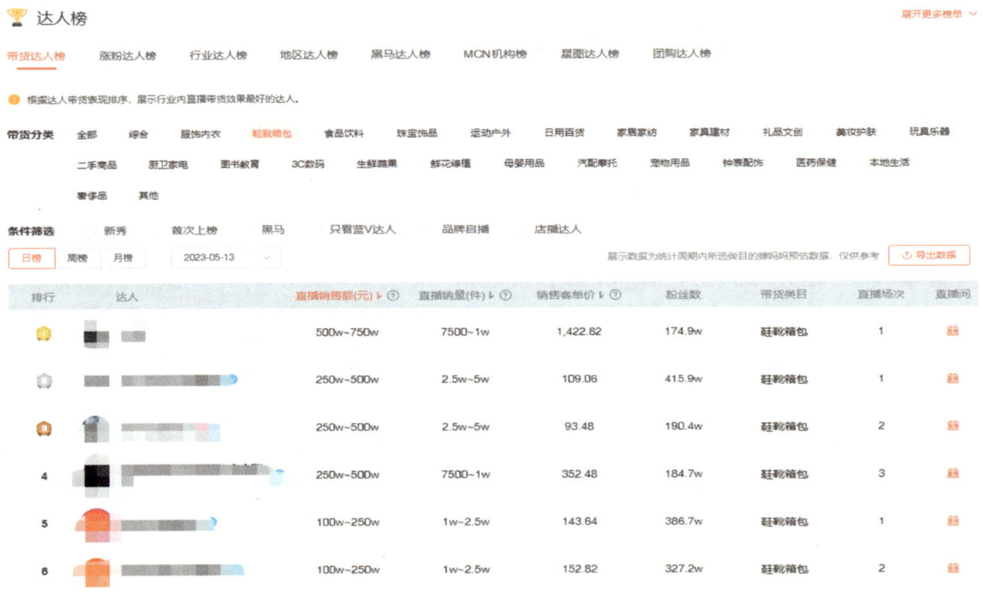

图 5-13　第三方数据分析平台达人榜界面数据

直播商品排行榜，根据商品昨日及以前的销量和销售额进行排名，考虑了价格、佣金比例和关联直播等多个维度。主播还可以在淘宝、天猫、京东小店、洋码头、严选等多个电商平台中进行筛选，如图 5-14。

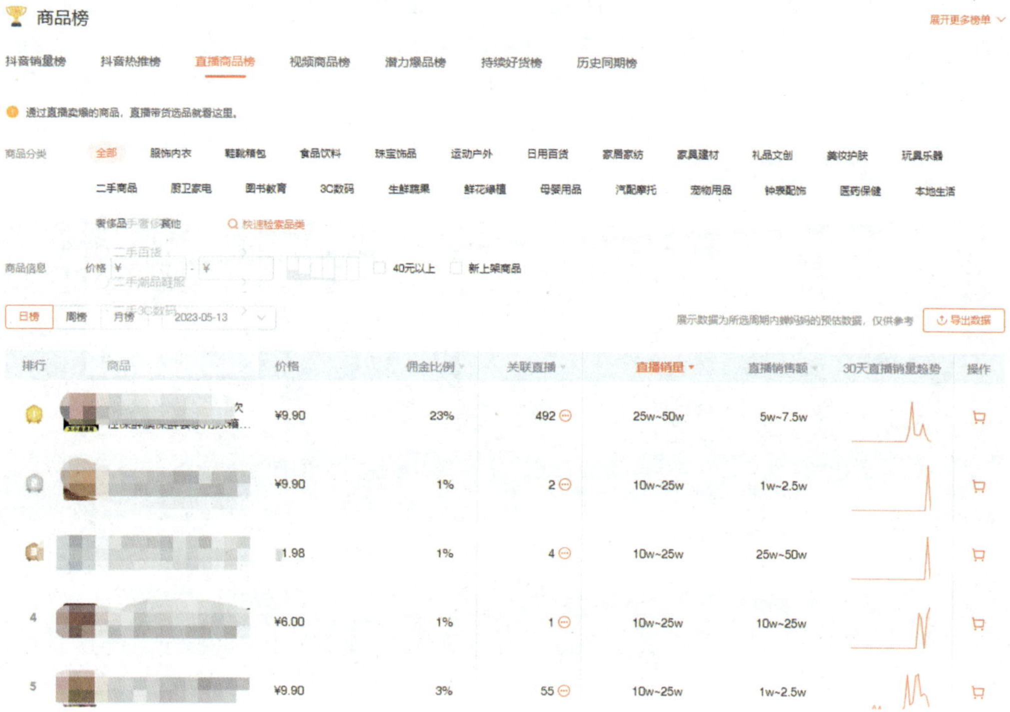

图 5-14　第三方数据分析平台直播商品榜界面数据

2. 飞瓜数据

飞瓜数据是一个短视频和直播营销数据分析平台，可以为抖音、快手和 B 站等平台上的短视频创作者和主播提供数据分析服务，如图 5-15。

图 5-15　飞瓜数据官网首页

飞瓜智投是飞瓜数据旗下专注品牌直播的智能营销工具，通过数据驱动直播营销，提升直播间流量和成交率，如图 5-16。以抖音直播为例，主播可以通过飞瓜智投查看抖音直播营销数据，并进行数据分析。当发现直播数据有下滑趋势时，直播团队要及时找出原因，尽快调整直播运营策略，以提高直播带货销售额，保证直播带货效果的稳定性。直播时，主播可选择查看不同时段内直播间的进场人数、进场人数均值、在线人数、在线人数均值，再结合用户近 10 分钟进场停留的时间，可以判断直播间的留存情况和流量承接情况，如图 5-17。如果在线人数大于进场人数，说明直播间的用户留存做得很好，主播可以结合直播间的人气、流量数据，适当调整商品讲解策略。

图 5-16　飞瓜智投

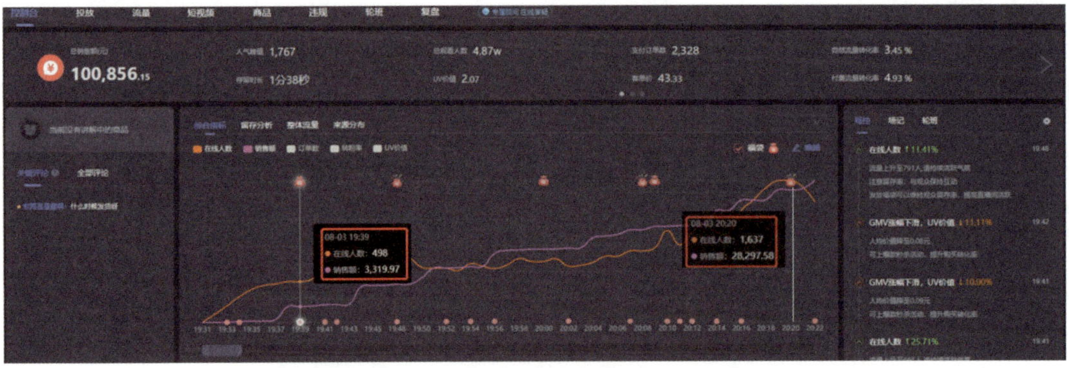

图 5-17　飞瓜智投综合指标分析

3. 达多多

直播营销团队可以通过实时掌握全网商品销售状况，第一时间发现高人气商品。在达多多，可以查看热门直播间、抖音热销商品、热门达人等。商家可以借助达多多及时跟进应季新品，提升店铺运营效率，达多多如图 5-18。

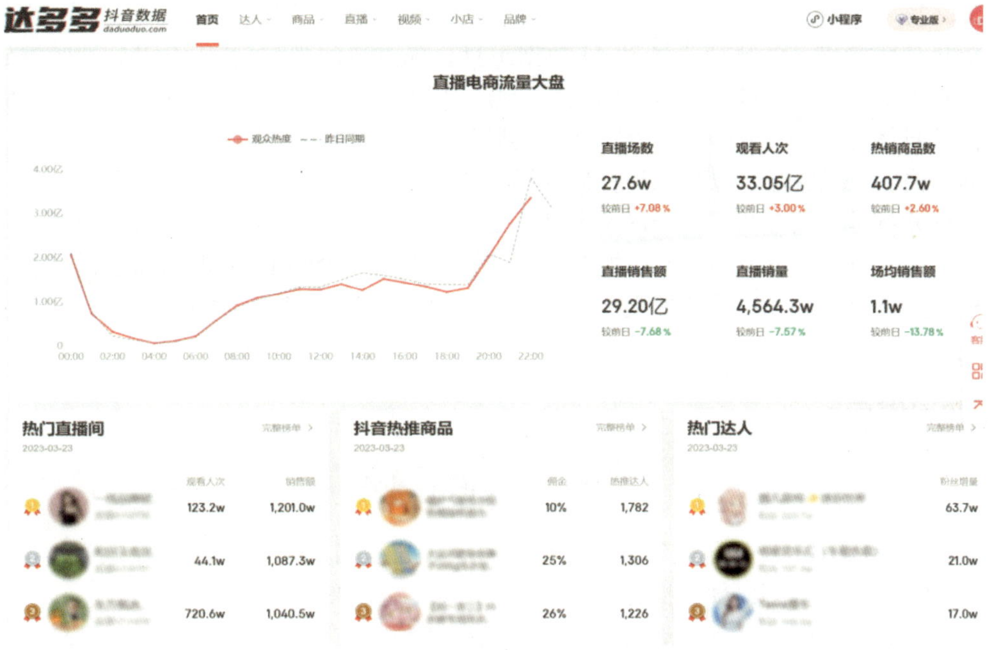

图 5-18　达多多

4. 灰豚数据

灰豚数据提供数据大盘、直播分析、商品分析等功能，如图 5-19。直播团队可以利用这些功能进行流量大盘分析；直播间的整体效果分析；直播间人气、成交和互动指标实时变化分析；主播详情分析；粉丝分析；商品分析；商品详情分析等。它是一个将直播数据可视化的数据分析监测云平台，能够精准、可靠、高效地提供直播平台的数据分析服务。

图 5-19　灰豚数据

5. 新抖

新抖是新榜旗下的抖音全场景 AI 数据工具。提供热门视频、音乐 BGM、话题挑战赛、“神评论”“魔法道具”等创意素材,以及抖音号排行查找、种草带货、LBS 打卡探店、品牌声量查询、运营数据下载、DOU+ 投放实时监测等全面的在线数据服务。在新抖,还可以找到丰富的情报、深度的报道,以及知识百科、导航、交流社群等。

数据分析是直播电商运营中的重要任务之一。主播可以利用蝉妈妈、飞瓜、新抖等第三方数据平台,根据数据在短时间内的差异及走势不同分析预测用户的购买需求,从而在激烈的直播带货竞争中快速准确地捕捉用户的注意力,增强用户的购买欲望,构建自己的核心竞争力。

知识拓展

数据采集渠道的选择

就电商数据而言,数据采集渠道主要包括电子商务网站、网店后台、第三方平台提供的数据工具或政府部门、机构协会、媒体以及专业网站数据机构等。

选择采集渠道时,首先应该考虑通过哪些渠道能够获得想要的数据。分析网店销售数据时,通过该网店的后台数据工具或该网店所在平台提供的数据分析工具就能获取相关数据。

如果通过多个渠道都能采集到需要的数据,则应该优先选择精准度较高的渠道。例如,分析淘宝网店的购买客户画像时,就应该优先选择淘宝生意参谋的数据,以最大限度保证淘宝网店数据的精准度。

总体来说,不同的数据采集渠道提供的数据类型有所不同,电商企业可根据实际需要进行选择。表 5-3 为常用数据采集渠道及对应的数据类型。

表 5-3　常用数据采集渠道及对应的数据类型

渠道	典型代表	提供的数据类型
电子商务网站、网店平台、第三方平台提供的数据工具	淘宝、京东等网站的后台,淘宝的生意参谋,京东的京东商智,或者是第三方平台工具,比如抖音的抖查查	产品数据、市场数据、运营数据、用户数据等
政府部门、机构协会、媒体	国家及各级统计局、各类协会、电视台、报纸杂志等	行业数据
专业网站数据机构	艾瑞咨询等	行业数据、产品数据

5.2.3　整理和处理数据

整理和数据处理是指将搜集来的数据进行排查、修正和加工,便于后续分析。数据处理包括两个环节,第一个环节是数据修正,第二个环节是数据计算。

(一)数据的核对修正

无论是从主播账号后台抓取的数据、第三方数据分析工具上下载的数据,还是人工统计的数据，都有可能出现失误，所以首先需要对搜集来的数据进行排查，发现异常数据，然后对其进行修正，以保证数据的准确性和有效性，从而保证数据分析结果的科学性和可参考性。

在搜集的原始数据中，某一天某款产品的直播销售数据是 0，但是通过查看店铺的销售记录，发现当天该款产品在直播中是有销售数量的，所以收集的原始数据就有错误，需要对其进行修正。

（二）数据的统计计算

通过数据修正，确保了数据的准确性以后，直播团队还要根据数据分析的目标对数据进行统计计算，以获得更丰富的数据信息，激发更多的改进思路。数据统计计算包括数据求和、平均数计算、最大值计算、最小值计算、比例计算、趋势分析等。为了提高工作效率，直播团队可以使用 Excel、Power BI 等工具的相关功能对数据进行统计计算。

案例链接

分析“女装牛仔裤”子行业热销属性

打开生意参谋中左侧列表的“市场”板块，选择“机会洞察”栏下的“属性洞察”选项，然后选择需要分析的商品类目和统计时间，采集商品属性需求分析，如图 5-20。本案例采集近 7 天（2023 年 11 月 6 日至 2023 年 11 月 12 日）的女装牛仔裤的子行业热销属性并整理到 Excel 中，如图 5-21，对牛仔裤热销属性进行分析，具体操作如下。

属性值	交易指数	支付件数	操作
水洗	6,059,938	6,150,254	属性分析
猫须	2,652,265	1,262,247	属性分析
做旧	2,488,780	1,146,533	属性分析
马骝	2,293,439	1,023,018	属性分析
免烫处理	2,088,379	846,147	属性分析
手擦	1,975,834	767,824	属性分析
刺绣	1,820,410	620,625	属性分析

热销属性排行

图 5-20　生意参谋中采集数据

属性	属性值	交易金额	支付件数	件单价
材质成分	棉100%	27793209	180169	154.26
材质成分	聚酯纤维100%	2967088	41016	72.34
材质成分	棉90% 聚酯纤维10%	1856064	23559	78.78
材质成分	棉85% 聚酯纤维15%	1132341	14147	80.04
材质成分	棉95% 聚氨酯弹性纤维(氨纶	937462	6826	137.34
材质成分	棉80% 聚酯纤维20%	883373	10573	83.55
材质成分	棉70% 聚酯纤维30%	435788	6779	64.28
材质成分	棉85% 粘胶纤维(粘纤)15%	182270	2702	67.46
材质成分	有机棉	128914	538	239.62
材质成分	棉	117160	840	139.48
材质成分	棉90% 聚氨酯弹性纤维(氨纶	106065	563	188.39
材质成分	棉85% 聚氨酯弹性纤维(氨纶	105755	1208	87.55

图 5-21　牛仔裤热销属性数据

步骤 1:在牛仔裤热销属性的源数据表中创建数据透视表,在“数据透视表”字段列表中将“属性”字段拖至“筛选器”区域,将“属性值”字段拖至“行”区域,将“交易金额”和“件单价”字段拖至“值”区域,如图 5-22。

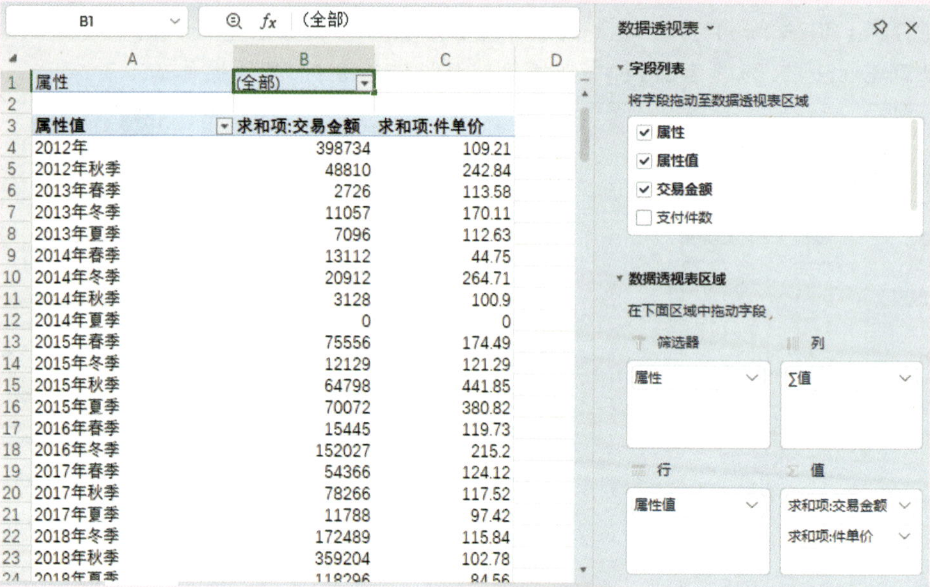

图 5-22　创建数据透视表

步骤 2:在数据透视表中单击 B1 单元格右侧的筛选按钮,选择“服饰工艺”属性,如图 5-23,然后单击“属性值”右侧的下拉按钮,在弹出的下拉列表中选择“值筛选”的“前 10 项”选项,将“求和项:交易金额”重命名为“交易额”,将“求和项:件单价”重命名为“单价”如图 5-24。

步骤 3:在弹出的“前 10 个筛选”对话框中设置参数,然后单击“确定”,如图 5-25。

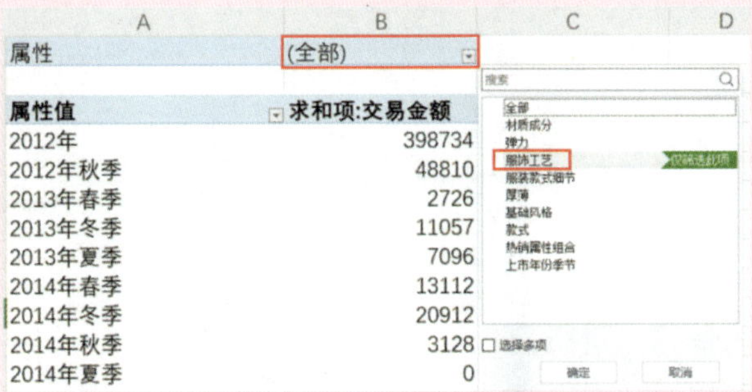

图 5-23　筛选“服饰工艺”

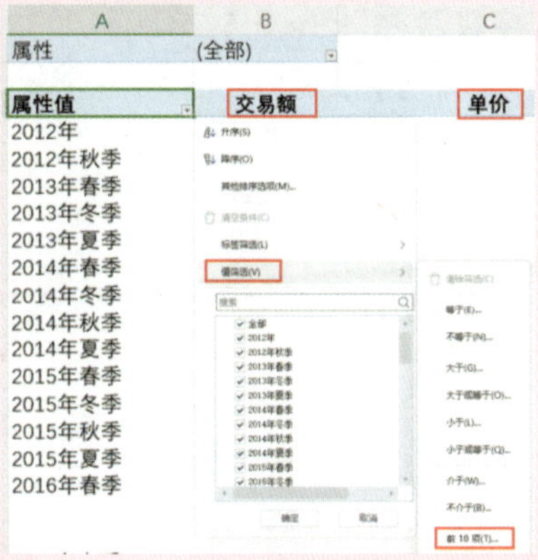

图 5-24　筛选“属性”并重命名列标题

步骤 4：此时，即可查看数据透视表的筛选结果，如图 5-26。

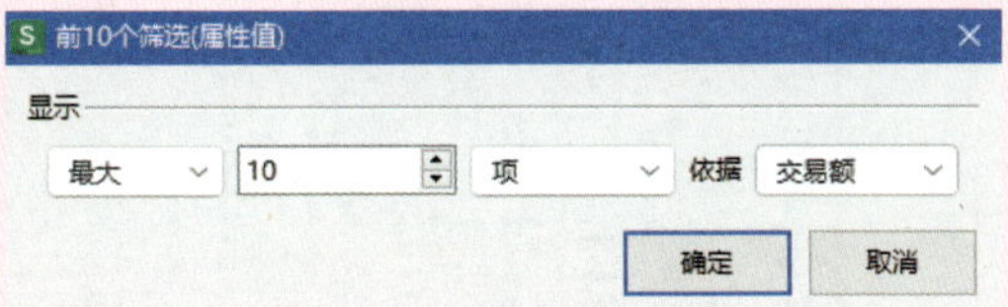

图 5-25　设置筛选参数

属性	服饰工艺	
属性值	交易额	单价
刺绣	21893785	115.79
马骝	33570141	109.55
猫须	42808429	115.93
免烫处理	27302017	110.93
漂白	17337291	104.68
石磨	21343258	114.72
手擦	25782247	109.13
水洗	195461283	108.49
针缝	18215483	106.31
做旧	37090124	113.09
总计	440804058	1108.62

图 5-26　数据透视表的筛选结果

步骤 5：为数据透视表创建图表，在“插入图表”对话框左侧选择“组合图”选项，在右侧分别设置“交易额”和“单价”系列的图表类型为“簇状柱形图-次轴折线图”，然后单击“确定”，如图 5-27。

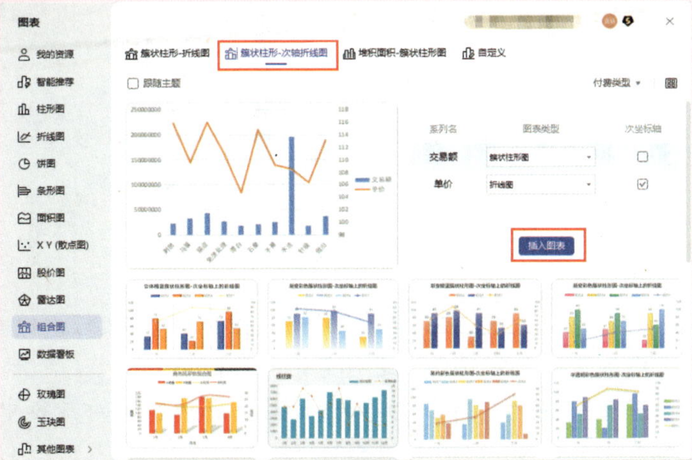

图 5-27　创建组合图表

步骤 6：右键单击图表的左上方“属性”，在弹出的快捷菜单中选择“隐藏图表上的所有字段按钮”，如图 5-28。

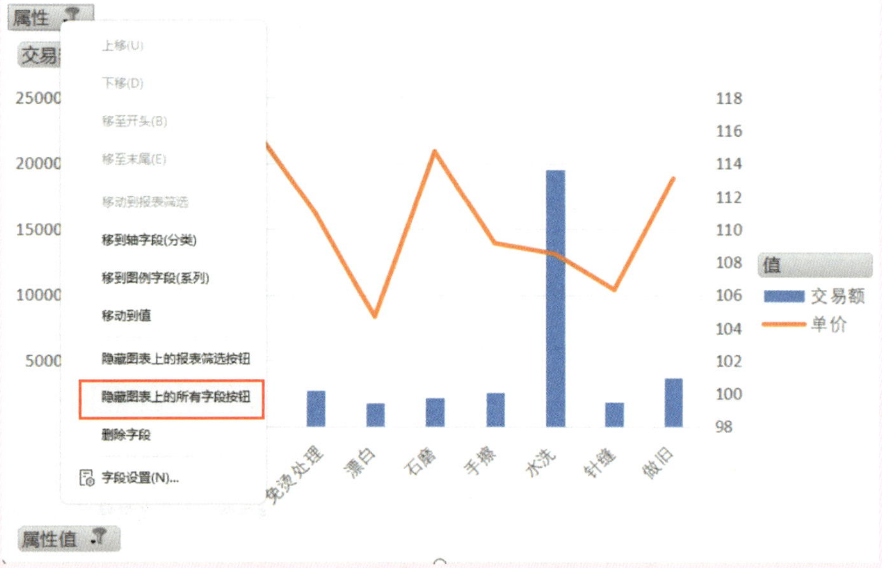

图 5-28　隐藏图表上的所有字段按钮

步骤 7：选中“交易金额”系列并单击鼠标右键，在弹出的快捷菜单中选择“排序”“降序”，如图 5-29。

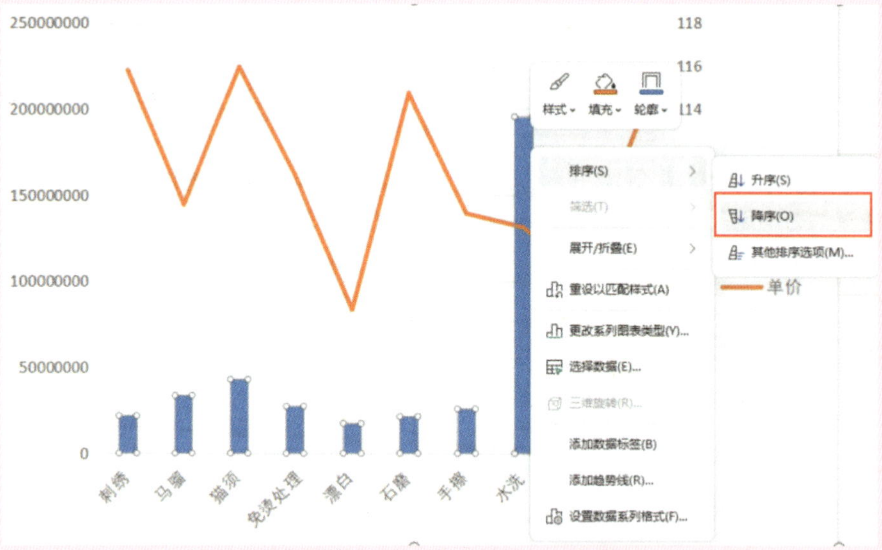

图 5-29　设置“交易额”降序排列

步骤 8：对图表进行格式设置，编辑图表的标题、坐标轴等，然后右键单击柱形图和折线图，选择“设置数据系列格式”，对图表进行美化，如图 5-30。

步骤 9：选择“分析”选项卡，单击“插入切片器”，在弹出的对话框中选中“属性”字段，单击“确定”，插入“属性”切片器，如图 5-31。

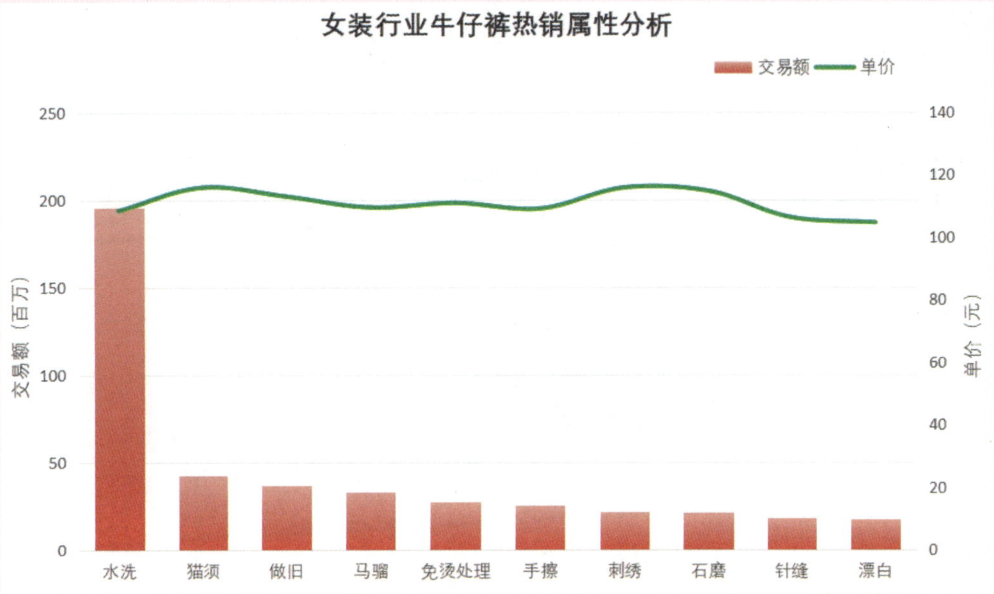

图 5-30 美化后的图表效果

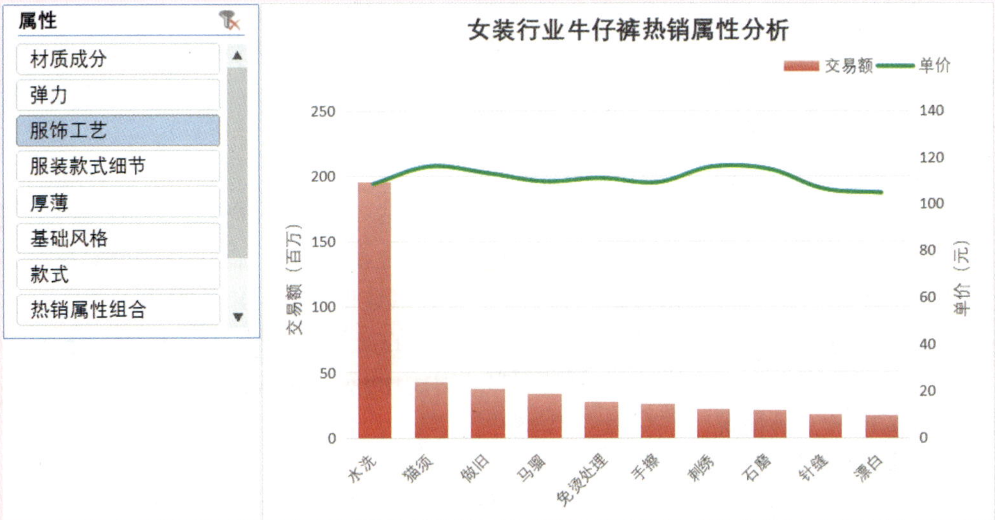

图 5-31 插入“属性”切片器

步骤 10：在“属性”切片器中单击“服饰款式细节”，即可查看交易金额排在前 10 位的热销属性，如图 5-32。

通过图 5-31 和图 5-32 可以看出，“服饰工艺”属性中，交易金额主要集中在“水洗”属性；“服装款式细节”属性中，热销属性有“立体剪裁”“五袋款”“多口袋”。这里的属性值是商品发布时填写的标准属性值。

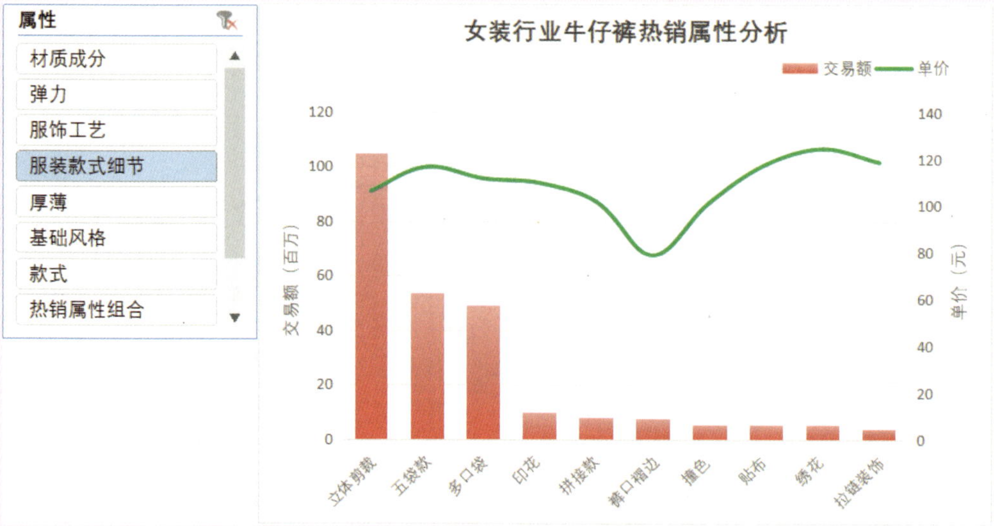

图 5-32 “服装款式细节”的热销属性

5.2.4 分析数据的方法

直播团队在完成数据采集和处理后，进行数据分析工作。分析数据是一个发现问题、分析问题和解决问题的过程，在某种程度上，分析数据是一种方法论。下面介绍几种常用的分析数据的方法。

（一）直接观察法

直接观察法就是直接观察数据的大小、发展趋势，或者是找到异常数据等。有些数据比较简单，运营者可以采用直接观察法。店铺账号后台、电子商务平台或第三方平台提供的数据分析工具会展示数据分析结果，运营者通过直接观察数据分析结果能得出一些结论。

图 5-33 为某数据分析工具展示的四个不同品牌的交易指数情况。运营者通过直接观察就可以对比四个品牌的交易指数在所选时间范围内的变化趋势，从而了解这四个品牌在所选时间范围内的交易情况，为制订运营策略提供参考。

（二）逻辑分析法

逻辑树又称演绎树、问题树或分解树，其操作原理就是将要研究的问题拆解成若干个子问题，将子问题分层罗列，逐步向下扩展。逻辑树分析法就是将要研究的问题作为“树干”，然后分析与这个问题相关的分支问题，每想到一个分支问题，就可以给“树干”添加一个“树枝”，并标明这个“树枝”代表的含义，“树枝”上还可以再分化出小的“树枝”，依此类推，直到将每个问题细化到最小的程度，形成一棵“树”，找出与要研究的问题相关的所有因素为止。逻辑树分析法的基本结构如图 5-34 所示。

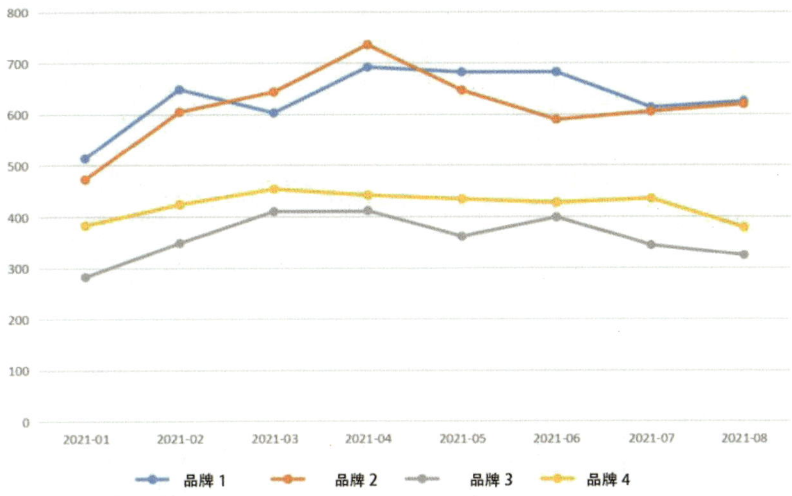

图 5-33 品牌交易指数的变化趋势

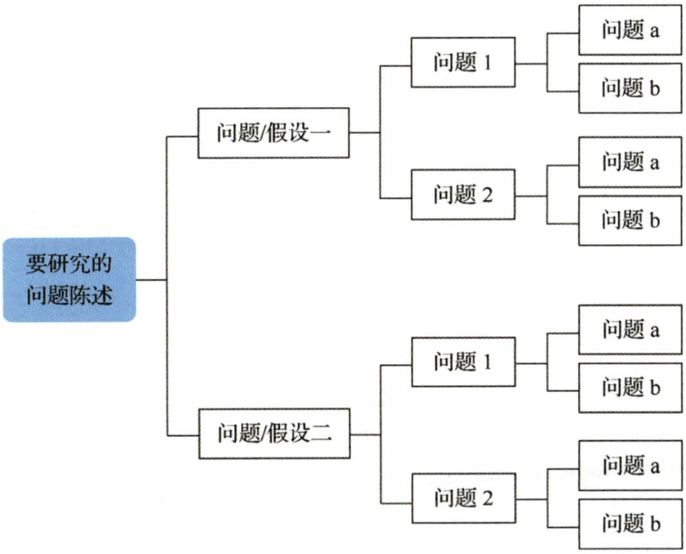

图 5-34 逻辑树分析法的基本结构

运营者在运用逻辑树分析法时，需要遵循以下三个原则。

①一致性：细分问题时，每一层级的问题的划分标准应保持一致。

②关联性：各个子问题应与上一层级的问题密切相关。

③穷尽化：遵循不重、不漏的原则，尽量把涉及的问题考虑周全。

采用逻辑树分析法分析店铺商品转化率低的问题，其分析框架如图 5-35 所示。

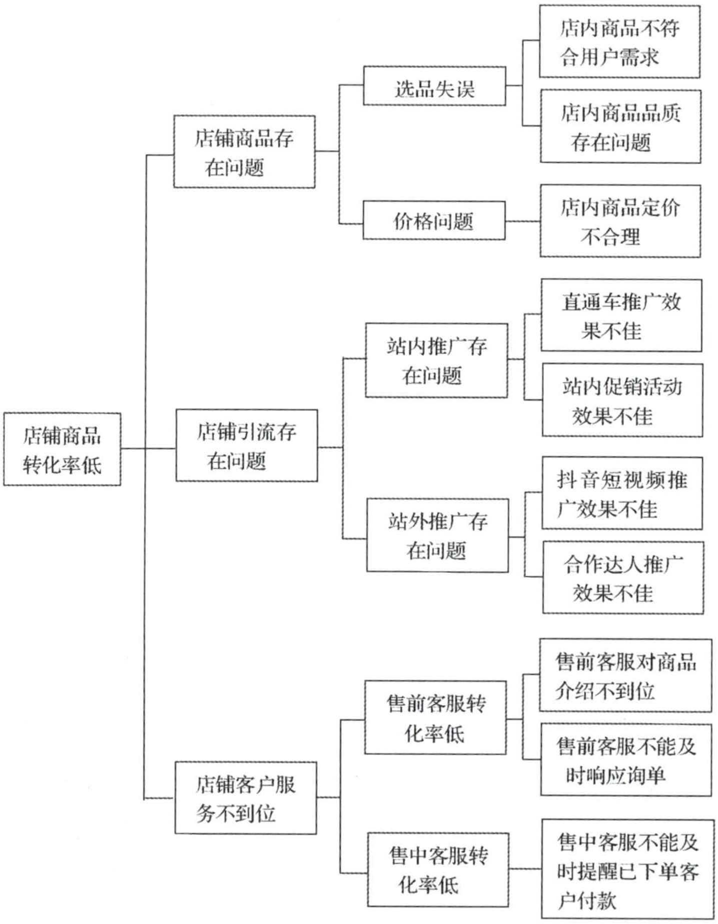

图 5-35　店铺商品转化率低分析框架

（三）“七问”分析法

“七问”，即何事（What）、何因（Why）、何人（Who）、何时（When）、何地（Where）、如何做（How）、何价（How much），“七问”分析法的具体内容见表 5-4。这种分析法通过有针对性地提出问题，发现影响问题解决的因素，寻找解决问题的思路。

表 5-4　“七问”分析法

七问	具体内容
何事（What）	研究对象是什么、研究目的是什么等
何因（Why）	为什么会产生这种效果、为什么要这么做、为什么会出现这种情况等
何人（Who）	客户是谁、谁来负责、谁来完成等
何时（When）	什么时间、什么时机等
何地（Where）	什么地方、在哪里做、从哪里入手等
如何做（How）	怎么做、如何实施、采用什么方法等
何价（How much）	做到什么程度、有多少数量、费用是多少等

“七问”分析法操作起来简单方便，被广泛应用于营销活动中，能够为运营者制订决策提供思路，也能帮助运营者在考虑问题时避免出现疏漏。采用“七问”分析法分析店铺中的热销商品，其分析思路见表 5-5。

表 5-5　采用“七问”分析法的思路

七问	分析思路
何事（What）	热销商品是什么，是牛仔裤还是工装裤，是带拉绒的牛仔裤还是不带拉绒的牛仔裤，是蓝色牛仔裤还是黑色牛仔裤
何因（Why）	为什么热销，价格优惠、活动促销、商品口碑好
何人（Who）	主要是哪些人购买，是新客户购买得多，还是老客户购买得多；购买者的年龄段是哪个区间
何时（When）	什么时间段购买商品的客户较多，客户多久会再次购买
何地（Where）	客户来源于哪里，客户是通过直播搜索而来，还是由抖音推广短视频吸引而来，还是由达人推广吸引而来
如何做（How）	客户的购买方式是怎样的，客户是静默下单，还是咨询主播后再下单；客户是购买单品，还是购买组合商品；客户是下单后直接付款，还是下单后未付款
何价（How much）	价格是多少，热销品的销售单价是多少，热销品的客单价是多少，热销品的成交总额是多少

（四）对比分析法

对比分析法也称比较分析法，就是将两个或两个以上的数据进行对比，分析它们之间的差异，进而揭示这些数据背后隐藏的规律的分析方法。对比分析法中最常用的是同比分析、环比分析和定基比分析。

1. 同比分析法

同比是指今年第 N 月与去年第 N 月相比较。同比发展速度主要是为了消除季节变动的影响，用以说明本期发展水平与去年同期发展水平对比达到的相对发展速度。

同比增长率=（本期数据-上期同期数据）÷ 上期同期数据 ×100%

某店铺中的一款商品，2022 年 8 月的销售额为 51790 元，2023 年 8 月的销售额为 70860 元，则这款商品的销售额同比增长了 36.8%。

2. 环比分析法

环比是指本期水平与其上一期水平之比，表明现象逐期的发展变动速度。

环比增长率=（本期数据-上期数据）÷ 上期数据 ×100%

某店铺 2023 年 10 月的总销售额为 303567 元，2023 年 11 月的总销售额为 253769 元，则该店铺总销售额环比下降了 16.4%。

3. 定基比分析法

定基比发展速度也叫总速度，是报告期水平与某一固定时期水平之比，表明这种现象在较长时期内总的发展速度。

定基比率=现值 ÷ 基期值 ×100%

假设某企业 2000 年的净利润为 100 万元，2001 年的净利润为 120 万元，2002 年的净利润为 150 万元。以 2000 年为固定基期，分析 2001 年、2002 年定基比率。

则：

2001 年的定基动态比率=120 ÷ 100=120%

2002 年的定基动态比率=150 ÷ 100=150%

4. 对比分析法的应用

实际操作中，对比分析法的应用主要有以下四种方式。

（1）将实际完成值与设定的目标进行对比

店铺运营中，运营者每年都会设定全年的业绩目标，可以将当前达成的业绩与设定的全年业绩目标做对比，以了解店铺的发展进度和业绩完成率，分析目标业绩的设定是否合理、是否需要调整等。

（2）在行业内做对比

将自身发展水平与同行业的竞争对手或行业的平均水平做对比，这样有利于了解店铺的发展水平在行业中处于何种位置，了解店铺设定的指标是否具有先进性，为制订店铺的发展策略提供参考依据。

（3）将不同类型商品做对比

例如，在开展某项推广活动后，运营者可以将店铺内的拉绒打底衫的销售额与无拉绒打底衫的销售额进行对比，这样能够了解各个商品分类的销售状况，及时调整营销。

（4）将活动效果做对比

店铺开展某项营销推广活动后，运营者可以将活动前后的相关运营数据进行对比，了解营销推广活动的效果，分析营销推广活动是否达到预期目标。

使用对比分析法时，运营者首先必须确定所选的对象之间有可比性，这样所做的对比才有意义；其次，运营者要注意选取的比较口径、计量单位、计算方法必须一致。

通过比较和分析，直播团队可以发现直播过程中的异常数据。异常数据并不意味着是不良数据，异常数据通常是指偏离平均水平的数据信息。主播团队成员需要仔细分析这些异常数据，发现造成数据异常的原因。

（五）漏斗图分析法

漏斗图分析法是一种以漏斗图的形式来展示分析过程和结果的分析方法。这种分析方法适用于业务流程比较规范、流程周期较长、各流程环节涉及复杂业务过程较多的情况。

运营者在使用漏斗图分析法时，一般需要重点关注以下 3 点：从开始到结束，整体转化率为多少？每一个步骤的转化率是多少？哪个步骤的转化率最低，导致该步骤转化率低的原因可能是什么？

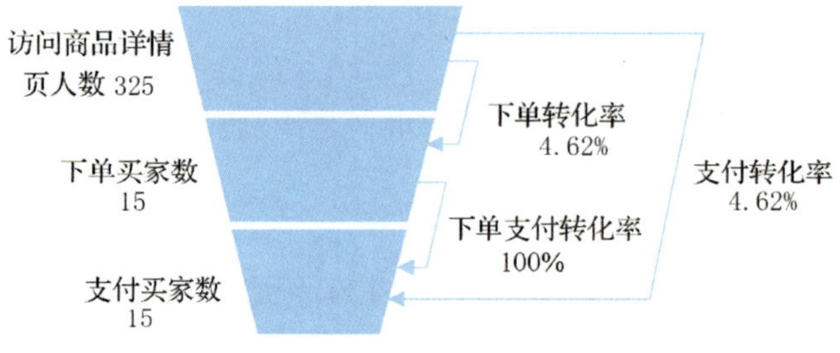

图 5-36 漏斗图分析法

运营者运用漏斗图分析法分析店铺内的交易情况，能够了解用户从浏览商品到购买商品的整个过程中每一个环节的转化情况，如图 5-36 所示。可以看出，虽然该店铺的下单支付转化率为 100%，但店铺的访客人数较少，且下单转化率和支付转化率都仅为 4.62%，处于较低水平。此时，运营者应重点分析导致访客数量少、下单买家数量少的原因，如商品不符合用户购买需求、商品定价不合理、商品优惠力度低。找到原因后，才能有针对性地提出优化策略，提高整体转化率。

（六）特殊事件分析法

大部分的实时数据异常可能与特定事件相关，比如平台活动的变更、主播改变直播时间、主播改变直播的标签和主播直播时间变化，所以主播在记录每日数据时，也应注意记录这些特殊事件，便于分析直播间实时数据异常时，发现数据变化和特殊事件之间的关系。

淘宝首页或频道改版、标签变化、开播时段更改或主播离开的时长，都会产生数据异常。

知识拓展

数据分析的步骤

我们进行数据分析，一般有两个时机：日常观测数据时，如果发现异常，我们需要找到原因；我们想主动分析某个业务，提供一些策略建议时。

无论是哪种时机，数据分析的思路其实是一致的，区别在于一个是想找问题，一个是想找好的范例。具体来说，它们都有下面五个步骤。

1. 业务建模

数据分析一定是根据现有业务模式进行的分析，否则所谓分析就只能是数据结果对比而已，每种商业模式、每个企业的业务是不一样的，因此需要因地制宜，对应分析。业务建模就是根据业务流程，搭建起数据指标体系。根据指标体系，进行纵向和横向的数据分析。如对于资讯媒体产品，业务流程大概是广告投放/转介绍——每日访问——广告曝光——广告消费——广告收益。有了这个业务建模，才能进行后续的纵向分析和横向细分。

2. 纵向分析

纵向分析是根据业务流程进行上下游的分析推断。如果我们关心的广告收益出现问题，那么可能是广告推得不准，消费降低导致的。如果广告消费没降低，而广告曝光降低了，那么可能是广告库存少，没可推导致的。纵向分析有点像漏斗，通过层层分析，我们可以找到问题发生的源头。

3. 横向细分

横向细分是指在纵向分析的同一个层面上进行切分，找这个层面问题的原因。比如根据纵向分析，我们发现了广告曝光数量远低于往常，并且上游每日访问和下游广告消费跟往常差不多，那么我们能基本上确认是广告曝光出了问题。接下来我们可以进行多角度的横向细分，比如按照不同的广告类型进行拆分，发现视频广告没有变化，而图文广告下降很明显。接着我们按照时间进行细分，发现过去 2 周相对平稳，但是最近 3 天开始出现大幅降低，以至于拉低了平均值，这个时候分析的结论就相对比较清晰了。

常用的横向细分方法有：时间细分、版本细分、系统细分、同期群细分、

4. 调研归因

我们可以通过多种方式了解问题原因：问同事、翻阅文档、用户访谈、调查研究。

5. 总结建议

找到结论后，最后需要给出具体可行的策略。根据刚才的分析，我们已经知道是产品漏洞导致的问题，那么对应的策略建议非常清楚，就是尽快修复对应的漏洞。我们把这些内容总结到一个报告里，撰写结论时，要让别人一看就懂，结构清晰。数据的展现，尽量用可视化图形传递信息，这样阅读起来才没有压力，便于理解。

【任务探究】

直播团队要对行业信息、产品信息及直播间内信息进行分析，首先要确定数据分析的目标，一般情况下，直播复盘与数据分析的分析目标有如下三种。

①寻找直播间带货数据波动的具体原因，通常情况下，直播带货数据会因每场进入直播间用户数量的不同，最终影响直播间的带货数据。直播间销售数据上升或下降的情况均属于直播间数据波动。

②优化直播内容，提升直播效果的方法。通常情况下，通过直播复盘可以了解到本场直播的粉丝波动曲线、订单数量波动情况、主播话术及主播状态的情况。通过直播带货数据分析，可以全面地了解直播带货的情况，挖掘直播过程中存在的问题并解决问题，提升直播带货销量，提升整个直播团队的能力。

③对平台算法进行数据规则的推测，并在此基础上优化动态。

通过直播带货的精细化复盘，获取直播复盘数据后，对数据进行整理分类，根据掌握的数据，对平台流量推送规则进行推测，并在后期的直播带货过程中逐步验证结论。通过测试与验证，获取相应的数据规则后，可根据数据规则对直播带货进行优化，提升直播间的销售额，由于平台数据规则是动态变化的，直播复盘数据分析也应根据平台规则的变化规律，及时更新，根据测试与验证的新数据规则，来进一步持续优化直播内容与直播方案。

【思政园地】

2021 年 12 月 21 日，浙江省杭州市余杭区人民法院判决了一起非法抓取、出售抖音直播数据案。法院审理认为上海某公司未经抖音平台许可，非法抓取抖音用户直播打赏记录和主播打赏收益数据，获取不正当利益的行为，构成不正当竞争，应该承担相应的法律责任，因此判令实施抓取行为的上海某公司停止获取、使用上述数据，并赔偿抖音 100 万元。业界认为，此案是国内首例涉直播数据权益不正当竞争案。

数据抓取类纠纷近年来并不鲜见，其背后存在一定的市场逻辑。随着数字经济的发展，数据日益成为关键生产要素和核心竞争因素，数据的经济价值在商业活动中得到广泛重视。企业之间的竞争已经扩展到数据上，并日趋常态化，由此引发的纠纷正在成为数字经济发展中难以绕过的问题，这也是数字经济治理中必须妥善处理的问题。

2021 年 8 月，《最高人民法院关于适用〈中华人民共和国反不正当竞争法〉若干问题的解释（征求意见稿）》（以下简称《意见稿》）发布，在总结近年来相关司法裁判规则及实践经验的基础上，细化和完善了不正当竞争行为认定标准，对一般条款的适用作了严格的限定，避免适用泛化。此案中，法院的判决正是这种司法解释取向的体现。

尤其值得注意的是,《意见稿》还明确了数据抓取行为的违法性认定标准,除了违背诚实信用原则和商业道德、损害公平竞争的市场秩序等构成要件外,还应考虑是否会对其他经营者的相关产品和服务构成实质性替代。此外,《意见稿》还将“征得用户同意”“合法、适度使用”作为合法数据抓取行为的必要条件。裁判规则的完善将有助于司法机关更为统一、准确地适用法律。

数据抓取问题事实上涉及数据要素的配置、数据信息的流通、数据价值的发掘,其治理外延不仅仅只限于反不正当竞争领域。当前,我国对数据治理日益重视,民法典对数据保护进行了宣示性规定,数据安全法也规定应当合法正当地获取数据,个人信息保护法则构建起个人信息数据处理全链条保护制度。

直播复盘过程中,直播团队应遵守法律法规,合理合法地从各平台抓取直播数据,我们相信,随着数据治理的法律法规的不断细化与完善,必将为数字经济高质量发展提供坚实的制度支撑。

任务 5.3 数据分析指标

【任务导入】

小王的网店以经营男士服装为主,在抖音开通直播销售以来,交易情况并不理想。他分析了直播数据后得知店铺的访客数较多,但是转化率较低,说明用户点击商品浏览后没有下单,可能导致的原因是产品主图与主播展现的商品有较大的区别,导致用户产生了点击行为却没有下单购买。小王聘请专业团队为自己的网店进行精细化的装修,设计网店的色调,优化商品详情页并重新组合直播选品,直播间的转化率开始稳步上升。在转化率有保证的前提下,小王进一步通过内部渠道和外部渠道进行引流,店铺的销售额稳步增长。

直播间的后续操作有很大一部分要通过数据指引方向,运营者可以分析数据来制订相应的执行方案并进行测试,以优化直播数据。直播间数据分析的常用指标包括粉丝画像数据指标、流量数据指标、互动数据指标、转化数据指标四大类。

【知识必备】

拓展:直播分析数据指标

5.3.1 用户画像数据指标

直播数据可以帮助直播电商进一步了解自己的用户画像与受众喜好,可根据需求调整粉丝数据结构,也可以对不同账号的数据进行多维度对比,取长补短。

（一）用户画像数据指标

用户画像的数据指标包括性别分布、年龄分布、区域分布、活跃时间分布、粉丝来源等，见图 5-37。

图 5-37 用户画像数据指标

图 5-38 中，通过消费人群分布比例可以看出，该主播的直播间粉丝中，小镇中老年粉丝数量占比较高，达到 25.17%，都市银发与资深中产的占比为 24.5%和 21.17%，说明该直播间粉丝用户中，中老年人群占比较高，这部分群体一般有较高的消费能力、较为稳定的收入。

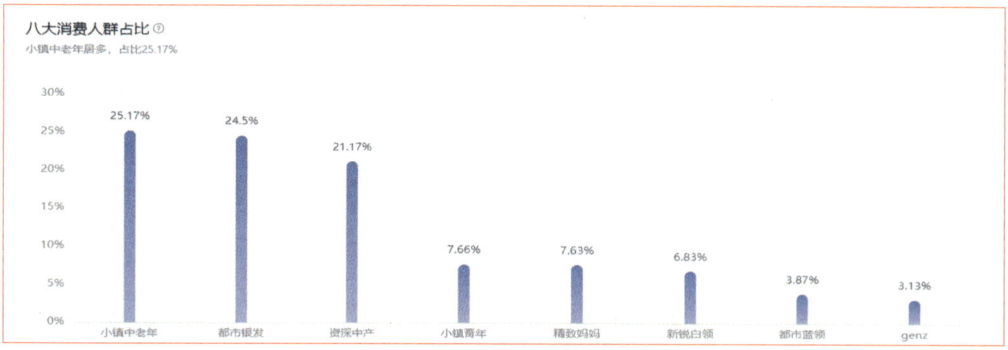

图 5-38 某数据分析平台粉丝人群占比图

用户画像分析是直播电商需要分析的关键数据，直播带货就是基于直播间用户的需求进行的。直播间的用户画像包括年龄、性别、兴趣、来源等，掌握了这几个数据，无论是选品还是直播间的优化，都能找到切入点。

（二）用户画像标签体系

用户画像的核心在于给用户“打标签”，每一个标签通常是人为规定的特征标识，用高度精练的特征描述一类人，人的基本属性、行为倾向、兴趣偏好等某一个维度的数据标识，它是一种相关性很强的关键字，可以简洁地描述和分类人群。不同的标签通过结构化的数据体系整合，就可以组合出不同的用户画像。

梳理标签体系是实现用户画像过程中最基础，也是最核心的工作，目的是为直播运营提供丰富的用户画像数据，提高实时场景识别能力，帮助直播运营者全方位了解用户。多数直播数据分析平台，将用户画像标签分为用户行为标签、场景标签、属性标签、兴趣标签、定制化标签，如图 5-39 所示。

图 5-39　用户画像标签体系

知识拓展

使用 RFM 模型分析会员数据

RFM 模型通过对最近一次消费距今的时长、消费频率和消费金额三个维度的分析来描述会员价值状况，是根据会员活跃程度和交易金额的贡献进行会员价值细分的一种方法。RFM 模型可以识别优质会员，可以用于制定个性化的沟通和营销服务策略，为更多的营销决策提供有力支持。另外，它还能衡量会员价值和会员创收能力。

利用 RFM 模型分析会员数据时，需要采集会员名称、上次交易时间、交易笔数和交易总额等数据，利用这些数据构成 RFM 模型指定的几个维度。根据数据对会员在这几个维度的情况进行评价，然后得到评价结果，为会员管理与营销提供支持。运营者可以将 R、F、M 每个指标的平均值或中值作为区分该指标数值高低的标准。RFM 模型包括三个指标，运营者可以使用三维坐标系进行展示，*X* 轴表示 Recency、*Y* 轴表示 Frequency、*Z* 轴表示 Monetary，将空间分为 8 个部分，这样就可以将客户分为八种类型，如图 5-40 所示。

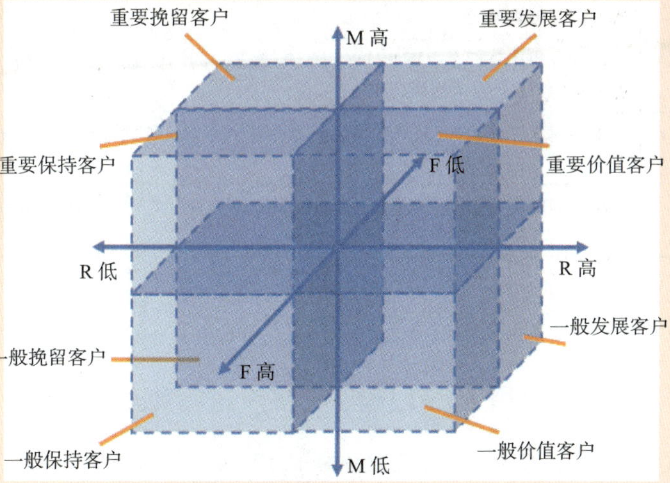

图 5-40　RFM 客户价值象限分类

将图 5-40 中的内容转换到二维表中，就得到了客户分类规则，如表 5-6 所示。

表 5-6　RFM 模型的客户分类规则

R(Receney)	F(Frequency)	M(Monetary)	客户类型
高	高	高	重要价值客户
高	低	高	重要发展客户
低	高	高	重要保持客户
低	低	高	重要挽留客户
高	高	低	一般价值客户
高	低	低	一般发展客户
低	高	低	一般保持客户
低	低	低	一般挽留客户

针对不同类型的客户，运营者可以采取不同的管理策略，如表 5-7 所示。

表 5-7　不同类型客户的管理策略

客户类型	管理策略
重要价值客户	为其提供个性化服务，并为他们提供一定的优惠激励，赠优惠券、包邮等，以不断增强客户的黏性
重要发展客户	制订以提高客户消费频率为中心的管理策略，充分利用店铺已有的客户信息数据库实施有效的数据挖掘与分析，找出客户的深层次需求，以此来扩大此类客户在店铺客户总数中所占的份额，争取将此类客户发展为重要价值客户
重要保持客户	实施客户亲近策略，强化企业与客户的情感联系，以提高客户的留存率，运营者可以采取多种措施保持与客户的密切接触，与客户建立一种亲善的关系。在客户生日当天，运营者除了向客户赠送生日卡或小礼物外，还可以让客户购物时在享受原有折旧的基础上再享受一定折扣的优惠；或者，在客户生日当天，客户购买指定型号（款式）的商品可以获得礼品或享受特别折扣，客户购买某类商品可获赠配套商品等
重要挽留客户	采取客户召回策略，运营者可以向这类客户推送各种促销信息，以刺激他们产生购买欲望。运营者要努力寻找造成这些客户不来店铺购买商品的原因，并制订合理、有效的解决方案
一般价值客户	刺激客户消费，努力提高客户的客单价，运营者可以为他们提供购买折扣、包邮等优惠，以刺激他们进店消费
一般发展客户	通过收集并分析客户历史订单信息，了解客户的消费偏好，深度挖掘客户需求，为其提供能够满足他们真正需求的商品和服务
一般保持客户	采取流失召回策略，运营者可以通过为客户提供各种优惠和打折服务，加深与客户之间的联系
一般挽留客户	减少为此类客户提供服务，或者向此类客户实施营销活动，如果企业资源有限，运营者可以考虑直接放弃此类客户

案例链接

运用 RFM 模型对客户进行细分

步骤 1：在某平台获取客户名称、上次交易时间、交易笔数和交易总额等指标数据，导出客户的详细数据，命名为“RFM 分析.xlsx”。

步骤 2：打开素材“RFM 分析.xlsx”文件，在“上次交易时间”列后插入新列“时间间隔天”，选择 C2 单元格，在编辑栏中输入“=TODAY( )-B2”，“Enter”键计算出时间间隔，然后双击 C2 单元格右下角的填充柄，快速填充其他客户的时间间隔，如图 5-41。

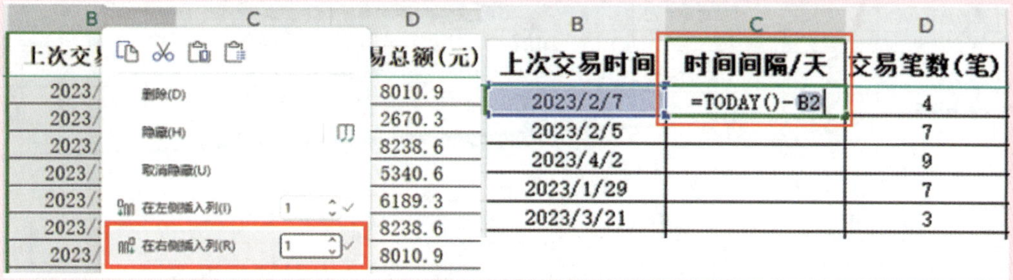

图 5-41 计算时间间隔

步骤 3：此时时间间隔对应“最近一次消费时间”，即 R 维度；交易笔数对应“消费频率”，即 F 维度；交易总额对应“消费金额”，即 M 维度。根据 RFM 的三个维度划分等级时，消费金额可以依据网店自身的价格来划分，消费频率可以按平均频率来划分，最近一次消费时间可以按行业淡旺季的情况来划分。为了便于理解，这里将三个维度都按对应数据的平均值划分，利用 AVERAGE 函数计算出它们各自的平均值，如图 5-42。

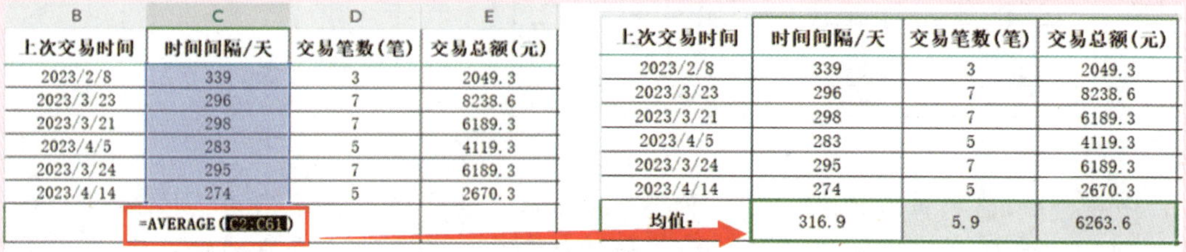

图 5-42 计算各维度的平均值

步骤 4：在 F 列至 H 列依次插入“R”“F”“M”项目，利用 IF 函数将每位客户各维度的数据与对应的平均值进行比较。R 值如果大于或等于平均值，则评价为“低”，如果小于平均值，则评价为“高”，在 F2 单元格输入“=IF(C2>=$C$62,"低","高")”可求出 R 值。另外两个维度的值如果大于或等于平均值，则评价为“高”，如果小于平均值，则评价为“低”，在 G2 单元格输入“=IF(D2>=$D$62, "高", "低")”可求出 F 值、在 H2 单元格输入“=IF(E2>=$E$62,"高","低")”可求出 M 值，如图 5-43。

步骤 5：在“客户细分类型”列，利用 IF 函数并结合 RFM 指标来判断客户的细分类型，具体公式为“=IF(AND(F2="高", G2="高", H2="高"), "重要价值客户", IF(AND (F2="低",G2="高",H2="高"),"重要保持客户",IF(AND(F2="高",G2="低",H2="高"), "重要发展客户",IF(AND(F2="低",G2="低",H2="高"),"重要挽留客户",IF(AND(F2="高",G2="高",H2="低"),"一般价值客户",IF(AND(F2="高",G2="低",H2="低"),"一般发展客户", IF(AND(F2="低", G2="高", H2="低"), "一般保持客户", "一般挽留客户")))))))”，如图 5-44。此后网店便可针对不同的客户采取相应的营销策略。

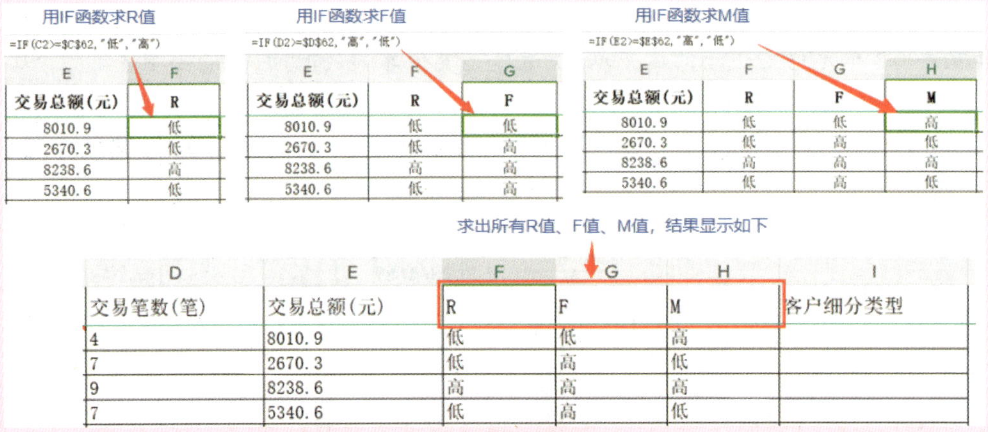

图 5-43　三个维度的计算结果

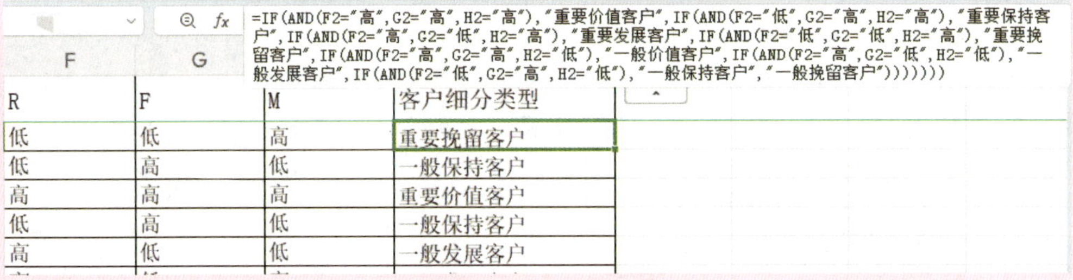

图 5-44　客户细分类型

步骤 6：创建数据透视表，在“数据透视表字段列表”窗格中将“客户细分类型”字段添加到“行”区域，将“客户名称”字段添加到“值”区域，得到每类客户的数量，如图 5-45。

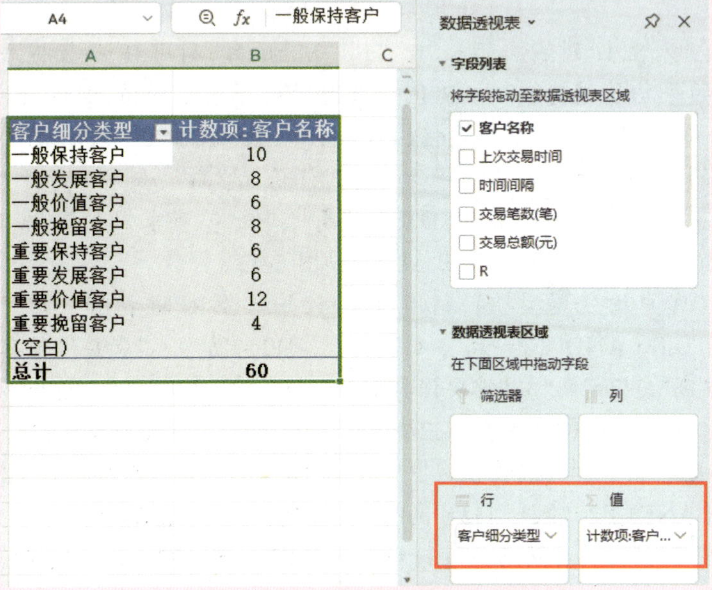

图 5-45　创建数据透视表

步骤 7：如图 5-46，插入饼图，设置图表格式，从图表中可以看出店铺每类客户的占比情况，如图 5-47。

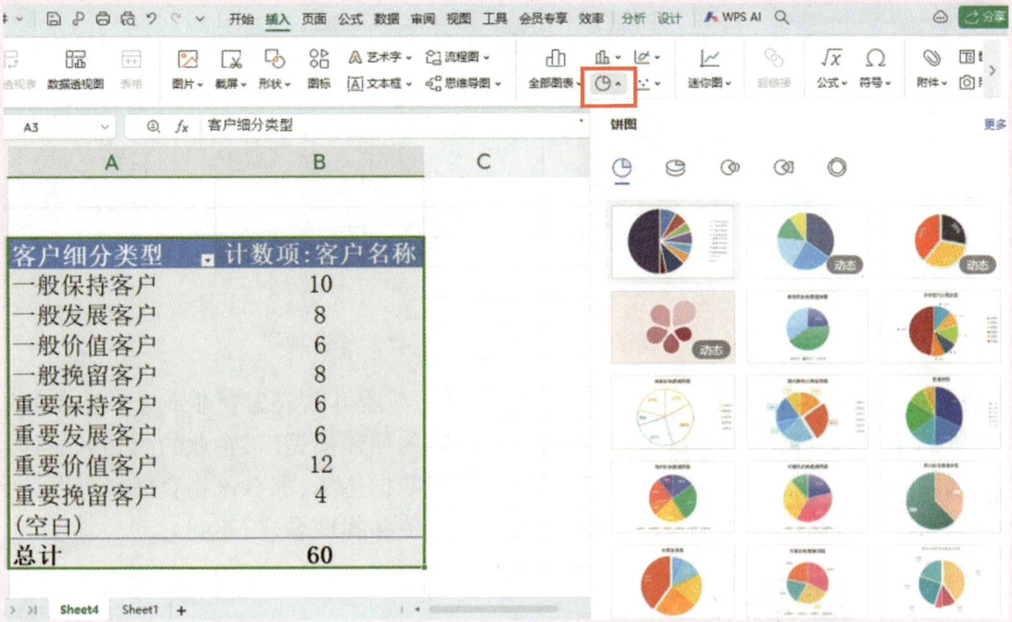

客户细分类型	计数项:客户名称
一般保持客户	10
一般发展客户	8
一般价值客户	6
一般挽留客户	8
重要保持客户	6
重要发展客户	6
重要价值客户	12
重要挽留客户	4
(空白)	
总计	60

图 5-46　插入饼图

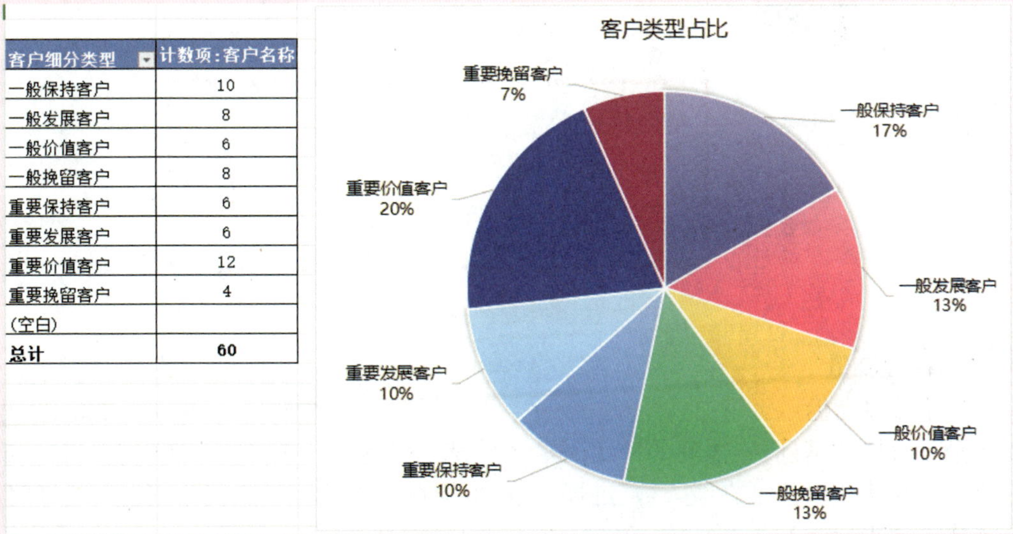

客户细分类型	计数项:客户名称
一般保持客户	10
一般发展客户	8
一般价值客户	6
一般挽留客户	8
重要保持客户	6
重要发展客户	6
重要价值客户	12
重要挽留客户	4
(空白)	
总计	60

图 5-47　“客户类型占比”图表

5.3.2　流量数据指标

流量数据指标也可以称为直播间的人气指标，主要包括人气数据、在线流量和粉丝团人数。

(一)人气数据

人气数据包括累计观看人数、人气峰值、平均在线人数、本场音浪、累计点赞、“涨粉”人数、“转粉率”和送礼人数，如图 5-48。

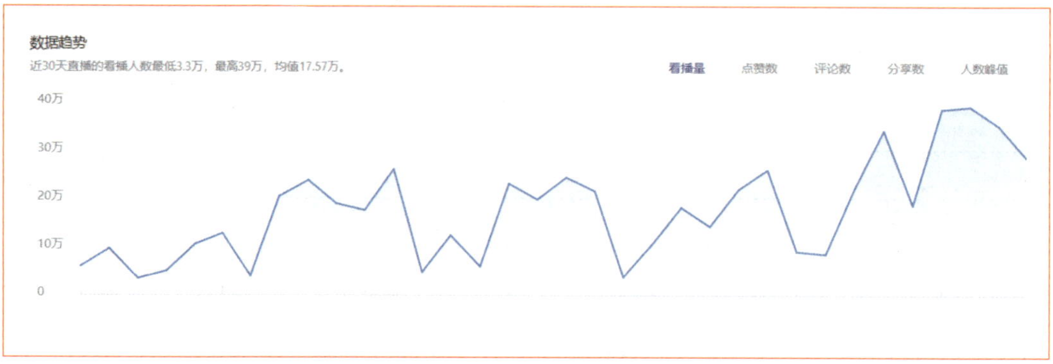

图 5-48　某数据分析平台粉丝观看直播线性图

直播的过程是不断向用户传播内容的过程，因此直播可以成为企业或个人宣传商品和传播品牌的渠道。直播间的在线人数越多，直播内容的覆盖面越广，企业的商品和品牌可以植入直播内容中，实现品牌曝光。只要直播间的人气数据达标，那么该场直播就可以认为是成功的。某品牌直播不仅仅是为了卖货，也是为了宣传品牌理念，图 5-49。

图 5-49　某直播间的人气数据

（二）在线流量

1. 在线流量指标

流量是直播的基础，直播间的一切因素，包括粉丝互动、下单转化等都建立在有人观看的前提下。在线流量包括在线人数、进场人数、平均在线人数、累计观看人次、人气峰值、累计点赞数等，如图 5-50。

在线人数是直播间流量的核心指标，直播在线人数多的作用有以下几点。

（1）提高直播的曝光率

直播在线人数多，让更多的用户看到直播间。当一个直播间的在线人数较多时，其他用户使用软件时，会更容易看到这个直播间的推荐，吸引更多的用户进入直播间观看。

（2）增加直播间的互动性

当一个直播间的在线人数较多时，用户之间的互动也会更加频繁，主播可以更好地与观众互动，增加直播的趣味性和互动性。

图 5-50　在线人数和进场人数

（3）提高直播间的收益

当一个直播间的在线人数较多，主播可以通过打赏、送礼物等方式获得更多的收益。也会吸引更多的品牌商家前来合作，增加直播间的商业价值。

（4）增加直播间的影响力

当一个直播间的在线人数较多时，主播的影响力会相应地增加。这不仅可以帮助主播吸引更多的粉丝，还可以为主播带来更多的商业机会。

2. 在线人数维度

在线人数要从两个维度展开分析：在线人数的变化曲线和在线人数的停留时长。

（1）在线人数的变化曲线

在线人数的变化曲线直观地反映直播间的内容质量，直播中在线人数的变化可以直观地反映直播间的内容质量。图 5-51 为某场直播在线人数的变化曲线。在线人数的变化曲线会出现波峰和波谷，波峰代表直播间的人气峰值，波谷代表直播间的人气低谷。一般情况下，直播间在线人数的波峰会出现在有引流活动的时间段，而波谷则会出现在引流活动结束后，通常是因为直播间内容没有吸引住引流进来的用户，所以才会出现用户大量流失的情况。

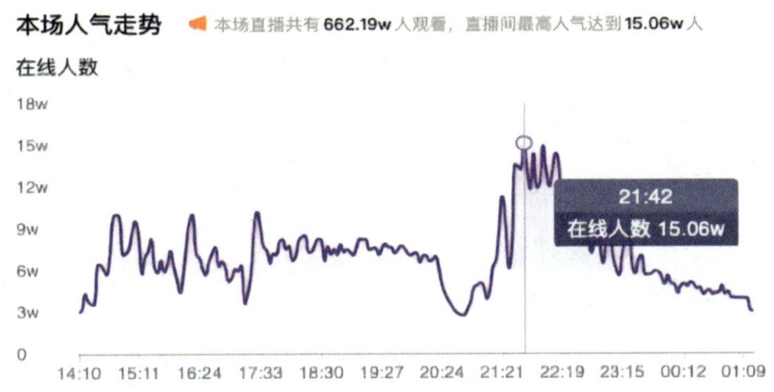

图 5-51　在线人数变化趋势

（2）在线人数的停留时长

随着多场次直播的开展，在线人数的停留时长代表着用户对直播间的黏性。直播过程中，不断有用户离开直播间，不断有新用户进入直播间，会导致在线人数不断变化。如果每场直播，直播间的在线人数稳步上涨，就说明直播间既能留住新用户又能吸引老用户回流，即用户黏性较强。

（三）粉丝团人数

粉丝团是粉丝和主播的一个专属组织，用户加入粉丝团后会受到主播更多地关注，主播可通过粉丝团更好地维护粉丝关系，与粉丝互动。粉丝团人数包括本场新增粉丝团、粉丝团增量峰值和出现时间，如图 5-52。

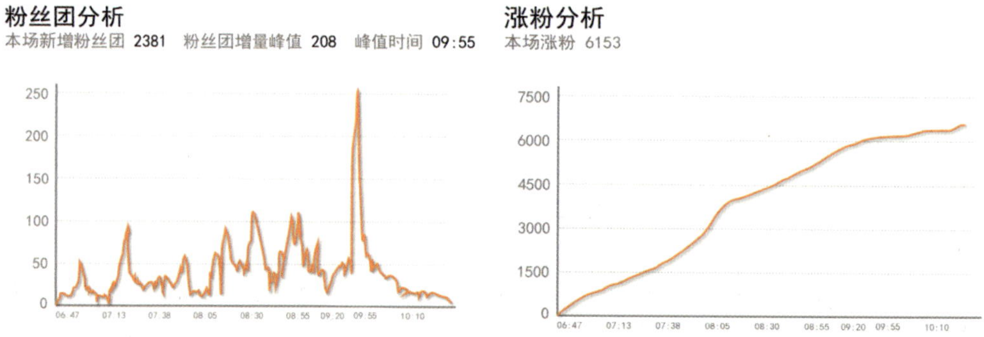

图 5-52　粉丝团人数

主播可以巧妙地运用优化技巧来提高直播间的流量，方法举例如下。

①提升玩法，多上一些“引流”款商品。

②主播推荐商品时，要提升自己的引导力、感染力和亲和力。

③商品的类目、性价比、价格要与目标用户相匹配。

④改善直播间的布景，提升用户的观看体验。

5.3.3　互动数据指标

互动指标主要是指直播间的用户互动行为数据。互动行为主要包括点赞、评论和关注。直播间的互动越活跃，代表直播间出镜的主播与用户之间产生信任的概率越大。互动指标包括互动情况、关注情况等，互动情况包括累计点赞数、累计评论数，如图 5-53。关注情况包括累计关注数、累计粉丝团，如图 5-54。

（一）弹幕热词

互动数据指标主要是弹幕热词。弹幕热词又称弹幕词云，词云是指通过形成关键词云层或关键词渲染，对网络中出现频率较高的关键词进行视觉上的突出，过滤掉大量文本信息，使浏览者可以一眼看到文本主旨。

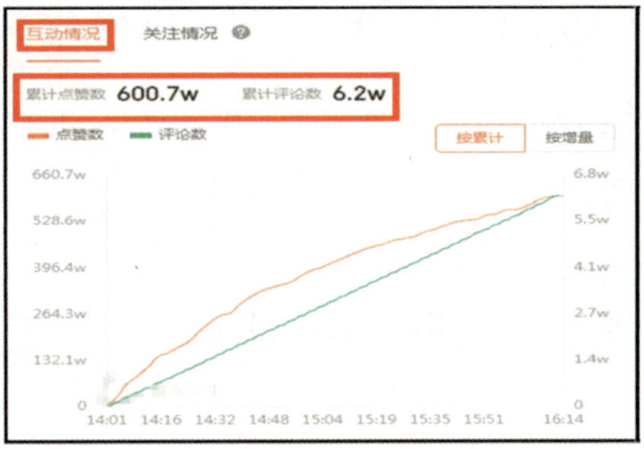

图 5-53 互动情况

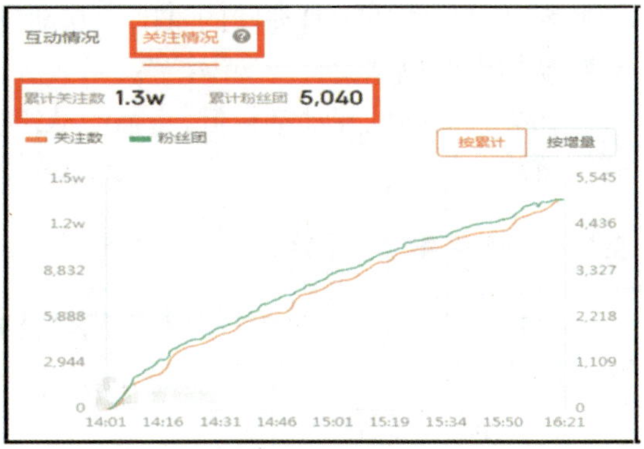

图 5-54 关注情况

直播带货过程中，用户评论中出现次数最多的关键词会突出显示，反映在弹幕热词中，主播可以直观地看到用户互动频率最高的内容，并据此作出相应的调整。弹幕热词数据包括弹幕总数、弹幕人数和观众互动率，如图 5-55。

图 5-55 弹幕热词

直播带货的时候，会将用户评论中出现最多的关键词进行重点强调，体现在弹幕热词中，主持人能够直接了解到与其交互的最为频繁的内容，并作出相应的调整。弹幕热词的数据具体包含了弹幕总数、弹幕数量以及观众互动率。

（二）互动率

互动率是指一场直播中参与互动的用户数占直播间用户访问数的比例。互动率是直播间人气活跃程度的核心指标，互动率越高，代表直播间的用户对直播内容的参与程度越高，直播间的活跃程度也就越高；相反，互动率越低，代表直播间用户的参与程度越低，直播间的活跃程度也就越低。互动率过低时，直播团队需要考虑改进直播间的互动玩法，进一步调动直播间用户的积极性，使其尽可互动率过低的，能多地参与互动，提高直播间的活跃度。互动率可以从两个维度进行分析：新用户互动率和老用户互动率。

1. 新用户互动率

新用户互动率是指新用户进入直播间后，对直播中的内容产生兴趣，并积极参与其中的新用户占直播间用户访问数的比例。新用户的短暂停留可能只是猎奇，但是能参与互动的新用户，则可以定义为直播间的优质用户。新用户互动率与直播间新用户转化为老用户的转化率密切相关。

2. 老用户互动率

老用户是指非首次进入直播间的用户。老用户如果除了能持续地观看直播间的每一场直播外，还能在直播过程中参与直播内容的互动，就基本可以算作直播间的粉丝。通常老用户的互动率更能决定直播间的氛围。互动氛围越好，直播间中新用户驻足的概率就越大，参与互动的概率也越大。

如果直播间的互动率较低，直播团队需要初步判断导致互动率低的原因，积极改善推广营销策略。

5.3.4 转化数据指标

直播营销的最终目标是促成交易，转化指标处于重中之重的位置，对成交量有直接的影响。转化数据指标主要有以下三个。

（一）浏览互动数据

浏览互动数据包括商品展示次数和商品点击次数。商品展示次数是指商品展示给用户的次数，直播间的弹窗、用户点击进入购物袋或购物车浏览商品都算作商品展示。

商品点击次数：指用户实际点击商品的次数，也就是说，用户要进入商品详情页查看。

商品点击率=商品点击人数 ÷ 商品曝光人数 × 100%。

当直播间保持长期稳定的直播节奏时，大部分商品的点击转化率会维持在一个相对比较稳定的水平。针对直播商品点击率，可以在主播讲解介绍、上架顺序、粉丝互动等方面进行优化，最大限度地引起粉丝兴趣从而产生点击。

（二）引导转化数据

引导转化数据包括商品详情页访问次数和我的橱窗访问次数。假如商品详情页访问次数为 10，订单量为 3，就说明购买转化率为 30%，是一个比较高的转化率，商品对点击进来的用户有很强的吸引力。

（三）直播带货数据

直播带货数据包括本场销售额、销量、客单价、上架商品和用户人均价值。

要想增加直播间的商品点击数，提高商品转化数据，主播可以按照以下方法来做。

①丰富产品 SKU，给用户更多选择的余地。

②主播在引导时要多强调商品的优势，如价格、促销活动等。

③从浏览商品详情页到下单的过程是由用户自己做决策的，主播要尽量缩短下单链条。

（四）成交单量

成交单量是考核直播电商转化的核心指标，代表直播内容和电商销售达成了统一。成交单量分析有以下两个维度。

1. 成交单量与在线人数

直播间用户的精准程度可以用指标来衡量。

直播间用户的精准程度=成交单量 ÷ 在线人数 × 100%

指标越高，代表直播间用户的精准程度越高；指标越低，代表直播间用户的精准程度越低。

如果直播间用户的精准程度比较低，那么很难达成销售转化。通常来说，每场直播中该数值要高于 3%，也就是说如果有 1000 人在线，那么至少要达成 30 单成交。如果该数值低于 3%，就意味着用户的精准程度偏低。

2. 成交单量与互动数量

直播间的成交单量与互动数量可以反映出直播间商品的内容策划质量。

$$直播间产品的内容策划质量=成交单量 \div 评论数据 \times 100\%$$

指标越高，代表内容策划质量越高；指标越低，代表内容策划质量越低。

用户已经参与直播间互动，但没有下单，那么很可能是商品口碑、商品详情页或商品定价存在问题，影响了用户的购买决定。直播团队需要优化选品环节，优化直播间的商品配置，或优化商品的促销方式。

通常来说，直播间商品的内容策划质量数值应该高于5%，也就是说每1000条互动至少要达成50单成交量。如果每场直播中该数值都低于5%，就意味着产品的内容策划质量偏低。

【任务探究】

运营者开展电商数据分析需要使用哪个指标呢？对于这个问题，其实并没有标准答案，因为每个店铺所处的行业、性质不同，所处的阶段不同，运营者的关注点也不同。运营者在选择数据分析指标时可以基于以下原则。

（1）店铺所处阶段不同，关注重点不同

对于一个新店铺来说，在运营初期积累数据、找准运营方向，比卖多少商品，获得多少利润更为重要。因此，处于这个阶段的店铺，运营者可以重点关注流量类指标。

对于已经运营一段时间的店铺来说，通过开展数据分析提高店铺销量是首要任务。因此，在这个阶段，运营者需要重点关注流量类指标和销售类指标。

对于已经有一定规模的店铺来说，利用数据分析提升店铺的整体运营水平是关键任务。此时，运营者需要重点关注的指标有独立访客数、页面浏览量、转化率、复购率、跳失率、留存率、客单价、投资回报率和销售额等。

（2）周期不同，侧重点不同

店铺运营中，有的数据分析指标需要按天、按时间段来追踪，独立访客数、页面浏览量、页面访问时长、跳失率、转化率、客单价，以及重点商品的库存数量、订单执行率等。

有的数据分析指标可以以“周”为单位进行分析。大部分数据分析指标都可以按周进行分析，不过运营者可以将侧重点放在重点商品的分析和重点流量的分析上。运营者可以以“周”为单位进行分析的指标包括但不限于日均独立访客数、日均页面浏览量、访问深度、重复购买率、成交总额、销售额、销售毛利等。

（3）目的不同，指标不同

运营者进行数据分析的目的不同，所使用的指标也应有所不同。运营者要分析店铺的销售业绩，可以重点关注拍下付款件数、付款金额、成交总额、销售毛利、利润率等指标；要分析营销活动的效果，可以重点关注页面浏览量、独立访客数、访问深度、页面访问时长、跳失率、活动下单转化率、投资回报率等指标；要分析店铺运营员工的工作业绩，可以重点关注独立访客数、转化率、访问深度、客单价和连带率等指标；要分析店铺推广人员的工作业绩，可以重点关注新增访问数、活动下单转化率、跳失率和投资回报率等指标。

总之，数据对于电商有不可替代的作用，是其不断发展的保障。只有搭建完整清晰的数据指标体系，才能通过数据实现提升业务转化。

【思政园地】

近年来，网络直播在一定程度上拓宽了商品营销渠道，带动了直播经济。从最初卖食品、日用品，到如今卖房子、汽车等，再到地方干部直播带货卖当地农产品，直播营销方兴未艾。

直播营销趋热的同时，也存在着一些消费陷阱，既损害了消费者权益，也影响到自身健康发展。有些商家夸大其词，消费者收到商品后才发现，名品变赝品、好货变水货、价廉不物美；消费者遇到产品质量问题，售后服务却跟不上；有的直播平台或主播为制造“火热假象”，不惜制造虚假数据、泡沫流量。中国消费者协会的统计数据显示，37.3%的受访者在直播购物中遇到过消费问题。保质保量、诚信经营，保障消费者权益，是直播营销必须坚守的底线。

无论技术如何迭代、渠道如何更新，直播营销仍是市场营销行为，都应坚持诚信经营的价值取向。中国广告协会发布并实施《网络直播营销行为规范》，明确规定：“应当全面、真实、准确地披露商品或者服务信息”“严格履行产品责任，严把直播产品和服务质量关”“依法依约积极兑现售后承诺”。直播营销越是红火，就越应该筑牢诚信经营的基石。

诚实守信是电商数据分析人员应有的职业道德素养，直播复盘数据分析必须坚持数据的真实可靠，数据分析的结果应科学严谨具有条理性，并且能为店铺的运营提供决策依据。

任务 5.4　数据复盘及优化

【任务导入】

直播带货过程中，直播数据分析是不可或缺的环节，为了使直播运行的效果得到优化，从而增强直播带货的销售业绩和提升粉丝转化率等数据指标，直播团队需要对直播过程和直播数据进行复盘，直播数据复盘分为以下四个步骤。

(1)直播回顾

首先要明确本场直播的目标是什么？是为了实现销量？还是品牌宣传？还是视频号增粉？然后是回顾流程，梳理出本场直播的优点和缺点：比如回答了用户的哪些问题，直播过程中哪里出错了，哪里互动有问题。

(2)数据分析

沿着目标回顾单场直播分析、横向对比、纵向对比。分析一场直播的数据是否达到自己的目标、有多少差距，重点提炼当前数据的趋势表现，做好数据分析。整理与分析好数据后，进行横向和纵向对比，比如这场直播与上场直播的对比，检查针对上场直播出现的问题，提出的方案在这场直播中是否有效果,数据是否提升;要将这场直播不同时段的数据进行对比,从数据中分析出哪些地方做得好,哪些地方做得不足。

(3)评估优化

找出问题后,对直播间数据进行优化,可以从提升直播间人气、提升直播间玩法、提升主播讲解引导力和感染力、提升直播转化率等几个方向去改进。

(4)用户需求反馈

根据直播时的用户评论、用户私信及客服收集的粉丝问题等,尽可能多地收集用户的反馈信息,然后根据用户需求反馈信息不断做好优化。

【知识必备】

5.4.1　直播大盘数据分析

直播大盘数据是指整个直播行业的排行及各种指数,能够科学地反映整个直播市场的行情。直播大盘数据主要包括主播排名、大盘数据转化、主播活跃度、地域分布和产品信息等,部分直播平台官方会汇总给出数据,主播可直接查找观看,也可从某些第三方数据平台(飞瓜数据、蝉妈妈、灰豚数据等)获得该类数据,这些平台和服务可以帮助你了解整个直播行业的趋势和数据,也可以帮助你分析具体的直播间数据,更好地优化自己的直播内容和策略。

通过直播大盘数据,主播能更清楚地了解排名动态,排名靠前的直播行业情况、直播间活跃度、粉丝数等,观看直播的人群特征,年龄段分布及性别比例等,以及直播行业的实时动态,如直播排名靠前的相关商品类目。通过分析直播平台的全网流量、频道流量、标签流量、标题流量等数据,帮助我们了解直播电商平台的整体表现和发展趋势。

(一)直播大盘数据

直播大盘包含了直播电商多维度的实时数据,可以帮助运营者了解正在直播带货的直播内容和数据情况,以及掌握自己的直播间在整个电商直播行业中所处的位置。下面以飞瓜快手对【直播大盘】的分析为例,了解直播实时大盘的动态数据及各项指标分析。【直播大盘】功能包含多个功能板块,每 60 s 统计当前时间下的快手直播热度、带货直播热度、实时观众热度及上架商品热度等数据,并可查看快手直播间各品类商品的数据趋势图,了解直播间卖货风向。

1. 实时直播动态

实时直播动态数据每 60 秒更新,分钟级查看快手直播间热度,并可查看实时带货直播间、直播间观众、上架商品热度比值及实时观众画像,实时掌握快手直播间的流量趋势,如图 5-56。

【区域 A】:大盘实时热度。

【热度值】:当前周期内,快手直播热度的综合评分。

【数据维度】:直播场次、带货直播场次、实时直播间观众人数及推广商品数。

【参考价值】:若今天的带货直播热度和实时观众等热度值同比昨日高,说明今天有更多的用户在看快手直播,那么今天开播就有可能获得更多的观众流量。

【热度值分布】:结合具体类目近 24 小时的销售数据,可判断商品的最佳推广时间。热度值参考如图 5-57。

【区域 B】:大盘实时观众画像。

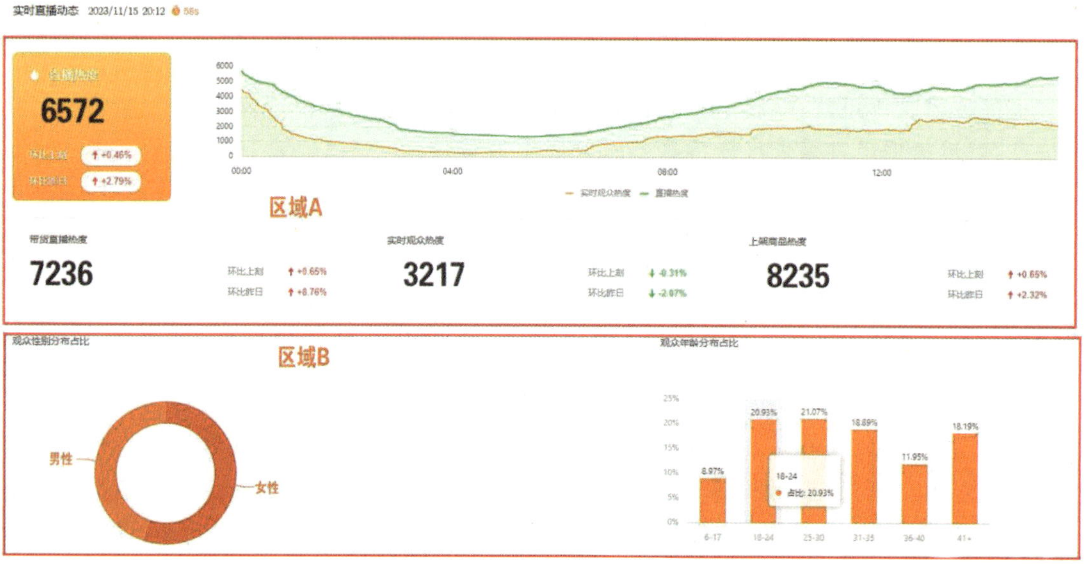

图 5-56　实时直播大盘

图 5-57　热度值参考

帮助用户实时了解当前周期内大盘观众的性别、年龄及地域的占比情况。从图 5-56 中分析到女性用户居多,年龄主要集中在 18~24 和 25~30 这两个年龄段。

2. 类目分析

类目分析收录了 21 个快手直播商品种类,可以选择日、周、月的维度进行查看。从大盘数据里可以了解快手直播商品种类的占比。我们可以从类目分析—商品品类中看到 2023 年 11 月 15 日直播中日用百货商品品类占比是最多的达到了 32.59%,如图 5-58。

这个数据说明快手直播商品的种类比例,不代表就是直播中最常见的商品,需要结合更多的大盘数据分析进行对照,比如带货主播数和直播场次。我们可以切换类目分析下的标签进行查看验证商品类目下的主播数量、直播场次及商品数量的情况。

3. 商品来源分析

商品来源可以查看快手直播日、周、月的 21 个品类商品的商品来源分布图，并同上周期的数据进行对比。

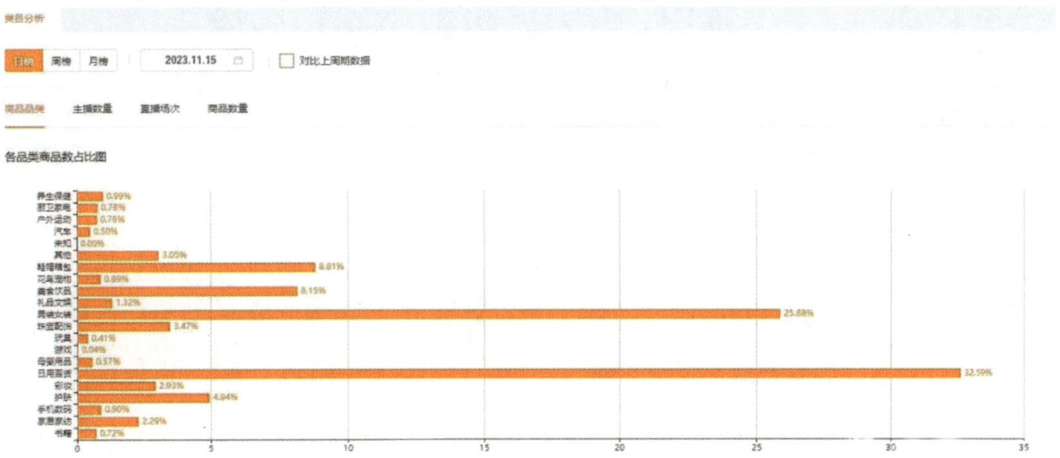

图 5-58 类目分析

我们通过对比发现在日用百货品类中 2023 年 11 月快手小店的带货量同 10 月对比相差并不是很大，如图 5-59。

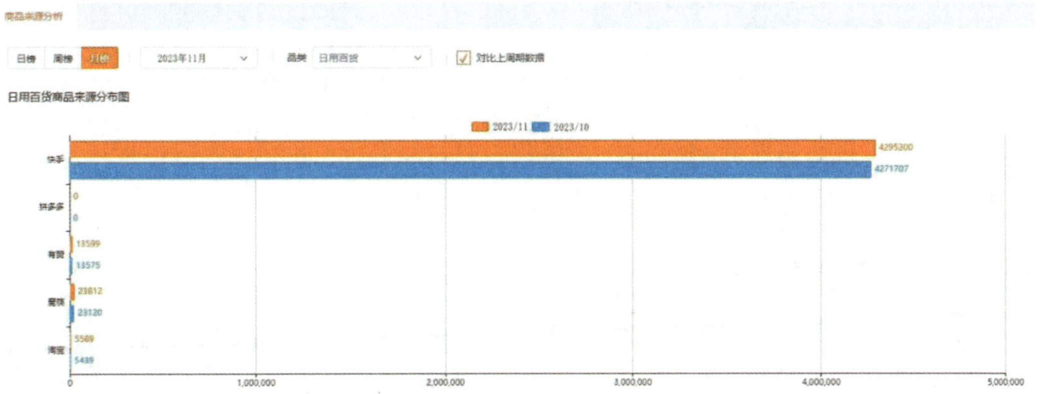

图 5-59 商品来源分析

4. 类目趋势图

类目趋势图中我们可以查看 21 个商品品类周、月维度下的主播数量、直播场次、商品数量、商品销量及商品销售额的情况，发现最近直播间热卖的商品。

我们选择“男装女装”的分类，可以看到商品在“双十一”之前相关直播场次有所增加，“双十一”之后几乎与十月的直播场次持平且有时候直播场次还少于 10 月份的直播场次，说明“双十一”过后男装女装的直播带货场次有所减少。我们也可以通过切换品类下的主播数量、商品数量、商品销售及商品销售额的标签进行详细的分析，如图 5-60。

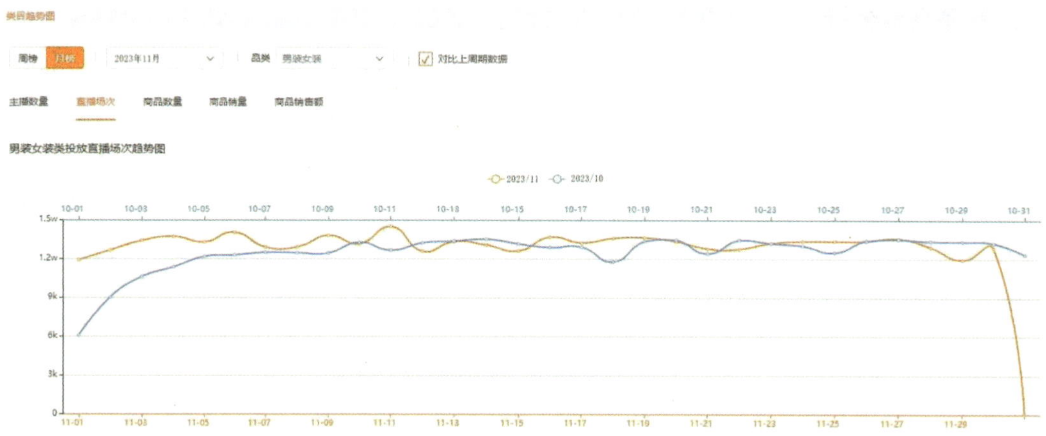

图 5-60　类目趋势图

（二）复盘历史数据分析

直播间内每个行为都会产生数据，对运营团队来说，分析直播带货数据的价值和意义都是巨大的。它可以帮助运营团队发现规律，让直播流程变得更加精细；纠正错误，避免继续犯错，将经验转化为能力。

数据平台的账号“直播分析”页面可以查看非常详细的历史直播数据。“直播趋势分析”“平均停留时长趋势”“UV 价值趋势”“带货产出趋势”“GPM 趋势”等数据将直播的关键数据以图表的方式直观地展现出来。

运营者通过分析直播数据的趋势图，能够有效地衡量直播和带货的效果。用户行为趋势图中，用户的平均停留时长是一个关键指标，直播团队关注的不应该是进来的人数多或少，而应该关注用户的平均停留时长，平均停留时间越长，粉丝黏性越高，转化率也就越高。

“直播分析”页面中的“直播记录”板块可以看到之前每一场直播的数据总结，包括“直播场次”“观看人次”“销量”“销售额”等。

5.4.2　直播竞品数据分析

直播竞品分析是对与本店铺直播存在竞争关系的主播、商品、店铺的直播数据进行对比分析，通过直播竞品的分析，可以为后期直播选品结构、开播时间、开播主题等的调整提供数据支撑。对直播竞品分析的维度越多，分析的结果就会越准确，对后期直播调整也越有针对性。

（一）竞店对比分析

竞争店铺分析是指可以对比分析竞争店铺各项指标的趋势和数据，与本店铺的数据进行实时对比，还可以查看竞争店铺热销商品的交易指数、流量指数、交易构成等情况，如图 5-61，从两个店铺在指定时期内关键指标的对比情况可以看出，本店前期的交易指数不及竞争店铺，后期逐步追上了。

图 5-61　对比分析竞争店铺的关键指标

竞店直播商品的指标还可以从流量指标、支付转化指数、交易指数、客群指数(体现支付的用户数量,该指数越高,说明支付的用户数量多)等来进行变化趋势对比分析,如图5-62。

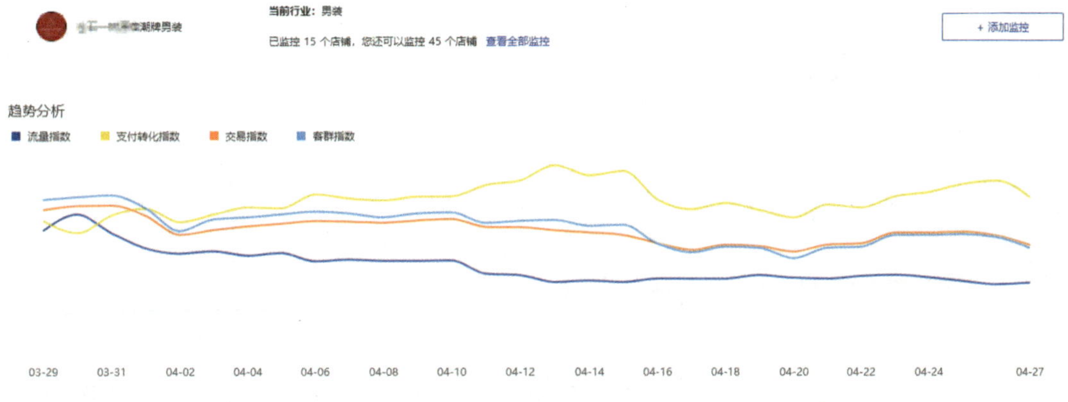

图 5-62　竞店指标变化趋势

(二)商品竞品分析

商品竞品是与自己的产品构成竞争关系的商品。选择合适的商品,对提升直播销量、用户满意度等方面均有帮助。选择商品的过程中,可以从以下几个方面进行商品竞品分析。

1. 根据直播主题分析直播商品

店铺直播的主要内容为该店铺销售的商品,由于店铺销售的商品品类比较固定,因此直播的主题也比较固定,而达人主播在直播中的主题相对来说不固定,可以根据市场趋势、粉丝需求等因素来确定。

根据直播主题进行直播商品的选择，可以保证整场直播的统一性，使直播所带的商品与粉丝相互匹配，如本期直播的内容是“运动/户外”，那么直播的商品就可以选择“运动设备”，用户对“运动/户外”感兴趣，才会进入到直播间，同样也是这类商品的最佳适用群体。

2. 根据性价比分析直播商品

直播的最终目的是销售商品，高性价比的商品对观看直播的粉丝更有吸引力。在保证商品质量的前提下，低价的商品往往是最佳的引流方式，更大的优惠力度能激发粉丝的消费欲望。挑选商品时需要调查商品的口碑和用户对商品的评价。

目前直播带货的实质还是低价促销，低价仍然是刺激消费者购物的第一因素，低价的同时，选择高性价比的商品，将会大幅提升直播的销量。这一点，在各直播平台的热销榜上都能得到论证，如图 5-63。

排行	商品	商品分类	单价	关联直播数	销量 销售额
01 New	[illegible]	美食饮品	¥79.90	365	31.3w 2497.2w
02 New	[illegible]	美食饮品	¥698.00	1	31.0w 1692.9w
03 New	[illegible]	美食饮品	¥199.00	1	7.0w 1398.7w
04 New	[illegible]	美食饮品	¥69.90	662	16.2w 1291.5w
05 New	[illegible]	美食饮品	¥1699.00	1	4624 1248.0w

图 5-63　直播商品排行榜

3. 根据品牌优势分析直播商品

品牌知名度在一定程度上能够影响用户的购买行为，选择直播商品时，应尽量选择较有知名度的品牌。

知名品牌的天然优势是消费者更愿意购买熟悉的产品而非陌生的产品，消费者对品牌存有认同感，有品牌背书，消费者对商品的信任度较高；品牌还有社会监督成本，有品牌的产品意味着更能接受社会的监督、承担更大风险；品牌对于商品而言，是质量的保证，同时品牌商品价格透明。

4. 根据高热度分析直播商品

高热度商品即网红爆品，选择高热度商品，主要是因为消费者对全网热点或事件非常熟悉，可以吸引消费者的兴趣。紧跟全网爆款，时刻为自己的直播间“打广告”，能够在极短时间内拿下用户的关注度。如图 5-64，通过某直播平台可以监测到每日甚至每天不同时段的热销商品，根据爆品热度分析直播竞品，可以保证自己能够紧随全网带货潮流。

排名	达人	直播商品数	直播销量	直播销售额(万元)	操作
1	千屿sheila（今晚七点女装潮品日）	698	89.1万	24427.76	热销直播 热销商品
2	丹洋工厂店	214	66.1万	23869.66	热销直播 热销商品
3	太平鸟官方旗舰店	404	35.6万	18109.48	热销直播 热销商品
4	邱莹莹--下午三点双11大促NONE女装	1112	55.2万	17911.17	热销直播 热销商品
5	波司登	183	11.6万	17787.78	热销直播 热销商品
6	星辰女装	123	29.6万	16012.23	热销直播 热销商品
7	Teenie Weenie官方旗舰店	383	29.5万	15619.43	热销直播 热销商品
8	懒猫nono（5号2点，皮草大上新	793	33.0万	15489.80	热销直播 热销商品
9	浩哥女装	647	110.3万	14900.94	热销直播 热销商品
10	小雨女装自产（11.2早上7点大上新）	494	101.7万	14316.92	热销直播 热销商品

图 5-64　直播热销商品排行榜

案例链接

直播商品分析与选择

直播商品的选择，需要分析粉丝属性、直播主题、品牌价格等相关因素。

以某美食主播为例，前期通过粉丝调查发现，有 80%的粉丝想要购买自嗨锅，于是该美食主播对两个品牌分别从品牌、价格、质量、好评率、回购率等方面进行筛选，如表 5-8。

表 5-8　不同自嗨锅商品的选择

	自嗨锅 A	自嗨锅 B	数据说明
品牌知名度	知名度高，市场占有率高，市面上 40%是 A 牌	知名度不错，市面上 35%是 B 牌	大品牌相对杂牌有保障，增加粉丝好感，降低粉丝下单阻碍
价格	38 元/包商谈后 26 元/包	36 元/包商谈后 26 元/包	低价高品质最受欢迎
质量	新鲜蔬菜制作，保质期短	新鲜蔬菜制作，保质期短	质保很重要，关乎粉丝对主播的信任度
好评率	97%	92%	可以看出粉丝对品牌的喜爱度
回购率	97%	92%	可以看出粉丝对品牌的喜爱度
是否购买过	买过	买过	购买过的更容易形成二次下单
附加内容	顺丰包邮，坏了包赔，内含烹饪手册，赠送一双筷子	普通快递，坏了包赔，内含烹饪手册	快递、赠品、服务好坏等附加价值也会令用户心动

从表 5-8 中可以分析出，自嗨锅 A 在品牌知名度、好评率、回购率和附加内容上均优于自嗨锅 B，价格上两者保持一致。因此，可以选择自嗨锅 A，直播过程中，可以将其价格、顺丰包邮等作为卖点进行宣传。

（三）主播竞品分析

主播的竞品分析，是指同一层次的主播之间的对比分析，主要从流量对比、粉丝画像两个方面展开，这里以头部主播的相关数据进行对比，如图 5-65，三组数据分别隶属主播 A、主播 B、主播 C。

流量对比			
	主播A	主播B	主播C
带货销量对比/件	2014.36万	2985.42万	478.19万
粉丝增量/人	26.78万	-63.67万	139.78万
转粉率	0.00%	-1.00%	1.00%
总开播场次/场	21	23	37
场均直播时长/小时	3.83	3.81	4.78
场均观看人数(UV)/人	418.85万	578.21万	498.36万
场均观看次数(PV)/人	1227.46万	1897.67万	824.51万
流量对比(PV)/人	2.31亿	4.39万	2.67亿
流量对比(UV)/人	9735.63万	1.07亿	1.74亿
流量对比点赞数)/次	1.95亿	2.35亿	3789.48万

图 5-65　主播流量对比

从流量对比来看，主播 B 在带货销量对比、场均观看人数、场均观看次数、流量对比（PV）和流量对比（点赞数）中处于领先水平；主播 C 在粉丝增量、转粉率、总开播场次、场均直播时长、流量对比（UV）中更具有优势。该数据中，主播 C 的粉丝增量和转粉率在三位主播的对比中处于领先，而且均为正数，可以初步推断出主播 C 后期发展前景比较广。

从粉丝画像对比来看，主播 B 的粉丝人数最多，达 7325 万；主播 A、主播 C 分别为 4120 万和 2153 万人。年龄分布方面，三位主播的粉丝都集中于 90 后和 00 后，占比均达到八成以上，粉丝中女性比例在七成左右，说明女性粉丝群体为三位主播的主要消费群体，如图 5-66。

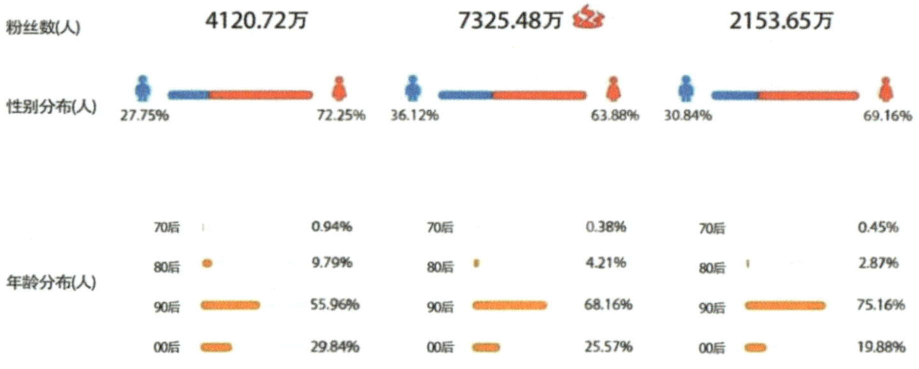

图 5-66　粉丝年龄分布、性别比例

地域方面，如图 5-67 三位主播的地域分布比较均匀，说明直播团队在粉丝维护上比较合理。以上数据可以为后期直播商品和直播主题选择提供参考依据。

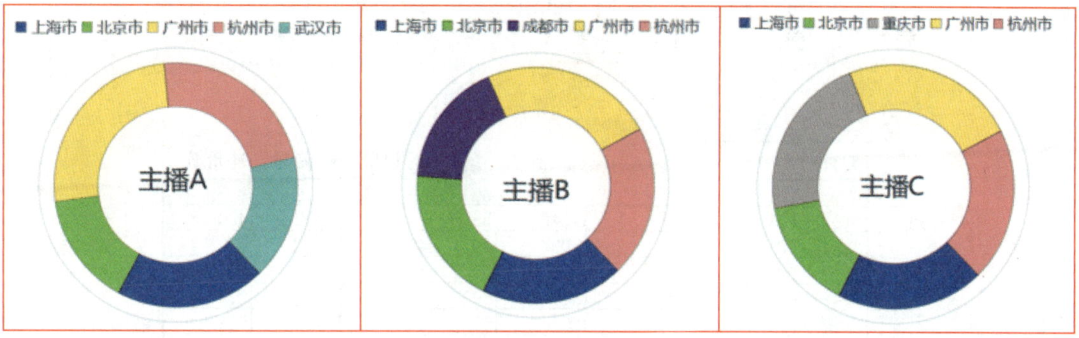

图 5-67　粉丝地域对比

案例链接

分析竞店近一个月的销售情况

商业竞争不仅十分激烈，而且竞争环境瞬息万变。为了获得更高的市场份额，分析竞店的各项数据有助于调整本店的经营策略。本案例分析竞店近一个月的销售情况，首先从某平台采集竞店所有商品数据，利用 Excel 对竞店中的所有商品按类目进行划分，汇总出不同类目商品的数量和近 30 天的销量；然后利用饼图分析竞店各类目商品的数量占全店商品的比重；最后利用组合图对比分析各类目商品近 30 天的销量与对应商品自身数量的关系。具体操作思路如图 5-68 所示。

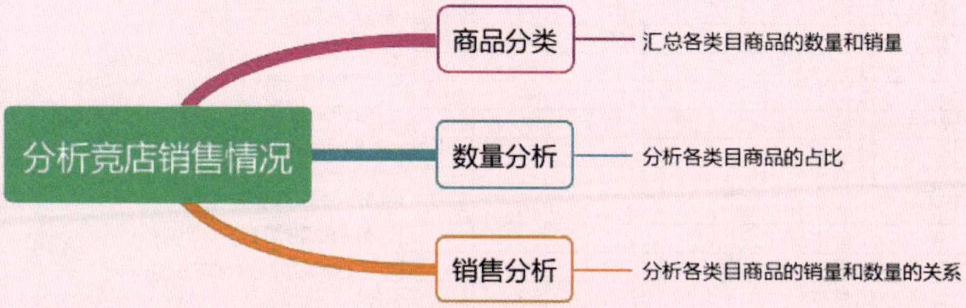

图 5-68　分析竞店销售情况的操作思路

1. 商品分类

步骤 1：打开素材源文件“童装店商品分析.xlsx”，选择“类目”项目下任意包含数据的单元格，在【数据】/【排序和筛选】组中单击“升序”，如图 5-69。

步骤 2：在【数据】/【分级显示】组中单击“分类汇总”按钮 ，打开“分类汇总”对话框，在“分类字段”下拉列表框中选择“类目”选项，在“汇总方式”下拉列表框中选择“计数”选项，单击勾选“选定汇总项”列表框中的“30 天付款人数”复选框，单击“确定”，如图 5-70。

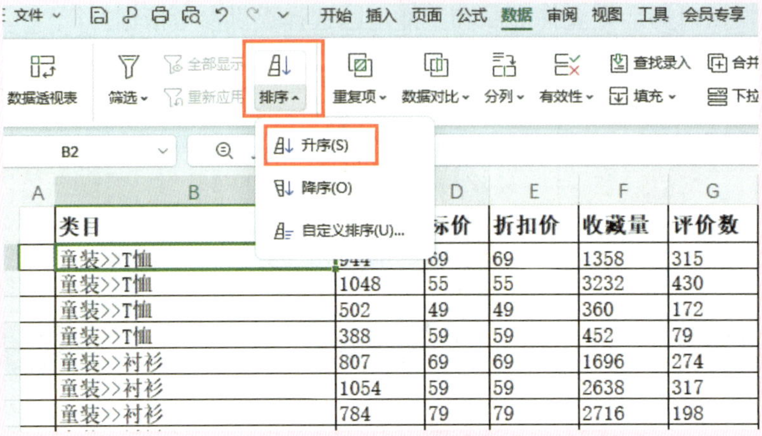

图 5-69　排列数据

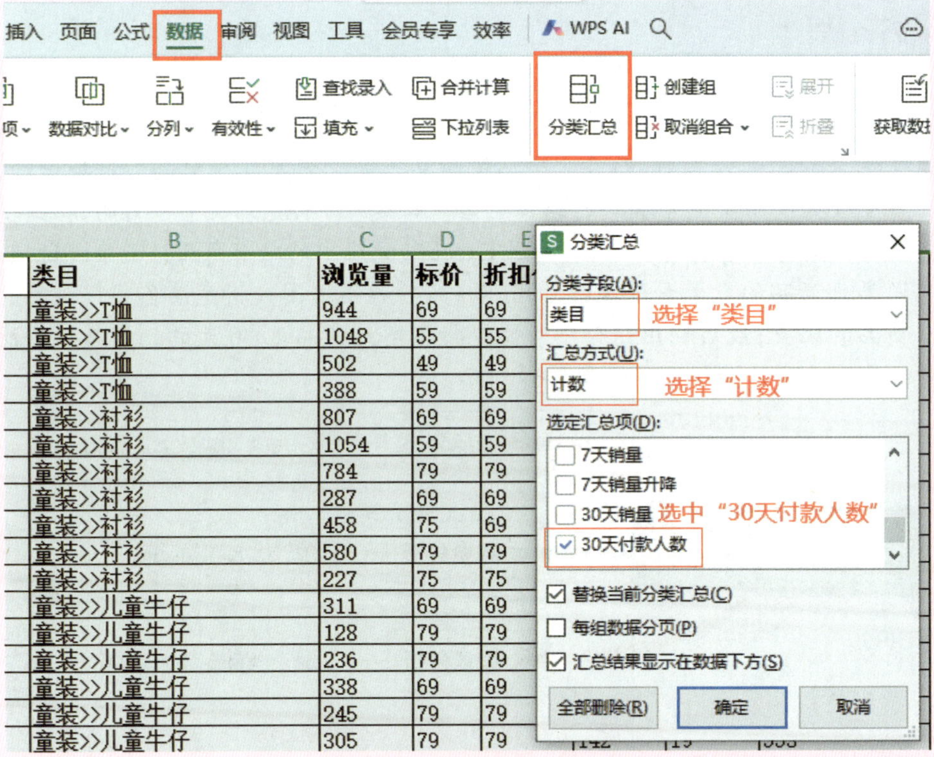

图 5-70　汇总 30 天付款人数

步骤 3：数据分类汇总后，单击工作表左上角的“2 级”按钮 2，将结果显示为 2 级汇总数据，长按“Ctrl”键的同时依次单击筛选各类目及对应的汇总结果（不能通过拖曳鼠标进行框选，否则会选择多余的数据），“Ctrl+C”键复制所选数据，如图 5-71。

步骤 4：在 Excel 中单击工作表标签右侧的“新工作表”按钮 +，在新建的工作表中选择 A2 单元格，按“Ctrl+V”键粘贴数据，然后在 A1 和 B1 单元格中分别输入“类目”和“商品数量”，适当调整列宽并设置字体格式，如图 5-72。

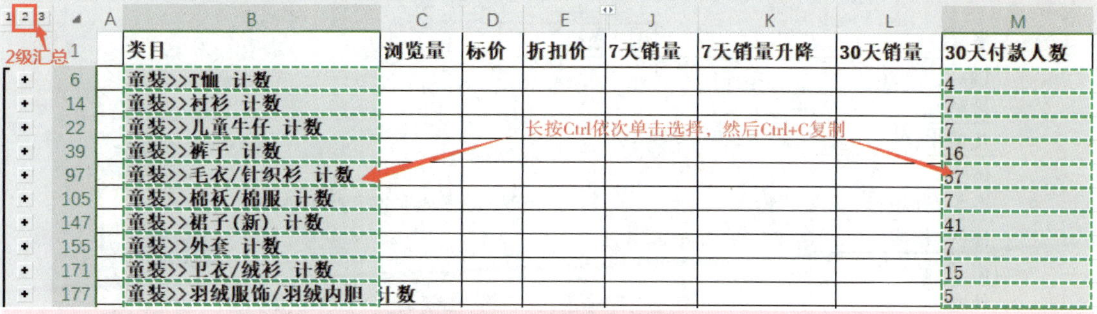

图 5-71 复制数据

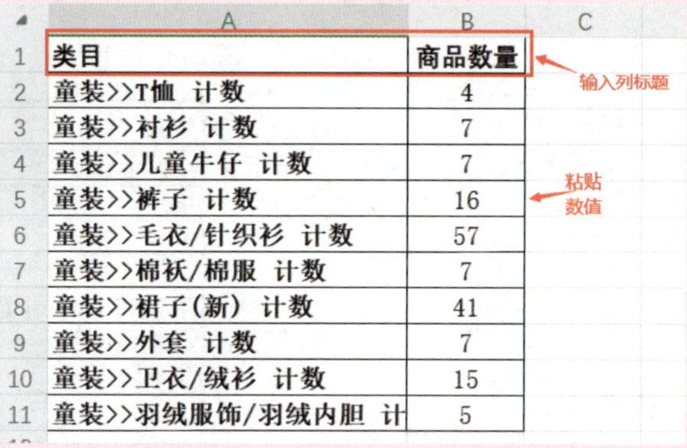

	A	B
1	类目	商品数量
2	童装>>T恤 计数	4
3	童装>>衬衫 计数	7
4	童装>>儿童牛仔 计数	7
5	童装>>裤子 计数	16
6	童装>>毛衣/针织衫 计数	57
7	童装>>棉袄/棉服 计数	7
8	童装>>裙子(新) 计数	41
9	童装>>外套 计数	7
10	童装>>卫衣/绒衫 计数	15
11	童装>>羽绒服饰/羽绒内胆 计	5

图 5-72 粘贴并输入数据

步骤 5：按“Ctrl+F”键打开“查找和替换”对话框，在“查找内容”下拉列表框中输入“童装”，单击全部替换按钮 全部替换(A)，然后单击“确定”，即可快速删除所有多余的文本内容，如图 5-73。

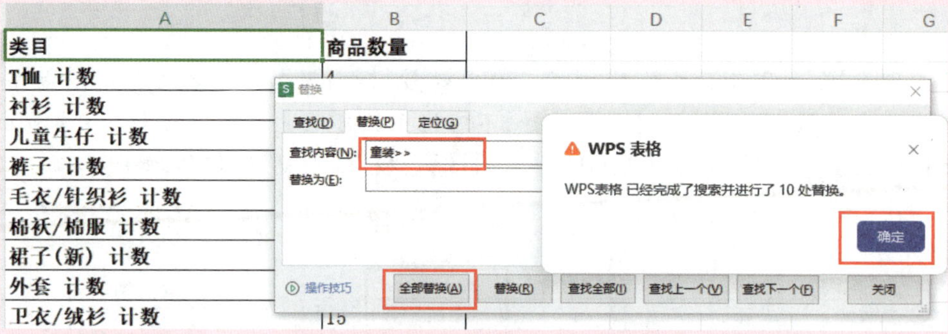

图 5-73 查找并替换数据——删除“童装”

步骤 6：在“查找内容”下拉列表框中输入“计数”（文字前面有一个空格），单击全部替换按钮 全部替换(A)，然后单击“确定”，接着关闭对话框，如图 5-74。

步骤 7：单击“近 30 日”工作表标签，单击“3 级”按钮，显示所有数据，然后选择任意包含数据的单元格。打开“分类汇总”对话框，在“分类字段”下拉列表框中选择“类目”选项，在“汇总方式”下拉列表框中选择“求和”选项，单击勾选“选定汇总项”列表框中的“30 天销量”复选框，单击“确定”，如图 5-75。

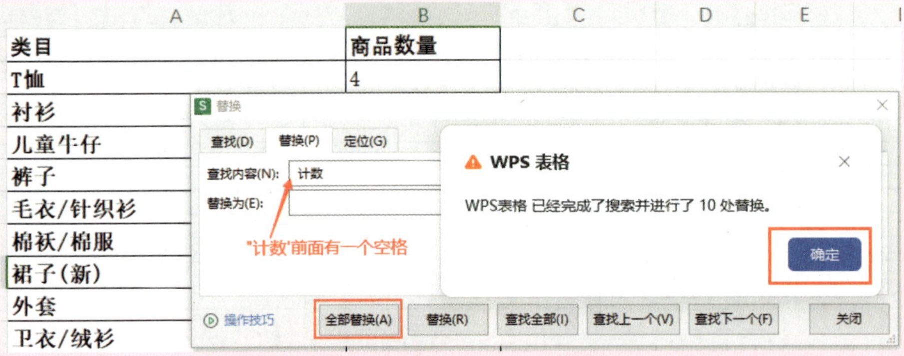

图 5-74　查找并替换数据——删除"计数"

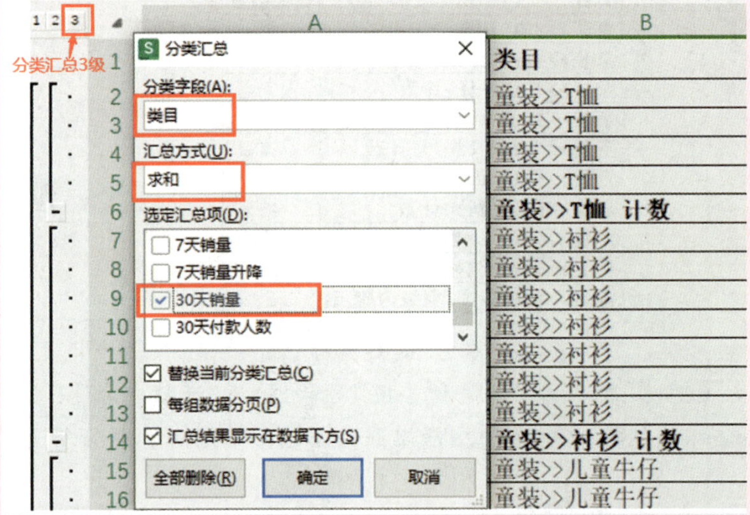

图 5-75　汇总 30 天销量

【步骤 8】显示 2 级汇总数据，选择"30 天销量"项目及其下方各类目对应数字的单元格（只能在长按"Ctrl"的同时单击选择，不能拖曳鼠标框选），按"Ctrl+C"键复制数据，切换到"Sheet1"工作表，选择 C1:C11 单元格区域，按"Ctrl+V"键粘贴，如图 5-76。

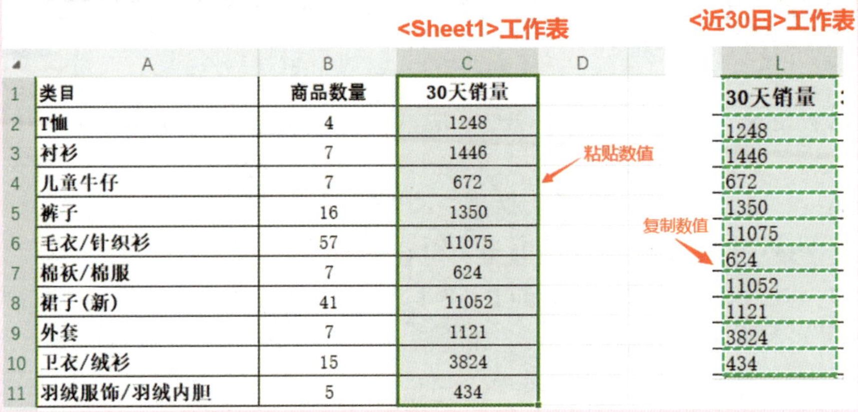

图 5-76　复制并粘贴数值

2. 数量分析

步骤 9：选择 A1：B11 单元格区域，插入三维饼图，为其应用适合的图表样式，删除图例，将图表标题修改为“商品数量比重”并移动到图表左上角，然后在图形外侧添加数据标签。

步骤 10：双击添加的数据标签，在任务窗格中将标签内容设置为“类别名称”“百分比”“显示引导线”，将标签数据格式设置为“百分比”“2 位小数”，然后适当增加图表的宽度和高度，如图 5-77。

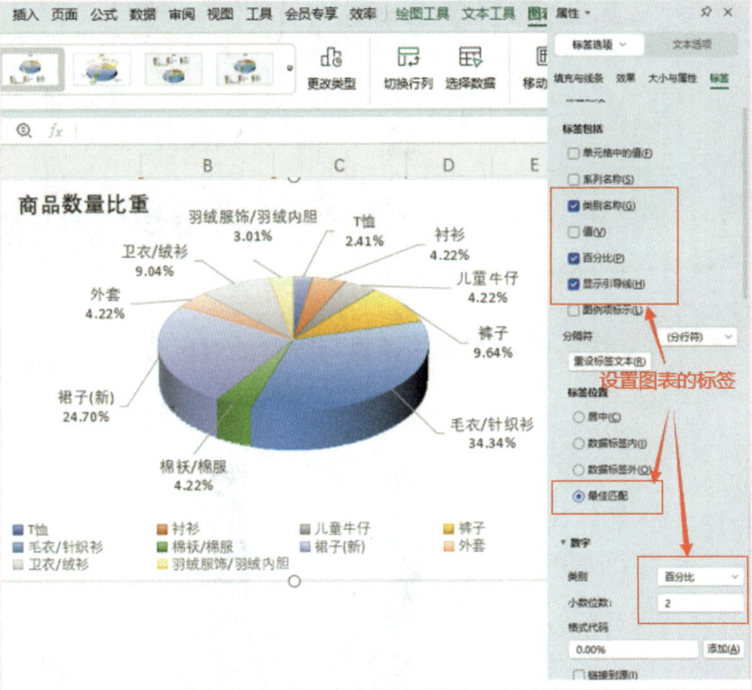

图 5-77 设置饼图

数量分析结果：该竞店经营的商品类目较多，主营毛衣/针织衫、裙子（新）、裤子和卫衣/绒衫，兼营 T 恤、衬衫、儿童牛仔、棉袄/棉服、外套、羽绒服饰/羽绒内胆，商品结构较为完整。

3. 销售分析

步骤 11：选择 A1：C11 单元格区域，在【插入】/【图表】组中单击“组合图”，打开“插入图表”对话框，选择“堆积面积-簇状柱形图”，并单击选中“商品数量”右侧的“次坐标轴”复选框，单击“确定”，如图 5-78。

步骤 12：为图表应用合适的图表样式，修改图表标题，增加图表的宽度和高度，美化图表，如图 5-79。

单从销量来看，毛衣/针织衫和裙子（新）类目的销量排在前两位，是竞店销量的基本保证；但结合商品数量来分析，可以发现效益更好的是裙子（新）类目，其商品数量低于毛衣/针织衫类目，但销量反而更高，所以该竞店的热销商品类目应该是裙子（新）类目。该竞店的 T 恤、衬衫、儿童牛仔、裤子、棉袄/棉服、外套和羽绒服饰/羽绒内胆的销量都不可观，卫衣/绒衫类目的销量相对有不错的表现。

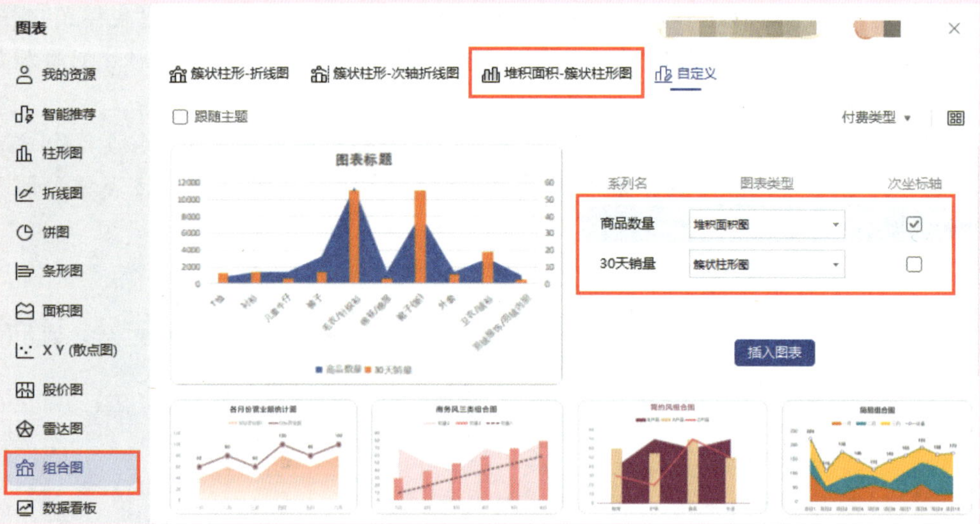

图 5-78　创建组合图

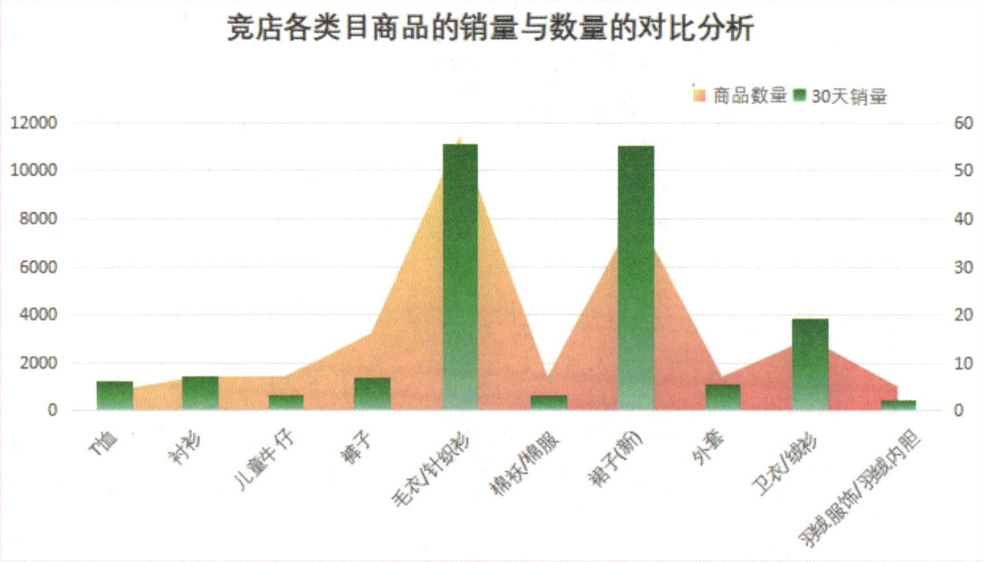

图 5-79　竞店各类目商品的销量与数量的对比分析

5.4.3　单场直播数据分析

每一场直播都可以在相应的平台上查看直播数据，对直播数据的分析（简称复盘）可以帮助运营分析本场直播的优势和问题。结合直播大盘数据，强化自身优势，及时解决直播中发现的问题（调整直播竞品、调整直播时间、调整直播风格等）有助于提升直播效率，促进直播转化率。

每一场直播的数据纷繁复杂，将庞杂的数据分类整理，剔除无效数据，能大幅度提升工作效率。一场直播的数据中，特别需要关注的是本场概况、人气数据、带货数据、流量数据、用户数据、商品带货列表中的数据等指标，这些指标是制定直播优化策略的基础。虽然直播数据平台较多，但数据分析内容大同小异，这里选用新抖数据平台进行分析，新抖平台的数据分析页面，如图 5-80。

图 5-80 新抖数据平台直播数据分析

（一）本场概况

本场概况模块可以查看开播时间、直播时长、音浪收入和商品销售额四个数据。

开播时间为该场直播开始的时间，直播时长为该次直播总时长。这两个数据主要反映本场直播的起止时间。

音浪是抖音平台使用的虚拟货币，可以兑换成现金，是粉丝在观看抖音直播时的打赏，几乎所有直播平台都有粉丝打赏功能，只是名称不同。在抖音平台，主播获得的音浪越多，证明人气越高。

直播销售额为本场直播所有商品销售的总额，是单场直播中最重要的数据，也是最能体现直播带货能力的数据指标，但是需要综合分析一段时间内的数据走向，才能更真实地反映主播的直播带货能力。

（二）人气数据

人气数据模块可以查看音浪收入/音浪、送礼人数、在线人数（峰值）、累计观看数和单场涨粉数。

本场音浪由该次直播粉丝打赏而来，关联数据为送礼人数，可以结合实时数据大屏查看粉丝打赏排行榜，实时数据大屏每 60 秒更新一次，适用于直播过程中查看。

累计观看人数是粉丝在直播期间进入直播间观看直播的总数量。

在线人数（峰值）是指该次直播中某一时间同时在线人数的最大值。累计观看人数、在线人数（峰值），这两项数值越长，说明主播人气越高，吸引力越大，区别在于在线人数（峰值）往往与某件商品有直接关系。

观众平均停留时长指粉丝观看直播时所花费的平均时长。用来表示粉丝对主播或直播商品的关注度。观众平均停留时长越长，说明主播直播内容质量越高，能够更久地抓住用户的眼球。

单场涨粉数=该次直播结束时的粉丝数-直播开始时的粉丝数。

转粉率=单场涨粉人数 ÷ 累计观看人数，用以衡量本场直播观众的转粉情况。

（三）带货数据

带货数据模块可以查看预估销售额、预估销售量、上架商品、最高单价、最高销量、最高销售额等数据。

预估销售额和预估销售量不由直播团队制定，而是新抖平台根据数据监测所得，预估销售额由直播价和销售量计算所得。预估销售量由新抖平台监测到的末点商品销量与初始商品销量的差值来评估，可能与实际值存在一定差异。预估销售额和预估销售量需要结合直播团队制定的销售目标综合分析。

上架商品和最高单价是直播团队在开播前确定的。最高销量是指某商品最终的销售数量。最高销量和最高销售额数值越大，说明直播的效果越好。复盘时需要将这两项数据与团队制定的销售目标结合进行分析。

案例链接

分析某服装达人的单场直播数据

小雅是一名服装直播达人，图 5-81 至图 5-84 是近 30 天的直播概览数据、观看人次、销量和销售额的趋势图，她最近一场直播的人气数据和带货数据在线流量数据、粉丝团分析和涨粉、性别和地域分布数据、观众来源和转化漏斗数据、互动情况和弹幕热词数据，如图 5-85 至图 5-90，请你从用户画像、流量、用户互动情况和商品转化等方面分析其直播数据。

图 5-81　近 30 天的直播概览数据

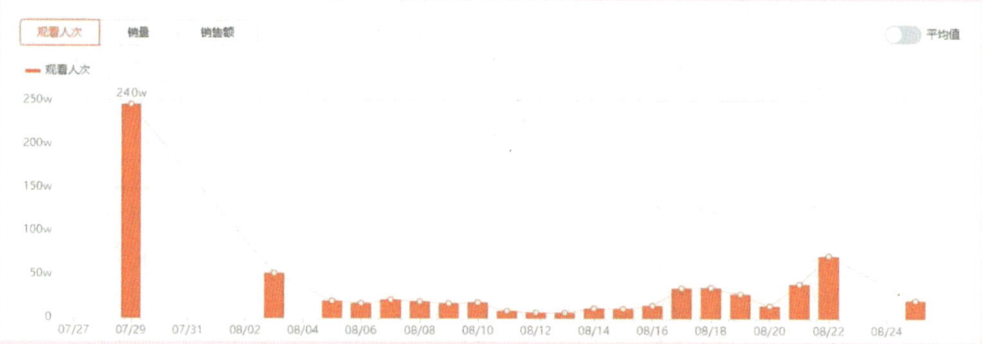

图 5-82　近 30 天直播的观看人次趋势图

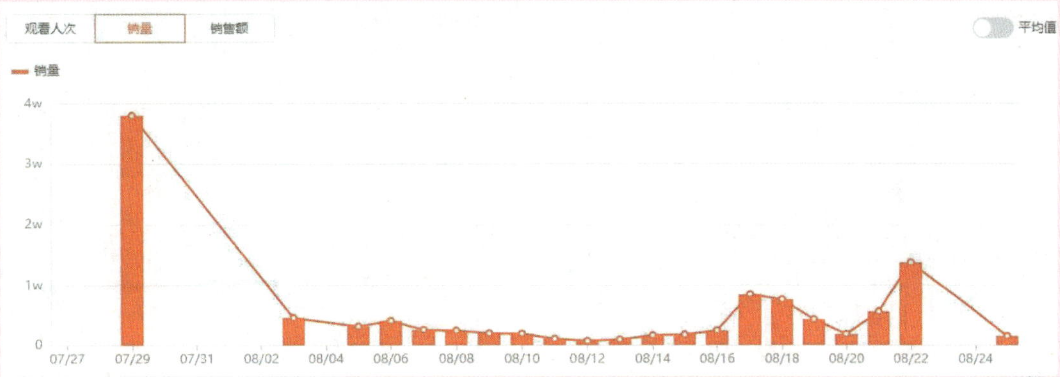

图 5-83　近 30 天直播的销量趋势图

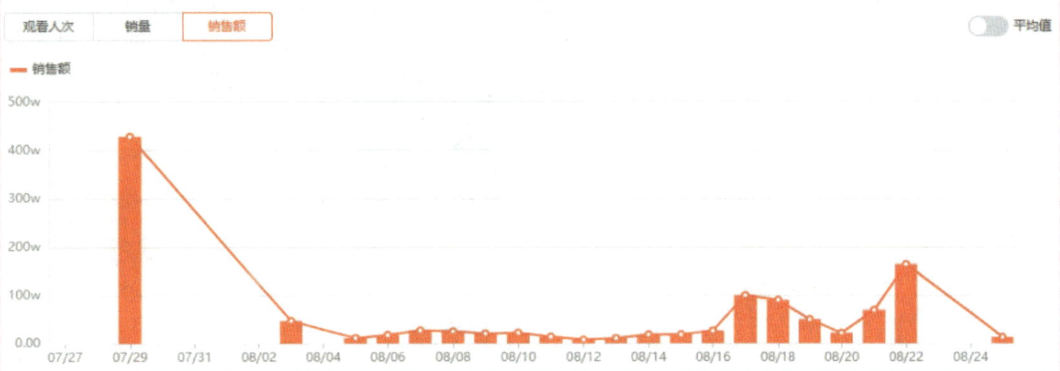

图 5-84　近 30 天直播的销售额趋势图

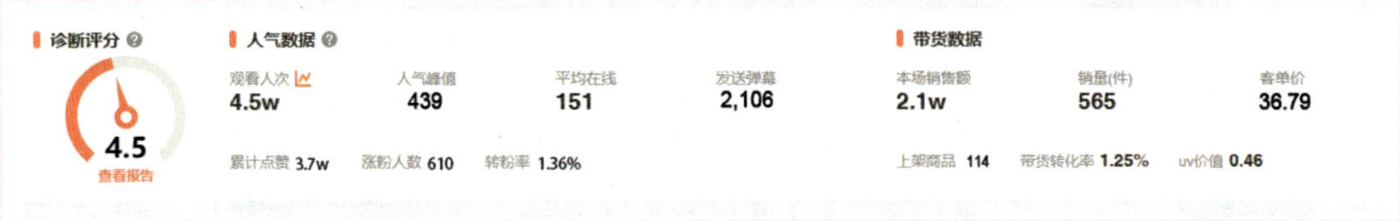

图 5-85　最近一场直播的人气数据和带货数据

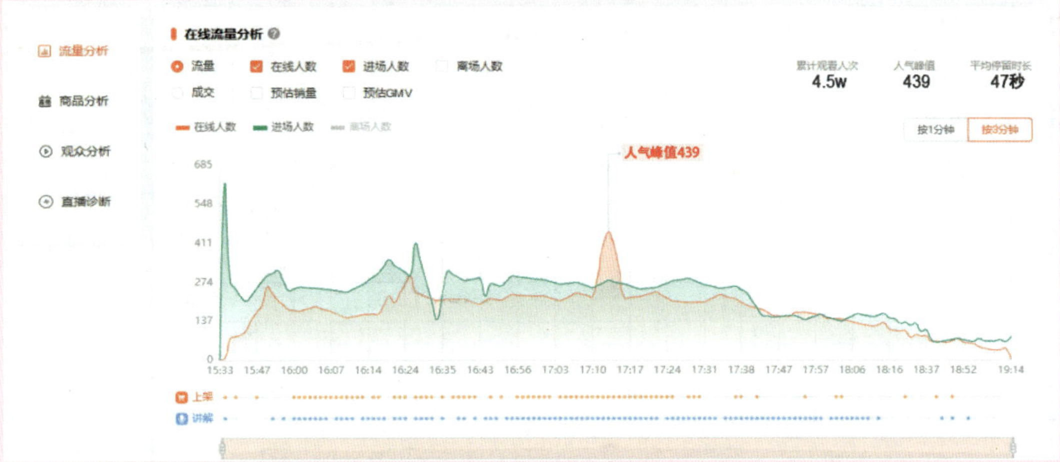

图 5-86　最近一场直播的在线流量数据

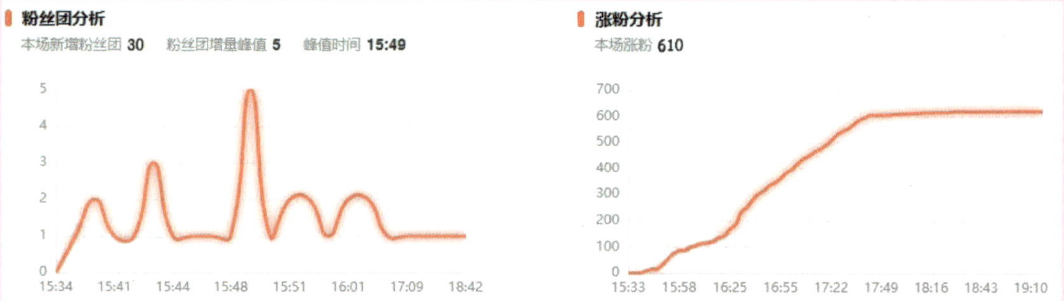

图 5-87 最近一场直播的粉丝团分析和涨粉分析

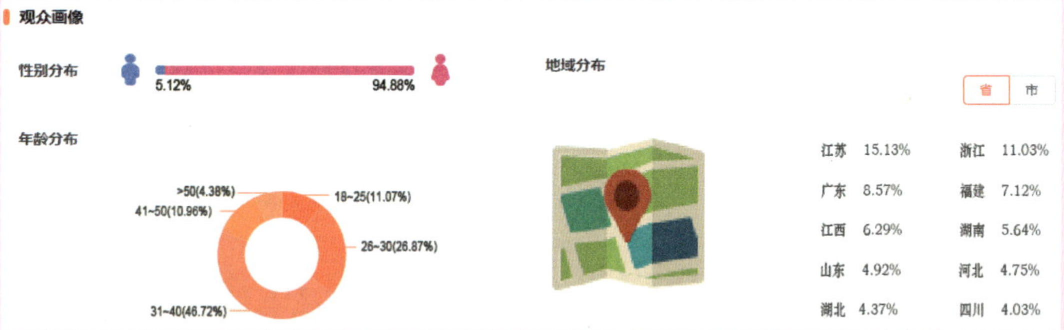

图 5-88 最近一场直播的性别和地域分布数据

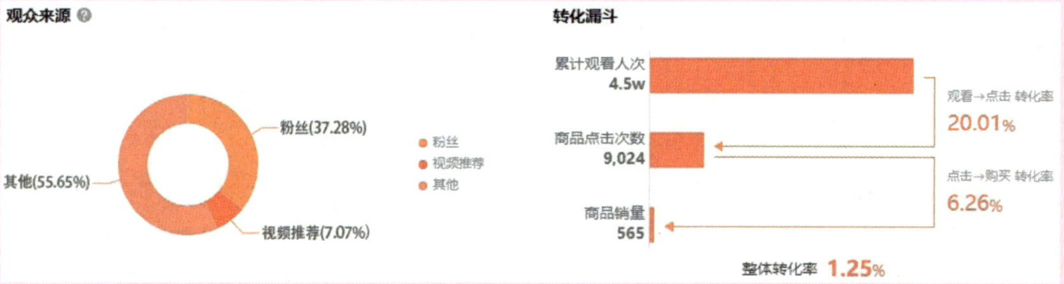

图 5-89 最近一场直播的观众来源和转化漏斗数据

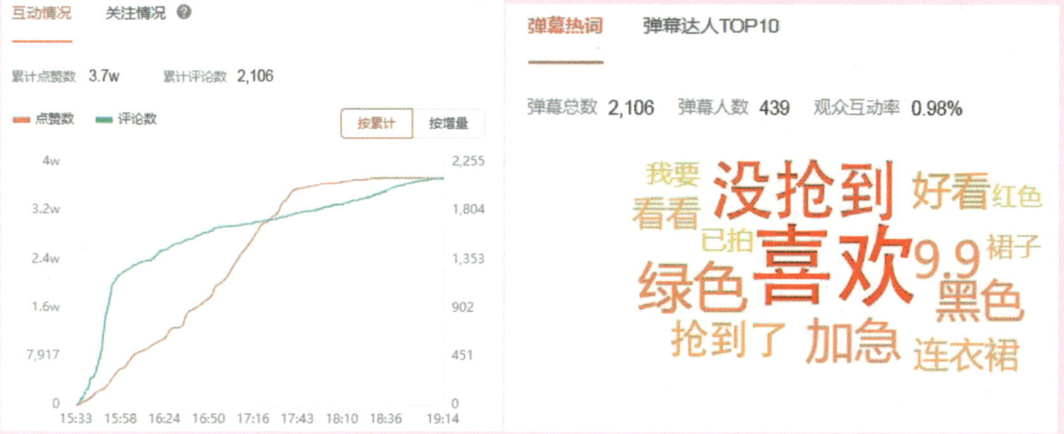

图 5-90 最近一场直播的互动情况和弹幕热词数据

分析步骤及结果如下。

1. 分析用户画像数据

从图 5-88 的【性别分布】分析出该主播的直播观众中，女性用户占据绝对的主导地位；【年龄分布】分析出观看直播的用户的年龄多在 26~40 岁；【地域分布】分析出观看直播的用户多分布在江苏、浙江、广东、福建等省份。从图 5-89【观众来源】分析可知，观看直播的用户多来自“其他”渠道和“粉丝”渠道。

2. 分析流量数据

通过图 5-81 的直播概览数据可知，主播近 30 天开播 42 场，累计观看人次为 892.7 万，场均观看人次为 21.3 万，近 30 天直播观看人次最高达 240 万（图 5-82），说明该主播的人气较高。结合图 5-86 和图 5-87 进行分析，最近一场直播的累计观看人次为 4.5 万，人气峰值为 439，峰值出现在开播后两小时左右，用户平均停留时长仅 47 秒，本场新增粉丝团 30 人，峰值出现在开播后 15 分钟内，涨粉 610 人。这说明主播本场直播的人气较高，开场暖场效果比较好；从直播前半段粉丝增长速度较快，但存在用户停留时间短、在线人数不稳定的问题。

3. 分析互动数据

图 5-90【互动情况】分析可知，该场直播的累计点赞数达到了 3.7 万，累计评论数为 2106，直播前半段点赞数上升很快，这说明主播在直播前半段引导点赞的方法可以在下一场直播中继续使用。通过【弹幕热词】分析可知，该场直播发送弹幕的人数为 439 人，互动率仅为 0.98%，这说明主播在引导用户发送弹幕方面还存在不足，需要总结原因和找到解决方案。

4. 分析转化数据

通过直播概览数据可知，主播近 30 天上架了 345 款商品，直播总销售额为 1260.9 万元，说明直播带货效果比较理想。但是主播近 30 天直播的销量和销售额整体呈下降趋势。通过带货数据和转化漏斗可知，本场直播上架了 114 个商品，销售额为 2.1 万元，观看点击转化率达到了 20.01%，点击购买转化率为 6.26%，但整体转化率仅为 1.25%。这说明本场直播有较多用户在主播讲解商品后有购买意向，但是点击了解商品后并没有购买商品，这可能是因为商品本身吸引力和主播的引导下单话术存在不足。

5.4.4 数据指标复盘及优化策略

直播数据复盘是店铺运营的一项重要工作，一场直播只盯着销量是不够的，还需要通过数据的变化情况来把控整体直播的节奏，即使是头部主播，每场直播后也需要对直播表现进行复盘。没有一场直播是完美的，每场直播都有值得反思的地方。

（一）流量指标的复盘及优化

流量指标复盘结果不佳的原因通常有两种：在线人数少和在线人数不稳定。

1. 在线人数少

直播间在线人数长期在 100 人以内，可以判定为在线人数少。在线人数太少，直播就很难有变现盈利的可能。一般用户在直播间的平均停留时长为 30~60 秒，而好的直播间的用户平均停留时长在 2 分钟以上。

增加直播间在线人数的策略如下。

①优化直播场景中的背景，如清晰地写出直播间的亮点及活动，让新用户快速了解。

②调整主播的话术引导。主播可不断通过口播、公告、小黑板等方式实时说明抽奖、发券、发红包等活动的规则和参与方式。

③强调对新用户的关注。及时与进入直播间的新用户进行互动，让用户有参与感，提醒用户发指定评论或关注主播等，活跃直播间气氛。

④短视频引流。在开播前一天或前几个小时发布短视频进行直播预告，也可以打造爆款短视频，如果正好在开播，用户可以从爆款短视频右上角直接进入直播间，带来更多流量。

拓展：直播数据优化策略

⑤私域社群。开播前几分钟可以在自己的私域社群里进行直播通知转发，预告直播，通知自己的粉丝进入直播间，也可以进行微信朋友圈转发。

⑥付费推广。提升在线人数最直接的办法就是进行付费推广，推广目标可以在前期选择进入直播间，先提升直播间人气，也可以选择转化的推广目标，提升直播间 ROI。抖音、快手、视频号等直播平台都有自己的推广工具。

2. 在线人数不稳定

直播间的在线人数中老用户的比例是在线人数稳定的保障，要确保老用户能持续地回来看直播，增加用户的停留时长。

稳定的在线人数，源于主播对直播节奏的把控，这也是专业主播和业余主播的最大区别。图 5-91 是两场不同直播间在线人数监测，直播间 1 在线人数非常不稳定，在线人数达到人气峰值后一直处于下滑状态，直至下播。直播间 2 在线人数相对稳定，一直稳定在 4600 人左右。

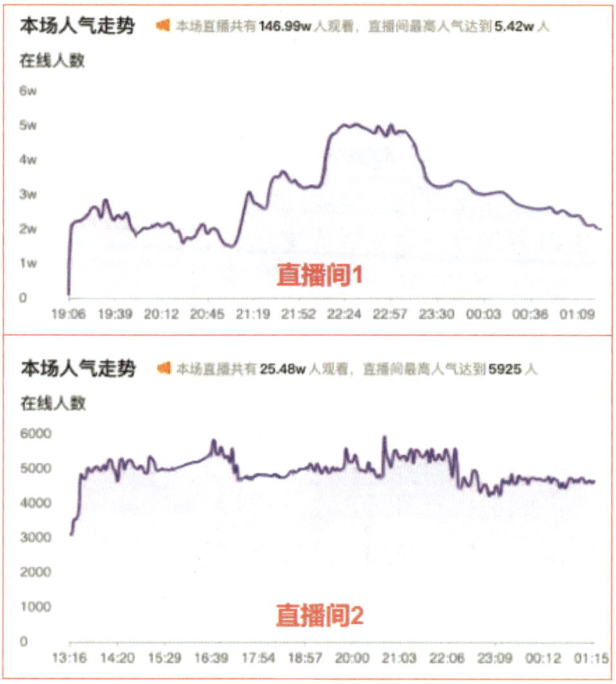

图 5-91　不同直播间在线人数监测

优化策略如下。

①固定开播时间。对于自己所喜欢的主播，用户会特别注意直播时间，只要时间合适，一般都会观看。直播时间固定有利于用户形成固定的观看习惯，在习惯的作用之下，用户会在直播时进入直播间。

②强化直播预告。直播预告可以提醒用户直播时间，加强用户对直播时间的记忆；更重要的是帮助用户提前了解直播内容。在直播预告中展示直播要分享的商品，有助于精准

匹配对直播内容感兴趣的用户。

③把控直播节奏。节奏的把控是影响在线人数稳定程度的一个重要因素。而节奏的把控关键在于脚本，因此直播团队在直播前一定要做好直播脚本的策划。

④进行社群运营。运营人员通过私信的方式，组建粉丝社群，逐步引导老用户添加运营人员的微信，组建粉丝社群，方便老用户在直播期间可以快速进入直播间。

（二）互动指标的复盘及优化

互动指标复盘结果不佳的原因通常为新老用户互动量低。

1. 新用户互动量低

直播间的新用户在进入直播间后，没有退出直播间，但是也没有参与评论互动，意味着新用户互动量低。

优化策略如下。

①强化直播间运营人员的互动引导，让进入直播间的新用户可以找到参与直播互动的方式。

②调整参与互动的方法，避免新用户不知道如何参与互动。

③连麦是与用户互动的有效技巧之一，特别是和铁杆粉丝连麦，可以调动粉丝的积极性。

④利用福袋互动可提升直播间的人气和最终转化率。

图 5-92 这个直播间，在发放福袋时，直播间在线人数有 78 人，设置福袋开奖时间为 10 分钟，开奖时，直播间在线人数上升至 167 人，可以直观看到福袋对提升直播间互动量和人气的效果。

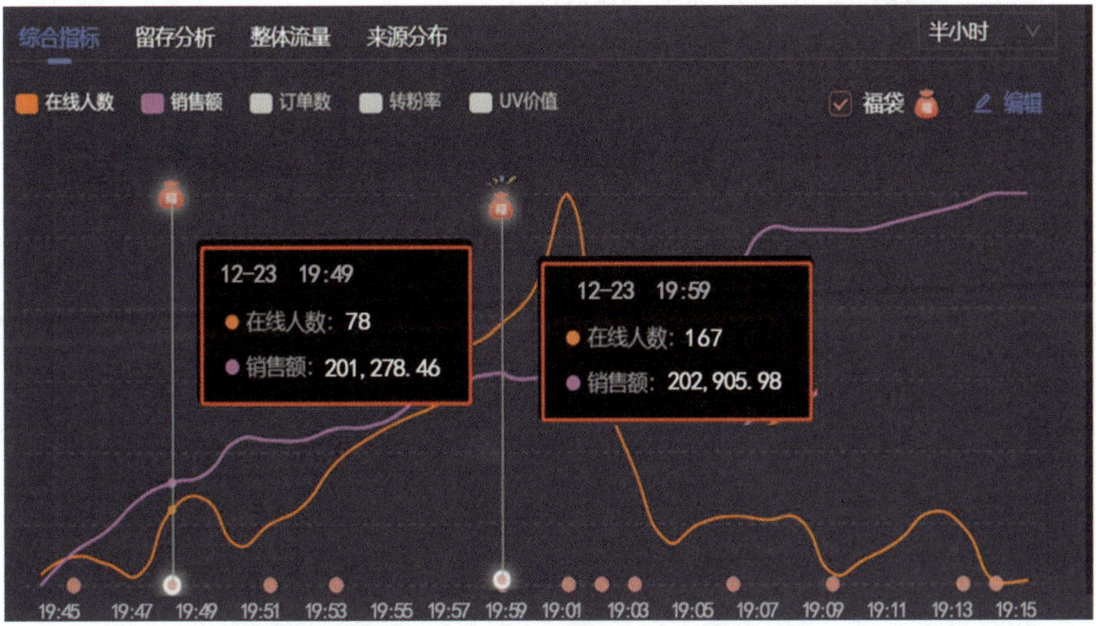

图 5-92　发放福袋时直播间人数增加

直播营销并不是一蹴而就的，是一个循序渐进的过程。直播团队需要不断引导用户，让其经历从陌生到熟悉，到信任，到购买的过程。直播互动在这个过程中起着非常关键的作用，可以直接影响直播间的人气和最终的购买转化率。

2. 老用户互动率低

老用户互动率低是指老用户虽然进入直播间观看，但几乎不参与互动。老用户互动率低主要是直播间缺少对老用户的福利，老用户感觉不到优越感。

优化策略如下。

①给予福利奖励，刺激老用户参与互动。

②积极引导直播间的老用户加入粉丝群。

③调整老用户的引流方式，避免吸引过多不喜欢互动的用户进入粉丝群。

④积极引导直播间的老用户加群。主播要给老用户有一定的优越感与存在感，给参与互动的老用户更多优惠。

（三）转化指标的复盘与优化

转化指标复盘通常可以分为成交率复盘和退货率复盘。最容易出现的问题就是成交率低和退货率高。下面分别分析成交率低和退货率高的原因及对应的改进策略。

1. 成交率低

成交率是指直播间的成交单量与直播间在线人数的比值，计算公式如下。

成交率=直播间的成交单量 ÷ 直播间在线人数 ×100%

成交率直接反映选品策略是否正确，如果直播电商成交率持续走低，且持续保持在两位数以内，意味着选品和直播间的用户匹配度不高，需要进行调整。

2. 退货率高

退货率是指退换单数与成交单数的比值，计算公式如下。

退货率=退换单数 ÷ 成交单数 ×100%

直播营销中，多数用户是出于冲动或对主播的信任而购买直播间商品的。主播想要赢得用户的长期信任，就必须对直播间销售的商品负责，不仅要保证送货及时，还要保证商品的质量。直播营销的客户群体大多是主播或品牌的粉丝，靠的是粉丝效应以及口碑，如果商品出现质量问题，口碑就会下降，很容易流失粉丝，导致销量下滑。因此直播营销供应链要保证粉丝只会因为款式和尺寸等非质量问题退换货，而不能因为质量问题退换货。

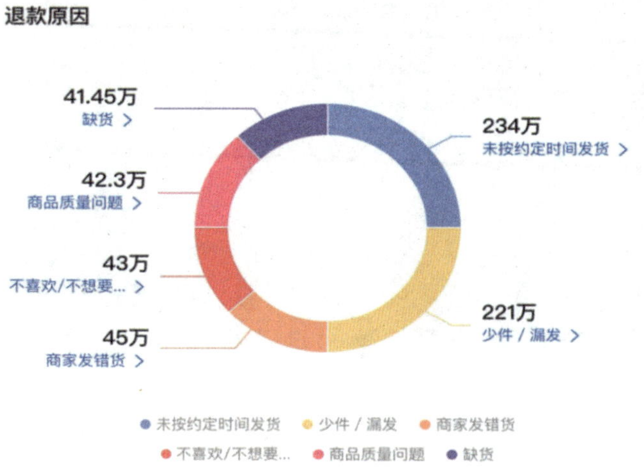

图 5-93　某直播间的退款原因分析

抖音电商罗盘为提高商家对退款订单的分析能力降低商品的退款率，上线了退款分析模块，助力商家定位主要退款原因和退款品类，分析售后不同环节的退款分布状况，进行退款状况分析诊断和商品优化。

退款原因板块显示主要的退款原因及其占比。图 5-93 为某直播间的退款原因分析。商家可根据退款原因分析结果了解不同退款原因对应的详细退款商品信息,从而进行服务的改进和优化。

优化策略如下。

①商品调整:重新分析直播间的用户数据,调整上架产品或改变产品的外在属性,产品的包装材料、产品亮点、产品价格等。

②体验调整:对发货和客服等与用户息息相关的细节上进行优化。

③价格调整:重新分析在产品价格上是否做好了价格保护,或调整产品组合策略,进行差异化定价。

④转化策略调整:活动策划上强化互动元素,不要让用户在直播间成为路过的观众。

⑤商品的类目匹配:商品的性价比、价格要与目标人群相匹配。

通过直播带货的精细化复盘,获取直播复盘的数据后,对数据进行整理分类,根据掌握的数据,对平台流量推送规则进行推测,并在后期的直播带货过程中逐步验证结论。通过测试与验证,获取相应的数据规则后,再根据数据规则对直播带货进行优化,提升直播间的销售额,由于平台数据规则是动态变化的,直播复盘数据分析也应根据平台规则的变化规律,进行及时更新,根据测试与验证的新数据规则,进一步持续优化直播内容与直播方案。

【任务探究】

电商直播复盘是电商直播中不可缺少的环节。直播方案可根据电商直播间的直播情况进行调整。直播的目标应该是提前设定的,具体化的,可量化的,以便于复盘时的数据对比,从数据中发现问题。直播目标不具体、不量化的情况下,不利于直播复盘,也不利于直播间的考核。

直播带货结束后进行直播复盘,要做好量化目标、数据分析、问题改进、评审记录、现场带货回收等过程,会涉及团队的评审,即使你是一个总指挥,也需要评审一些自己作为主播的表现,比如看看回放记录,找出哪里有问题。

直播后团队人员的工作复盘一样不能忽视,工作的内容也是可以细化的,哪些工作是必须要做的,比如直播间搭建、直播设备调试,哪些工作没做到位。

这些都能用工作表格的形式体现出来,并且记录操作情况,考核执行情况可以根据直播脚本来设定指标,比如在下午3点准备推出主款产品,助理要提醒主播衔接,并摆放好产品。

直播前后员工的工作能否达到预期要求,以及完成的好坏等,都可以对其进行“优、良、差”评分,设置对应的换算分数,从而得出团队每一个人员角色的考核情况,那么复盘的时候就能相对明确地找到团队人员的问题所在,有效地解决问题。

团队需要准备多份应急预案,最大限度地想到可能遇到的意外,以应对突发状况。明确每一场直播哪些事情是可控的,哪些事情是不可控的,什么是不可控的,一旦出现问题,应该安排哪些人来解决。

直播带货,考验的是整个团队的竞争能力,上述检查工作,虽然简单,但是不能不做,把细节考虑到位,才能够在直播带货中,逐步提升直播间带货数据。

【思政园地】

复盘是一种思维上对事件的重现,可以是真实情境的重来,也可以是一种纸上风暴。通过事后在头脑中和纸面上重现事件的整个过程。重新审视思考事件中的行为和思维,从而发现问题,吸取经验,找到根源,总结规律,最终实现能力提升。

复盘能帮助我们避免犯同样的错误;能总结规律、固化流程;能发现新知识和新思路;能认清自我,提升品质。

《礼记·学记》中"学然后知不足,教然后知困。知不足,然后能自反也;知困,然后能自强也。"反省后知差距、知方向、知动力、知努力,变成一个自我鞭策的过程。

复盘是一个不断学习、总结、反思、提炼和持续提高的运营过程。这个过程是以特定对象(人或商品、产品、品牌)为运作目标,通过符合时代人文及商业环境的传播手段影响目标人群,从而实现自身的运营目的。运营需要反思知道如何能做得更好,知道哪些地方可能更好,才能避免不在同一个坑里跌倒,在下一次的实践中迭代和升级。

任务 5.5　报告撰写

【任务导入】

小王是一家美食网店的店主,也是数据爱好者,他非常看重数据的作用,会以数据为导向来调整自己网店的经营策略。大数据环境下,小王会关注由第一财经商业数据中心公布的中国互联网消费生态大数据报告,2021 年该报告显示:人们的消费理念加快转变,健康消费需求空前高涨;追求饮食健康成为越来越多人的生活态度,低脂、少糖、高营养的食品越来越受到市场的青睐。小王以该报告为参考,注重打造健康理念,推出多款营养轻食便餐,这使得他的网店流量越来越高,人气越来越旺。

数据分析报告是连接数据与决策的桥梁,报告能够充分利用数据来科学分析和评估某个项目情况,可以提供科学严谨的依据,指出项目的发展方向,规避运营中的一些风险。

一份基础的数据分析报告的内容包括项目概述、分析的目标、数据的采集、数据的分析、结果的展示、合理的建议等。

数据分析报告应完整地展示数据分析项目的目的、方法、过程、结论及可行性建议等内容,将所有的数据化繁为简,形成简明的结论和建议,是运营者做出科学、严谨的运营决策的重要参考和依据。

【知识必备】

5.5.1 数据分析报告的认知

(一)数据分析报告的作用

1. 展示分析结果

数据分析报告可以将数据分析结果清晰且有条理地展示给决策者或其他相关人员,使他们迅速理解、分析和研究问题的基本结论。

2. 验证分析质量

数据分析报告也是对整个数据分析过程的总结,通过报告中数据分析方法的描述、数据结果的处理与分析等,数据分析人员可以重新检验数据分析的质量和准确性。数据分析人员可以在撰写报告的过程中检查数据内容是否有误,以便及时修正或调整。

3. 提供决策参考

数据分析报告可以为决策者提供决策参考。决策者往往没有过多的时间去详细了解数据分析指标、数据分析模型的具体情况,他们关注的只是结果,并利用这个结果来制定新的决策方案。

(二)数据分析报告的类型

进行数据分析时,由于所分析的对象、内容及所采取的分析方法有所不同,最终形成的数据分析报告的形式也有所不同。商务数据分析中,常见的数据分析报告有日常运营报告、专题分析报告和综合分析报告。

1. 日常运营报告

通常以定期的运营数据为分析依据,反映店铺在某个时间段内的运营状况,也可用于展现某个项目的执行情况,项目的完成程度、存在的问题,以及解决问题的建议等。通常来说,日常运营报告是按日、周、月、季、年等周期定期撰写的,被称为定期分析报告。

一般来说,日常运营报告有以下特点。

①时效性强。日常运营报告反映的是店铺在某个时间段内的运营状况,或某个项目的执行情况,具有较强的时效性。数据分析师只有及时地将店铺的各种运营数据和信息反馈给运营者,才能让运营者及时掌握店铺的运营状态,做出有针对性的、正确的运营决策。

②与时间进展相结合。日常运营报告可用于展现某个项目的执行情况,数据分析师撰写此类数据分析报告时,需要将项目的完成进度与预设目标结合起来进行分析,比较并观察当前项目的完成情况是否与预设目标相符,判断项目的完成度和完成效果。

③结构形式比较规范。在店铺运营过程中,日常运营报告是一种例行报告,需要定期制作,形成了比较规范的结构形式。一份日常运营报告由以下四个部分构成:说明店铺运营状况或某项活动、项目的执行情况;分析造成这种情况的原因;总结店铺运营或项目执行中取得的成绩或得到的经验,指出存在的问题;提出改善或优化建议。

2. 专题分析报告

专题分析报告的主要作用是帮助运营者解决某个问题,为运营者制订某项策略提供参照和依据。

主题分析报告具有以下特点。

①主题的单一性：专题分析报告无须反映事物的全貌，只需针对事物发展中的某一个问题或某一个方面进行分析即可，分析直播间商品转化率低的原因、账号粉丝量上涨的原因等。

②内容的深入性：专题分析报告的主题具有单一性，报告内容中的重点比较突出，内容上要集中力量解决主要问题，将问题分析得透彻而深入，对问题进行具体的描述，分析产生问题的原因，并提出可行的解决办法。

3. 综合分析报告

综合分析报告需要全面分析和评价企业的运营情况，特点如下。

①强调分析对象的总体特征：无论综合分析报告中分析的是某个行业、某个领域，还是某个事物的发展状况，都必须以该行业、该领域、该事物总体为分析对象，全面反映某个行业、某个领域、某个事物的整体特征，对该行业、该领域、该事物整体作出评价。数据分析师若要分析 2022 年店铺开展直播活动的情况，可以从直播产生的商品销量、直播产生的销售额、直播中畅销的商品款式、观看直播的用户画像等角度展开。

②强调现象之间的联系性：综合分析报告要对一些存在相关性的现象、问题进行系统的分析，这种分析并不是简单地罗列分析资料，而是在对指标体系进行系统分析的基础上，考察各个现象、问题之间存在的内部联系和外部联系。

5.5.2 数据分析报告的结构

一份优秀的数据分析报告需要具备合理的结构，这样有利于保证数据分析报告逻辑合理、清晰。数据分析报告的结构不是固定不变的，会根据报告的目的、内容、受众的不同而有所变化。

（一）数据分析报告的结构和内容

1. 数据分析报告的结构

各类数据分析报告中，“总一分一总”是非常经典的一种结构类型，这种结构的数据分析报告由开篇、正文和结尾三个部分构成，开篇部分包括标题页、目录和前言，正文部分包括具体的数据来源、分析过程、展示和分析结果，结尾部分包括建议和附录，如图 5-94。

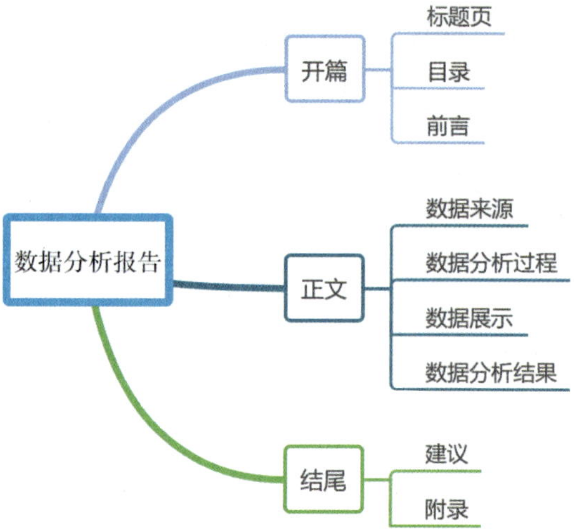

图 5-94 数据分析报告结构

2. 数据分析报告的内容

（1）标题页

标题页需要写明数据分析报告的标题。一个优秀的标题不仅能准确表达数据分析报告的主题，还能有效刺激读者，使其对数据分析报告产生兴趣，进而认真阅读数据分析报告。数据分析师撰写数据分析报告时，要重视数据分析报告标题的拟定。

拟定数据分析报告的标题时，需要遵循以下原则。

①简洁：标题要简洁，具有高度概括性，尽量用最少的文字准确地概括数据分析报告的主题。

②直接：数据分析报告是一种应用性较强的文体，标题应简洁明了，不能拐弯抹角，要用直白的语言开门见山地说明报告的主题，让读者一看到标题就能快速联想报告的主要内容。

③准确：标题要能准确地概括数据分析报告的内容，或说明数据分析报告的重点内容。

（2）目录

目录展示的是数据分析报告中各章节的名称，用于说明数据分析报告的结构和主要内容。目录起到提纲的作用，能够让报告使用者快速了解数据分析报告的整体结构，可根据自己的需求快速定位到数据分析报告中的特定内容。目录相当于数据分析的大纲，体现数据分析的基本思路。

（3）前言

前言应着重强调编制数据分析报告的原因、背景、目的和思路等内容，让报告使用者可以更好地使用其中的数据信息。

（4）数据来源

数据来源需要重点说明数据采集的渠道、程序、方法和内容等，表明数据采集的真实性和准确性，说明此数据分析报告的真实性和专业性。

（5）数据分析过程

数据分析过程是数据分析报告的重点，需要将整个分析内容充分展示出来，让报告使用者可以直观地了解本次数据分析的方法和过程。

（6）数据展示

数据展示可与数据分析过程结合起来展现，更为直观地显示数据分析的情况，有助于报告使用者理解报告内容。

（7）数据分析结果

这部分内容只需准确且简洁地体现出数据分析的结果。

（8）建议

建议是对数据分析结果的总结，通过总结给出正确的建议，辅助决策者制定出正确的策略。

（9）附录

附录需要提供正文中已涉及但未详细阐述的有关资料，报告中涉及的专业名词解释、计算方法、数据模型原理、重要原始数据等，供报告使用者查阅。

（二）制作数据分析报告时的常见错误

制作数据分析报告是一项严谨的工作，应杜绝可能出现的各种错误。下面归纳了一些较容易出现的错误。

1. 方向错误

方向错误是非常致命的，有可能导致整个数据分析报告完全作废。例如，报告目标是分析如何提高客单价这个指标，但实际制作时将目标方向定位到转化率这个指标，导致分析过程和结果都不符合要求。方向错误可能并不单单是分析目标的错误，也可能涉及调研错误、执行方向错误、所选分析方法错误等。

2. 数据错误

数据错误非常普遍，需要引起重视。将正确的计算结果“1300”写成了“13000”，将访问次数“100”这个指标写成访问人数“100”，将销售额“20 万元”写成“20 元”等。

3. 表述错误

这种错误会造成数据结果与表述不符的情况，导致数据分析报告的结论无法令人信服。例如，将平稳增长的销售额表述为“高速增长”，将次要原因表述为主要原因。

案例链接

错误的数据分析报告案例

小张经营着一家宠物食品企业，近几年宠物食品市场的空间不断扩展，他有了在网上开店的想法。于是凭着以前的经验，他开始为商品设计消费调查。

为了能够了解更多的消费信息，小张设计了非常精细的问卷，内容涉及价格、包装、数量、周期、口味、配料等多个方面，小张在市场调查的有效反馈信息中选择了 1000 多个样本，并保证所有的样本都是在超市宠物食品区域的购物人群中产生的。经过对这些样本的数据分析，小张对在网上开店充满了信心。

一段时间后，小张的网店终于开始营业了，根据市场调查结果推出的新配方、新包装的狗粮产品也开始进入市场。这之后的一个星期，产品销售非常火爆，但紧接着就是全面的萧条，惨淡的销量让小张不知所措，难道市场调查的结果还不如自己以前凭直觉定位来得准确？最终新产品被迫下架，网店也只能关闭。再后来，小李专门访问了 10 多位新产品的购买者，询问他们拒绝再次购买的原因，得到的回答很简单：宠物不喜欢吃。

小李一开始的调查方向就出现了错误，因为宠物食品的最终消费者是宠物，人只是购买者。市场调查方向的错误，决定了调查结论的错误，后期的数据分析报告围绕着这个错误来制作，其结论也必然是错误的。

5.5.3 数据分析报告撰写原则及呈现

（一）数据分析报告撰写原则

数据分析报告是对数据分析过程与结果的系统性呈现，是评估项目是否可行或项目运营效果的参考依据。为了保证数据分析报告的科学性与系统性，撰写商务数据分析报告时要遵循以下原则。

1. 用词规范、统一

商务数据分析报告的用词要规范、统一,主要体现在以下三个方面。

①报告用词必须准确,要如实、精准地反映客观事实,避免使用"可能""大概""大约""更少""超过 30%"等表意模糊的词语。

②报告所使用的专业术语或专有名词要规范,应与业内公认的术语一致。例如,聚类分析法应使用"聚类分析"一词,而不应使用"差异和相似粉丝分析"。

③整份报告中,所指内容相同的词语,格式要保持统一。例如,报告前面使用的是"数据采集",后面却使用"Data Acquisition",虽然两个词的语义相同,但形式不统一,会让报告用词显得杂乱。

2. 条理清晰,逻辑缜密

数据分析报告中各部分的内容要有缜密的逻辑,内容衔接要经得起推敲,数据分析过程应条理清晰、实事求是。

为了保证数据分析报告内容逻辑的缜密,写报告前可以列一个条理清晰的写作框架,帮助自己梳理报告的内容结构和各部分内容的先后顺序。

3. 数据可靠,图表化

商务数据分析报告是以数据为基础展开的,数据分析师要保证数据的正确性与可靠性,以免存在错误的数据得出错误的结论,误导读者。数据分析报告中可以适当使用图表,将抽象的数据转换为直观的图表,有助于读者更直观地看清楚问题和结论,便于读者阅读和理解报告的内容。图表也不能太多,过多的图表同样会让人感觉无所适从。

4. 具有可读性

每个人的认知、思维模式都不相同,处理信息的方式也不同,写数据分析报告时,要懂得从报告使用者的角度出发,多考虑报告使用者的思维模式,使其能够理解报告的逻辑和方法。

(二)数据分析报告的呈现

完成数据分析报告的撰写后,需要将报告呈现出来,常见的呈现数据分析报告的工具有 Word 和 PowerPoint(PPT),这两种呈现方式各有优缺点,见表 5-9,我们可以根据实际情况灵活选用。

表 5-9 使用 Word 和 PPT 展示商务数据分析报告的优缺点

项目	Word	PPT
优点	可以使用足够详细的文字进行描述;易于排版;可以打印并装订成册	展示性、交互性较强;更具观赏性
缺点	交互性较弱	不适合添加大篇幅的文字
适用情况	需要用大量的文字描述展现详尽的分析过程,需要上交并装订成册进行存档	需要简练、概括地呈现数据分析报告的内容,需要在公共场合进行演示讲解

案例链接

制作市场与竞争分析报告

市场与竞争分析是企业生产和销售产品前必须进行的工作,此案例为某个初创企业利用 PowerPoint 制作的市场与竞争分析报告的部分内容,该报告重点分析了皮鞋定制市场和行业的情况、用户情况,详细介绍了竞争对手和竞争优势等内容。图 5-95 至图 5-100 的内容,分别为该报告的标题与目录、市场与行业概况分析、用户分析、市场分析、竞争者分析、竞争策略分析。

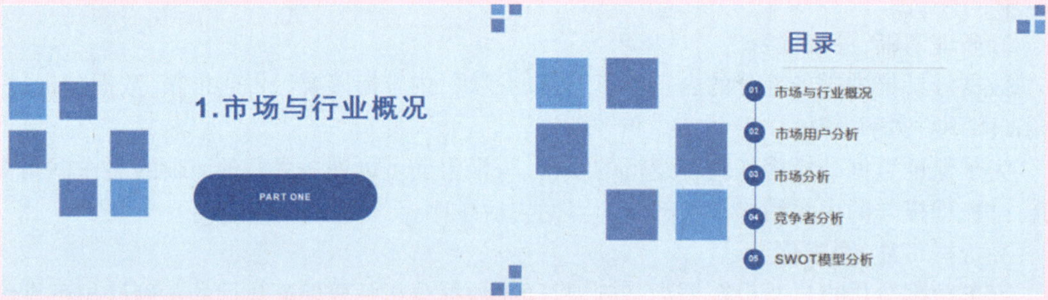

图 5-95　标题与目录

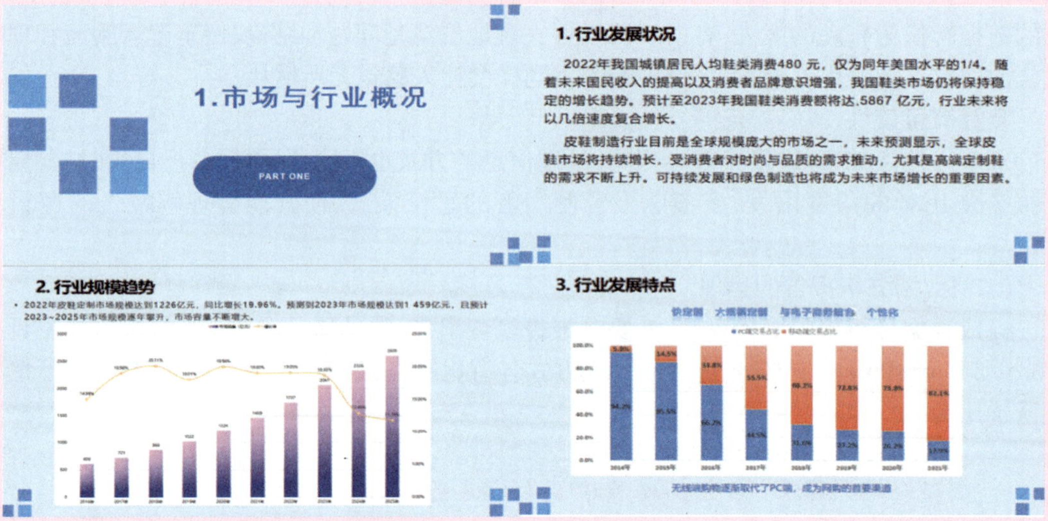

图 5-96　市场与行业概况分析

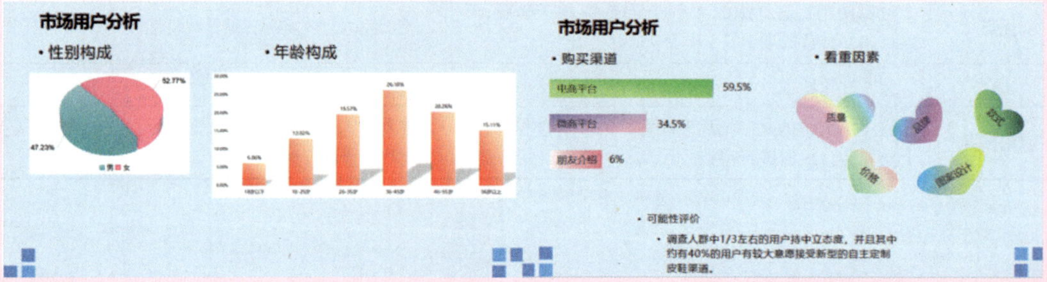

图 5-97　用户分析

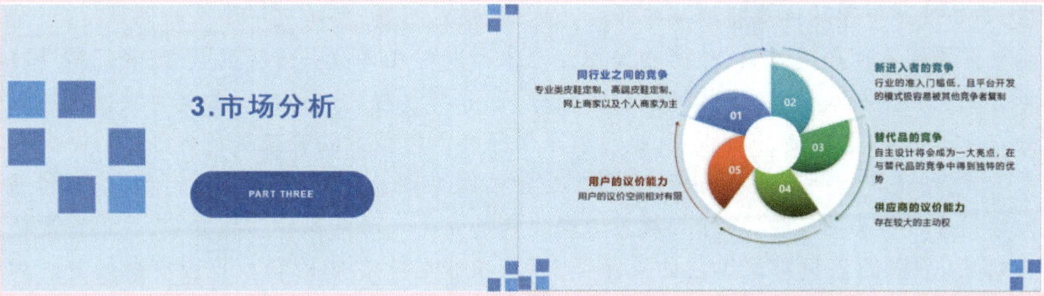

图 5-98　市场分析

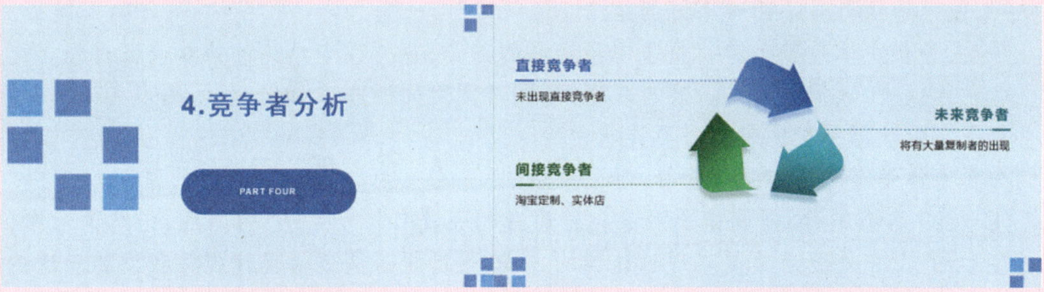

图 5-99　竞争者分析

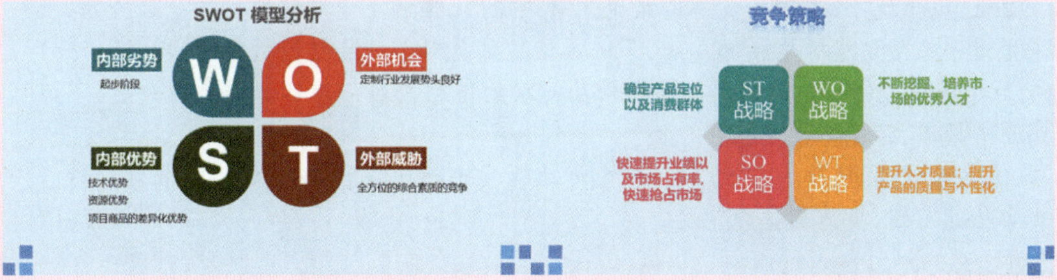

图 5-100　竞争策略分析

用 PowerPoint 制作数据分析报告时，幻灯片中的文字内容不宜过多，重点体现互动性强的、希望引起注意的图表、图形等对象，文字部分尽量靠演讲者阐述。上述案例充分借助了图表和图形对象来反映数据和信息，充分展示了 PowerPoint 的特点。相较于传统的数据分析报告，这种形式的报告能够更好地接收与传达信息。

【任务探究】

数据分析中，无论数据收集过程有多科学、数据处理多先进、分析方法多高深，如果不能将它们有效地组织和展示出来，并与决策者进行沟通与交流，就无法体现数据和分析的价值。因此，分析报告实质上是一种沟通与交流的形式，主要作用在于展示分析结果、验证分析质量，为决策者提供参考依据，有针对性、操作性、战略性的决策。撰写一份出色的分析报告步骤如下。

首先，分析思路是整个报告的灵魂，内容包括数据分析的理论框架、研究方法、指标和算法模型等。做分析框架时,我们可以采用树状图式的拆分思路。拿到一个问题时常常手足无措,不妨试试把整体问题拆解成一个个小问题,层层拆解,解决完一个个小问题后,就会越来越接近要探索问题的本质,让真相慢慢浮出水面。现在要做一份年度报告,我们需要将年报拆分成几大分析模块,每个模块列出如何分析、分析过程、分析结论、如何去做。再在每个拆分点上进行梳理,确定分析框架,也可以采用经典的模型方法论来进行拆分。

其次,结论建议一般放在分析主体前,是为了给决策者看时,节省阅读时间,快速传递信息。数据分析报告的价值,在于为决策者提供辅助意见。开始做一份报告前,我们需要明确汇报对象,不同的汇报对象关注的点不同,我们在报告上花费的精力也应有所侧重。内容上,结论建议要简单明了,重点突出,要有严谨的逻辑推导过程作为支撑,也要符合业务的实际情况,能落地执行。不回避不好的结论。

最后,分析主体是整个分析报告中最详细的部分,包括整个结论的推导论证过程。比如放上各种数据表、数据分析图。表与表之间,图与图之间的联系如何,每张图表在论证什么,这些都是在做数据分析图表前需要弄明白的。

分析主体编写时要有强逻辑性,可以采用“总—分—总”的结构,遵循的原则如下。

①理论:结论先行,强调先总后分。结论先行正是“先总后分”的体现,先结论后原因,先框架后细节,先重要后次要。通过这样的方式,帮助报告阅读者迅速抓住我们要表达的主旨,提高表达的效率和效果。

②证:以上统下,有理由支撑的结论才有说服力,强调上下层级之间的论证关系,上一层结论是对下一层信息的概括和总结,下一层信息则是对上一层结论的解释和论证。

③类:归类分组,把具有相似性或相互关联的信息按照一定的标准进行分类,不但可以提高思考效率,还能把问题想得全面。

④比:逻辑递进,同一层次、同一组信息之间要进行比较和排列,这种逻辑顺序符合人们观察事物的习惯,更容易让人记住。

【思政园地】

为加快推进电商大数据共建共享工作,商务部印发了《关于加强电子商务统计监测分析工作的指导意见》(以下简称《意见》),《意见》指出开展电子商务统计监测工作,要坚持实事求是,减少人为干扰,防范统计造假、数据虚高,确保电子商务统计数据真实可靠,能够准确反映本地区电子商务发展实际情况,为研判形势、制定政策,提供依据。《意见》提出要建立全流程数据质量控制体系,以流程规范化、数据标准化、方法科学化、处理自动化、改进持续化为目标,提升数据采集、入库、加工、处理、汇总、分析、应用等各环节的数据质量管控水平,实现统计监测全流程的制度化、程序化和规范化,保障监测数据的真实性、准确性、及时性和可靠性。

数据分析人员做分析报告时,需要秉持实事求是原则,保障数据的真实、准确、及时和可靠,为数据分析报告提供强有力的数据支撑。对数据进行可视化处理过程中,数据分析人员要增强创新意识,勇于用创新思维思考数据的表现形式,设计出能够清晰呈现数据关系的可视化图表,应对电商数据分析中不断出现的新数据类型和应用需求。

思维导图

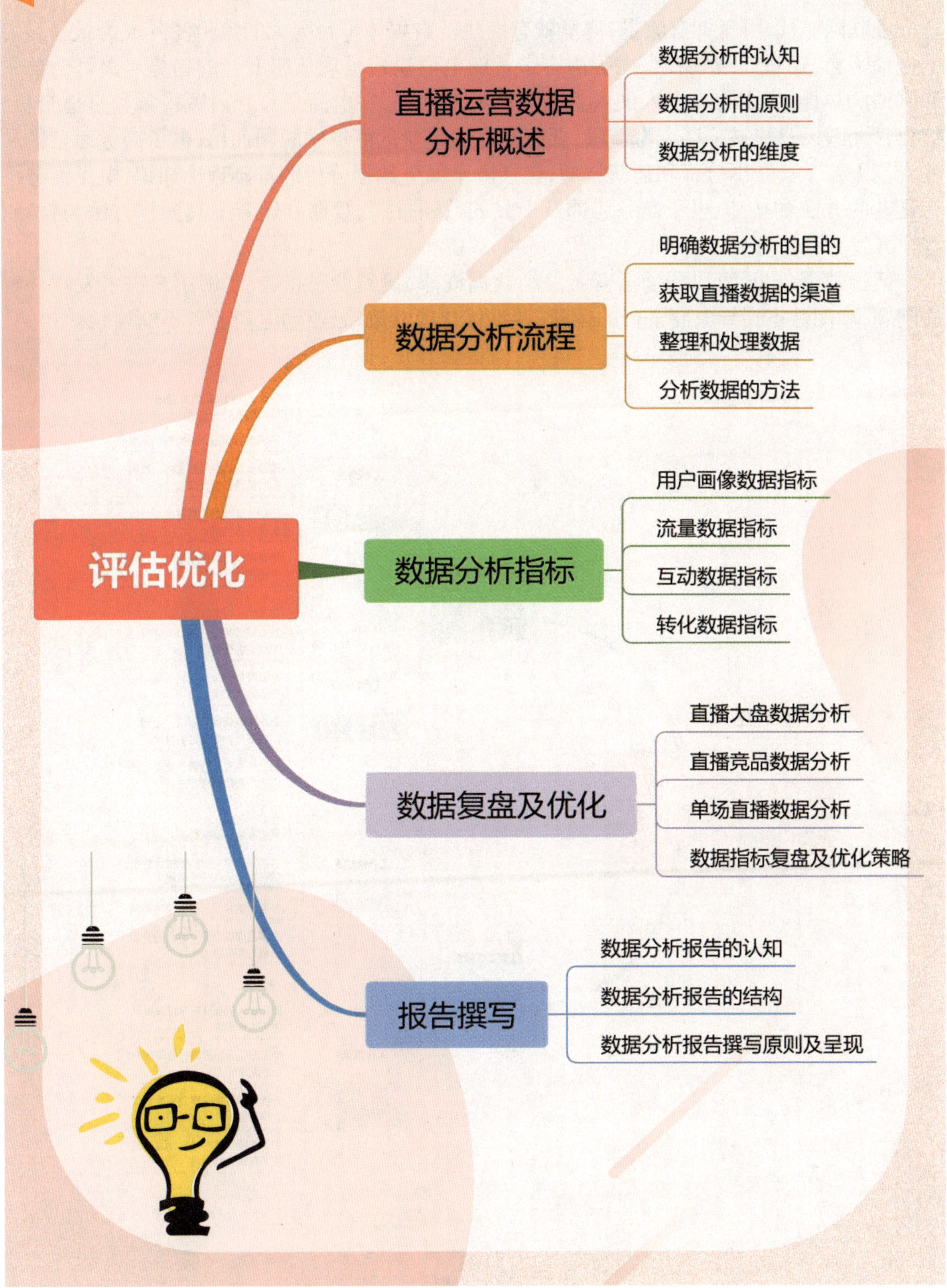
评估优化
直播运营数据分析概述
数据分析的认知
数据分析的原则
数据分析的维度
数据分析流程
明确数据分析的目的
获取直播数据的渠道
整理和处理数据
分析数据的方法
数据分析指标
用户画像数据指标
流量数据指标
互动数据指标
转化数据指标
数据复盘及优化
直播大盘数据分析
直播竞品数据分析
单场直播数据分析
数据指标复盘及优化策略
报告撰写
数据分析报告的认知
数据分析报告的结构
数据分析报告撰写原则及呈现

职场省思

互联网时代，哪里拥有流量，哪里就有商机。自媒体平台庞大的流量使其成为最具潜力的电商平台，通过短视频和直播等内容带货的电商模式呈现急速上升的趋势。美好的前景和网络的热捧，吸引着许多人加入直播带货的行列中，在电商平台开启短视频和直播带货。但盲目地跟风只能被茫茫人海淹没，要想从直播带货的圈层中脱颖而出，电子商务运营的从业者们需要学会数据分析和运营技巧，包括电子商务数据分析的基础理论知识、电子商务平台运营的方法和技巧、电子商务店铺及产品的营销推广、数据和运营工具操作方法与技巧、客户开发与维护等。

通过数据分析，可以帮助运营者总结数据规律、找到发展趋势、了解用户需求发现并解决问题，利用数据指导电商平台的运营，调整优化运营策略，驱动电商业务不断增长。

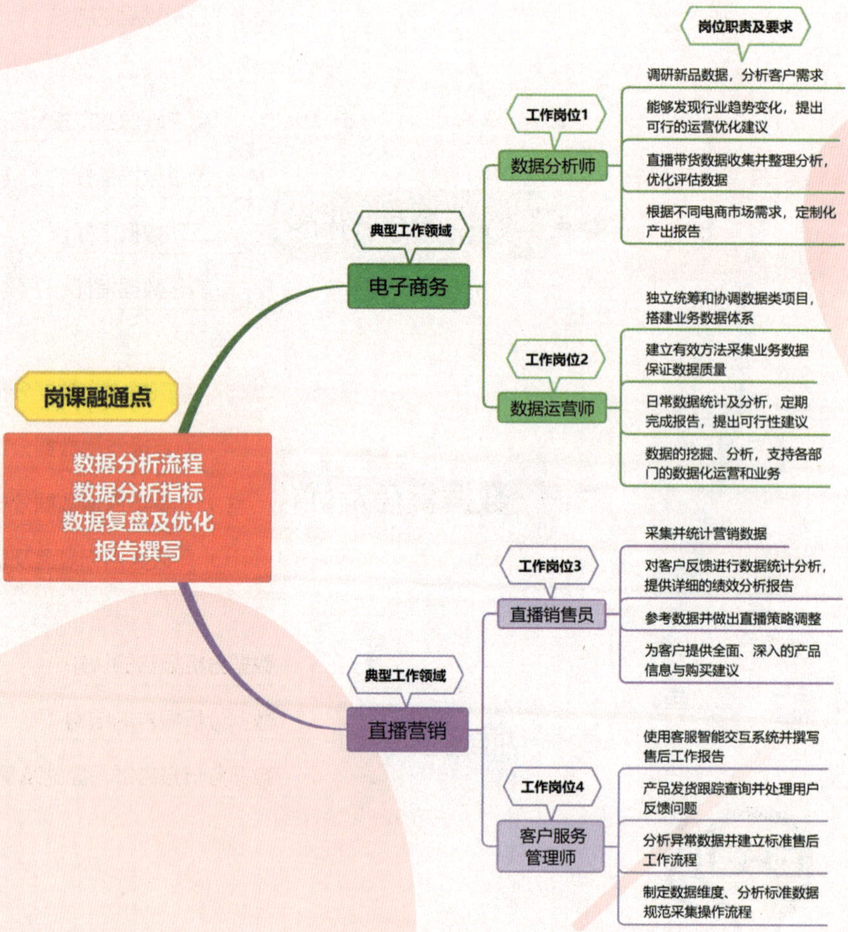

项目五 岗课融通点

课证融通

本项目知识内容与应用能力等级规范对应的专业技能要求关联点如下图所示。

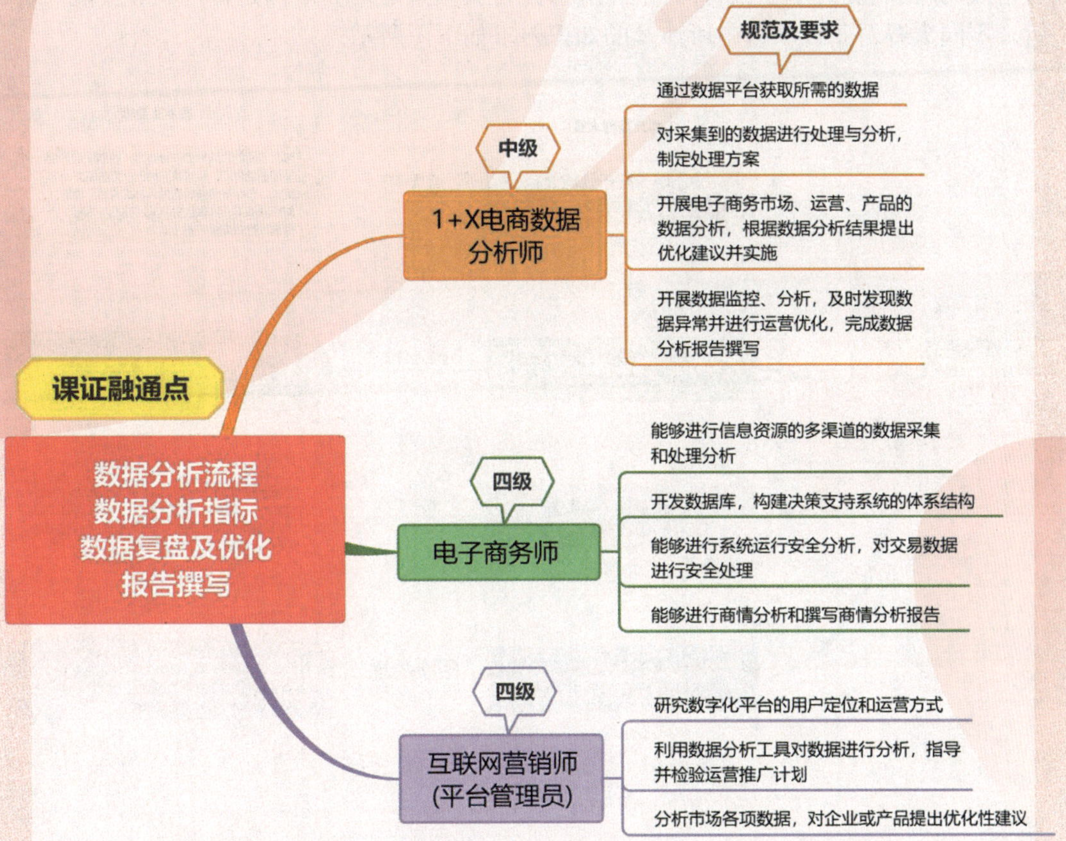

项目五　课证融通点

技能演练

促进职业教育健康有序地发展，提高职业教育的知名度和吸引力，改变我国现阶段职业教育落后的现状，提升职业教育的社会地位，完善我国人才培养结构是举行职业技能大赛的主旨。不同大赛对于该项目中所涉及的知识要求如下图所示。

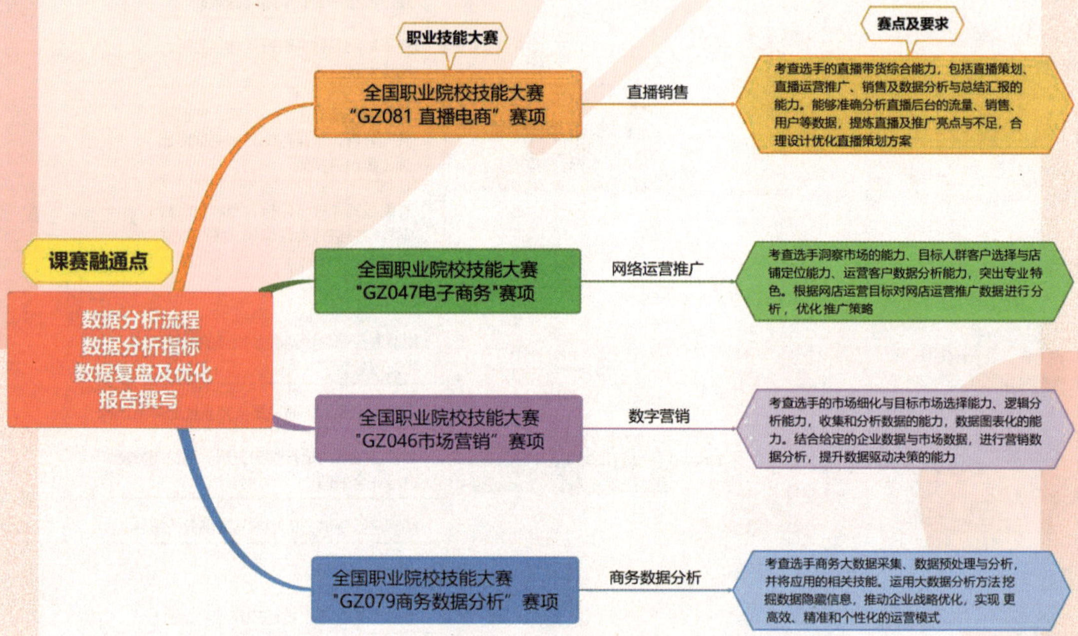

项目五　课赛融通点

知识技能梳理

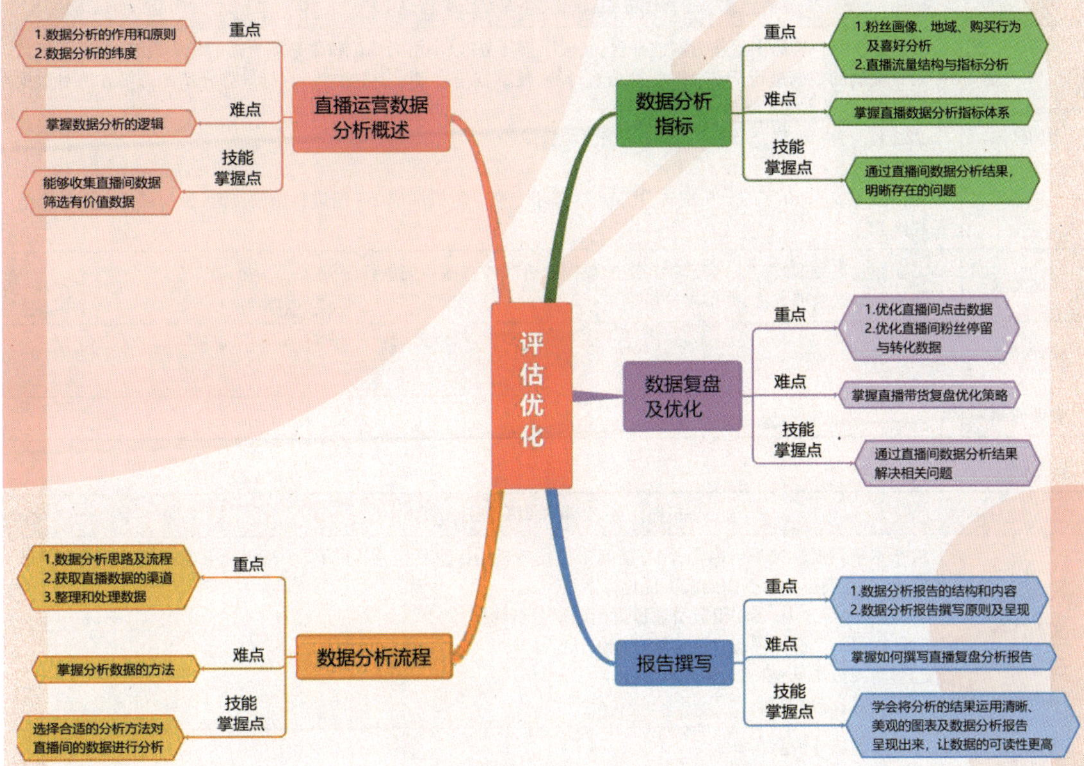

项目五　知识技能梳理

实训与提升

实训任务一:收集、处理并分析数据	
实训任务	①选择任意一直播平台作为实训平台,完成以下任务:以小组为单位收集某场直播的相关数据;根据分析目标对收集到的数据进行清洗、转换、抽取和计算,使数据符合要求;根据分析目标选择合适的分析方法对数据进行分析,并得出分析结果 ②以 8 人为一小组,分组分任务按时完成实验任务 ③实训时长: 90 分钟 ④各组完成 1500 字的分析报告,用 A4 纸打印上交。随机抽取 2-3 组进行课堂交流,参与课堂交流的小组要制作 PPT
实训要求	①掌握收集数据的方法,会选择合适的数据分析法对直播数据进行分析 ②掌握数据处理方法,并得出分析结果
实训结论	
实训成绩	

实训任务二:直播数据指标分析	
实训任务	根据本项目所学知识点内容,将直播间常见的分析指标进行罗列,并简要分析指标数据高低对直播带货的影响,针对负面影响数据提出解决优化方案: ①分组,每组 8 人,各小组成员通过讨论确定分析的指标 ②针对每一个指标进行讨论分析,得出结论 ③参与人员:8 人/组 ④实训时长:90 分钟
实训要求	①了解数据分析的基本流程 ②掌握数据分析评估指标
实训结论	
实训成绩	

实训任务三:分析客户数据	
实训任务	①先选择任意一个直播间,制定客户数据分析的内容,采集并整理会员数据:分析店铺内客户的群体特征,为店铺客户画像;以采用 RFM 模型对店铺内的客户进行分析,了解客户价值,为不同价值类型的客户制订不同的营销策略;分析每个客户的忠诚度,并制订相关策略 ②以 8 人为一小组,分组分任务按时完成实验任务 ③实训时长: 90 分钟 ④将分析的结果采用可视化的图表进行展现,用 PPT 展示出来,各组在课堂上进行交流
实训要求	①掌握客户数据的基本分析方法 ②熟练用 RFM 模型对店铺内客户进行数据分析
实训结论	
实训成绩	

实训任务四:竞店的市场数据分析	
实训任务	①先确定一个行业,化妆品行业、食品行业等,再制定市场数据分析的内容,分析该行业的市场容量、市场发展趋势、市场集中度、了解该行业的市场情况:该行业商品的属性、商品搜索关键词;分析行业的市场竞争情况,竞店整体的销售情况和商品结构等;采用合适的数据分析方法并将数据可视化,让结论更直观 ②以 8 人为一小组,分组分任务按时完成实验任务 ③实训时长: 90 分钟 ④将可视化的数据用 PPT 展示出来,各组在课堂上进行交流
实训要求	①掌握市场数据分析内容 ②运用合理的数据可视化图表,确保图表的规范性
实训结论	
实训成绩	

实训任务五:分析运营数据并撰写数据分析报告	
实训任务	根据所学直播数据分析知识查阅资料,任选一直播带货平台的直播带货案例,撰写一份运营数据分析报告。 ①以小组为单位,确定运营数据分析的内容,收集、处理、分析数据,实现数据可视化,完成运营数据分析 ②用 Word 或 PPT 撰写数据分析报告 ③参与人员:8 人/组 ④实训时长:120 分钟
实训要求	①了解数据分析报告的基本结构和内容组成,理解数据分析报告的作用 ②掌握使用恰当的数字化工具撰写数据分析报告的方法
实训结论	
实训成绩	

参考文献

[1] 李婷婷. 网络直播的现状与发展[J]. 声屏世界,2018,08.

[2] 中国报告大厅.202 3 年直播电商行业前景分析:直播电商行业逐渐崛起并快速发展[EB/OL].[2023-04-12].https://m.chinabgao.com/freereport/88 272.html

[3] 秋叶. 直播营销与案例分析[M]. 北京:人民邮电出版社,2022.

[4] 陈婷. 网络直播时代背景下的网红直播电商模式的探析[J]. 理财周刊,2020.

[5] 熊瑛. 基于电商网络直播的市场营销策略研究[J]. 现代商业,2022.

[6] 张作为. 移动电商运营慕课版[M]. 北京:人民邮电出版社,2020.

[7] 刘喜咏,纪伟娟,顾孔平. 电商运营与营销[M]. 北京:人民邮电出版社,2018.

[8] 淘宝大学. 网店视觉营销[M]. 北京:电子工业出版社,2018.

[9] 赵艳莉. 网店美工与管理[M]. 北京:电子工业出版社,2022.

[10] 刘庆振,安琪,郭鹏. 短视频运营[M]. 北京:人民邮电出版社,2022.

[11] 赵厚池. 抖音电商[M]. 北京:清华大学出版社,2022.

[12] 徐骏骅. 直播营销与运营[M]. 北京:人民邮电出版社,2021.

[13] 孔林德. 淘宝、天猫、京东、拼多多、抖音、快手直播营销一本通[M]. 北京:民主与建设出版社,2020.

[14] 营销铁军. 抖音、快手运营推广[M]. 北京:民主与建设出版社,2020.

[15] 陆雨苗. 抖音运营[M]. 北京:电子工业出版社,2020.

[16] 张雪存. 直播电商数据分析与应用[M]. 北京:电子工业出版社,2023.